建设用地蓝皮书

BLUE BOOK OF
CONSTRUCTION LAND

中国城市建设用地节约集约利用报告 *No.1*

ANNUAL REPORT ON THE SAVING AND INTENSIVE USE OF THE
URBAN CONSTRUCTION LAND (No.1)

"十二五"回顾与总结

主　编／高延利　张建平　邓红蒂
副主编／杨冀红　欧阳安蛟　陈立定　左玉强

社会科学文献出版社
SOCIAL SCIENCES ACADEMIC PRESS（CHINA）

图书在版编目(CIP)数据

中国城市建设用地节约集约利用报告："十二五"
回顾与总结. No.1 / 高延利, 张建平, 邓红蒂主编. --
北京：社会科学文献出版社, 2019.7
（建设用地蓝皮书）
ISBN 978-7-5201-4644-9

Ⅰ.①中… Ⅱ.①高… ②张… ③邓… Ⅲ.①城市土
地－土地利用－研究报告－中国 Ⅳ.①F299.22

中国版本图书馆CIP数据核字（2019）第065828号

建设用地蓝皮书
中国城市建设用地节约集约利用报告No.1
——"十二五"回顾与总结

主　　编 / 高延利　张建平　邓红蒂
副 主 编 / 杨冀红　欧阳安蛟　陈立定　左玉强

出 版 人 / 谢寿光
责任编辑 / 薛铭洁

出　　版 / 社会科学文献出版社·皮书出版分社（010）59367127
　　　　　　地址：北京市北三环中路甲29号院华龙大厦　邮编：100029
　　　　　　网址：www.ssap.com.cn
发　　行 / 市场营销中心（010）59367081　59367083
印　　装 / 三河市东方印刷有限公司

规　　格 / 开　本：787mm×1092mm　1/16
　　　　　　印　张：27.25　字　数：410千字
版　　次 / 2019年7月第1版　2019年7月第1次印刷
书　　号 / ISBN 978-7-5201-4644-9
审 图 号 / GS（2019）266号
定　　价 / 198.00元

本书如有印装质量问题，请与读者服务中心（010-59367028）联系

主要编撰者简介

高延利　研究员，中国国土勘测规划院院长，中国土地学会秘书长，全国国土资源标准化技术委员会土地资源规划、调查、评价分技术委员会主任，先后担任国务院第二次全国土地调查领导小组办公室常务副主任、国务院第三次全国土地调查领导小组办公室副主任。主要研究方向为土地调查、土地评价等。参与完成三次《中华人民共和国土地管理法》修订，主要执笔起草《土地调查条例》，主持及主要参与编制《土地利用现状分类》《第二次全国土地调查技术规程》《土地利用动态遥感监测规程》《城镇地籍调查规程》等国家及行业标准十余项；出版《地籍调查》《土地权利理论与方法》等专著十余部；发表论文十余篇。获部级以上成果奖 12 项。2014 年被评选为享受国务院特殊津贴人员。

张建平　研究员，土地估价师，中国国土勘测规划院副院长，中国测绘地理信息学会副理事长，曾担任国务院第二次全国土地调查领导小组办公室副主任。主要研究方向为土地调查、土地评价、土地规划等。先后参加完成"全国第一轮土地利用总体规划编制""黄淮海平原地区土地利用总体规划编制研究""全国待开发土地资源调查""土地利用动态监测试验（示范）研究""全国土地利用宏观监测""第二次全国土地调查组织实施"等重大项目。参与《黄淮海地区土地利用总体规划研究》《土地资源可持续利用构想》《土地用途分区国际（地区）比较》等多部专著或论文的编写。获国家科技进步二等奖及多项原国土资源部成果奖。

邓红蒂　研究员，中国国土勘测规划院副总工程师，中国土地学会土地规划分会副主任委员，中国城市规划学会理事。主要研究方向为土地评价、土地规划等。多次主持、参与国家科技攻关，科技公益性行业项目，国土资源大调查土地资源监测调查重大工程，原国土资源部重点科研等重点课题。主持完成《建设用地节约集约利用评价规程》《开发区土地集约利用评价规程》以及省、市、县、乡四级土地利用总体规划规程等多部行业技术标准研制；先后承担完成全国城市、开发区等建设用地节约集约利用评价技术指导，参与三轮《全国土地利用总体规划纲要》编制等工作，获部级以上成果奖十余项。著有《城市土地集约利用潜力评价理论、方法与实践》《全国土地利用总体规划（1997~2010 年）》《土地规划管理手册》等专著多部，在核心期刊发表论文多篇。

杨冀红　研究员，中国国土勘测规划院土地规划评审中心主任。长期从事土地调查监测、土地评价、土地规划相关工作。主持、参与了国土资源大调查土地监测调查工程、土地变更调查、第二次全国土地调查的多项重大工程项目及研究性课题。组织实施建设用地节约集约利用评价项目，参与技术规程的编制与技术指导，完成多轮城市建设用地和开发区节约集约评价国家级汇总。作为主要编写人完成"第二次全国土地调查技术规程"等多项技术标准的编制，获国土资源科学技术奖、国家测绘科技进步奖一等奖、二等奖 6 项，获得第二次全国土地调查先进工作者称号，发表多篇核心期刊论文。

欧阳安蛟　浙江大学地球科学学院副教授，浙江大学房地产研究中心副主任，浙江省土地估价师协会副理事长，浙江省地理学会常务理事。主要从事土地利用、评价、规划、整治等领域相关理论、政策、制度、方法、标准研究。先后参与《建设用地节约集约利用评价规程》《开发区土地集约利用评价规程》等多部行业技术标准研制，以及《城市建设用地节约集约利用评价操作手册》等技术规范的编写，著有《中国城市土地收购储备制度：理论与实践》《城市地价评估方法——发展与创新》等著作，发表建设用地节约集约利用及评价相关学术论文多篇。

陈立定 浙江树人大学讲师，浙江省土地估价师协会组织与发展专业委员会副主任。主要从事土地利用、评价、规划、地价评估等领域相关理论、政策、制度、方法研究。先后参与《城市建设用地节约集约利用评价操作手册》等技术规范及《中国城市土地收购储备制度：理论与实践》《城市地价评估方法——发展与创新》等著作的编写，发表建设用地节约集约利用及评价相关学术论文多篇。

左玉强 研究员，中国国土勘测规划院土地利用规划评审中心副主任，主要研究方向为土地评价、土地规划。主持和参与多项国土资源大调查、土地资源调查评价、亚洲开发银行资助、国家科技支撑计划、原国土资源部应急类软科学等重大工程和科研项目，参与完成《建设用地节约集约利用评价规程》《开发区土地集约利用评价规程》《开发区土地集约利用评价数据库标准》《市（地）级土地利用总体规划编制规程》《市（地）级土地利用总体规划制图规范》等行业标准研制，参与全国城市、开发区、高校教育用地等建设用地节约集约利用评价技术指导。获国土资源科学技术奖 2 项，参编著作、公开发表论文多部（篇），2015 年入选国土资源高层次创新型科技人才培养工程——杰出青年科技人才培养计划。

摘　要

《中国城市建设用地节约集约利用报告（No.1）》，是在国家"十三五"规划确定的建设用地节约集约利用重大工程研究成果基础上完成的，主要依托原国土资源部部署开展的全国城市建设用地节约集约利用评价工作，以569个参与评价城市的经济社会发展和建设用地利用数据为基础，分别从全国、不同区域、各省（区、市）、不同行政级别、城市群等视角，总结了"十二五"时期建设用地节约集约利用的总体状况、动态变化趋势特征、区域格局、分异规律等，分析了建设用地节约集约利用中存在的主要问题与差距，研究提出了进一步促进节约集约用地的相关政策建议。

全书包括总报告、评价技术篇、区域篇、专题篇和附录五大部分内容。

总报告，主要从土地利用强度、经济社会发展消耗建设用地状况、经济社会发展与建设用地变化匹配状况三个方面，对"十二五"时期全国参与评价城市的建设用地节约集约利用的总体状况进行了综合分析，客观揭示了全国城市的建设用地节约集约利用现状水平、动态变化趋势及节约集约利用综合状况的区域格局与动态变化特征，结合问题与原因分析，从全国宏观层面研究提出了促进节约集约用地的相关政策建议。

评价技术篇，主要对城市建设用地节约集约利用的内涵进行了界定，明确了评价目的，对评价总体技术框架、指标体系、方法、基础数据来源与口径等进行了说明。

区域篇，分别对"十二五"时期东部、中部、西部、东北地区，以及各

省（区、市）的土地利用现状与变化、建设用地节约集约利用总体状况及分异特征等进行了分析，基于各省（区、市）参与评价城市的建设用地节约集约利用现状格局、利用特征及存在问题，研究提出了促进各省（区、市）节约集约用地的相关政策建议。

专题篇，分别以参与评价的直辖市、副省级城市、一般省会城市、一般地级市、县级市等不同行政级别和京津冀、长三角、珠三角等19个城市群的城市总体为评价对象，分析了"十二五"时期不同行政级别、城市群城市的建设用地节约集约利用总体特征和分异规律等，重点对省会城市、计划单列市和京津冀、长三角、珠三角、长江中游、成渝等重点城市群参与评价城市的建设用地节约集约利用状况和特征进行了评价分析，研究提出了不同级别城市和重点城市群节约集约用地的相关政策建议。

附录，对城市建设用地节约集约利用评价的工作历程、研究时序、重要时间节点、关键事件等进行了梳理，分别对2015年度地级以上城市、县级市建设用地节约集约利用状况进行了排序。

前　言

　　"发展是硬道理，节约是大战略"。党中央、国务院历来高度重视节约集约用地工作，将"大力促进节约集约用地，走出一条建设占地少、利用效率高的符合我国国情的土地利用新路子"，确定为事关民族生存根基和国家长远利益的大计、长期坚持的根本方针。习近平总书记多次强调要"坚定不移地推进节约集约用地""坚决执行并不断健全最严格的节约用地制度，坚持走资源节约型的发展道路"，尤其在党的十九大会议后，生态文明建设对资源节约提出了更高要求。2018年自然资源部的组建是我国自然资源管理体制的重大变革，节约集约利用资源作为自然资源管理的核心任务，在新时代意义更加凸显，是落实中央精神、促进土地供给侧改革、实现高质量发展的重要手段。

　　当前，我国在城镇化快速发展进程中，仍存在建设用地粗放低效、城市发展空间分布和规模结构不合理、部分城市发展与资源环境承载能力不匹配、产业升级缓慢、资源环境恶化等问题，未来城镇化发展面临"转型发展、优化布局、集约高效、生态文明"的新挑战和新要求。城市建设用地节约集约利用评价，能够全面掌握节约集约用地状况和趋势，综合反映土地利用对经济社会发展的承载能力和水平，是新形势下落实自然资源管理任务的重要方面，是加快实现资源节约集约、永续利用的一项重要基础性工作。自20世纪90年代以来，城市建设用地节约集约利用评价在国土资源大调查工程中首次部署，至今已近20年，经历了理论研究、试点验证、行业标准研制、全国全面部署、成果应用等阶段，为我国节约集约制度建立、国土规划和土地利用

计划编制、节约集约模范县（市）、示范省建设等方面发挥了重要作用。

本报告基于"全国城市建设用地节约集约利用评价"工作，通过构建城市建设用地节约集约利用评价指标体系，重点从土地利用强度、经济社会发展消耗建设用地状况、经济社会发展与建设用地变化匹配状况等三个方面对"十二五"时期全国、四大区域31个省（区、市）、重点城市群、重点城市的建设用地节约集约利用的总体状况进行了综合分析，提出了政策建议。旨在从宏观、中观、微观层次反映评价内容及其研究结论，为我国国土资源管理提供参考借鉴，也能够为科研、社会提供数据服务。

全书分5个篇章10部分，分别为Ⅰ总报告、Ⅱ评价技术篇、Ⅲ区域篇、Ⅳ专题篇、Ⅴ附录。其中，Ⅰ总报告分析了"十二五"时期全国土地利用现状及特征、城市建设用地节约集约利用总体状况，提出了主要结论与政策建议。Ⅱ评价技术篇介绍了城市建设用地节约集约利用评价理论与技术框架。Ⅲ区域篇分东部地区、中部地区、西部地区、东北地区四部分，对各区域土地利用状况、建设用地节约集约利用总体状况、分异规律进行了分析，并对四大区域涉及的各省（区、市）评价基本情况、现状格局与特征进行了总结，提出了政策建议。Ⅳ专题篇重点介绍了不同行政级别城市（36个省会城市和计划单列市）、重点城市群（京津冀、长三角、珠三角、长江中游、成渝城市群）的建设用地节约集约利用总体状况、现状格局与特征，提出了政策建议。Ⅴ附录包括城市建设用地节约集约利用评价工作大事记和全国城市建设用地节约集约利用状况2015年度排名表。

目　录

Ⅰ　总报告

Ⅱ　评价技术篇

Ⅲ　区域篇

Ⅳ　专题篇

Ⅴ　附　录

皮书数据库阅读**使用指南**

总　报　告

General Report

B.1
"十二五"时期全国城市建设用地
节约集约利用总体状况分析

摘　要： 基于"全国城市建设用地节约集约利用评价"基础数据，通过
构建城市建设用地节约集约利用评价指标体系，重点从土地利用
强度、经济社会发展消耗建设用地状况、经济社会发展与建设用
地变化匹配状况等三个方面对"十二五"时期全国城市建设用地
节约集约利用的总体状况进行了综合分析，客观揭示了 2015 年
度全国城市建设用地节约集约利用现状水平、动态变化趋势及其
综合状况的区域格局及动态变化特征。结果显示：（1）"十二五"
时期，全国城市建设用地节约集约利用水平总体向好，城市建设
用地在总量增长得到有效控制的同时，用地结构持续优化，用地
效益不断提升，土地城镇化与人口城镇化协调程度日趋好转，支
撑经济社会发展的用地消耗得到持续下降。（2）全国城市建设用
地节约集约利用水平与城市、区域经济社会发展显著相关，总体
呈现"东部优于中部，中部优于西部、东北部"的区域分布格
局；国家层面的优化开发区建设用地内涵集约化发展与重点开发

区建设用地投入产出能力双提升的态势明显，区域差别化土地集约利用管控政策效应日益显现。（3）"十二五"时期，全国城市建设用地人口承载水平和投入产出效益比有所下降，人口、经济增长消耗新增建设用地量略偏大，建设用地节约集约利用总体水平尚有较大的提升空间。建议国家层面要进一步强化节地因素在规划编制及实施管控中的应有作用，通过继续深入实施区域差别化土地政策、不断健全土地市场体系、加大节地挖潜激励约束制度创新、强化节地评价考核等政策措施，积极推动土地利用方式转变，不断提升全国城市建设用地节约集约利用水平。

关键词： 城市　建设用地　节约集约利用　节地评价　区域格局

2016 年，全国共有 569 个城市完成城市建设用地节约集约利用更新评价工作①，占全国城市总数（652 个）的 87%。其中，地级以上城市 273 个，占全国地级以上城市总数（291 个）的 94%，涵盖全部 4 个直辖市、27 个省会城市和 5 个计划单列市；其中东部地区 83 个，中部地区 74 个，西部地区 87 个，东北地区 29 个。县级市 296 个，占全国县级市总数（361 个）的 82%，其中东部地区 118 个，中部地区 73 个，西部地区 65 个，东北地区 40 个（见图 1）。

截至 2015 年底，全国参评城市土地总面积 497.59 万平方公里，占全国土地总面积的 51.8%；建设用地总面积 33.96 万平方公里，占全国建设用地总面积的 88.0%；国土开发强度 6.83%，比全国平均水平高 2.81 个百分点；常住总人口 12.60 亿人，占全国总人口的 91.6%；常住城镇人口 7.28 亿人，占全国城镇人口的 94.4%；城镇化率 57.77%，比全国平均水平高 1.67 个百分点；

---

① 2014 年 6 月，原国土资源部发布《关于部署开展全国城市建设用地节约集约利用评价工作的通知》（国土资函〔2014〕210 号），部署用 5 年时间开展全国（不含港、澳、台地区）80% 地级以上城市和 60% 县级市建设用地节约集约利用评价工作。在 2015 年度完成初始评价的基础上，2016 年度全国共有 569 个参评城市开展了更新评价工作，评价时点为 2015 年 12 月 31 日。

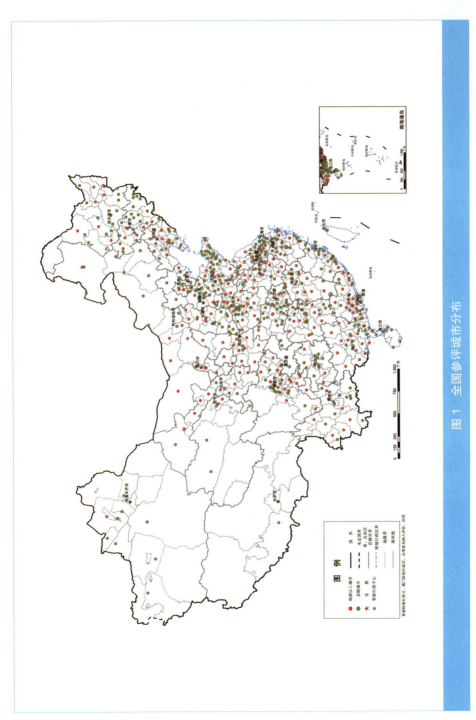

图 1 全国参评城市分布

GDP 为 71.32 万亿元，常住人口人均 GDP 为 5.66 万元 / 人，是全国平均水平的 1.14 倍。[①]

一 "十二五"时期土地利用现状及变化分析

（一）三大类用地结构

根据全国土地利用变更调查数据，2015 年末全国参评城市的农用地面积为 375.57 万平方公里，占土地总面积的 75.5%，其中耕地面积 113.99 万平方公里，占农用地的 30.4%；建设用地面积 33.96 万平方公里，占土地总面积的 6.8%；其他土地 88.05 万平方公里，占土地总面积的 17.7%。

从区域分布看，东部地区建设用地占比，即国土开发强度最高，为 14.77%，中部地区次之，为 10.15%，东北地区再次，为 6.15%，西部地区最低，为 3.3%（见图 2）。

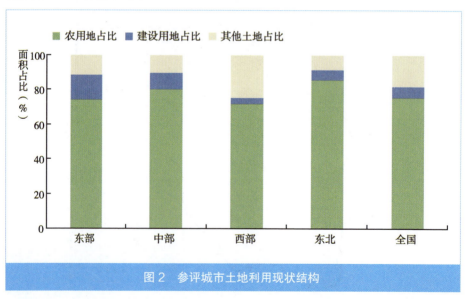

图 2 参评城市土地利用现状结构

---

① 本报告涉及的人口、经济数据来源于地级以上城市的各年统计年鉴，土地利用现状数据来源于原国土资源部土地利用变更调查成果数据。由于 296 个县级参评城市中的 240 个城市为地级以上参评城市的下辖市，相关人口、经济、用地数据已包含在地级以上参评城市之中，针对重复统计数据本报告已做相应的剔除处理。

从动态变化看,随着城镇化的快速推进,呈现建设用地逐年扩张,农用地和其他土地逐年减少的态势。2010~2015年,参评城市的农用地和其他土地面积累计减少1.67万和0.81万平方公里,建设用地累计增加2.51万平方公里,累计增幅近8%,国土开发强度累计提高了0.5个百分点,但整体上建设用地增幅呈下降趋势(见图3)。

图3 参评城市建设用地增长率及国土开发强度变化

从区域分布看,西部地区建设用地增长最快,5年年均增长2.11%,中部地区次之,为1.48%,东部地区再次,为1.36%,东北地区增长最小,为1.08%。5年间,东部地区国土开发强度提升最快,提高了0.96个百分点,中部地区次之,为0.72个百分点,西部地区再次,为0.33个百分点,东北地区最低,为0.32个百分点(见图4)。

(二)建设用地结构

2015年末,全国参评城市城乡建设用地27.20万平方公里,占建设用地总面积的80.1%;交通水利用地6.09万平方公里,占比17.9%;其他建设用地0.67万平方公里,占比2.0%。城乡建设用地中,城镇用地8.46万平方公里,

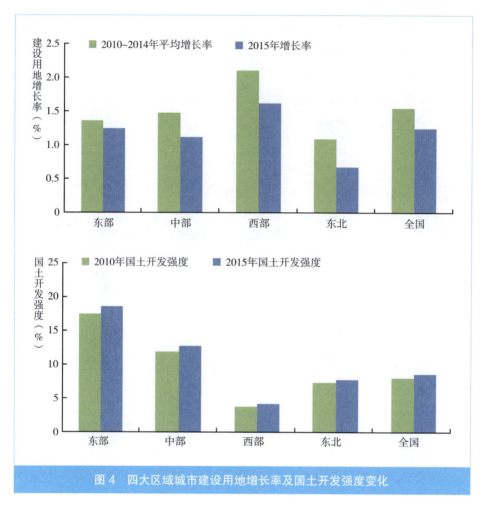

图 4　四大区域城市建设用地增长率及国土开发强度变化

占城乡建设用地面积的 31.1%；村庄用地 16.73 万平方公里，占比 61.5%；采矿用地 2.02 万平方公里，占比 7.4%（见图 5）。

从动态变化看，2011~2015 年全国参评城市城乡建设用地累计增加 1.88 万平方公里，年均增长 1.4%，其中 2015 年增长 1.2%；交通水利用地增加 0.61 万平方公里，年均增长 2.1%；其他建设用地增加 0.03 万平方公里，年均增长 0.7%。城乡建设用地中，城镇用地累计增加 1.41 万平方公里，年均增长 3.7%（见图 6）。

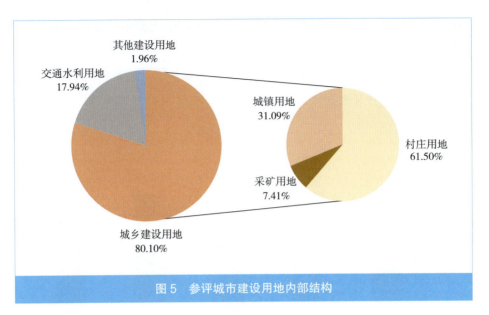

图5　参评城市建设用地内部结构

图6　参评城市各类建设用地增长率

　　从四大区域比较看，2015年东部地区城乡建设用地占建设用地比重最高，为80.9%，西部地区次之，为80.7%，中部地区再次，为79.9%，东北地区最低，为76.7%。城乡建设用地中，城镇用地占比东部地区最高，为36.0%，西

建设用地蓝皮书

部地区次之，为 30.0%，东北地区再次，为 28.7%，中部地区最低，为 26.4%（见图 7）。

从动态变化看，2010~2015 年，西部地区城乡建设用地区增长最快，年均增长 1.9%，中部地区次之，年均增长 1.4%，东部地区再次，年均增长

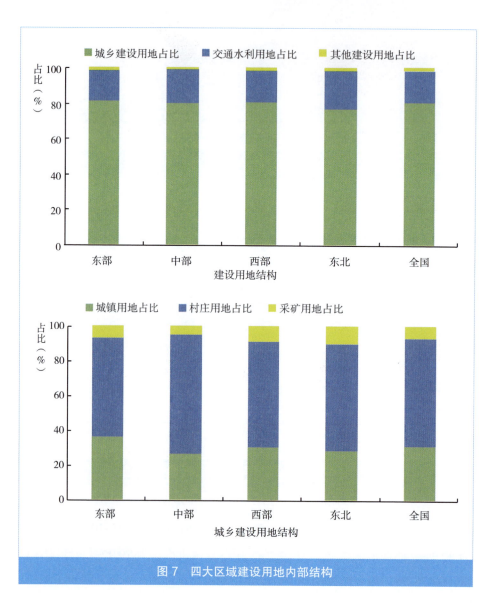

图 7　四大区域建设用地内部结构

1.3%，东北地区增长较小，年均增长 1.0%；城镇用地西部地区增长最快，年均增长 5.2%，东部地区增长最小，年均增长 2.5%（见图 8）。

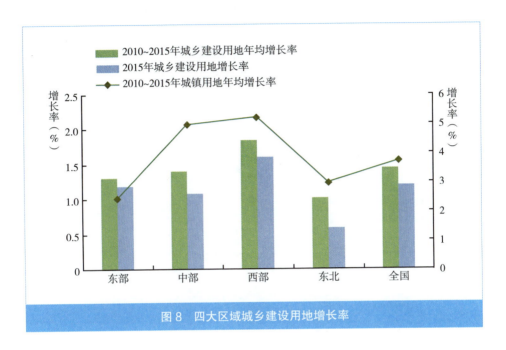

图 8　四大区域城乡建设用地增长率

二　"十二五"时期建设用地利用强度及变化分析

（一）建设用地人口承载水平

2015 年末，全国参评城市常住总人口 12.60 亿人，相比 2010 年末增加了 3558.09 万人，占全国总人口的 91.6%；常住城镇人口 7.28 亿人，相比 2010 年末增加了 9860.6 万人，占全国城镇总人口的 94.4%；城镇化率 57.77%，相比 2010 年末提高了 6.38 个百分点。2015 年，全国参评城市建设用地和城乡建设用地人口密度分别为 3708.6 人 /km^2 和 4056.0 人 /km^2；其中最高的是深圳市，分别为 11656.9 人 /km^2、13817.5 人 /km^2；最低的是新疆克拉玛依市，分别为 499.1 人 /km^2、556.3 人 /km^2。从动态变化看，2010~2015 年全国参评城市建设用地人口承载水平总体呈现持续小幅下降的态势，5 年间建设用地和城

乡建设用地人口密度分别下降了 182.9 人 /km² 和 153.1 人 /km²，降幅分别为 4.7%
和 3.6%，其中 2015 年降幅有所收窄，分别下降了 0.7% 和 0.5%（见图 9）。

图 9　参评城市建设用地人口承载水平及其变化状况

　　从区域分布看，东部地区建设用地人口承载水平最高，2015 年建设用
地、城乡建设用地人口密度分别为 4145.6 人 /km²、5124.6 人 /km²，比全国参
评城市平均水平高 11.8% 和 10.7%；东北地区最低，分别为 2531.9 人 /km²、
3302.9 人 /km²，仅为全国参评城市平均水平的 68.3% 和 71.3%。从动态变化
看，2010~2015 年西部地区建设用地和城乡建设用地人口密度年均降幅最大，
分别下降了 1.5% 和 1.2%；东北地区次之，分别下降了 1.2% 和 1.1%；中部地
区再次，均下降了近 0.9%；东部地区最小，分别下降了 0.6% 和 0.5%。2015
年下降幅度最大的是东北地区，分别下降了 1.5% 和 1.4%；下降最小的是中
部地区，分别下降了 0.5% 和 0.4%（见图 10）。

　　从不同规模等级城市看，建设用地人口承载水平总体呈现城市规模等级
越高、建设用地人口密度越大，且差距日趋扩大的态势。如图 11，2015 年超
大城市的建设用地和城乡建设用地人口密度分别为 6300.9 人 /km² 和 7503.2

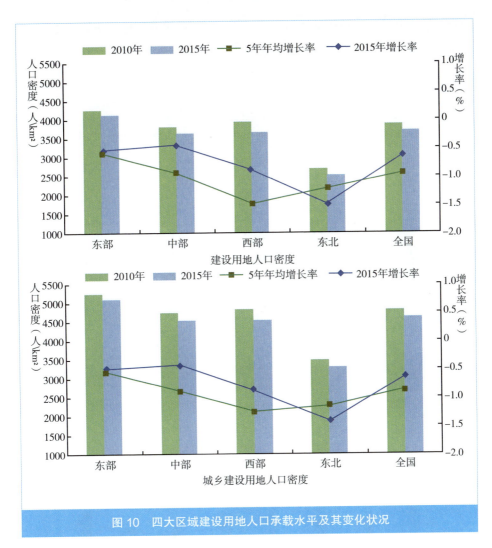

图 10　四大区域建设用地人口承载水平及其变化状况

人 /km²，比全国参评城市平均水平高出 2292 人 /km² 和 2873 人 /km²；而 Ⅱ 型小城市的建设用地和城乡建设用地人口密度仅为 2844 人 /km² 和 3713 人 /km²，不到超大城市的一半。从动态变化看，2010~2015 年，除超大城市城乡建设用地人口密度微幅提升外，其他各等级城市的建设用地人口承载水平总体呈现持续小幅下降，并随城市规模等级下降、降幅趋大的态势。其中 Ⅰ 型小城市

的降幅最为显著，建设用地和城乡建设用地人口密度5年年均下降了1.2%和1.1%；Ⅱ型小城市次之，5年年均降幅分别为1.1%和1.0%。

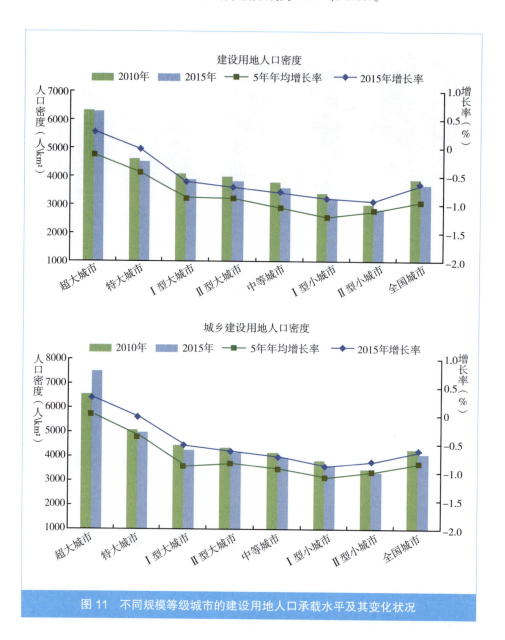

图 11　不同规模等级城市的建设用地人口承载水平及其变化状况

（二）建设用地经济强度

2015 年，全国参评城市 GDP 为 71.32 万亿元，相比 2010 年可比价增幅为 61.8%。建设用地地均 GDP 为 210.00 万元 / 公顷，相比 2010 年可比价提高了 67.41 万元 / 公顷，增幅为 50.0%，年均增幅为 8.5%，但增幅逐年下降，2015 年回落至 6.6%。建设用地地均 GDP 最高的是深圳市，为 1793.05 万元 / 公顷，最低的是黑龙江讷河市，仅为 21.34 万元 / 公顷。全国参评城市 2015 年固定资产投资总额为 52.76 万亿元，相比 2010 年增幅为 103.0%。建设用地地均固定资产投资为 155.36 万元 / 公顷，相比 2010 年提高了 72.71 万元 / 公顷，增幅为 88.0%，年均增幅为 13.5%，增幅自 2012 年达到高点后持续有所回落，2015 年回落至 8.8%（见图 12）。

从区域分布看，东部地区城市建设用地经济强度最高，2015 年建设用地地均 GDP 为 303.78 万元 / 公顷，高出全国参评城市平均水平 44.7%，地均固定资产投资 182.49 万元 / 公顷，高出全国参评城市平均水平 17.5%；西部地区次之，地均 GDP 和地均固定资产投资分别为 159.73 万元 / 公顷和 149.44 万元 / 公顷；中部地区再次，分别为 156.50 万元 / 公顷和 146.78 万元 / 公顷；东北地区较低，分别为 148.62 万元 / 公顷和 100.33 万元 / 公顷。从动态变化看，2010~2015 年，中西部地区建设用地经济强度提升较为明显，其中地均 GDP 西部地区年均增幅最大，为 9.2%，地均固定资产投资中部地区年均增幅最大，为 17.2%；而东北地区提升不够明显，地均 GDP 和地均固定资产投资年均增幅分别仅为 6.8% 和 3.6%（见图 13）。

从不同规模等级城市看，建设用地经济强度总体呈现城市规模等级越高、建设用地地均 GDP 和地均固定资产投资越高的分异规律。如图 14，2015 年超大城市的建设用地地均 GDP、地均固定资产投资分别达 621.07 万元 / 公顷和 240.59 万元 / 公顷，是全国参评城市平均水平的 2.96 倍和 1.55 倍；而 Ⅱ 型小城市分别仅为 122.55 万元 / 公顷和 114.10 万元 / 公顷，不到超大城市的 20% 和 50%。从年间变化看，不同规模等级城市的建设用地经济强度提升幅度总体相当，其中特大城市提升较为明显，2010~2015 年年均增长 8.8%；超大城市提升

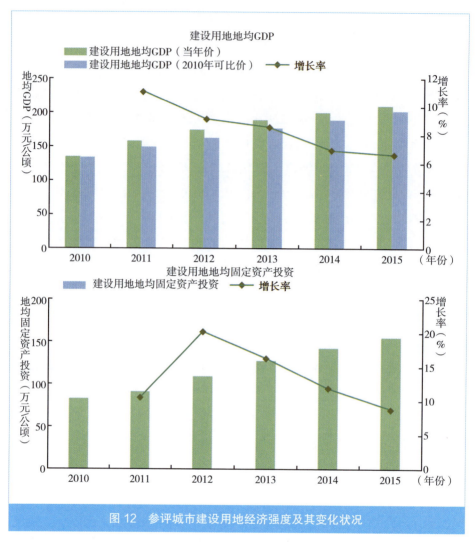

图 12　参评城市建设用地经济强度及其变化状况

幅度相对偏低，年均增长 7.9%。但建设用地经济强度提升幅度则总体呈现中
小城市高于大城市的特征。2010~2015 年中小城市地均固定资产投资年均增长
15% 左右，高出大城市 5 个百分点左右。总体来看，5 年间大城市与中小城市
之间的建设用地投入产出比有所扩大，如超大城市与Ⅱ型小城市之间的建设用
地投入产出比从 2010 年的 1∶1.8 扩大至 2015 年的 1∶2.4，总体显示当前城镇
化快速推进过程中，城市建设用地的集聚规模效益日趋明显。

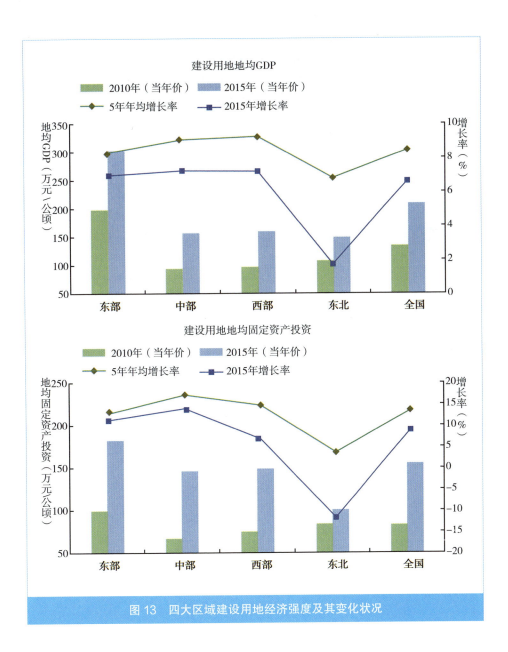

图 13　四大区域建设用地经济强度及其变化状况

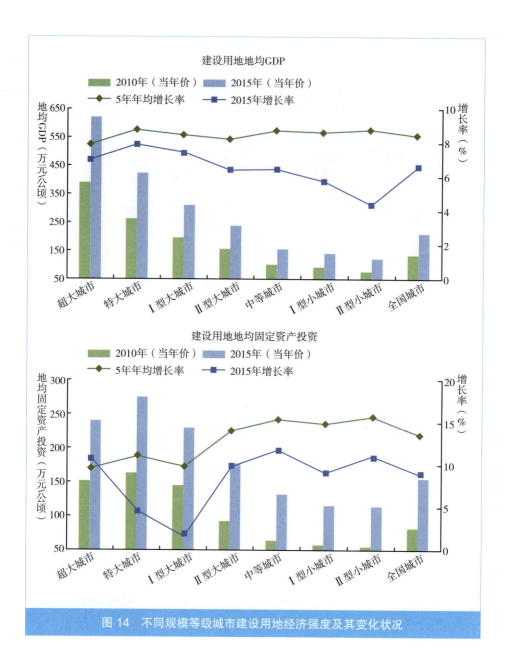

图 14　不同规模等级城市建设用地经济强度及其变化状况

三 "十二五"时期增长耗地及变化分析

（一）人口增长耗地

"十二五"期间，全国参评城市新增城乡建设用地面积从 2010 年的 41.33 万公顷下降至 2015 年的 31.39 万公顷，人口增长新增耗地量总体呈现逐年下降的良好态势。2015 年全国参评城市单位人口增长消耗新增城乡建设用地为 441.3 平方米 / 人，相比于 2011~2014 年 4 年平均 539.2 平方米 / 人下降了 98.0 平方米 / 人。从不同区域看，东部地区人口增长新增耗地量总体较低，约为全国参评城市平均水平的 70% 左右；中部和西部地区次之，约比全国平均水平高出 20% 左右；东北地区则处于较高水平，特别是 2012 年、2013 年、2015 年三年东北地区在人口出现较大外流的同时新增城乡建设用地消耗仍处于较高的水平（见图 15）。

从不同规模等级城市看，人口增长新增耗地水平总体呈现城市规模等级越高、新增耗地量越低的分异特征。如图 16，超大城市 2011~2014 年各年平均人口增长消耗新增城乡建设用地为 185.8 平方米 / 人，为全国参评城市平均水平的 35.8%，而Ⅰ型、Ⅱ型小城市新增耗地量则分别高达 1011.6 平方米 / 人和 1108.3 平方米 / 人，分别为超大城市的 5.4 倍和 6.0 倍。从动态变化看，不同规模等级城市人口增长耗地量年间变动较大、规律性总体不明显。就 2015 年相比 2014 年而言，除Ⅰ型大城市人口增长新增耗地量增加了 150.5 平方米 / 人外，其余等级城市均有不同程度的下降，其中Ⅱ型小城市下降最明显、下降了 341.5 平方米 / 人。

（二）经济增长耗地

2010~2015 年全国各地城市以贯彻落实"十二五"单位 GDP 建设用地下降 30% 为导向，积极推动土地利用方式转变，经济增长耗地下降明显，单位 GDP 建设用地使用面积由 2010 年的 74.17 公顷 / 亿元下降至 2015 年的 49.45 公顷 / 亿元（2010 年可比价），累计下降了 24.72 公顷 / 亿元，单位

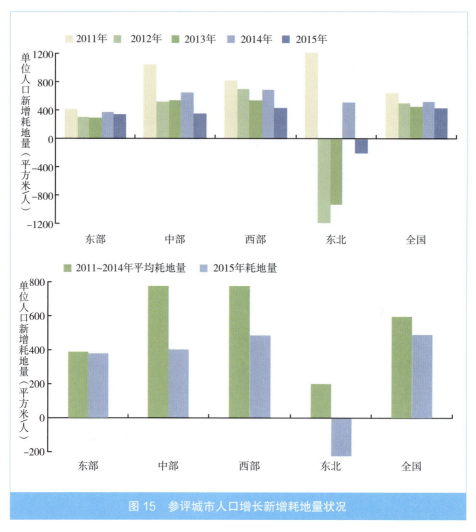

图 15　参评城市人口增长新增耗地量状况

GDP 建设用地使用面积下降率达 33.3%，其中 2015 年单位 GDP 耗地下降率为 6.2%。从四大区域看，西部、中部地区单位 GDP 耗地下降成效最为明显，而东北地区则相对逊色。从不同规模等级城市看，"十二五"期间不同规模等级城市单位 GDP 建设用地使用面积下降水平总体相当，其中特大城市耗地下降最为明显，2010~2014 年累计下降了 34.4%；而超大城市则相对逊色（见图 17）。

图 16　不同规模等级城市人口增长新增耗地量状况

从经济增长新增耗地量看，全国参评城市 2015 年单位 GDP 增长和单位固定资产投资消耗新增建设用地量分别为 8.11 公顷 / 亿元和 0.78 公顷 / 亿元，相比于 2011 年的 10.51 公顷 / 亿元和 1.99 公顷 / 亿元分别下降了 22.8% 和 60.8%，也分别比 2011~2014 年平均新增耗地量低 1.60 公顷 / 亿元和 0.44 公顷 / 亿元。从四大区域看，东部地区经济增长新增耗地相对较低，5 年平均耗地量相比于全国城市平均水平分别低 33.7% 和 17.3%；东北地区次之；西部地区则相对较高，5 年平均耗地量相比全国参评城市水平高出 56.2% 和 31.4%（见图 18、图 19）。

从不同规模等级城市经济增长新增耗地看，总体呈现城市规模等级越高、耗地量越低的分布规律。首先，从单位 GDP 增长消耗新增建设用地量看，如图 20 所示，Ⅱ型小城市的新增耗地总体较高，2011~2014 年 4 年平均为 14.27 公顷 / 亿元，2015 年为 18.55 公顷 / 亿元；而超大城市分别为 4.50 公顷 / 亿元和 3.14 公顷 / 亿元，仅为Ⅱ型小城市的 31.6% 和 17.0%。其次，从单位固定资产投资消耗新增建设用地量看，中小城市的耗地量总体高于大城市、特大城市。如

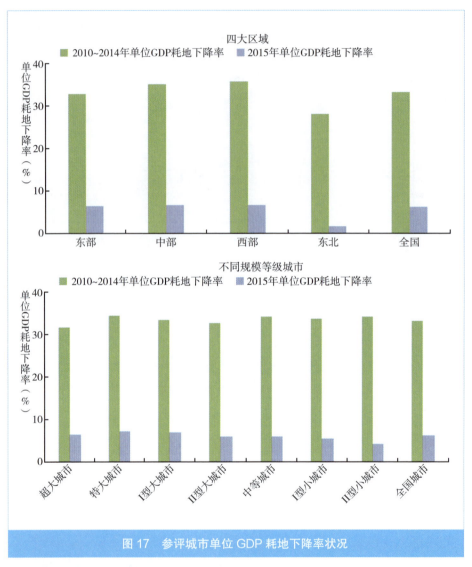

图 17 参评城市单位 GDP 耗地下降率状况

2011~2014 年 4 年平均新增耗地量最高的是 I 型小城市，为 1.84 公顷 / 亿元，最低的是 I 型大城市，为 0.91 公顷 / 亿元，前者是后者的 2.02 倍；2015 年新增耗地量最高的是 II 型小城市，为 1.04 公顷 / 亿元，最低的是特大城市，为 0.48 公顷 / 亿元，前者是后者的 2.17 倍。从动态变化看，相比以往各年，2015 年不同规模等级城市的经济增长新增耗地量均有一定幅度的下降，其中 I 型小城市下降最为明显。

图 18　参评城市经济增长消耗新增建设用地量状况

四 "十二五"时期经济社会发展与用地变化匹配分析

（一）人口增长与用地变化匹配程度

2010~2015 年全国参评城市常住总人口增加 0.36 亿人、增幅 2.9%，同期城乡建设用地增加 187.81 万公顷、增幅 7.4%，常住总人口与城乡建设用地增长弹性系数为 0.39，城乡建设用地增长速度总体快于常住人口增长速度，城乡建设用地人口密度趋于下降。从动态变化看，2015 年全国参评城市常住总人口与城乡建设用地增长弹性系数为 0.47，为 2011 年以来的历年最高，建设用地人口密度下降趋势有所放缓。全国参评城市 2010~2015 年常住城镇人口与城镇工矿用地增长弹性系数为 0.97，土地城镇化略快于人口城镇化；但2015 年城镇人口与城镇工矿用地增长协调匹配关系得到较大改善，弹性系数 5 年来首次大于 1.0，为 1.16，人口城镇化快于土地城镇化，城镇工矿用地人口承载水平得到一定提升，新型城镇化进程中的人地关系协调度趋于好转

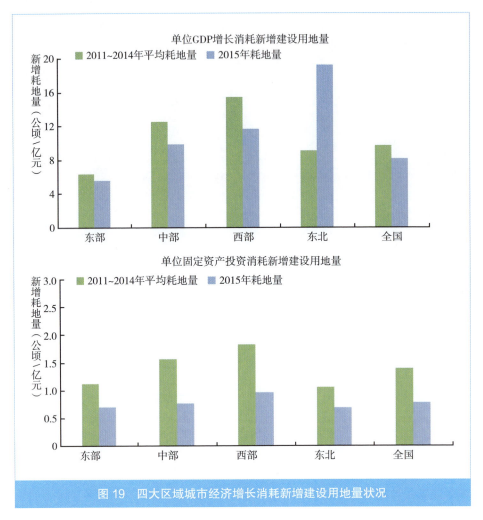

图 19 四大区域城市经济增长消耗新增建设用地量状况

（见图 21）。从农村人口与用地变化匹配程度上看，全国参评城市村庄用地
人口承载协调度总体较差，常住农村人口减少、村庄用地不减反增的现象尚
未得到根本扭转，人均村庄用地不减反增，由 2010 年的 274.1 平方米增加到
2015 年的 314.6 平方米，累计增加了 40.5 平方米，成为制约当前建设用地人
口承载水平提升的重要因素。

从不同区域看，东部地区人口增长与用地变化匹配协调状况相对较好，

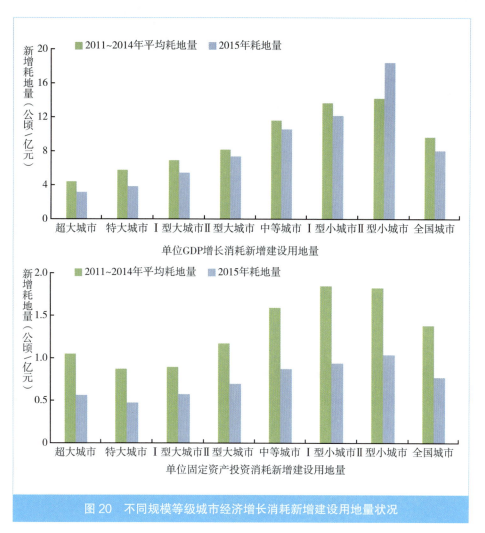

图 20　不同规模等级城市经济增长消耗新增建设用地量状况

尽管 2011 年以来各年城乡建设用地扩张速度总体快于常住总人口增长速度，但弹性系数总体位居四大区域首位，特别是各年城镇人口与城镇工矿用地增长弹性系数均大于 1，人口城镇化持续快于土地城镇化，城镇工矿用地扩张得到较好的控制；中部和西部地区总体处于建设用地扩张快于人口增长、土地城镇化快于人口城镇化的状态，但 2015 年有所好转，不仅常住总人口与城乡建设用地增长弹性系数较历年有较大的提高，而且人口城镇化 5 年来首次快

图 21　参评城市人口增长与用地变化匹配状况

于土地城镇化；东北地区人地协调形势不太乐观，总体呈现人口减少而城乡建设用地持续增长的势头，2015年还出现常住城镇人口有所减少而城镇工矿用地继续扩张的不利局面（见图 22）。综合来看，四大区域农村用地人口承载协调度总体堪忧，其中东部地区农村用地人口承载水平下降最为明显，人均村庄用地由 2010 年的 274.9 平方米增加到 2015 年的 317.5 平方米，累计增加了 15.5%；西部地区次之，人均村庄用地由 243.5 平方米增加至 280.5 平方米，累计增加了 15.2%；中部地区再次，人均村庄用地由 269.5 平方米增加至 310.2 平方米，累计增加了 15.1%；东北地区由 419.2 平方米增加至 455.4 平方米，累计增加了 8.6%。

从不同规模等级城市来看，2010~2015 年，除超大城市常住总人口增长略快于城乡建设用地增长速度，人口增长与用地变化关系较为协调外，其他规模等级城市的建设用地人口承载水平总体呈现缓慢下降的态势，其中中小城市的常住总人口与城乡建设用地增长弹性系数相对较低，人地协调性较差。从城镇化推进看，Ⅱ型大城市和中小城市 2010~2014 年常住城镇人口与城镇工矿用地增长弹性系数总体大于 1.0，人口城镇化快于土地城镇化，特别是中等城市各年间的弹性系数均大于 1.0，城镇化推进过程中的人地关系最为协调；

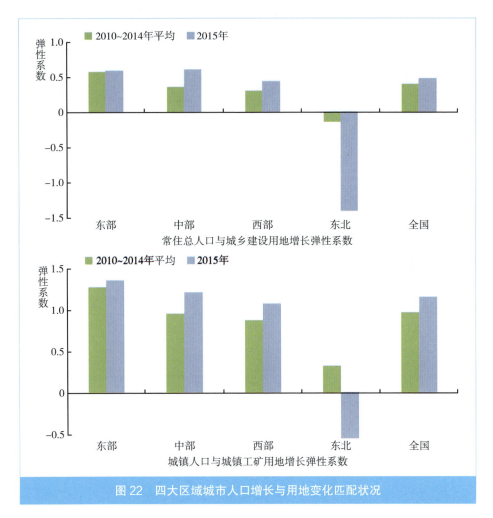

图22　四大区域城市人口增长与用地变化匹配状况

但Ⅰ型大城市及特大城市、超大城市由于主城区人口疏解等因素影响，常住城镇人口与城镇工矿用地增长弹性系数总体小于1.0（见图23）。另外，从农村人口与用地变化关系看，随着上海等超大城市城乡人地挂钩、建设用地"减量化"政策的推进，超大城市呈现常住农村人口与村庄用地同步减少、人均村庄用地持续有所下降的良好态势，但其他规模等级城市农村人口减少、村庄用地不减反增的问题总体依然比较突出。

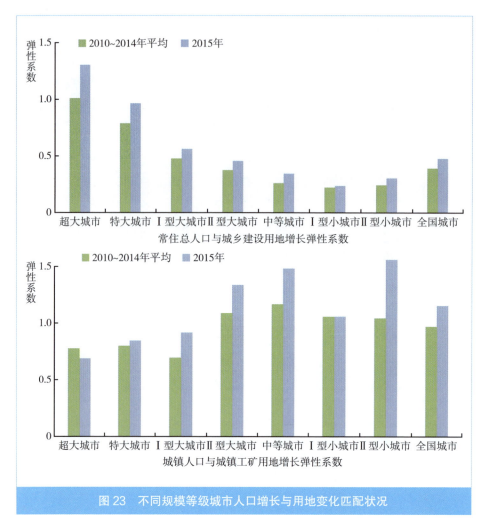

图23　不同规模等级城市人口增长与用地变化匹配状况

（二）经济发展与用地变化匹配程度

2010~2015年全国参评城市经济发展与建设用地增长匹配协调度总体良好，地区生产总值与建设用地增长弹性系数为7.76，经济增长速度明显快于建设用地增长速度，建设用地经济强度得到显著提升。从年间变化看，除2014年弹性系数相对偏低外，其余各年经济发展与建设用地增长匹配协调度总体平稳（见图24）。

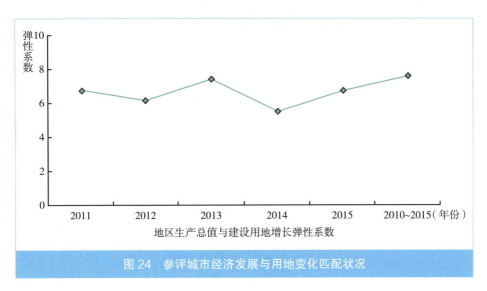

图24 参评城市经济发展与用地变化匹配状况

从不同区域看，2010~2014年地区生产总值与建设用地增长弹性系数除西部地区相对偏低外，东部、中部、东北三个区域总体相当，且均高于全国平均水平；但从年间变化看，东北地区2015年弹性系数回落较大，中部和西部地区有较大的提升，东部地区总体比较稳定（见图25）。

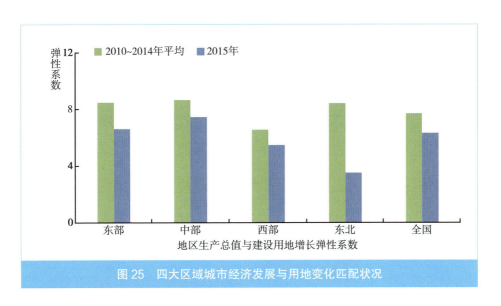

图25 四大区域城市经济发展与用地变化匹配状况

从不同规模等级城市看，全国不同规模等级城市的经济发展与建设用地增长匹配协调度总体较高，但中小城市的用地变化匹配协调度回落较大。如图 26 所示，2010~2015 年，中小城市的地区生产总值与建设用地增长弹性系数相对较高，其中中等城市最高、为 8.59，Ⅱ型小城市次之、为 8.46，而Ⅰ型大城市最低、为 6.96。从年间变化看，相比以往各年，大城市 2015 年的地区生产总值与建设用地增长弹性系数基本稳定，但中小城市由于当前面临的经济转型压力较大，近期经济增速回落较明显，地区生产总值与建设用地增长弹性系数回落较大，用地变化匹配协调度有所下降。

图 26　不同规模等级城市经济发展与用地变化匹配状况

五　"十二五"时期城市建设用地节约集约利用总体格局

基于城市建设用地节约集约利用评价的内涵、理论框架，本报告主要从城市建设用地节约集约利用的现状水平、动态变化趋势以及综合水平三个层面，分析揭示全国参评城市建设用地节约集约利用的区域格局和分布特征。

（一）全国城市建设用地节约集约利用现状水平

城市建设用地节约集约利用现状水平旨在反映不同城市在评价时点建设用地所承载的社会经济总量高低。本报告通过分析比较并测算基于城乡建设用地人口密度、建设用地地均 GDP、建设用地地均固定资产投资等三个建设用地利用强度表征指标所测算的建设用地节约集约利用现状水平指数，来综合揭示全国参评城市建设用地节约集约利用现状水平的分布格局和区域特征。结果如下。

1. 建设用地节约集约利用现状水平指数现状

2015 年全国 273 个地级以上城市建设用地节约集约利用现状水平指数十强城市依次是深圳、广州、厦门、上海、温州、武汉、福州、北京、贵阳和无锡。与 2014 年相比，十强城市名单没有显著变化，只有贵阳超越无锡跻身第九位。从十强城市的区域分布来看，除武汉、贵阳外，全部为东部沿海发达城市（见表 1 和图 27）。

2015 年全国 296 个县级城市建设用地节约集约利用现状水平指数十强城市依次是石狮、瑞安、福鼎、仁怀、乐清、江阴、昆山、义马、张家港和晋江。与 2014 年相比，十强城市名单除福建晋江市超越湖北宜都市进入十强、义马从第六位退至第八位外没有显著变化。除仁怀、义马 2 市外，全部为江、浙、闽沿海经济发达地区（见表 1 和图 28）。

表 1　参评城市建设用地节约集约利用现状水平指数排序十强

273 个地级以上城市					296 个县级城市				
城市	2015 年指数值	2015 年排名	2014 年排名	所属省（区、市）	城市	2015 年指数值	2015 年排名	2014 年排名	所属省（区）
深　圳	95.29	1	1	广　东	石　狮	88.49	1	1	福　建
广　州	89.49	2	2	广　东	瑞　安	84.98	2	2	浙　江
厦　门	85.27	3	3	福　建	福　鼎	81.55	3	3	福　建
上　海	81.47	4	4	上　海	仁　怀	79.82	4	4	贵　州
温　州	78.53	5	5	浙　江	乐　清	76.84	5	5	浙　江

续表

273 个地级以上城市					296 个县级城市				
城市	2015 年指数值	2015 年排名	2014 年排名	所属省（区、市）	城市	2015 年指数值	2015 年排名	2014 年排名	所属省（区）
武 汉	78.09	6	6	湖 北	江 阴	71.77	6	7	江 苏
福 州	74.99	7	7	福 建	昆 山	68.58	7	8	江 苏
北 京	74.23	8	8	北 京	义 马	68.55	8	6	河 南
贵 阳	71.13	9	10	贵 州	张家港	65.89	9	9	江 苏
无 锡	70.13	10	9	江 苏	晋 江	64.50	10	12	福 建

2. 区域总体格局

2015 年全国参评城市建设用地节约集约利用现状水平总体呈现"东部优于中部、中部优于西部、东北部"的区域分布格局，特别是苏浙沪区、粤闽琼区，以及珠三角、海峡西岸、黔中、长三角、京津冀城市群等重点、节点城市及东南沿海发达城市的建设用地节约集约利用现状水平位居全国前列；中西部、东北地区除武汉、西安、成都、西宁、郑州、兰州、呼和浩特、乌鲁木齐等区域核心城市排名较高外，节约集约利用现状水平总体处于全国较低位次。具体如下。

首先，从四大区域城市建设用地节约集约利用现状水平指数分布看（见表 2），东部地区城市现状水平指数明显高于全国平均水平，而西部、中部和东北地区低于全国平均水平。与 2014 年相比，除东北地区有所下降外，2015年东部、中部、西部地区城市的建设用地节约集约利用现状水平指数均略有提升，但相对序位则与 2014 年度保持一致。

区域范围	2015 年		2014 年	
	指数值	排序号	指数值	排序号
东 部	45.19	1	44.55	1
中 部	34.18	3	33.28	3
西 部	34.94	2	34.69	2
东 北	27.78	4	29.17	4
全 国	37.67	—	30.93	—

表 2　四大区域城市建设用地节约集约利用现状水平指数

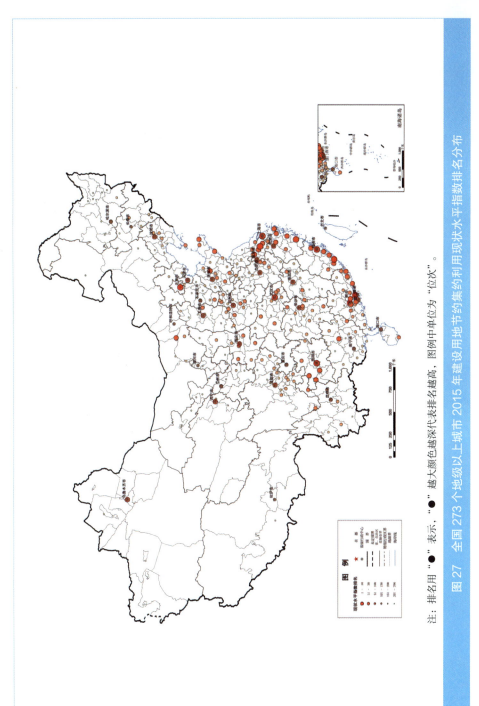

注：排名用 "●" 表示，"●" 越大颜色越深代表排名越高，图例中单位为 "位次"。

图 27　全国 273 个地级以上城市 2015 年建设用地节约集约利用现状水平指数排名分布

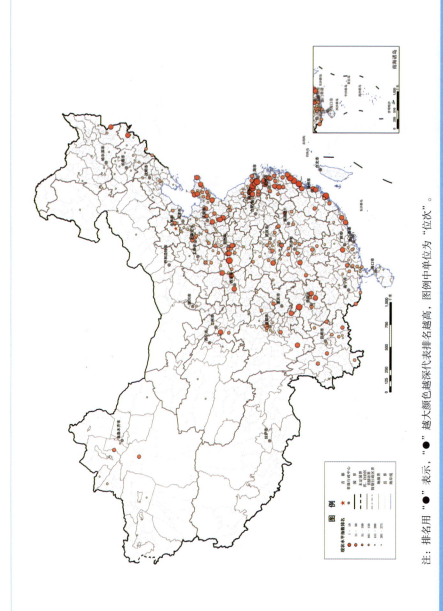

图 28　全国 296 个县级市 2015 年建设用地节约利用现状利用现状水平指数排名分布

注：排名用"●"表示，"●"越大颜色越深代表排名越高，图例中单位为"位次"。

其次，从城市建设用地节约集约利用现状水平指数均值分布看（见表3），无论是地级以上城市还是县级城市，东部地区的指数均值均明显高于全国平均水平和其余三个区域，并占据全国排名前10强城市、前50强城市和百强城市的绝大多数。从各区域内部分异看，东北地区变异系数最大，区域内部各城市之间建设用地集约利用现状水平差异巨大，且大于全国参评城市之间的总体差距；中部地区变异系数相对最小，各城市之间集约利用现状水平相对比较均衡。值得一提的是，在中部和西部地区之间，中部地区地级以上城市的节约集约利用现状水平指数均值要高于西部地区，但县级市的节约集约利用现状水平指数均值则低于西部地区。

表3 四大区域城市建设用地节约集约利用现状水平指数分异状况

单位：个，%

| 类型 | 区域范围 | 城市数量 | 节约集约利用现状水平指数 | | | | | 入百强城市数量 | | | | |
			均值	标准差	变异系数	最大值	最小值	入百强数量	区域城市中百强占比	前50强数量	区域城市中前50强占比	10强城市数量
地级以上城市	东　部	83	45.92	16.62	0.36	95.29	22.82	50	60.24	33	39.76	8
	中　部	74	35.13	10.33	0.29	78.09	17.93	25	33.78	6	8.11	1
	西　部	87	34.36	12.64	0.37	71.13	9.43	22	25.29	10	11.49	1
	东　北	29	26.26	10.40	0.40	52.10	12.33	3	10.34	1	3.45	0
	全　国	273	37.22	14.60	0.39	95.29	9.43	100	36.63	50	18.32	10
县级城市	东　部	118	40.34	14.31	0.35	88.49	11.59	58	49.15	33	27.97	8
	中　部	73	33.22	10.21	0.31	68.55	17.91	18	24.66	6	8.22	1
	西　部	65	33.43	12.57	0.38	79.82	9.59	22	33.85	9	13.85	1
	东　北	40	23.29	10.14	0.44	59.58	9.46	2	5.00	2	5.00	0
	全　国	296	34.76	13.63	0.39	88.49	9.46	100	33.78	50	16.89	10

3. 主要特征

（1）不同城市建设用地节约集约利用现状水平差异显著，与城市、区域经济发展水平之间的匹配度较高，总体呈现东部沿海发达地区向中西部、东北部递降趋势。

如表4所示，全国不同城市建设用地节约集约利用现状水平各项指标现状值及其现状水平指数存在巨大差异，其中城乡建设用地人口密度指标现状

值最大、最小相差 24.8 倍，地均固定资产投资指标现状值相差 44.6 倍，地均 GDP 指标现状值相差 84.0 倍；节约集约利用现状水平指数相差 10.1 倍。从变异系数看，地均 GDP 指标现状值变异系数高达 0.74，最低的城乡建设用地人口密度指标现状值变异系数也达 0.37 以上，总体显示全国不同城市建设用地节约集约利用现状水平差异显著。

表 4 不同参评城市建设用地节约集约利用现状水平指标分异状况一览 单位：人 /km²、万元 /km²									
范围	城乡建设用地人口密度（PUII1）					建设用地地均固定资产投资（EUII1）				
	平均值	最大值	最小值	最大值 / 最小值	变异系数	平均值	最大值	最小值	最大值 / 最小值	变异系数
569 个参评城市	4528.38	13817.55	556.28	24.84	0.37	13330.47	58510.13	1312.04	44.59	0.53
273 个地级以上城市	4743.25	13817.55	556.28	24.84	0.35	13792.45	35766.56	2102.03	17.02	0.50
296 个县级城市	4330.21	13709.97	584.81	23.44	0.38	12904.40	58510.13	1312.04	44.59	0.55
范围	建设用地地均地区生产总值（EUII2）					节约集约利用现状水平指数				
	平均值	最大值	最小值	最大值 / 最小值	变异系数	平均值	最大值	最小值	最大值 / 最小值	变异系数
569 个参评城市	19087.87	179305.5	2133.62	84.04	0.74	35.94	95.29	9.43	10.11	0.39
273 个地级以上城市	19532.66	179305.47	3561.18	50.35	0.83	37.22	95.29	9.43	10.11	0.39
296 个县级城市	18677.65	75822.11	2133.62	35.54	0.63	34.76	88.49	9.46	9.36	0.39

从分异规律看，全国城市建设用地节约集约利用现状水平与城市人均 GDP、城镇化发展水平之间存在较大的关联度。如图 29 和图 30 所示，全国 569 个参评城市中，人均 GDP 在 2 万元以下的 21 个城市节约集约利用现状水平指数均值仅为 28.1；人均 GDP 在 3 万 ~4 万元的 11 个城市为 31.0；人均 GDP 在 5 万 ~6 万元的 81 个城市为 38.1；人均 GDP 在 7 万 ~8 万元的 42 个城市为 43.7；人均 GDP 在 9 万 ~10 万元的 17 个城市则达 46.9。城镇化率在

30% 以下的 13 个城市节约集约利用现状水平指数均值仅为 24.4；随着城镇化率的提高，建设用地节约集约利用现状水平随之升高，城镇化率在 70%~80% 的 46 个城市指数均值达 43.6；城镇化率在 80% 以上的 30 个城市指数均值达 50.9，总体显示全国城市建设用地节约集约利用现状水平随城镇化水平的提高而逐步提高。但也有少数城市，如昭通、陆丰、临夏、毕节等城市人均 GDP 水平较低，邵通、晋州、毕节等城市城镇化率较低，但建设用地节约集约利用现状水平较高；霍林郭勒、鄂尔多斯、克拉玛依、二连浩特等城市人

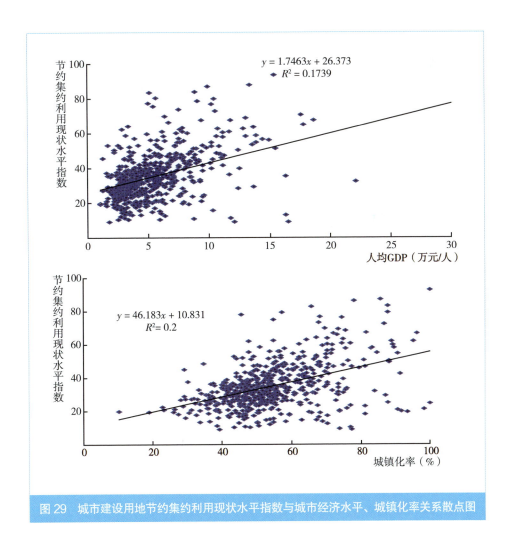

图 29 城市建设用地节约集约利用现状水平指数与城市经济水平、城镇化率关系散点图

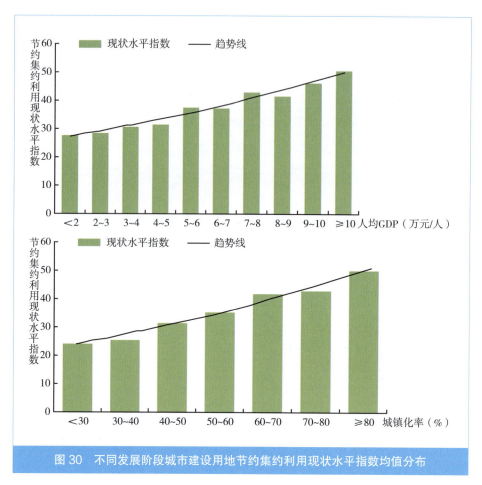

图30　不同发展阶段城市建设用地节约集约利用现状水平指数均值分布

均GDP水平处于全国前列，满洲里、奎屯、嘉峪关、牙克石、锡林浩特、石河子、霍林郭勒等城市城镇化水平处于全国前列，但建设用地节约集约利用现状水平排序比较靠后。

（2）东部、中部地区城市建设用地节约集约利用现状水平提升明显，东北部不升反降，建设用地节约集约利用现状水平区域之间差距有所拉大。

当前全国城市建设用地节约集约利用现状格局总体呈现东部向中西部、东北部递减的格局，但从变动趋势上看，东部、中部地区城市建设用地节约集约利用水平提升明显，而东北部则不升反降。若以全国城市2014年建设用地节约集约利用评价整体指标现状值为基准（100），分别测算 2014 年和 2015 年的建设用地利用强度指数，结果显示东部地区城市的利用强度指数由 2014 年的 122.78 提高至 2015 年的 129.42、增幅为 5.4%，中部地区由 86.93 提高至 92.40、增幅为 6.3%，西部地区由 90.79 提高至 94.63、增幅为 4.2%，而东北地区则由 77.78 下降至 76.73、降幅为 1.4%，中部地区提高幅度最快。同时，相比于东部地区，中部与东部地区利用强度指数的差距由 2014 年的 35.86 扩大到 37.02，西部地区由 31.99 扩大到 34.79，东北地区由 45.01 扩大到 52.69，与东部地区的差距进一步拉大。

（3）城市建设用地节约集约利用现状水平总体随城市行政级别、规模等级提高而提升，特大以上城市及直辖市、省会城市集约利用强度指数提升显著。①

全国参评城市建设用地节约集约利用现状水平高低与其城市行政级别、等级规模高低存在较高关联度，总体呈现城市行政级别、等级规模越高，建设用地节约集约利用现状水平越高的分布规律，并更趋明显。如图 31 所示，相比于 2014 年，2015 年直辖市、副省级城市和一般省会城市的建设用地节约集约利用强度指数分别提高了 9.8、7.6 和 8.5，而一般地级市和县级市仅提高了 3.9 和 4.0，使得"直辖市 > 副省级城市 > 其他省会城市 > 县级市"的建设用地节约集约利用分异特征更趋明显；从城市规模等级看，相比于 2014 年，2015 年超大城市和特大城市的建设用地节约集约利用强度指数分别提高了 12.07 和 8.45，而大城市、中等城市、小城市则分别仅提高了 5.61、4.15、3.05，使得"超大城市 > 特大城市 > 大城市 > 中等城市 > 小城市"的建设用地节约集约利用现状水平分异特征更加明显。

---

① 为揭示全国不同行政级别城市建设用地节约集约利用分异状况，本报告按直辖市、副省级城市、一般省会城市、一般地级市和县级市等五个行政级别进行分析。其中直辖市涉及北京、天津、上海、重庆 4 市，副省级城市涉及广州、杭州、成都、南京、长春、沈阳、哈尔滨、济南、武汉、西安等 10 个副省级省会城市和深圳、厦门、宁波、大连、青岛等 5 个计划单列市，一般省会城市指除直辖市、副省级省会城市以外的省会城市，包括石家庄、太原、呼和浩特、合肥、福州、南昌、郑州、长沙、南宁、海口、贵阳、昆明、拉萨、兰州、西宁、银川、乌鲁木齐等 17 个城市，一般地级市即为扣除 36 个省会城市和计划单列市外的其余 237 个地级参评城市，县级市即涉及的 296 个县级参评城市。

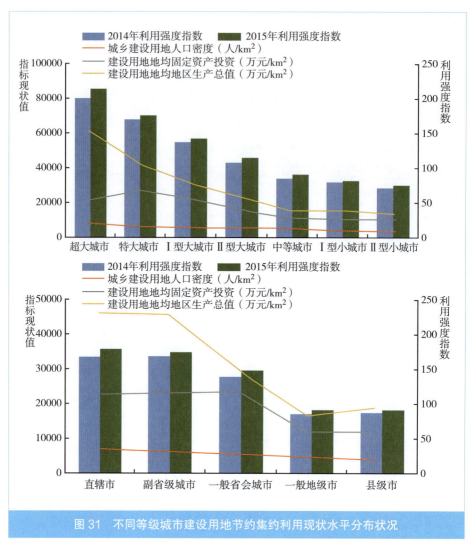

图31 不同等级城市建设用地节约集约利用现状水平分布状况

（二）全国城市建设用地节约集约利用动态变化趋势

城市建设用地节约集约利用动态变化趋势旨在揭示不同城市在评价时点社会经济增长对新增建设用地消耗的依赖程度及其与自身社会经济发展的协调状况。本报告通过分析比较基于单位人口增长消耗新增城乡建设用地量、单位地区生产总值耗地下降率、单位地区生产总值增长消耗新增建设用地量、单位固定资产投资消耗新增建设用地量等四个反映增长耗地状况的表征指标，以及人口与城乡建设用地增长弹性系数和地区生产总值与建设用地增长弹性系数这两个反映建设用地消耗与自身社会经济发展协调匹配程度的表征指标所测算的建设用地节约集约利用动态变化趋势指数，来综合揭示全国参评城市建设用地节约集约利用动态变化趋势的区域格局和分异特征。结果如下。

1. 建设用地节约集约利用动态变化趋势指数现状

2015 年全国 273 个地级以上城市建设用地节约集约利用动态变化趋势指数十强城市依次是：辽源、深圳、宿州、天津、北京、广州、厦门、常德、连云港和安康。相比于 2014 年，辽源、厦门、常德、连云港、安康取代铜陵、黑河、吉林、绵阳、日喀则进入十强名单，同时深圳、宿州、北京、广州的位次有所提升，天津的位次有所下降。从区域分布上，东部地区发达城市占 6 席，东北地区占 1 席，西部地区占 2 席，中部地区占 1 席（见表 5 和图 32）。

2015 年全国 296 个县级城市建设用地节约集约利用动态变化趋势指数十强城市依次是：舒兰、禹城、醴陵、彭州、都江堰、什邡、临江、牙克石、昌邑和延吉。相比于 2014 年，舒兰、禹城、醴陵、临江、牙克石、延吉取代连州、禹城、绵竹、石狮、讷河和义马进入十强名单。从区域分布上看，西部地区和东北部地区各占 4 席，东部和中部地区各占 1 席（见表 5 和图 33）。

表 5　参评城市建设用地节约集约利用动态变化趋势指数排序十强										
273 个地级以上城市					296 个县级城市				
城市	2015 年指数值	2015 年排名	2014 年排名	所属省（区市）	城市	2015 年指数值	2015 年排名	2014 年排名	所属省（区）
辽　源	56.80	1	35	吉　林	舒　兰	74.90	1	27	吉　林
深　圳	54.06	2	5	广　东	禹　城	60.63	2	5	山　东
宿　州	50.85	3	9	安　徽	醴　陵	59.04	3	23	湖　南
天　津	46.86	4	1	天　津	彭　州	58.09	4	2	四　川
北　京	33.78	5	6	北　京	都江堰	55.54	5	1	四　川
广　州	31.21	6	10	广　东	什　邡	55.33	6	3	四　川

续表

273 个地级以上城市				296 个县级城市				
城市	2015年指数值	2015年排名	2014年排名	所属省（区市）	城市	2015年指数值	2015年排名	2014年排名	所属省（区）
厦 门	28.52	7	41	福 建	临 江	48.09	7	87	吉 林
常 德	28.33	8	29	湖 南	牙克石	46.99	8	96	内蒙古
连云港	27.78	9	13	江 苏	昌 邑	44.66	9	8	山 东
安 康	27.70	10	143	陕 西	延 吉	44.66	10	243	吉 林

2. 区域总体格局

2015 年全国城市建设用地节约集约利用动态变化趋势总体呈现"东部优于中部、中部优于西部、东北部"的格局，特别是京津冀鲁区、苏浙沪区，以及长三角、山东半岛及辽中南等城市群，天津、北京、上海、安徽、湖南等 5 省（市）的建设用地节约集约利用动态变化趋势最为显著，但海峡西岸、成渝、哈长、关中平原等城市群及晋豫区、西北区、西南区等地区的城市则相对逊色。

首先，从城市建设用地节约集约利用动态变化趋势指数分布看（见表6），东部地区明显高于全国平均水平，中部地区略高于全国平均水平，而西部地区和东北地区低于全国平均水平。与 2014 年相比，中西部地区和东部地区 2015 年建设用地节约集约利用动态变化趋势指数有所提升，但东北地区下降明显，位序也从 2014 年的第二位下降至末位。

区域范围	2015 年		2014 年	
	指数值	排序号	指数值	排序号
东 部	19.45	1	19.52	1
中 部	17.27	2	15.50	3
西 部	14.87	3	14.05	4
东 北	13.26	4	19.32	2
全 国	17.01	—	17.01	—

表 6　四大区域城市建设用地节约集约利用动态变化趋势指数

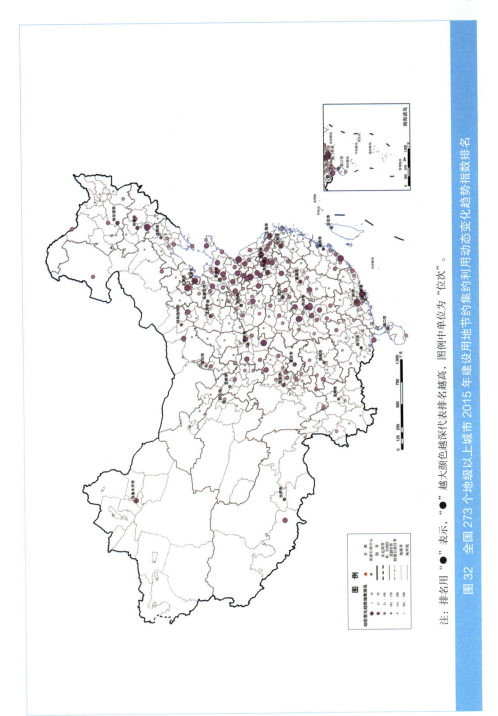

图 32 全国 273 个地级以上城市 2015 年建设用地节约集约利用动态变化趋势指数排名

注：排名用"●"表示，"●"越大颜色越深代表排名越高，图例中单位为"位次"。

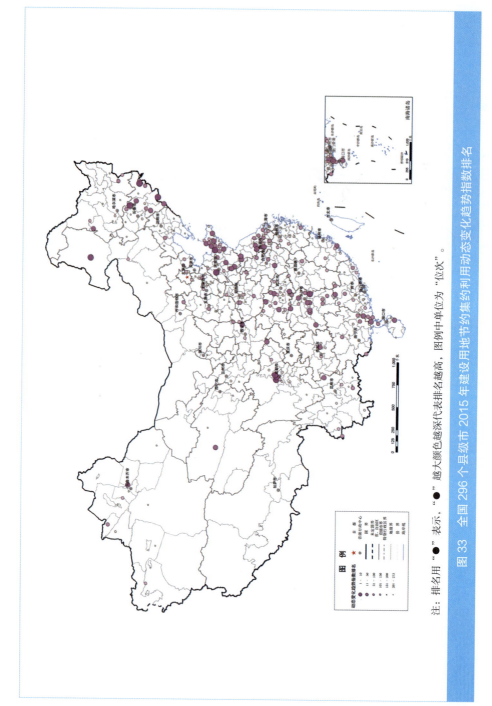

图 33　全国 296 个县级市 2015 年建设用地节约集约利用动态变化趋势指数排名

注：排名用"●"表示，"●"越大颜色越深代表排名越高，图例中单位为"位次"。

其次，从城市建设用地节约集约利用动态变化趋势指数均值分布看（见表7），无论是地级以上城市还是县级市，东部地区和中部地区城市建设用地节约集约利用动态变化指数均值总体高于全国平均水平，西部地区次之，东北地区则均为最低。从全国排名前10强城市、前50强城市和百强城市数量上看，也总体呈现东部、中部地区多于西部、东北地区的格局，但西部地区和东北地区的部分县级市建设用地节约集约利用动态变化趋势绩效非凡，在全国排名前10强城市中分别占据4席和3席。从区域内部不同城市集约利用动态变化趋势指数分异看，东北地区变异系数最大，区域内部各城市之间的建设用地集约利用动态变化趋势区域差异巨大，甚至远远超过全国城市之间的区域差异程度；西部地区的地级以上城市和东部地区的县级市变异系数最小，区域内部各城市之间的节约集约利用动态变化趋势相对比较均衡。

表7　四大区域城市建设用地节约集约利用动态变化趋势指数分异状况

单位：个，%

| 类型 | 区域范围 | 城市数量 | 节约集约利用动态变化趋势指数 | | | | | 入百强城市数量 | | | | |
			均值	标准差	变异系数	最大值	最小值	入百强数量	区域城市中百强占比	前50强数量	区域城市中前50强占比	10强城市数量
地级以上城市	东　部	83	17.87	7.83	0.44	54.06	4.01	36	43.37	21	25.30	6
	中　部	74	16.97	7.09	0.42	50.85	4.63	32	43.24	20	27.03	2
	西　部	87	14.39	4.90	0.34	27.70	4.32	24	27.59	8	9.20	1
	东　北	29	12.48	10.58	0.85	56.80	0.50	8	27.59	1	3.45	1
	全　国	273	15.95	7.38	0.46	56.80	0.50	100	36.63	50	18.32	10
县级城市	东　部	118	19.33	8.84	0.46	60.63	5.73	39	33.05	19	16.10	2
	中　部	73	20.05	10.21	0.51	59.04	2.00	29	39.73	14	19.18	1
	西　部	65	18.43	11.45	0.62	58.09	2.73	19	29.23	10	15.38	4
	东　北	40	17.41	15.45	0.89	74.90	1.15	13	32.50	7	17.50	3
	全　国	296	19.05	10.83	0.57	74.90	1.15	100	33.78	50	16.89	10

3. 主要特征

（1）建设用地节约集约利用动态变化总体符合土地报酬递减规律，现状水平与动态变化"双高""双低"态势并存。

由于受土地报酬边际递减影响，现状经济社会发展水平高、建设用地节

约集约利用现状水平较高的城市，进一步提升建设用地节约集约利用水平的难度相对较大，建设用地节约集约利用动态变化趋势指数相对偏低；相反，现状工业化、城镇化水平低，建设用地节约集约利用现状水平不高的城市，凭借后发优势加快经济社会发展，建设用地节约集约利用水平提升比较明显，节约集约利用动态变化趋势指数相对较高，全国城市建设用地节约集约利用现状水平指数排名与动态变化趋势指数排名"互补"关系明显。对比图27、图28和图32、图33可以看出，2015年度节约集约利用现状水平较高的城市集中分布在东南沿海一带，而动态变化趋势较为明显的城市主要集中在山东半岛、哈长、江淮地区及长江中游城市群的中部一线。但北京、天津、上海、深圳、广州、厦门等一些核心城市在土地利用强度具备相当领先的优势下，由于在资金、技术、人才、管理以及投资、金融等方面占有绝对的优势，社会经济与人口集聚能力强，加之经济转型升级步伐较快，建设用地增长获得的经济、人口增长高，建设用地节约集约利用动态变化则呈现土地利用强度、用地弹性指数双高，土地内涵集约发展明显的良好态势。而克拉玛依、中卫、石嘴山、庆阳、酒泉、平凉、张掖等西部地区城市则呈现土地利用强度和用地弹性指数"双低"的态势，节约集约用地仍有较大提升空间（见表8）。

表8　全国城市建设用地节约集约利用现状水平与动态变化趋势关系类型一览

类型	地级以上城市	县级城市
双高型 （现状、动态双高）	北京 天津 上海 厦门 广州 深圳（6个）	延吉 乐清 石狮 滕州 冷水江（5个）
互补Ⅰ型 （现状高、动态低）	石家庄 沈阳 泰州 宁波 温州 嘉兴 绍兴 舟山 台州 福州 莆田 漳州 宁德 萍乡 威海 郑州 鄂州 珠海 惠州 汕尾 东莞 中山 潮州 揭阳 柳州 梧州 海口 三亚 贵阳 遵义 安顺 毕节 昆明 西安 兰州 西宁（36个）	张家港 太仓 扬中 靖江 慈溪 瑞安 平湖 桐乡 诸暨 义乌 温岭 福清 长乐 晋江 龙海 福安 福鼎 荣成 新郑 长葛 义马 宜都 陆丰 西昌 赤水 仁怀 凯里 都匀 临夏（29个）
互补Ⅱ型 （现状低、动态高）	大同 辽源 连云港 淮北 阜阳 宿州 菏泽 常德（8个）	古交 牙克石 蛟河 舒兰 磐石 梅河口 讷河 穆棱 新沂 如皋 句容 桐城 天长 明光 莱州 昌邑 禹城 舞钢 当阳 枣阳 安陆 广水 湘乡 常宁 津市 涟源 乐昌 廉江 化州 信宜 琼海 都江堰 万源 格尔木 阜康（35个）

续表

类型	地级以上城市	县级城市
双低型 （现状、动态双低）	秦皇岛 邢台 张家口 承德 朔州 忻州 临汾 通辽 鄂尔多斯 巴彦淖尔 抚顺 丹东 锦州 阜新 四平 通化 松原 白城 鸡西 鹤岗 双鸭山 大庆 佳木斯 七台河 赣州 宜春 新乡 驻马店 十堰 梅州 来宾 丽江 榆林 嘉峪关 金昌 白银 武威 张掖 平凉 酒泉 庆阳 石嘴山 中卫 克拉玛依（44个）	沙河 黄骅 霸州 冀州 深州 原平 侯马 汾阳 满洲里 二连浩特 锡林浩特 新民 瓦房店 庄河 东港 凤城 调兵山 北票 德惠 公主岭 双辽 扶余 洮南 大安 敦化 珲春 龙井 尚志 密山 铁力 同江 安达 肇东 德兴 丹江口 松滋 利川 恩平 兴宁 合山 文昌 东方 合作 德令哈 灵武 哈密 阿克苏 奎屯（48个）
适度型 （现状、动态比较接近）	其余179个城市	其余179个城市

（2）不同城市建设用地节约集约利用动态变化趋势指数年间变动较大，中西部城市提升明显，东北地区城市普遍有所下降。

通过比较分析全国不同城市建设用地节约集约利用动态变化趋势指数值和排序号的年间变化状况，结果显示不同城市建设用地节约集约利用动态变化趋势年间变动比较明显。如图34所示，2015年相比2014年动态变化趋势指数变动幅度±10%以内的城市数占比不到25%，±10%~±50%的城市数占比高达51.32%，变化幅度超过±50%的城市数占比高达21.27%；2015年相比2014年动态变化趋势指数排序位序变动在±20位以内的城市数仅占18.98%，位序变动在±20~±50位的城市数占比达19.86%，位序变动超过±50位的城市数占比高达61.16%。从节约集约利用动态变化趋势区域格局变化上看，中西部地区特别是湖北、新疆、贵州、重庆、内蒙古等省（区、市）的动态变化趋势指数位序提升6位以上，浙江、福建也提升5位以上；而辽宁、吉林、黑龙江等东北三省的位序从2014年的10位、11位、12位下降至31位、15位、24位；另外，甘肃、河北、河南、西藏等省（区）的位序也下降5位以上。

（3）建设用地节约集约利用动态变化趋势与城市规模等级、行政级别之间呈现"U"形分布特征，高等级城市建设用地内涵集约型发展趋向比较明显

如图35所做的城市建设用地集约利用动态变化趋势指数与城市规模等

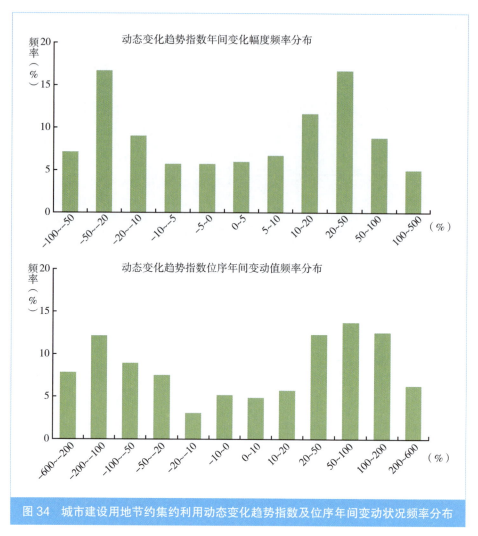

图34　城市建设用地节约集约利用动态变化趋势指数及位序年间变动状况频率分布

级、行政级别关系分布图，总体来看，建设用地节约集约利用动态变化趋势
与城市规模等级、行政级别之间呈现正"U"形的分布关系，其中一般省会城
市、一般地级市以及中等规模城市的动态变化趋势指数处于相对低点，随着
城市行政级别、城市规模等级的提升或下降，节约集约利用动态变化趋势指
数趋于升高。特别是直辖市、超大城市等高等级城市的节约集约利用动态变
化趋势指数处于最高值，建设用地内涵集约型发展趋向比较明显。

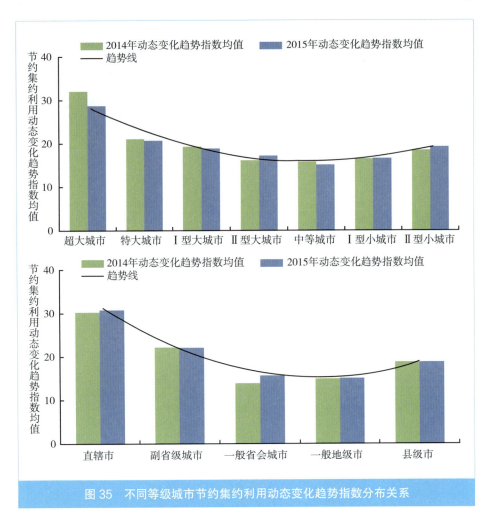

图35　不同等级城市节约集约利用动态变化趋势指数分布关系

（三）全国城市建设用地节约集约利用综合状况

　　城市建设用地节约集约利用综合水平状况旨在反映不同城市在评价时点建设用地承载社会经济总量能力、社会经济增长耗地水平及其协调匹配程度、建设用地节约集约利用经营管理绩效等三方面的综合绩效状况。本报告基于城市建设用地节约集约利用评价的内涵、理论框架，利用全国城市建设用地节约集约利用评价数据库，运用多因素综合评价法，测算城市建设用地节约

集约利用综合指数（详见 B.10），在此基础上分析揭示全国城市建设用地节约集约利用综合状况的区域格局和分布特征。具体如下。

1. 建设用地节约集约利用综合指数现状

2015 年全国 273 个地级以上城市建设用地节约集约利用综合指数十强城市依次是：深圳、广州、厦门、上海、北京、天津、温州、武汉、无锡和南京。相比于 2014 年，武汉、南京取代苏州和福州进入十强名单，厦门超越上海跻身第三位。从区域分布上看，除武汉外，全部为东部沿海经济发展地区特别是长三角、珠三角、京津冀三大世界级城市群的核心城市和重点城市（见表 9 和图 36）。

2015 年全国 296 个县级城市建设用地节约集约利用综合指数十强城市依次是：石狮、乐清、瑞安、冷水江、昆山、江阴、福鼎、张家港、龙口和绥芬河。除龙口和绥芬河 2 市外，全部为江浙闽的沿海经济发达城市。相比于 2014 年，龙口、绥芬河取代义马、彭州进入十强名单，乐清超越瑞安跻身第二位，冷水江市超越江阴跻身第四位（见表 9 和图 37）。

表 9　参评城市建设用地节约集约利用综合指数排序十强

273 个地级以上城市					296 个县级城市				
城市	2015 年指数值	2015 年排名	2014 年排名	所属省（区、市）	城市	2015 年指数值	2015 年排名	2014 年排名	所属省（区）
深圳	77.29	1	1	广东	石狮	58.88	1	1	福建
广州	60.31	2	2	广东	乐清	55.25	2	7	浙江
厦门	55.30	3	4	福建	瑞安	53.59	3	2	浙江
上海	55.18	4	3	上海	冷水江	52.58	4	8	湖南
北京	54.80	5	5	北京	昆山	51.76	5	5	江苏
天津	52.86	6	6	天津	江阴	51.01	6	4	江苏
温州	50.47	7	7	浙江	福鼎	48.24	7	6	福建
武汉	50.04	8	11	湖北	张家港	48.04	8	9	江苏
无锡	49.81	9	8	江苏	龙口	47.86	9	19	山东
南京	49.66	10	13	江苏	绥芬河	47.77	10	16	黑龙江

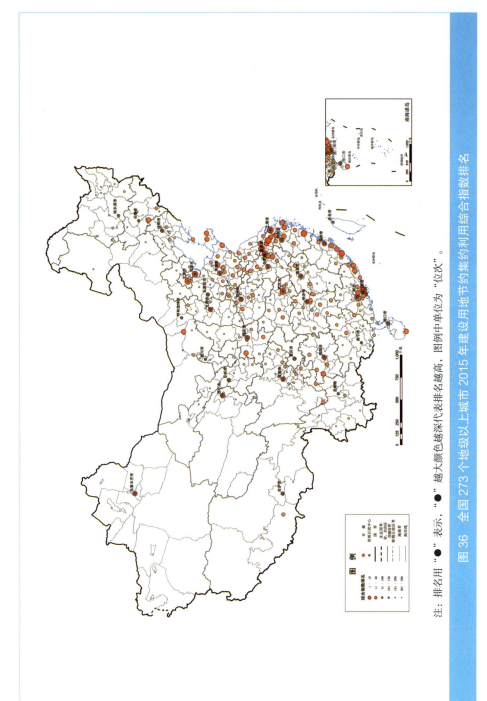

注：排名用"●"表示，"●"越大颜色越深代表排名越高，图例中单位为"位次"。

图 36　全国 273 个地级以上城市 2015 年建设用地节约集约利用综合指数排名

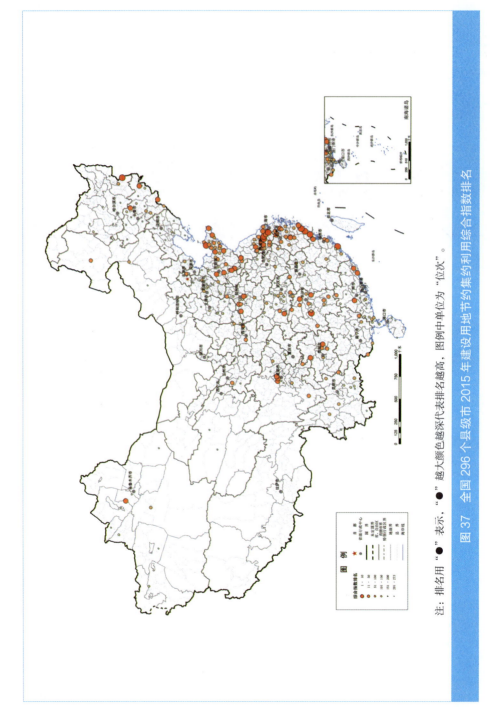

图 37 全国 296 个县级市 2015 年建设用地节约集约利用综合指数排名

注：排名用"●"表示，"●"越大颜色越深代表排名越高，图例中单位为"位次"。

2. 区域总体格局

2015 年全国城市建设用地节约集约利用综合状况总体呈现"东部优于中部、中部优于西部、东北部"的梯度分异格局。节约集约利用综合指数值较高的区域集中分布在东部沿海发达地区，尤其以长三角、珠三角、海峡西岸城市群和京津冀鲁区最为显著，而中西部、东北地区节约集约利用综合指数总体不高。

首先，从四大区域城市建设用地节约集约利用综合指数分布看，东部地区明显高于全国平均水平，而中部、西部和东北部地区低于全国平均水平。与 2014 年相比，2015 年东部和中西部的建设用地节约集约利用综合指数有所提升，而东北部地区有较大幅度的下降，位序从原第二位下降至末位（见表 10）。

区域范围	2015 年		2014 年	
	指数值	排序号	指数值	排序号
东 部	36.28	1	35.87	1
中 部	29.46	2	28.28	3
西 部	28.15	3	27.79	4
东 北	25.04	4	28.38	2
全 国	31.12	—	30.93	—

表 10　四大区域城市建设用地节约集约利用综合指数

其次，从城市建设用地节约集约利用综合指数均值分布看，无论是地级以上城市还是县级城市，东部地区城市的建设用地节约集约利用综合指数均值总体高于全国平均水平和其余三个区域，并占据全国排名前 10 强城市、前50 强城市和百强城市的绝大多数；而东北地区则均处于最低水平。从四大区域内部各城市之间节约集约利用综合指数的分异来看，地级以上城市中，东部和东北地区城市的变异系数较大，城市建设用地节约集约利用综合状况区域内部差异较大；中部地区城市比较均衡；县级城市中，东北地区城市的变异系数最大，各城市之间差距巨大，中部地区的变异系数最小，各城市之间总体比较均衡（见表 11）。

表 11　四大区域城市建设用地节约集约利用综合指数分异状况

单位：个，%

类型	区域范围	城市数量	节约集约利用综合指数					入百强城市数量				
			均值	标准差	变异系数	最大值	最小值	入百强数量	区域城市中百强占比	前50强数量	区域城市中前50强占比	10强城市数量
地级以上城市	东　部	83	35.90	10.25	0.29	77.29	19.69	53	63.86	33	39.76	9
	中　部	74	29.58	5.90	0.20	50.04	18.81	24	32.43	8	10.81	1
	西　部	87	27.67	6.89	0.25	46.91	16.21	20	22.99	8	9.20	0
	东　北	29	24.60	6.93	0.28	43.71	14.13	3	10.34	1	3.45	0
	全　国	273	30.36	8.74	0.29	77.29	14.13	100	36.63	50	18.32	10
县级城市	东　部	118	34.44	8.42	0.24	58.88	12.51	59	50.00	33	27.97	8
	中　部	73	30.21	6.56	0.22	52.58	16.54	20	27.40	7	9.59	1
	西　部	65	29.21	7.23	0.25	47.54	12.41	17	26.15	6	9.23	0
	东　北	40	25.22	8.62	0.34	47.77	14.38	4	10.00	4	10.00	1
	全　国	296	31.00	8.36	0.27	58.88	12.41	100	33.78	50	16.89	10

3. 主要特征

（1）城市建设用地节约集约利用综合水平状况与城市、区域经济社会发展水平之间显著相关，总体呈现东部沿海发达地区向中西部、东北递降的趋势，且区域间差距有所拉大。

通过对全国参评城市建设用地节约集约利用综合指数与城市人均 GDP、城镇化率指标的相关分析，结果显示城市建设用地节约集约利用综合水平与城市经济发展水平、城镇化水平在 0.01 水平（双侧）显著相关，相关系数分别为 0.446 和 0.420，总体呈现由东部沿海经济发展地区向中西部、东北地区经济欠发达区域梯度递减的分布规律。如图 38、图 39 所示，全国 569 个参评城市中，人均 GDP 在 2 万元以下的 21 个城市节约集约利用综合指数均值仅为 26.5；人均 GDP 在 4 万~5 万元的 75 个城市为 28.7；人均 GDP 在 8 万~9 万元的 25 个城市为 36.0；人均 GDP 在 9 万元以上的 65 个城市节约集约利用综合指数均值最高，超过 39.4。城镇化率在 30% 以下的 13 个城市的节约集约利用总指数均值仅为 25.5；随着城镇化率水平的提高，建设用地节约集约利用综合水平随之提高，城镇化率在 80% 以上的 30 个城市节约集约利用综合指数均值达到 40.2。从动态变化看，不同区域城市建设用地节约集约利用综合水平差距总体有所扩大。相比于 2014 年，尽管 2015 年中部地区城市节约集约利用综合指数与东部地区的差值由 7.59 缩小至 6.81，但西部地区、东北地区与东部地区的差值则分别由 8.08、7.49 扩大至 8.13、11.24，西部、东北部地区与东部、中部地区之间的梯度差距有所拉大。

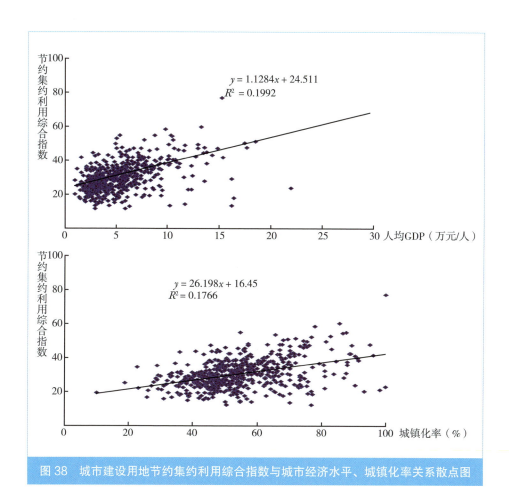

图 38　城市建设用地节约集约利用综合指数与城市经济水平、城镇化率关系散点图

053

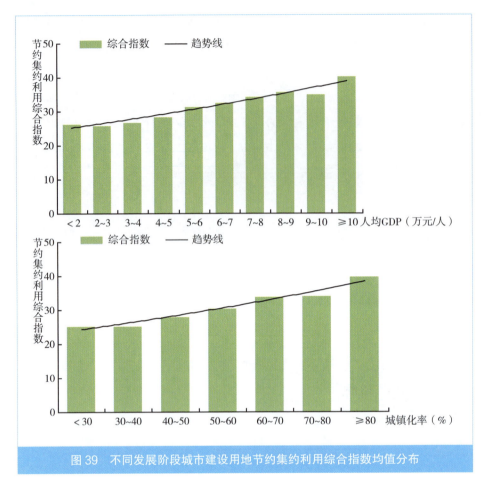

图 39　不同发展阶段城市建设用地节约集约利用综合指数均值分布

（2）城市行政级别、规模等级越高，建设用地节约集约利用综合水平越高的分异规律日趋明显。

不同城市建设用地节约集约利用综合水平与城市行政级别、规模等级之间具有较强的关联度。如图 40 所示，城市规模等级或行政级别越高的城市，建设用地节约集约利用综合指数值越大，总体呈现"直辖市＞副省级城市＞其他省会城市＞一般地级市＞县级市""超大城市＞特大城市＞大城市＞中等城市＞小城市"的分布规律。同时，相比于 2014 年，2015 年不同行政级别、不同规模等级城市特别是直辖市与其他地级市、县级市，超大城市与小城市之间节约集约利用综合指数的差距有所拉大，城市行政级别、规模等级越高，建设用地节约集约利用综合水平越高的分布特征进一步得到显化。

（3）城市建设用地节约集约利用综合水平与城市国土开发强度之间存在较强的正相关性，但差距趋于缩小。

通过对参评城市建设用地节约集约利用综合指数与城市国土开发强度的相关分析（见图41），结果显示城市建设用地节约集约利用综合水平与国土开发强度在 0.01 水平（双侧）显著相关，相关系数高达 0.506。国土开发率

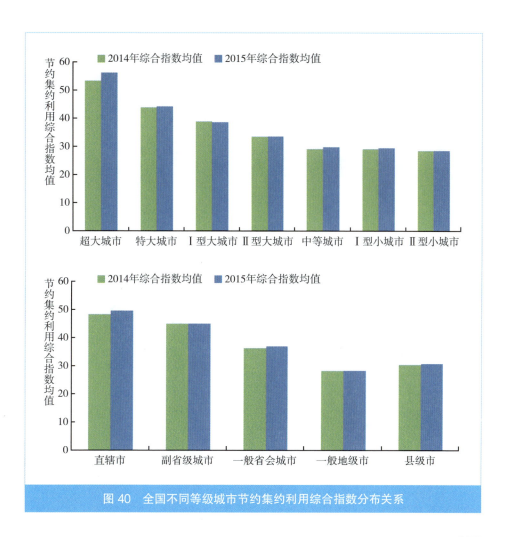

图 40 全国不同等级城市节约集约利用综合指数分布关系

6% 以下的 146 个参评城市节约集约利用综合指数均值在 28.5 以下，国土开发率在 6%~12% 的 162 个参评城市综合指数均值在 29.00 左右；国土开发率在 12%~18% 的 136 个参评城市综合指数均值在 30.00 左右；国土开发率在 18%~24% 的 76 个参评城市综合指数均值在 35.00 左右；国土开发率在 24% 以上的 49 个参评城市综合指数均值在 40.00 以上，总体呈现城市国土开发率越高，建设用地节约集约利用综合水平越高的分布特征。但相比 2014 年，建设用地节约集约利用综合水平因国土开发率高低不同的差距有所缩小，如国

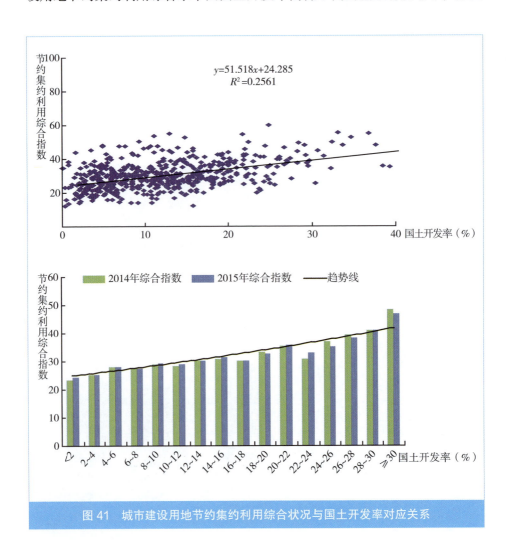

图 41　城市建设用地节约集约利用综合状况与国土开发率对应关系

土开发率 6% 以下的 146 个城市与国土开发率 30% 以上的 18 个城市综合指数均值的差额由 2014 年度的 23.66 下降至 2015 年的 21.75。

六 主要结论与政策建议

（一）总体状况与主要特征

1. 建设用地总量增长得到有效控制，国土开发强度逐年提高，用地结构持续优化

近年来，国土资源管理工作坚持围绕中心、服务大局，严格控制建设用地总量和不断优化用地结构，强化节约集约用地，全力保障国家城镇化、区域城乡统筹发展、惠民生等政策的落地，取得了积极成效。一是建设用地总规模增幅创五年新低。2010~2015 年，全国参评城市建设用地总规模增加 2.51 万平方公里，年均增长 1.55%，其中 2015 年增长 1.24%，为 5 年来年度最低增幅，特别是贵州、云南、青海等省的建设用地年度增幅下降趋势较为明显，2015 年相比 2010~2014 年年均增幅下降 1.0% 以上。二是国土开发强度逐年提高，建设用地内部结构持续优化。2010~2015 年，全国参评城市国土开发强度由 6.32% 提高至 6.83%，城镇用地占城乡建设用地比例由 27.8% 提高到 31.1%，城镇化发展的合理用地需求得到有效保障；村庄用地占城乡建设用地比例由 64.3% 下降到 61.5%，城乡用地内部结构持续优化；基础设施用地占建设用地比例提升了 0.5%，稳中有升，重大基础设施和民生工程项目建设用地保障得力；同时，受宏观经济增速放缓和基础设施投资回落等影响，2015 年基础设施用地增幅为 1.5%，相比 2014 年的 3.1% 有较大幅度的回落。

2. 建设用地节约集约利用水平总体向好，土地利用效益不断提升，土地城镇化与人口城镇化协调程度趋于好转，支撑经济社会发展的用地消耗持续降低

近年来，各地顺应经济结构调整和产业转型升级形势，以落实"十二五"单位 GDP 建设用地使用面积下降 30% 为抓手，切实转变土地利用方式，使

得建设用地投入产出效益显著提升，单位投入产出的土地资源消耗明显降低，土地经济承载能力持续提高，在推动和促进经济发展方式转变过程中发挥了重要作用。2010~2015年，全国参评城市建设用地地均GDP（2010年可比价）由134.82万元/公顷提高到202.23万元/公顷、增幅达50.0%，单位GDP建设用地使用面积下降率达33.33%；新增建设用地地均固定资产投资由4657.37万元/公顷提高到12894.74万元/公顷、增幅达176.87%，其中2015年增幅53.6%，高出2010~2014年年均增幅37.7个百分点；单位固定资产投资消耗新增建设用地量由2.15公顷/亿元下降到0.78公顷/亿元，下降了63.9%，其中2015年下降了34.9%，高出2010~2014年年均降幅21.2个百分点。与此同时，尽管因全国人口生育率持续下降导致建设用地人口承载水平总体呈现逐年下降的趋势，但城镇用地与人口变化匹配程度有所好转，较长时期内土地城镇化快于人口城镇化的发展态势趋于改善。2010~2015年，全国参评城市城镇常住人口与城镇工矿用地增长弹性系数（城镇常住人口变化与城镇工矿用地变化的比值）为0.97，土地城镇化进程略快于人口城镇化进程，但2015年增长弹性系数首次超过1.0，达1.16，人口城镇化5年来首次快于土地城镇化，新型城镇化快速推进中城镇工矿用地蔓延扩张得到有效控制，人地协调程度趋好；2010年以来，参评城市城镇工矿用地人口密度连续四年逐年下降后于2015年首次回升、为6946.97人/平方公里，较2014年提高了24.94人/平方公里。综合来看，在各项节约集约用地政策的综合作用下，全国和各区域城市建设用地节约集约利用水平在2010~2014年总体向好的基础上，继续稳步提升。综合城乡建设用地人口密度、建设用地地均固定资产投资、建设用地地均GDP等指标，以全国参评城市2014年指标平均水平为基准值（100），测算不同年度建设用地利用强度指数。结果显示，2015年全国参评城市建设用地利用强度指数由100提高至105，其中东部地区利用强度指数提升最大，提高了6.64；各省份中，除辽宁、黑龙江两省利用强度指数有所下降外，总体均有所提升，其中4个直辖市提升幅度居于前列，福建、贵州等经济增速较快的省份，利用强度指数提升也比较明显。

3. 区域差别化土地利用管控政策效应日益显现，优化开发区建设用地内涵集约化发展与重点开发区建设用地投入产出能力实现双提升，建设用地节约集约利用规划管控促国土开发格局优化持续得到强化

在国家区域总体发展战略和区域差别化用地政策指引下，建设用地节约集约利用规划管控促国土开发格局优化的成效日益显现。首先，环渤海、长三角、珠三角等三个国家层面的优化开发区，在国家严控建设用地增量，鼓励土地利用模式和方式创新等促进区域土地利用转型政策的引导下，城市建设用地内涵集约转型发展态势明显。通过对京津冀、辽中南、山东半岛、长三角、珠三角城市群典型城市建设用地节约集约利用评价结果分析（见表12），国家优化开发区域城市的建设用地投入产出强度逐步提升，建设用地地均GDP（2010年可比价）从2014年的295.21万元/公顷提升至2015年的314.42万元/公顷，提高了19.21万元/公顷；地均固定资产投资也提高了10.86万元/公顷。其次，冀中南、太原城市群、呼包鄂榆、哈长、东陇海、江淮、海峡西岸、中原、长江中游、北部湾、成渝、黔中、滇中、藏中南、关中—天水、兰州—西宁、宁夏沿黄、天山北坡等18个国家层面的重点开发区域，在国家适当扩大建设用地供给，优先保障承接优化开发区域产业转移的用地需求，支持资金密集型、劳动密集型产业发展用地，促进主导产业的培育和发展，积极引导产业集群发展和用地的集中布局等诸多政策支持下，重点开发区域地均投入产出水平不断提升，经济集聚能力不断加强。通过对成渝、长江中游等14个城市群典型城市建设用地节约集约利用评价结果分析，重点开发区域近几年建设用地供应持续处于高位运行，2014~2015年建设用地供应面积维持在20万公顷上下，占全国参评城市供地总量的40%左右，与此同时，相比于2014年，2015年建设用地地均GDP（2010年可比价）和建设用地地均固定资产投资分别提高6.97%和10.35%，增速明显高于全国参评城市整体和优化开发区的提升幅度。最后，近年来，在《全国土地利用总体规划纲要2006~2020》区域土地利用方向和调控目标导向下，不仅东部地区建设用地总量控制和内涵挖潜态势良好，东北地区城镇工矿建设用地整合与存量建设用地盘活利用力度加大，而且中部崛起和西部大开发建设用地保

障得力。其中，晋豫区城市城镇工矿用地逐年适度递增，2010~2015 年城镇工矿用地平均增幅为 2.5%；湘鄂皖赣区适应城镇化和工业化加快的进程，建设用地比重逐步得到提高，从 2010 年的 8.8% 逐年提高至 2015 年的 9.5%；西北地区城市基础设施用地比重逐步得到提高，从 2010 年的 14.0% 逐年提高至 2015 年的 14.8%，提升幅度仅次于西南地区；西南地区城市国道、省际公路、电源基地和西电东送工程建设用地需求保障有力，交通水利基础设施用地逐年增加，年均递增 3.7%，增速位居九大土地利用区之首；青藏地区基础设施和生态移民搬迁的建设用地需求保障有力，城乡建设用地面积逐年得到适当增加，年均递增 2.6%，增速位居九大土地利用区之首。总体而言，近年来建设用地集约利用规划管控促国土开发格局优化成效比较明显，国土开发格局不断趋于优化。

表 12　国家优化开发区、重点开发区建设用地节约集约利用变化情况一览

单位：个，平方米／人，万元／公顷

指　标	区域	样本城市数	2014 年	2015 年	变化量	变化率（%）
地均 GDP（2010 年可比价）	优化开发区域	65	295.21	314.42	19.21	6.51
	重点开发区域	117	170.87	182.77	11.90	6.97
	全国城市	329	189.71	202.23	12.52	6.60
地均固定资产投资	优化开发区域	65	177.84	188.70	10.86	6.10
	重点开发区域	117	150.58	166.18	15.59	10.35
	全国城市	329	142.77	155.36	12.59	8.82

（二）主要问题及原因分析

1. 建设用地节约集约利用总体水平尚有较大提升空间

"十二五"以来，尽管全国参评城市建设用地节约集约利用总体水平得到较大提升，但由于我国尚处于工业化、城镇化快速发展阶段，城市建设用地人口、经济承载水平总体不高，建设用地节约集约利用尚有较大的提升空间。首先，从建设用地人口承载力上看，2015 年北京、上海、广州、深圳、重庆等 5 个超大城市的建设用地人口密度为 6300.93 人／平方公里，其中最高

的深圳市为 11656.86 人 / 平方公里，尽管高于大伦敦地区的 4742 人 / 平方公里（2005 年）、大巴黎地区的 4186 人 / 平方公里（2005 年）等国际大都市圈，但与纽约市的 13265 人 / 平方公里（2006 年）、东京都的 11918 人 / 平方公里（2007 年）、香港的 29699 人 / 平方公里（2015 年）、澳门的 21151 人 / 平方公里（2015 年）等相比尚有较大的差距；其次，从建设用地地均产出上看，按当年平均汇率折算，2015 年北京等 5 个超大城市的建设用地地均 GDP 约为 1.0 亿美元 / 平方公里，最高的深圳市为 2.88 亿美元 / 平方公里，相比于大巴黎地区的 2.31 亿美元 / 平方公里（2006 年）、纽约市的 7.72 亿美元 / 平方公里（2006 年）、东京都的 14.79 亿美元 / 平方公里（2007 年）、香港的 12.57 亿美元 / 平方公里（2015 年）、澳门的 15.19 亿美元 / 平方公里（2015 年），建设用地经济产出强度差距明显。①

2. 建设用地人口承载水平和投入产出效益比趋于下降

首先，当前我国人口增长明显趋缓，但由于工业化、城镇化的快速推进，建设用地增长仍处于较高水平，建设用地人口承载水平总体处于持续小幅下降通道，特别是农村常住人口逐年减少的同时，村庄用地扩张尚未得到根本遏制，成为制约建设用地人口承载水平提高的主导因素。2010~2015 年，全国参评城市常住总人口与城乡建设用地增长弹性系数（常住总人口增幅与城乡建设用地增幅的比值）仅为 0.39，城乡建设用地增幅远高于人口增幅，使得城乡建设用地人口密度由 4832.81 人 / 平方公里逐年减少到 4629.97 人 / 平方公里，五年累计下降了 4.2%；31 个省（区、市）中，除北京、天津、安徽、西藏 4 省（区、市）建设用地人口承载力有所提升外，其余 27 个省（区、市）均呈现小幅下降态势，黑龙江、吉林、辽宁等东北 3 省还出现常住总人口减少而城乡建设用地继续增长的情形。同时，2010~2015 年全国参评城市农村常住人口减少了 6266.00 万人，而村庄用地却增加了 42.27 万公顷，人均村庄用

---

① 大巴黎、大伦敦、东京都、纽约市的相关数据来源于《国际大都市建设用地规模与结构比较研究》（石忆邵等编著，中国建筑出版社，2010），香港、澳门的相关数据依据《中国统计年鉴 2016》整理得到（其中澳门的建设用地面积按陆地总面积计）。其中，大巴黎地区包含巴黎市及 7 个省，大伦敦地区包含伦敦城和内、外伦敦的 32 个区，东京都包含 23 区、26 市、5 镇、8 村，香港包含香港岛、九龙半岛、新界。

地不减反增，由2010年的274平方米/人增加到2015年的315平方米/人，城、乡用地与人口流动之间尚未形成良性互动机制，成为影响建设用地人口承载水平的主要制约因素。其次，尽管全国参评城市建设用地投入强度和产出强度总体逐年持续提高，但我国当前经济发展已步入"新常态"，投资报酬递减效应不断显化，导致建设用地投入产出效益比不断趋于下降，全国参评城市建设用地投入产出效益比[①]从2010年的1∶1.63逐年下降至2015年的1∶1.35，其中中部地区下降最为显著，由2010年的1∶1.43下降至2015年的1∶1.07；东部地区也由1∶2.00下降至1∶1.66（见图42）。总体来看，在城镇化加速推进和"新常态"的宏观背景下，虽然推进实施了城乡建设用地增减挂钩、土地综合整治、强化土地供给侧改革等政策措施，但城、乡建设用地"双增"的局面尚未得到根本扭转，进一步深化城乡用地统筹管控、推进土地供给侧改革创新任重而道远。

图42 参评城市建设用地投入产出效益比状况

---

① 建设用地投入产出效益比是指建设用地地均固定资产投资与地均GDP之比。

3. 人口、经济增长消耗新增建设用地量偏大

2015年全国参评城市单位人口增长消耗新增城乡建设用地441.26平方米/人，单位GDP增长消耗新增建设用地量8.11公顷/亿元，单位固定资产投资消耗新增建设用地量0.78公顷/亿元，尽管相比于2011~2014年4年平均分别下降了18.2%、16.4%、49.6%，但人口、经济增长消耗新增建设用地量总体上仍偏大，与《全国土地利用总体规划纲要》有关2020年全国人均建设用地控制在127人/平方米以及城镇工矿占城乡建设用地比例提高至40%的管控目标要求，以及《国土资源部关于推进土地节约集约利用的指导意见》（国土资发〔2014〕119号）有关"2020年单位固定资产投资建设用地面积比2010年下降80%"的年度管控目标要求之间尚有差距。

（三）思考与启示

1. 强化规划编制及调整修改中节地因素作用

规划节地是最大的节地。目前，全国各地正在着手编制省级国土空间规划，启动新一轮土地利用总体规划编制前期研究，城市建设用地节约集约利用评价成果既可作为规划实施评估的重要内容，也可成为规划编制及调整完善中合理确定建设用地规模、结构的科学依据。建议依据全国城市建设用地节约集约利用评价综合状况指数、建设用地利用强度指数，以区域承载力评价结果为底线，结合未来经济社会发展用地需求，科学合理确定各地区建设用地规模、强度和效益目标。对于节约集约利用水平较高、用地需求较大的地区，在不超过区域承载力水平的范围内，给予规划规模倾斜；对于节约集约利用水平较低的地区，给予相对严格的限制，促使其加强存量盘活挖潜。结合经济人口变化与用地变化趋势匹配程度，合理确定城镇、工矿、村庄、基础设施用地比例，促进城乡统筹。加快建立规划节地评价制度，将节约集约用地评价纳入规划全流程管理。

2. 实行区域差别化政策，促进城乡统筹、人地和谐

根据各地节约集约用地状况，在土地利用年度计划管理、人地挂钩机制建设等方面完善区域差别化政策，为落实中央全面深化改革要求，提高政策

精准化、精细化水平提供决策依据。一是支撑土地利用计划管理。土地利用计划是加强土地管理和调控、促进城乡统筹发展的重要手段，是对土地利用总体规划的年度分解落实。建议将建设用地节约集约利用综合状况指数或建设用地利用强度指数纳入计划指标分解因素，同时结合经济、人口变化与用地变化趋势匹配情况，合理确定新增与存量供应比例、城乡增减挂钩规模。二是将评价成果中的人口增长耗地指数、人口用地弹性指数作为人地挂钩实施情况年度评估、相关预警机制建设的重要依据，不断完善人地挂钩机制，为推动以人为核心的新型城镇化、落实"3 个 1 亿人"目标、促进人地和谐发展提供基础支撑。

3. 不断健全土地市场体系，充分发挥市场机制配置土地资源的决定性作用

市场是配置资源的重要手段，市场机制是土地节约集约利用的内生机制。不断健全土地市场体系，充分发挥市场机制在土地资源配置中的决定性作用，有利于不断强化用地者节约集约和合理利用土地的自我约束机制。一是进一步扩大国有土地的有偿使用范围，大力推进除军事、社会保障性住房和特殊用地等以外的基础设施、公共设施有偿使用，在符合规划条件下鼓励企业开发地下空间，最大限度提高土地利用率。二是不断改革完善土地供应政策，实施基于节约集约用地导向的差别化供地政策、差别化土地出让方式和差别化地价政策。三是大力培育土地二级市场，积极制定促进工业用地流转的政策措施，降低二次流转成本，完善工业用地退出机制，促进土地交易，发挥市场机制作用促进存量土地"地尽其用"。

4. 激励约束并重，加大挖潜制度创新和配套政策支撑

一是加快形成有利于促进土地节约集约利用的税费调节机制。按照"提标准、稳基数、重激励"的原则，探索制定基于"土地产出效益"导向的财税激励政策，从财税、节约集约用地奖励基金、金融支持、地价政策等方面激励节约集约用地；二是探索完善"退地"机制，大力推进低效用地再开发，注重新增建设用地指标在节约集约用地管理中的激励约束导向作用，逐步建立健全"增量撬动存量"的存量盘活激励机制。

5. 加强评价考核，倒逼土地利用方式转变

一是严格"十三五"时期单位国内生产总值建设用地使用面积下降20%目标的评估考核，推动建设用地总量与强度双控，提升可持续发展的土地资源保障能力，强化地方各级政府节约集约用地职责。二是研究制定节地考核评价标准体系，加强耗地指标的考核目标导向，加快建立不同行政层级节地考核评价技术体系，逐步将节地评价结果纳入政府目标责任考核体系，不断健全节约集约用地共同责任机制。三是持续开展城市、开发区和建设项目节地评价与成果更新，探索开展国家级新区、村镇建设用地节约集约利用评价等基础性调查评价工作，客观掌握全国、不同区域、不同类型建设用地节约集约利用现实状况和动态变化趋势，为科学制定用地政策，深入推进节约集约用地等提供基础支撑。

附　录

（一）重要概念解释

【建设用地、城乡建设用地人口密度】：指某一年份城市行政辖区常住总人口规模与建设用地、城乡建设用地总面积的比值，表征城市建设用地在人口承载能力方面的水平高低及其变化趋势。

【建设用地地均地区生产总值】：指某一年份城市行政辖区地区生产总值与建设用地总面积的比值，表征城市建设用地产出效益水平及其承载经济总量的能力高低及其变化趋势。

【建设用地地均固定资产投资】：指某一年份城市行政辖区全社会固定资产投资总额与建设用地总面积的比值，表征城市建设用地的投入强度高低及其变化趋势。

【单位人口增长消耗新增城乡建设用地量】：指某一年份城市行政辖区新增城乡建设用地量与当年常住总人口增量之间的比值，反映城市人口增长消耗新增城乡建设用地水平的高低，是对城市土地利用过程中增量土地节约利用绩效状况的一种考量。

【**单位地区生产总值耗地下降率**】：指城市行政辖区基准年前某一年份与基准年之间的单位地区生产总值耗地差值与基准年前该年的单位地区生产总值耗地的比值，反映城市某一时段内经济增长耗地下降的速率，旨在考量城市经济发展与建设用地内涵集约发展方面的绩效程度。

【**单位地区生产总值增长消耗新增建设用地量**】：指某一年份城市行政辖区新增建设用地量与同期地区生产总值增量之间的比值，反映城市经济增长对新增建设用地消耗的依赖程度，是对城市经济发展过程中增量土地节约利用绩效状况的一种考量。

【**单位固定资产投资消耗新增建设用地量**】：指某一年份城市行政辖区新增建设用地量与当年全社会固定资产投资总额的比值，反映单位投资消耗的新增建设用地状况，揭示城市固定资产投入与新增建设用地消耗量的依赖程度，

【**常住总人口与城乡建设用地增长弹性系数**】：指基准年之前某一年份至基准年之间城市行政辖区城镇总人口的增长幅度与同期城乡建设用地增长幅度的比值，反映建设用地消耗与自身社会发展的协调匹配程度，表征城市建设用地人口承载能力的动态变化状态。

【**常住城镇人口与城镇工矿用地增长弹性系数**】：指基准年之前某一年份至基准年之间城市行政辖区常住城镇人口的增长幅度与同期城镇工矿用地增长幅度的比值，反映土地城镇化与人口城镇化之间的协调匹配关系，是对城市新型城镇化进程中的人地关系改善状态优劣的一种考量。

【**常住农村人口与村庄用地增长弹性系数**】：指基准年之前某一年份至基准年之间城市行政辖区常住农村人口的增长幅度与同期村庄用地增长幅度的比值，反映城市农村地区建设用地节约集约利用状况及城镇化进程中农村地区的人地关系协调状态。

【**地区生产总值与建设用地增长弹性系数**】：指基准年之前某一年份至基准年之间城市行政辖区的地区生产总值增长幅度与同期建设用地总面积增长幅度的比值，反映建设用地消耗与自身经济发展的协调程度。

（二）城市规模等级的划分

根据《国务院关于调整城市规模划分标准的通知》（国发〔2014〕51号）规定，本报告通过整理分析《中国城市建设统计年鉴2015》中各参评城市城区常住人口与暂住人口数据，将全国569个参评城市分为超大城市、特大城市、Ⅰ型大城市、Ⅱ型大城市、中等城市、Ⅰ型小城市、Ⅱ型小城市等7个等级。其中，城区常住人口在1000万以上的超大城市包括北京、上海、广州、深圳、重庆等5个城市，城区常住人口为500万~1000万的特大城市包括天津、沈阳、南京、杭州、郑州、武汉、东莞、成都等8个城市，300万~500万的Ⅰ型大城市包括太原、大连、长春、哈尔滨、合肥、厦门、济南、青岛、长沙、昆明、西安、乌鲁木齐等12个城市，人口100万~300万的Ⅱ型大城市59个，50万~100万的中等城市107个（其中地级市98个、县级市9个），20万~50万的Ⅰ型小城市232个（其中地级市81个、县级市151个），人口20万以下的Ⅱ型小城市146个（其中地级市10个、县级市136个）。

附表 不同规模等级类型城市名单

类型	地级以上城市名单	县级城市名单
超大城市	北京、上海、广州、深圳、重庆	—
特大城市	天津、沈阳、南京、杭州、郑州、武汉、东莞、成都	—
I型大城市	太原、大连、长春、哈尔滨、合肥、厦门、济南、青岛、长沙、昆明、西安、乌鲁木齐	—
II型大城市	石家庄、唐山、秦皇岛、邯郸、保定、大同、呼和浩特、包头、鞍山、抚顺、吉林、大庆、无锡、徐州、常州、苏州、南通、连云港、淮安、盐城、扬州、宁波、温州、绍兴、台州、芜湖、福州、泉州、南昌、赣州、淄博、烟台、潍坊、临沂、济宁、开封、洛阳、南阳、襄阳、株洲、衡阳、珠海、汕头、佛山、江门、惠州、南宁、柳州、海口、自贡、泸州、绵阳、南充、贵阳、遵义、兰州、西宁、银川	—
中等城市	邢台、张家口、承德、沧州、廊坊、阳泉、临汾、乌海、赤峰、鄂尔多斯、本溪、丹东、锦州、营口、阜新、辽阳、盘锦、四平、鸡西、佳木斯、牡丹江、镇江、泰州、宿迁、嘉兴、湖州、金华、舟山、蚌埠、马鞍山、淮北、安庆、阜阳、宿州、莆田、漳州、景德镇、九江、宜春、抚州、上饶、枣庄、东营、泰安、威海、日照、莱芜、德州、聊城、滨州、菏泽、平顶山、安阳、新乡、焦作、濮阳、许昌、漯河、三门峡、商丘、黄石、十堰、宜昌、荆门、怀化、湘潭、邵阳、岳阳、常德、益阳、郴州、永州、揭阳、韶关、湛江、茂名、肇庆、清远、中山、潮州、桂林、梧州、玉林、攀枝花、德宗、遂宁、内江、乐山、眉山、宜宾、达州、宝鸡、曲靖、渭南、天水	延吉、宜兴、慈溪、乐清、义乌、即墨、新泰、耒阳、普宁

续表

类型	地级以上城市名单	县级城市名单
I型小城市	衡水、晋城、朔州、晋中、运城、忻州、通辽、呼伦贝尔、巴彦淖尔、辽源、白山、松原、白城、双鸭山、七台河、绥化、黄石、滁州、宣城、龙岩、宁德、萍乡、新余、鹰潭、吉安、鹤壁、周口、驻马店、鄂州、荆门、河源、咸宁、随州、张家界、娄底、梅州、汕尾、河池、云浮、北海、钦州、广安、贺港、百色、贺州、资阳、六盘水、广元、广安、玉溪、保山、昭通、普洱、拉萨、铜仁、汉中、雅安、安康、嘉峪关、白银、武威、张掖、平凉、酒泉、榆林、海东、海北、石嘴山、吴忠、中卫、克拉玛依、定西	遵化、迁安、武安、涿州、定州、三河、任丘、河津、孝义、满洲里、乌兰浩特、锡林浩特、新民、瓦房店、庄河、海城、大石桥、调兵山、公主岭、敦化、珲春、安达、江阴、新沂、邳州、深州、榆树、德惠、昆山、太仓、启东、如皋、海门、仪征、高邮、丹阳、兴化、靖江、常熟、张家港、泰兴、余姚、临安、临海、巢湖、福清、瑞安、海宁、平湖、桐乡、诸暨、嵊州、东阳、永康、温岭、龙泉、章丘、平度、莱西、滕州、龙口、莱阳、长乐、石狮、晋江、南安、诸城、金乡、胶州、邹城、肥城、荣成、莱州、招远、临清、海阳、龙港、安丘、寿光、高密、曲阜、老河口、天门、乐陵、临清、新郑、汝州、青州、林州、辉县、邓州、大冶、利州、仙桃、潜江、兴宁、枣阳、钟祥、汉川、洪湖、麻城、武穴、赤壁、广水、恩施、信宜、简阳、昌、门、浏阳、醴陵、湘乡、常宁、开平、北流、琼海、化州、高州、彭州、都江堰、英德、个旧、宣威、楚雄、蒙自、江油、临夏、哈密、四会、兴宁、陆丰、阳春、罗定、安宁、都匀、喀什、阿克苏、库尔勒、凯里、石河子、西昌、兴义
II型小城市	黑河、防城港、崇左、丽江、临沧、日喀则、商洛、金昌、庆阳、陇南	辛集、晋州、新乐、河间、霸州、冀州、深州、古交、潞城、高平、永济、原平、霍州、汾阳、乐都、丰镇、二连浩特、东港、凤城、北票、鲅鱼圈、蛟河、桦甸、双辽、梅河口、同江、临江、扶余、大安、图们、龙井、和龙、尚志、讷河、密山、铁力、龙海、集安、绥芬河、磐石、洮南、五大连池、扬中、句容、建德、明光、宁国、永安、龙海、福安、福鼎、乐平、瑞昌、贵溪、德兴、蓬莱、桐城、昌邑、孔山、禹城、来阳、霍邱、偃师、舞钢、孟州、长葛、义马、灵宝、宜城、当阳、洪江、冷水江、涟源、安陆、乐昌、南雄、松滋、韶山、汨罗、临湘、津市、沅江、资兴、连州、台山、高要、合山、宪来、仁怀、文昌、东兴、方、邛崃、崇州、什邡、绵竹、峨眉山、华蓥、万源、清镇、赤水、福泉、开远、弥勒、文山、景洪、瑞丽、芒市、兴平、华阴、韩城、合作、格尔木、德令哈、灵武、阜康、博乐、奎屯

评价技术篇

Evaluation Technical Section

B.2
城市建设用地节约集约利用评价理论与技术框架

摘　要：　城市建设用地节约集约利用评价是一项基础性工作，成果应用的广度和深度一定程度上影响着其价值的体现和作用的发挥。基于城市建设用地节约集约利用内涵的多元性、综合性特征，以及城市建设用地节约集约利用宏观管控的目标导向要求，从城市建设用地节约集约利用现状水平、动态变化趋势以及城市用地管理绩效三个层面的表征指标入手，构建了中国城市建设用地节约集约利用评价指标体系，运用多因素综合评价法和理想值标准化法，对中国城市行政辖区整体建设用地中人口、经济活动的承载水平、变化趋势及区域分异规律进行定性分析、定量评价和综合排序分析，为多角度揭示全国城市建设用地节约集约利用的现状水平、区域分异格局及动态变化特征等提供科学的分析框架。

关键词：　城市建设用地　节约集约利用评价　指标体系　技术方法

一 城市建设用地节约集约利用内涵与评价目的

建设用地节约集约利用是指通过降低建设用地消耗、增加对土地的投入，不断提升土地承载经济社会活动的能力、不断提高土地的利用效率和经济效益的一种开发经营模式。节约与浪费相对应，突出"减量化"，是一个绝对概念；集约与粗放相对应，侧重"增效性"，是一个相对概念。二者虽具有概念上的差别，但本质上都是要在充分满足土地利用基本功能的前提下，不断提高建设用地的利用效率和效益。

城市建设用地节约集约利用是指以符合有关法规、政策、规划的前提下，通过增加对土地的投入，不断提升土地承载经济社会活动的能力、不断提高城市土地利用效率和经济效益的一种开发经营模式。城市建设用地节约集约利用评价，旨在全面掌握城市建设用地节约集约利用状况、潜力规模、空间分布及变化趋势，提出城市建设用地规模挖潜、结构调整、布局优化的途径和措施，为科学用地管地提供重要依据，促进城市建设用地利用效率和效益提高，从而实现节约集约用地，为国家和各级政府制定土地政策和调控措施，为土地利用规划、计划及相关规划的制定提供科学依据。

二 城市建设用地节约集约利用评价总体技术框架

城市建设用地节约集约利用评价是国土资源管理的一项基础性工作，有广义和狭义之分。从法律上讲，我国城市土地属于国家所有，国家或者以划拨和出让等方式将国有建设用地供应给使用者使用，或者直接将国有建设用地用于城市道路、绿地等公共设施建设。这些建设用地的利用状况如何，节约还是浪费，集约还是粗放，不节约不集约的原因是过程性、阶段性的还是制度性、体制性的，这些底数是作为土地所有权主体和国土资源管理主体的政府最须要掌握的。从这个意义上说，为贯彻落实国土资源节约优先战略，大力推进生态文明建设，基于服务于节约集约用地管控目标导向要求的城市建设用地节约集约利用评价，本质上是国家运用行政、经济、法律、技术等

手段，对城市建设用地的规模、布局、结构、用途、土地利用强度、密度等进行量化和非量化评估，确定城市建设用地节约集约利用潜力，为制定节约集约用地政策，开展节约集约用地活动，提高城市建设用地利用效率和效益提供依据的过程。为此，城市建设用地节约集约利用评价，需要重点把握以下几个方面。

一是以合法合规为基本前提约束。城市建设用地节约集约利用评价，应以符合国家有关法律、法规、规划以及国家对城镇化发展和城市开发建设的总体要求为前提，以符合土地利用管理相关政策为导向，体现节约集约用地意图。

二是以综合性体系设置体现评价任务和节约集约用地内涵的综合性特征。这主要体现在以下两个方面：第一，工作内容的综合性，即城市建设用地节约集约利用评价应根据基础调查结果，开展节约集约利用状况定性分析与定量评价，分析建设用地节约集约利用存在的问题，测算集约利用潜力，提出相关对策建议。第二，指标体系的综合性，即评价指标的设置应涵盖建设用地的利用强度、投入水平、产出效益、管理绩效以及增长消耗、用地弹性等方面内容，对城市建设用地节约集约利用内涵进行综合表征。

三是面向成果应用需求设计对应不同空间尺度的评价技术体系。城市建设用地节约集约利用评价作为一项基础性工作，成果应用的广度和深度一定程度上影响着其价值的体现和作用的发挥。从评价成果应用的需求层次上看，首先要面向行政区自上而下用地管理和区域宏观调控的宏观需求管理层次，其次要注重与国土资源管理相关工作衔接，使得评价结果可为完善土地规划、城市规划的编制和修改等管控工作以及具体实施开展城市更新改造、低效用地开发等提供基础支撑。对应于不同的评价成果应用需求层次，评价对象所对应的城市建设用地利用空间尺度及其相应的土地集约利用重点、状态表征也各有不同，需要在评价技术中通过差别化的评价指标体系设置分别开展对应于宏观层次（即城市行政辖区）和中观层次（城市中心城区及其不同类型功能区）的评价。本报告主要侧重于宏观层次对城市行政辖区建设用地节约集约利用状况的分析评价，旨在揭示评价城市行政辖区整体建设用地对人口、经济活动的承载水平、变化趋势及区域分异规律，为国家和地方政府制定宏观调控政策等提供决策支持。

具体技术框架如图1。

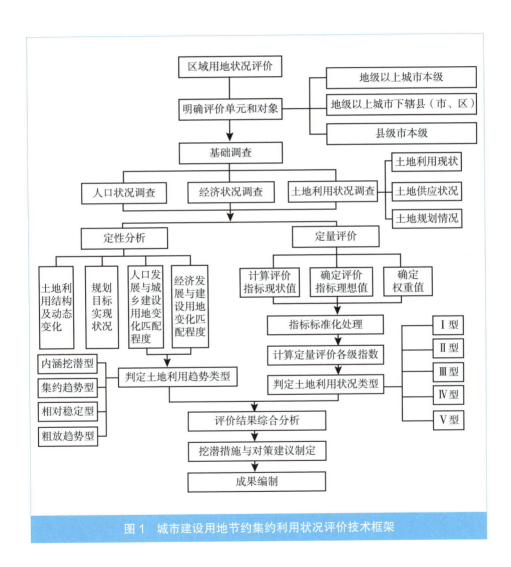

图1　城市建设用地节约集约利用状况评价技术框架

三　城市建设用地节约集约利用评价指标体系

　　建设用地节约集约利用内涵的多元性、综合性，使得单项指标综合分析难以全面揭示城市建设用地节约集约利用的综合效果。本报告站在全国角度，以《建设用地节约集约利用评价规程》（TD/T1018—2008）和《城市建设用地节约集约利用评价操作手册》为指导，以全国参评城市评价成果数据为基础，运用多因素综合评价法和理想值标准化法，从城市建设用地节约集约利用现状水平、动态变化趋势及综合水平三个层面入手，通过设定全国统一的指标理想值和权重值，测算全国各参评城市的建设用地节约集约利用现状水平指数、动态变化趋势指数和综合指数，进而依据指数、综合指数值高低对全国城市建设用地节约集约利用状况进行排序分析，揭示全国城市建设用地节约集约利用水平的区域分异格局及动态变化特征。评价指标体系及其指标含义见表1。

四　评价方法

（一）指标标准化方法

　　城市建设用地节约集约利用评价各项指数数据的量纲不同，需要对所有指标数据进行无量纲标准化处理。本报告主要采用理想值标准化法，在对全部样本城市指标数据做一致性分析的基础上，主要采用极值法，结合国家节约集约用地管理目标，设定全国统一的理想值。在此基础上，采用理想值比例推算法对评价指标进行标准化处理。

　　首先，按下式进行指标标准化初始值计算。

$$S_{i0} = \frac{a_i}{t_i}$$

　　式中：S_{i0}——第 i 项指标标准化值的初始值；t_i——第 i 项指标理想值；

指数	指数	指标（代码）	指标定义	计量单位	指标属性
建设用地节约集约利用综合指数	节约集约利用现状水平指数	城乡建设用地人口密度（PUII1）	指基准年的常住总人口规模与城乡建设用地总面积的比值，反映评价时点土地承载人口总量的能力	人/km²	正向相关
		建设用地地均固定资产投资（EUII1）	指基准年之前的3年（含基准年）的全社会固定资产投资总额的平均值与基准年的建设用地总面积的比值，反映评价时点土地投入状况	万元/km²	正向相关
		建设用地地均地区生产总值（EUII2）	指基准年的地区生产总值与建设用地总面积的比值，反映评价时点土地产出效益状况和土地承载经济总量的能力	万元/km²	正向相关
	节约集约利用动态变化趋势指数	单位人口增长消耗新增城乡建设用地量（PGCI1）	指基准年的新增城乡建设用地量与人口增长量比值，反映人口增长消耗的新增城乡建设用地状况	m²/人	反向相关
		单位地区生产总值耗地下降率（EGCI1）	指基准年前一年的单位地区生产总值耗地与基准年的单位地区生产总值耗地的差值占基准年前一年单位地区生产总值耗地的比率，反映经济增长耗地下降的速率	%	正向相关
		单位地区生产总值增长消耗新增建设用地量（EGCI2）	指基准年的新增建设用地量与同期地区生产总值增长量的比值，反映经济增长消耗的新增建设用地状况	m²/万元	反向相关
		单位固定资产投资消耗新增建设用地量（EGCI3）	指基准年的新增建设用地量与全社会固定资产投资总额的比值，反映单位投资消耗的新增建设用地状况	m²/万元	反向相关
		人口与城乡建设用地增长弹性系数（PEI1）	指基准年之前3年（含基准年）的人口增长幅度与同期城乡建设用地增长幅度比值，反映建设用地消耗与自身社会发展的协调程度	无量纲	正向相关
		地区生产总值与建设用地增长弹性系数（EEI1）	指基准年之前3年（含基准年）的地区生产总值增长幅度与同期建设用地总面积增长幅度的比值，反映建设用地消耗与自身经济发展的协调程度	无量纲	正向相关
	城市用地管理绩效指数	城市存量土地供应比率（ULAPI1）	指基准年之前3年（含基准年）的各年实际供应的城市存量土地总量与城市土地供应总量的比值，反映存量用地盘活促进节约集约用地的管理效果	%	正向相关
		城市批次土地供应比率（ULAPI2）	指基准年之前3年（不含基准年）的实际供应城市土地总量与经批次批准允许供应的城市土地供应总量的比值，反映新增用地供应管理促进节约集约用地的效果	%	正向相关

表 1 全国城市建设用地节约集约利用状况评价指标体系

a_i——第 i 项指标实际值。

其次，根据不同指标属性和对应理想值的特征差异，对指标标准化的初始值按照以下原则进行处理，确定各项指标标准化值 S_i，S_i 数值越大，建设用地节约集约用地状况可能越佳。具体原则如下：（1）对于正向相关指标，$S_i=S_{i0}$；对于反向相关指标，$S_i=1/S_{i0}$。（2）S_i 应在 0～1。（3）对于利用强度分指数、管理绩效指数涉及的指标（PUII1、EUII1、EUII2、ULAPI1、ULAPI2），若 $S_{i0}>1$，S_i 直接赋为 1，表示指标实际值为理想状态。管理绩效指数涉及的指标（ULAPI1、ULAPI2）无法计算时，S_i 直接赋为 1。（4）对于增长耗地、用地弹性分指数涉及的指标（PGCI1、EGCI1、EGCI2、EGCI3、PEI1、EEI1），具体以下不同情形加以确定：①当人口、经济为正增长，用地减少或不变时，S_i 直接赋为 1；②当人口、经济为负增长或零增长，用地为正增长或不变时，S_i 直接赋为 0；③其他情形下，对于正向相关指标，若 $S_{i0} \geq 1$，S_i 直接赋为 1；对于反向相关指标，若 $1/S_i \geq 1$，S_i 直接赋为 1。

（二）指数计算方法

1. 指数计算方法

建设用地节约集约利用现状水平指数、动态变化趋势指数按照下式计算：

$$\alpha_j = \sum_{i=1}^{n} (W_{ji} \times S_{ji}) \times 100$$

式中：α_j——第 j 项指数的值；W_{ji}——第 j 项指数下第 i 个指标的权重；S_{ji}——第 j 项指数下第 i 个指标的标准化值；n——第 j 项指数下的指标个数。

2. 综合指数计算方法

建设用地节约集约利用综合指数按下式计算。

$$综合指数 = \sum_{k=1}^{n} (W_k \times \beta_k)$$

式中：W_k——第 k 项指数的权重；β_k——第 k 项指数的值；n——综合指数下的指数个数。

（三）分区域指标值和指数值计算方法

本报告将全国参评城市分别按四大区域、省份、城市群、行政级别和城市等级规模进行了归类，各类别中某一指标值的计算是对该区域或类别所有参评城市该项指标计算的基础数据加总后，按指标定义计算得到。对各区域评价指数、综合指数的计算主要采用两种方式，一是指数值采用城市建设用地面积加权平均值表示，即以各区域所辖城市的指数值、综合指数值按建设用地面积占比为权重计算加权平均数得到。二是指数均值，以各区域所辖城市指数值计算简单平均数得到。

五　基础数据来源与口径

全国城市建设用地节约集约利用评价涉及的相关基础数据口径与各城市行政辖区范围对应，人口、经济相关数据来源于地级以上城市统计年鉴，由统计部门提供，其中常住总人口、常住城镇人口、常住农村人口数据为第六次人口普查数据口径，地区生产总值、全社会固定资产投资总额数据口径与评价基准年最近的经济普查口径一致；土地利用现状数据来源于原国土资源部土地利用变更调查成果数据。

区 域 篇

Regional Sections

B.3

"十二五"时期东部地区城市建设用地节约集约利用状况分析报告

摘　要：　以东部地区"三市""七省"83个地级以上城市和118个县级城市建设用地节约集约利用评价数据为基础，分析揭示了"十二五"时期东部地区各省（市）建设用地的利用现状及变化特征，节约集约利用现状水平、动态变化趋势及区域分异特征。基于对各省（市）参评城市建设用地节约集约利用的现状格局、利用特征及存在问题等综述分析，提出节约集约用地的政策建议。

关键词：　东部地区　城市　建设用地　节约集约利用　区域特征

东部地区"三市"（北京、天津、上海）、"七省"（河北、江苏、浙江、福建、山东、广东、海南）参评城市共计201个，占东部地区城市总数（215个）的93%。其中，地级以上城市除浙江衢州、丽水市，福建三明、南平市和海南三沙市等5个城市未参评外，涵盖其余所有83个城市，占东部地区地级以上城市总数（88 个）的 94%；县级参评城市总计 118 个，占东部地区县级城市总数（127 个）的 93%。

2015 年末，东部地区参评城市建设用地总面积 12.35 万平方公里，占全国建设用地总面积的 36.4%，国土开发强度为 14.77%；常住总人口 5.12 亿，常住城镇人口 3.33 亿，城镇化率为 65.08%；GDP 为 37.50 万亿元，常住人口人均 GDP 为 7.33 万元 / 人。①

一　土地利用现状及变化状况

（一）三大类用地结构

2015 年末，东部地区参评城市农用地面积 61.83 万平方公里，占土地总面积的 74.0%，其中耕地面积 24.99 万平方公里，占农用地面积的 40.4%；建设用地总面积为 12.35 万平方公里，占土地总面积的 14.8%，国土开发强度比全国参评城市整体水平高出 7.94%；其他土地 9.41 万平方公里，占土地总面积的 11.3%。从各省份情况看，上海和天津的国土开发强度最高，分别为 36.70%、34.56%；北京和江苏次之，分别为 21.76% 和 21.57%；福建最低，为 8.71%（见图 1）。

从动态变化上看，随着城镇化的快速推进，东部地区建设用地逐年扩张，农用地和其他土地逐年减少。2010~2015 年，东部地区建设用地累计增加 0.81 万平方公里，增幅为 7.0%，其中 2015 年增长 1.24%，增幅较 5 年平均增幅有所回落，国土开发强度 5 年间提高了 0.96%。其中，2010~2015 年，建设用地年均增幅最大的是福建省，为 2.4%；增幅最小的是北京市，为 0.9%。国土开发强度提升最大的是上海市，5 年累计提高了 2.11%；提升最小的是河北省，5 年仅提高 0.73%（见图 2）。

---

① 东部地区 118 个县级参评城市中，除福建永安市，海南琼海市、文昌市、东方市等 4 个城市独立参评外，其余 114 个县级城市涵盖在 83 个地级以上参评城市之中。本报告涉及的用地、经济、人口数据为剔除重复统计后的数据。

图 1　东部地区城市土地利用现状结构

（二）建设用地结构

2015 年东部地区城市城乡建设用地 9.99 万平方公里，占建设用地面积的 80.9%，略高于全国参评城市平均水平，其中上海市占比最高、为 88.3%，海南省占比最低，为 66.2%；交通水利用地 2.10 万平方公里，占比 17.0%；其他建设用地面积 0.26 万平方公里，占比 2.1%。从城乡建设用地内部结构看，城镇用地 3.59 万平方公里，占比 36.0%，比全国参评城市平均水平高 4.9%，其中上海市占比最高，为 69.7%，河北省最低，为 20.3%；村庄用地 5.67 万平方公里，占比 56.8%，比全国参评城市平均水平低 4.7%，其中河北省占比最高，为 68.1%，上海市占比最低，为 30.2%；采矿用地 0.72 万平方公里，占比为 7.2%（见图 3）。

从动态变化上看，2010~2015 年东部地区城市城乡建设用地累计增加 0.63 万平方公里，增幅为 6.7%，5 年年均增长 1.3%，略低于全国参评城市年均增长率。10 个省（市）中，福建省城乡建设用地增长最快，5 年年均增长 2.1%，

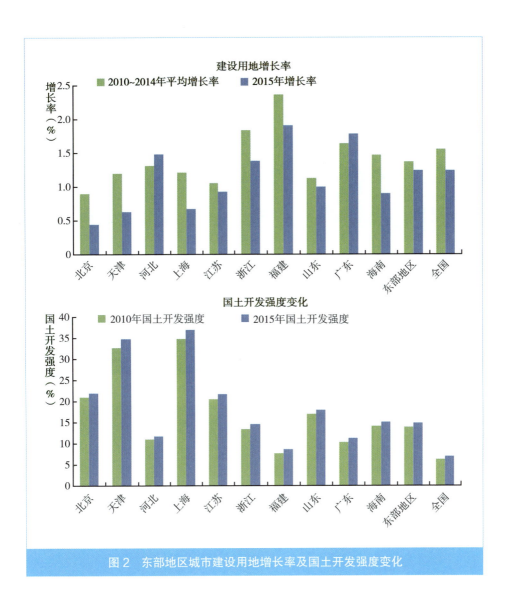

图2 东部地区城市建设用地增长率及国土开发强度变化

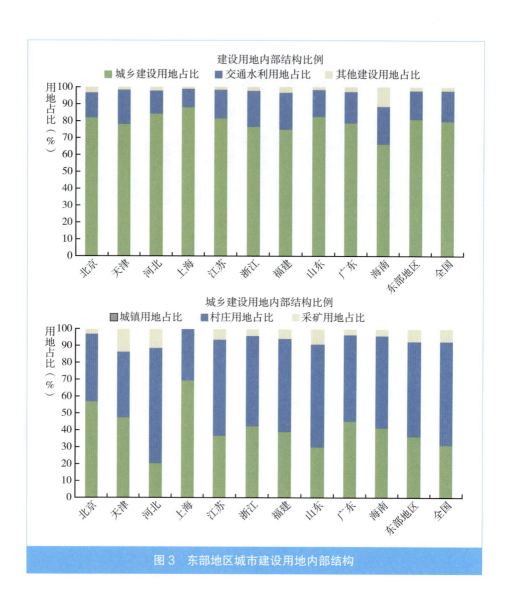

图3 东部地区城市建设用地内部结构

北京市增幅最小，5年年均增长不到1.0%。从城镇用地变化看，东部地区城市2010~2015年城镇用地增加0.41万平方公里，累计增幅12.9%，年均增长2.5%；其中，福建增幅最大，5年年均增长4.2%；北京市和上海市增幅较小，5年年均增长在1.2%左右（见图4）。

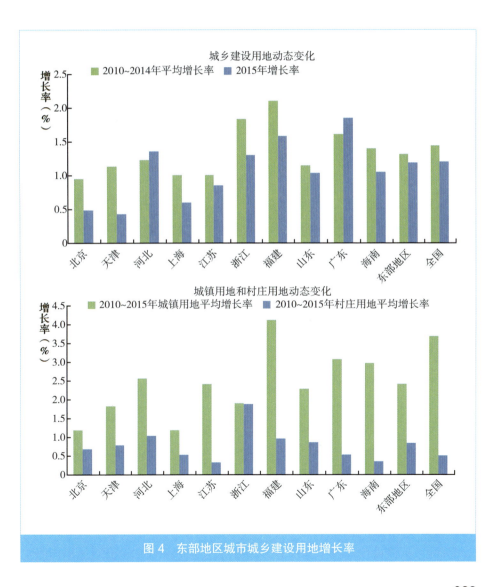

图4 东部地区城市城乡建设用地增长率

二 建设用地节约集约利用总体状况

（一）建设用地利用强度

1. 建设用地人口承载水平

2015年末，东部地区参评城市常住总人口5.12亿人，相比2010年末增加1896.26万人；常住城镇人口3.33亿，相比2010年末增加3815.83万人；城镇化率为65.08%，相比2010年末提高了5.24%。建设用地人口密度和城乡建设用地人口密度分别为4145.60人/平方公里和5124.59人/平方公里，相比全国参评城市分别高出437.05人/平方公里和494.62人/平方公里；其中上海市最高，分别为7864.31人/平方公里、8905.37人/平方公里；建设用地人口密度最低的是海南省，为2789.28人/平方公里，城乡建设用地人口密度最低的是河北省，为4035.13人/平方公里。

从动态变化上看，东部地区城市建设用地人口承载水平总体呈现持续小幅下降的态势。2010~2015年建设用地和城乡建设用地人口密度年均下降0.59%和0.54%，但降幅总体低于全国参评城市平均水平，同时2015年降幅有所收窄，分别为0.54%和0.49%。从10个省（市）分异上看，北京和天津2个直辖市5年间建设用地人口承载水平持续提升，建设用地人口密度年均增幅分别1.1%和2.3%，城乡建设用地人口密度年均增幅1.1%和2.4%；其余8省（市）则呈现不同程度的下降，其中浙江省降幅最大，建设用地和城乡建设用地人口密度5年年均降幅分别为1.4%和1.5%（见图5）。

2. 建设用地经济强度

2015年，东部地区参评城市GDP为37.50万亿元，相比2010年可比价增幅为37.3%。建设用地地均GDP为303.78万元/公顷，比全国参评城市平均水平高出93.78万元/公顷，相比2010年可比价提高97.68万元/公顷，增幅为49.2%，其中2015年增幅为7.0%，较历年年均增幅有所下降。建设用地地均GDP最高的是北京，为644.58万元/公顷；最低的是海南、为132.43万元/公顷。从建设用地投入强度看，2015年东部地区城市建设用地地均固定

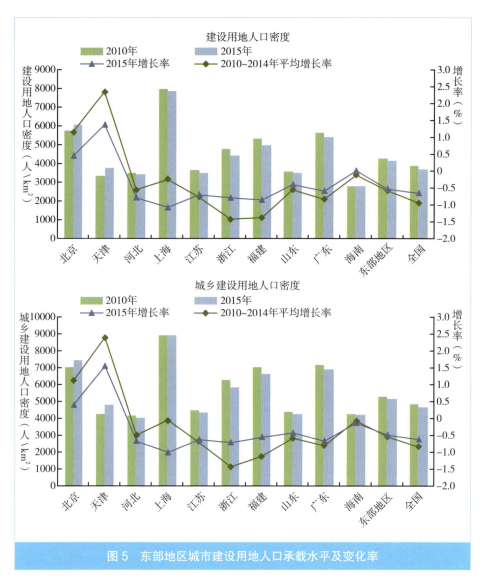

图 5 东部地区城市建设用地人口承载水平及变化率

资产投资总额为 182.49 万元 / 公顷,高出全国参评城市平均水平 27.14 万元 / 公顷,相比 2010 年提高 83.6%。建设用地地均固定资产投资最高的是天津市,为 317.21 万元 / 公顷,最低的是河北省,为 131.57 万元 / 公顷;提升幅度最大的是海南省,5 年年均提高幅度为 18.0%,提升幅度最低的是上海市,5 年年均提高幅度为 2.4%(见图 6)。

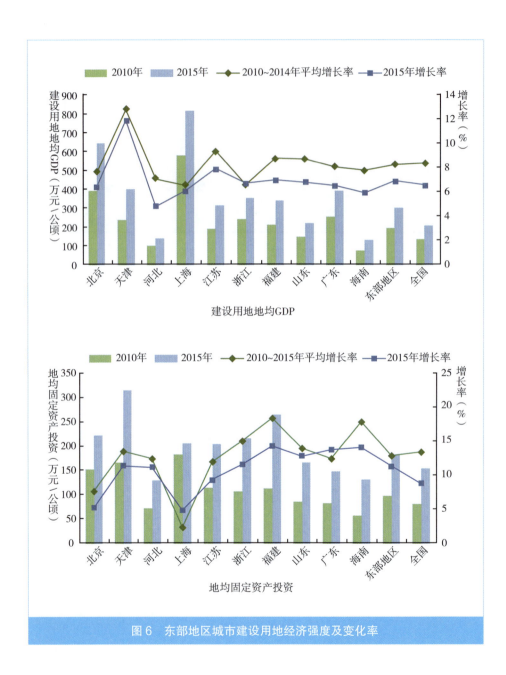

图 6　东部地区城市建设用地经济强度及变化率

（二）增长耗地

1. 人口增长耗地

2015 年东部地区参评城市单位人口增长消耗新增城乡建设用地 345.3 平方米 / 人，比全国参评城市平均水平低 95.9 平方米 / 人，也比 2011~2014 年 4 年平均水平低 7.5 平方米 / 人。从省际比较看，2011~2015 年，北京、天津、上海、广东、海南等 5 省（市）单位人口增长消耗新增城乡建设用地水平总体较低，5 年平均不到 310 平方米 / 人；而江苏和浙江 2 省相对较高，5 年平均在 950 平方米 / 人以上。

从动态变化上看，山东省人口增长耗地下降比较明显，从 2011 年的 599.3 平方米 / 人下降至 2015 年的 380.6 平方米 / 人；而上海市由于 2015 年常住总人口略有下降，人口增长耗地为负值（见图 7）。

2. 经济增长耗地

2010~2015 年，东部地区参评城市经济增长耗地不断趋于下降，单位 GDP 建设用地使用面积下降率为 33.0%，其中 2015 年下降率为 6.5%，单位

图 7　东部地区城市人口增长耗地水平及变化状况

GDP 建设用地使用面积由 2010 年的 50.33 公顷 / 亿元（2010 年可比价）下降至 2015 年的 33.74 公顷 / 亿元（2010 年可比价），5 年累计下降了 16.59 公顷 / 亿元。从省际比较看，天津市经济增长耗地下降最为显著，2010~2015 年单位 GDP 建设用地使用面积下降率高达 45.3%；而上海和浙江 2 省（市）相对偏低，分别为 27.1% 和 27.4%（见图 8）。

从经济增长新增耗地量上看，2015 年东部地区参评城市单位 GDP 增长和单位固定资产投资消耗新增建设用地量分别为 5.59 公顷 / 亿元和 0.69 公顷 / 亿元，总体低于全国参评城市平均水平，同时相比于 2011 年的 7.61 公顷 / 亿元和 1.69 公顷 / 亿元分别下降了 26.5% 和 59.0%。从省际比较看，北京市单位 GDP 增长消耗新增建设用地量最低，2011~2015 年年均为 2.69 公顷 / 亿元，其中 2015 年仅为 2.08 公顷 / 亿元；海南省最高，25 年年均为 21.60 公顷 / 亿元，2015 年为 29.26 公顷 / 亿元。单位固定资产投资消耗新增建设用地量北京市最低，2010~2014 年年均为 0.64 公顷 / 亿元，2015 年为 0.34 公顷 / 亿元；海南省最高，年均为 1.73 公顷 / 亿元，2015 年为 1.63 公顷 / 亿元（见图 9）。

图 8　东部地区城市单位 GDP 耗地下降率状况

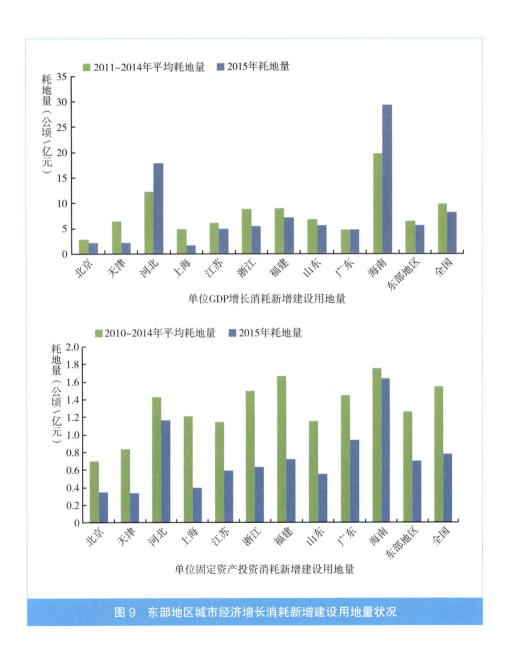

图 9　东部地区城市经济增长消耗新增建设用地量状况

（三）经济社会发展与用地变化匹配状况

1. 人口增长与用地变化匹配状况

东部地区参评城市 2010~2015 年常住总人口与城乡建设用地增长弹性系数为 0.57，其中 2015 年弹性系数为 0.58，城乡建设用地增速总体快于人口增速，建设用地人口承载水平逐年有所下降。从省际比较看，2010~2014 年，北京和天津 2 个直辖市的弹性系数大于 1，分别为 2.21 和 3.28，城乡建设用地人口密度有较大的提高，其余各省（市）弹性系数均小于 1，其中浙江最低，仅为 0.19。从动态变化上看，相比以往年份，天津、浙江、福建、山东、广东等 5 省（市）2015 年弹性系数有所提高，而北京、河北、江苏、海南等 4 省（市）则有所降低（见图 10）。

从城镇人口增长与用地变化匹配关系看，东部地区城市 2010~2015 年城镇常住人口与城镇工矿用地增长弹性系数为 1.28，其中 2015 年弹性系数为 1.36，人口城镇化总体快于土地城镇化，城镇工矿用地人口承载水平逐步提升。从省际比较看，天津、河北、山东、北京、江苏、浙江等 6 省（市）人口城镇化总体快于土地城镇化，但上海、福建、广东 3 省（市）土地城镇化总体快于人口城镇化。从农村人口与用地变化匹配看，除北京、上海、天津 3 个直辖市农村人口与村庄用地同步增长外，其余 7 省均呈现农村人口减少而村庄用地不减反增的局面。2010~2015 年东部地区城市人均村庄用地总体由 274.92 平方米升至 317.50 平方米，累计增加 15.49%，增长速度超出全国参评城市平均水平 0.74%。

2. 经济发展与用地变化匹配状况

东部地区城市经济发展与建设用地增长匹配协调度总体较高，2010~2014 年地区生产总值与建设用地增长弹性系数高达 8.53，其中最高的天津市达 15.42，最低的浙江也高达 5.34；建设用地在扩张的同时趋于集约化发展，地均 GDP 可比价从 2010 年的 198.70 万元/公顷提高至 2015 年的 296.38 万元/公顷，累计提高了 97.68 万元/公顷。从动态变化上看，东部地区城市 2015 年弹性系数为 6.67，较前四年平均水平总体有所回落；其中，北京、天津、

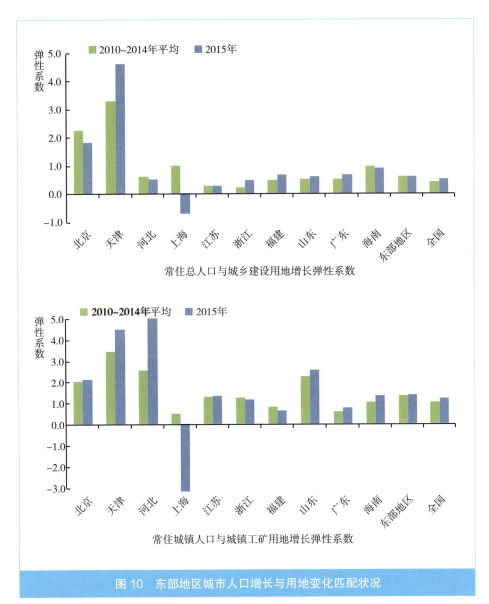

图 10　东部地区城市人口增长与用地变化匹配状况

上海、浙江、海南等省（市）2015 年弹性系数较往年提升比较明显，而江苏、福建、山东、广东等省则有所回落，其中河北省的弹性系数则逐年下降（见图 11）。

图 11　东部地区城市经济发展与用地变化匹配状况

三　建设用地节约集约利用分异状况

（一）节约集约利用现状水平分异状况

1. 总体状况

2015 年东部地区城市建设用地节约集约利用现状水平总体处于全国前列，节约集约利用现状水平指数为 45.19，比全国平均水平高出 7.52。其中，上海、北京、天津、福建、浙江等 5 省（市）位列全国 31 个省（区、市）的前 5 位，但河北和海南 2 省相对偏低，处于全国中下水平。相比于 2014 年，除上海市因城乡建设用地人口密度略有下降等导致节约集约利用现状水平指数略有下降外，其余各省（市）指数值均有不同程度的提高；从位序变化看，山东和海南两省位序提升 1 位，其余各省（市）总体维持不变（见表 1）。

省（市）名	2015 年			2014 年		
	指数值	排序号	全国位序号	指数值	排序号	全国位序号
北　京	74.23	2	2	73.30	2	2
天　津	59.29	3	3	58.03	3	3
河　北	30.64	10	23	30.38	10	23
上　海	81.47	1	1	82.01	1	1
江　苏	45.48	7	9	44.72	7	9
浙　江	53.33	5	5	52.50	5	5
福　建	58.81	4	4	57.29	4	4
山　东	37.73	8	13	37.03	8	14
广　东	49.42	6	7	48.98	6	7
海　南	31.28	9	21	30.47	9	22
东部地区	45.19	—	—	44.55	—	—
全　国	37.67	—	—	30.93	—	—

表 1　东部 10 省（市）城市建设用地节约集约利用现状水平指数

2. 地级以上城市状况

2015 年，东部地区地级以上参评城市建设用地节约集约利用现状水平指数均值为 45.92，比全国平均水平高 8.7，并占据全国 10 强城市的 8 席、前 50 强城市的 33 席和百强城市的 50 席。从区域分异看，除河北省外，其余 10 省（市）的指数均值均高于全国平均水平。其中，上海和北京两个直辖市的建设用地节约集约利用现状水平位居全国前 2 位，现状水平指数分别为 81.47 和 74.23；福建、天津、浙江 3 省（市）次之，广东、海南、江苏 3 省再次之，而山东和河北 2 省相对逊色。从各省参评城市建设用地节约集约利用现状水平内部分异看，广东和江苏两省变异系数较大，省域内各城市之间集约利用现状水平差异较为显著，其余各省内部各城市的节约集约利用现状水平总体比较均衡（见表 2）。

表 2　东部 10 省（市）地级以上城市建设用地节约集约利用现状水平指数分异状况

单位：个，%

省（市）名	城市数量	节约集约利用现状水平指数					入百强城市数量				
		均值	标准差	变异系数	最大值	最小值	入百强数量	区域城市中百强占比	前50强数量	区域城市中前50强占比	10强城市数量
北　京	1	74.23	—	—	—	—	1	100.00	1	100.00	1
天　津	1	59.29	—	—	—	—	1	100.00	1	100.00	0
河　北	11	30.17	7.39	0.25	47.96	22.82	2	18.18	0	0.00	0
上　海	1	81.47	—	—	—	—	1	100.00	1	100.00	1
江　苏	13	46.45	15.79	0.34	70.13	26.98	8	61.54	5	38.46	1
浙　江	9	52.47	12.25	0.23	78.53	35.19	8	88.89	6	66.67	1
福　建	7	60.00	15.05	0.25	85.27	41.58	7	100.00	6	85.71	2
山　东	17	38.59	9.23	0.24	53.44	24.48	8	47.06	4	23.53	0
广　东	21	48.40	19.21	0.40	95.29	26.99	12	57.14	9	42.86	2
海　南	2	47.90	0.08	0.00	47.95	47.84	2	100.00	0	0.00	0
东部地区	83	45.92	16.62	0.36	95.29	22.82	50	60.24	33	39.76	8
全　国	273	37.22	14.60	0.39	95.29	9.43	100	36.63	50	18.32	10

3. 县级市状况

2015 年，东部地区县级参评城市建设用地节约集约利用现状水平指数均值为 40.34，比全国平均水平高 5.58，占据全国 10 强城市的 8 席、前 50 强城市的 33 席和百强城市的 58 席。从区域分异上看，海南、河北、广东 3 省县级市建设用地节约集约利用现状水平相对偏低，指数值均低于全国平均水平；福建、浙江、江苏 3 省优势明显，囊括全国 10 强城市的 8 席。从变异系数上看，东部地区各省的县级市建设用地节约集约利用现状水平总体较均衡，变异系数最小的河北省仅为 0.22，最大的广东也仅为 0.33（见表 3）。

表 3　东部 7 省县级市建设用地节约集约利用现状水平指数分异状况

单位：个，%

| 省名 | 城市数量 | 节约集约利用现状水平指数 | | | | | 入百强城市数量 | | | | |
		均值	标准差	变异系数	最大值	最小值	入百强数量	区域城市中百强占比	前50强数量	区域城市中前50强占比	10强城市数量
河　北	20	31.22	6.78	0.22	44.19	19.26	3	15.00	0	0.00	0
江　苏	21	45.02	13.20	0.29	71.77	24.59	13	61.90	8	38.10	3
浙　江	17	49.14	14.03	0.29	84.98	32.96	15	88.24	8	47.06	2
福　建	9	58.93	17.43	0.30	88.49	35.68	8	88.89	6	66.67	3
山　东	28	39.82	9.65	0.24	57.53	21.10	16	57.14	8	28.57	0
广　东	20	32.83	10.88	0.33	63.40	21.12	3	15.00	3	15.00	0
海　南	3	17.80	5.38	0.30	20.93	11.59	0	0.00	0	0.00	0
东部地区	118	40.34	14.31	0.35	88.49	11.59	58	49.15	33	27.97	8
全　国	296	34.76	13.63	0.39	88.49	9.46	100	33.78	50	16.89	10

（二）节约集约利用动态变化趋势分异状况

1.总体状况

2015 年，东部地区城市建设用地节约集约利用动态变化趋势状况总体处于全国前列，节约集约利用动态变化趋势指数为 19.45，比全国平均水平高2.44。其中，天津和北京位列全国 31 个省（区、市）的前 2 位，上海名列第4 位，江苏和山东分别名列第 7、第 8 位，但河北和浙江 2 省相对偏低，处于全国中下水平。相比 2014 年，浙江和福建 2 省指数提升比较明显，分别提高了 2.41、1.86，位序分别提升了 7 位、5 位；而北京、河北、广东、江苏 4 省（市）的节约集约利用动态变化趋势指数则有所下降，其中河北省的位序排名下降了 5 位（见表 4）。

表 4　东部 10 省（市）城市建设用地节约集约利用动态变化趋势指数

省（市）名	2015 年			2014 年		
	指数值	排序号	全国位序号	指数值	排序号	全国位序号
北　京	33.78	2	2	36.50	2	2
天　津	46.86	1	1	46.34	1	1
河　北	12.72	10	26	13.79	9	21
上　海	25.88	3	4	25.44	3	3
江　苏	21.05	4	7	21.35	4	7
浙　江	15.44	9	17	13.03	10	24
福　建	16.68	7	12	14.82	8	17
山　东	20.63	5	8	20.48	5	9
广　东	17.61	6	11	18.34	6	13
海　南	16.49	8	13	16.22	7	14
东部地区	19.45	—	—	19.52	—	—
全　国	17.01	—	—	17.01	—	—

2. 地级以上城市状况

2015 年，东部地区地级以上参评城市建设用地节约集约利用动态变化趋势指数均值为 17.87，比全国平均水平高 1.92，并占据全国 10 强城市的 6 席、前 50 强城市的 21 席和百强城市的 36 席。从区域分异看，除河北、浙江、海南 3 省外，其余 7 省（市）的指数均值均高于全国平均水平。其中天津、北京、上海 3 个直辖市的建设用地节约集约利用动态变化趋势指数位居全国前三位，江苏和山东分别名列第 6、第 7 位，而河北和浙江 2 省相对逊色。从各省城市建设用地节约集约利用动态变化趋势内部分异看，广东、河北、福建 3 省变异系数较大，省域内各城市之间节约集约利用动态变化趋势优劣状况差异较为显著，海南、江苏、山东 3 省比较均衡（见表 5）。

表5　东部10省（市）地级以上城市建设用地节约集约利用动态变化趋势指数分异状况

单位：个，%

省（市）名	城市数量	节约集约利用动态变化趋势指数					入百强城市数量				
		均值	标准差	变异系数	最大值	最小值	入百强数量	区域城市中百强占比	前50强数量	区域城市中前50强占比	10强城市数量
北　京	1	33.78	—	—	—	—	1	100.00	1	100.00	1
天　津	1	46.86	—	—	—	—	1	100.00	1	100.00	1
河　北	11	11.72	4.66	0.40	17.86	4.01	1	9.09	0	0.00	0
上　海	1	25.88	—	—	—	—	1	100.00	1	100.00	0
江　苏	13	21.09	3.88	0.18	27.78	14.35	11	84.62	5	38.46	1
浙　江	9	14.50	4.42	0.30	25.02	9.63	1	11.11	1	11.11	0
福　建	7	16.96	6.04	0.36	28.52	9.18	3	42.86	1	14.29	0
山　东	17	20.48	4.04	0.20	26.42	12.46	13	76.47	8	47.06	0
广　东	21	16.40	10.00	0.61	54.06	9.42	4	19.05	3	14.29	2
海　南	2	15.67	0.73	0.05	16.19	15.15	0	0.00	0	0.00	0
东部地区	83	17.87	7.83	0.44	54.06	4.01	36	43.37	21	25.30	6
全　国	273	15.95	7.38	0.46	56.80	0.50	100	36.63	50	18.32	10

3. 县级市状况

2015年，东部地区县级参评城市建设用地节约集约利用动态变化趋势指数均值为19.33，略高于全国平均水平，在全国10强城市中占据2席、前50强城市中占据19席、百强城市中占据39席。从区域分异上看，山东、江苏、广东3省的指数均值高于全国平均水平，其余4省低于全国平均水平，其中山东省名列全国第3位，江苏和广东分别名列第7、第8位。从内部分异看，海南、山东、福建3省的变异系数较大，省域内各城市之间节约集约利用动态变化趋势优劣状况差异较为显著，河北和浙江2省相对比较均衡（见表6）。

表6　东部7省县级市建设用地节约集约利用动态变化趋势指数分异状况

单位：个，%

省名	城市数量	节约集约利用动态变化趋势指数					入百强城市数量				
		均值	标准差	变异系数	最大值	最小值	入百强数量	区域城市中百强占比	前50强数量	区域城市中前50强占比	10强城市数量
河　北	20	14.85	3.97	0.27	23.15	7.07	1	5.00	0	0.00	0
江　苏	21	21.87	7.65	0.35	37.95	10.73	10	47.62	4	19.05	0
浙　江	17	13.77	4.44	0.32	26.71	7.32	1	5.88	0	0.00	0
福　建	9	15.46	6.50	0.42	29.98	7.90	1	11.11	1	11.11	0
山　东	28	25.02	11.87	0.47	60.63	6.72	15	53.57	10	35.71	2
广　东	20	19.88	6.99	0.35	33.62	5.73	10	50.00	3	15.00	0
海　南	3	17.78	9.30	0.52	28.40	11.11	1	33.33	1	33.33	0
东部地区	118	19.33	8.84	0.46	60.63	5.73	39	33.05	19	16.10	2
全　国	296	19.05	10.83	0.57	74.90	1.15	100	33.78	50	16.89	10

（三）节约集约利用综合水平分异状况

1.总体状况

2015年东部地区城市建设用地节约集约利用综合水平总体处于全国前列，节约集约利用综合指数为36.28，比全国平均水平高5.16，包揽全国31个省（区、市）的前6强，但河北和海南2省相对较低，分列全国第25、第23名。相比2014年，北京、浙江、天津、江苏等4省（市）节约集约利用综合绩效提升比较明显，其中北京市的综合指数提高了1.99，浙江提高了1.72、位序提升1位；但海南和河北两省的综合指数有所下降，其中海南的位序排名下降了2位（见表7）。

省（市）名	2015 年			2014 年		
	指数值	排序号	全国位序号	指数值	排序号	全国位序号
北　京	54.80	2	2	52.81	2	2
天　津	52.86	3	3	51.54	3	3
河　北	25.05	10	25	25.94	10	25
上　海	55.18	1	1	55.10	1	1
江　苏	39.17	6	6	38.13	6	6
浙　江	41.04	4	4	39.32	5	5
福　建	39.64	5	5	39.32	4	4
山　东	33.37	8	11	32.97	8	12
广　东	36.70	7	9	36.54	7	8
海　南	25.85	9	23	27.31	9	21
东部地区	36.28	—	—	35.87	—	—
全　国	31.12	—	—	30.93	—	—

表 7　东部 10 省（市）城市建设用地节约集约利用综合指数

2. 地级以上城市状况

2015 年东部地区地级以上参评城市建设用地节约集约利用综合指数均值为 35.90，比全国平均水平高 5.54，占据全国 10 强城市的 9 席、前 50 强城市的 33 席和百强城市的 53 席。从区域分异上看，上海、北京、天津、浙江、福建、江苏等 6 省（市）的综合指数均值位居全国 31 个省（区、市）的前 6名，而河北相对逊色，位列第 28 名。从各省参评城市内部分异看，广东省的变异系数高达 0.38，省域内部各城市之间的节约集约利用综合水平差距明显，其他各省总体比较均衡（见表 8）。

表 8　东部 10 省（市）地级以上城市建设用地节约集约利用综合指数分异状况

单位：个，%

省（市）名	城市数量	节约集约利用综合指数					入百强城市数量				
		均值	标准差	变异系数	最大值	最小值	入百强数量	区域城市中百强占比	前50强数量	区域城市中前50强占比	10强城市数量
北　京	1	54.80	—	—	—	—	1	100.00	1	100.00	1
天　津	1	52.86	—	—	—	—	1	100.00	1	100.00	1
河　北	11	24.19	4.15	0.17	32.00	19.69	1	9.09	0	0.00	0
上　海	1	55.18	—	—	—	—	1	100.00	1	100.00	1
江　苏	13	39.55	7.06	0.18	49.81	30.15	11	84.62	7	53.85	2
浙　江	9	40.29	6.09	0.15	50.47	31.32	9	100.00	6	66.67	1
福　建	7	40.15	8.50	0.21	55.30	30.92	6	85.71	4	57.14	1
山　东	17	33.64	5.12	0.15	41.68	24.83	10	58.82	5	29.41	0
广　东	21	35.68	13.42	0.38	77.29	22.63	11	52.38	7	33.33	2
海　南	2	35.92	1.73	0.05	37.14	34.69	2	100.00	1	50.00	0
东部地区	83	35.90	10.25	0.29	77.29	19.69	53	63.86	33	39.76	9
全　国	273	30.36	8.74	0.29	77.29	14.13	100	36.63	50	18.32	10

3. 县级市状况

2015 年东部地区县级参评城市建设用地节约集约利用管理绩效指数均值为 34.44，比全国平均水平高 3.44，并占据全国 10 强城市的 8 席、前 50 强城市的 33 席和百强城市的 59 席。从区域分异上看，江苏、福建、浙江 3 省的综合指数均值位居全国前 3 名，山东位居第 5，但海南和河北两省相对逊色，分别列全国第 25、第 18 位。从内部分异看，海南省的变异系数高达 0.30，省域内部各城市之间的节约集约利用综合水平差距明显，而江苏、山东、浙江、河北 4 省总体比较均衡（见表 9）。

表9　东部7省县级市建设用地节约集约利用综合指数分异状况

单位：个，%

| 省名 | 城市数量 | 节约集约利用综合指数 | | | | | 入百强城市数量 | | | | |
		均值	标准差	变异系数	最大值	最小值	入百强数量	区域城市中百强占比	前50强数量	区域城市中前50强占比	10强城市数量
河　北	20	26.34	4.71	0.18	34.42	16.98	1	5.00	0	0.00	0
江　苏	21	39.84	5.78	0.15	51.76	30.13	18	85.71	11	52.38	3
浙　江	17	38.67	6.81	0.18	55.25	31.36	13	76.47	6	35.29	2
福　建	9	39.82	9.30	0.23	58.88	28.46	6	66.67	4	44.44	2
山　东	28	37.02	6.20	0.17	47.86	27.60	17	60.71	9	32.14	1
广　东	20	29.66	6.37	0.21	45.06	20.83	4	20.00	3	15.00	0
海　南	3	18.40	5.47	0.30	23.30	12.51	0	0.00	0	0.00	0
东部地区	118	34.44	8.42	0.24	58.88	12.51	59	50.00	33	27.97	8
全　国	296	31.00	8.36	0.27	58.88	12.41	100	33.78	50	16.89	10

四　各省（区、市）状况综述

（一）北京

1. 基本情况

2015年末，北京市土地总面积为1.64万平方公里，其中建设用地面积0.36万平方公里，国土开发强度为21.76%；常住总人口2170.50万，相比2014年末增加18.9万人；常住城镇人口1877.70万，相比2014年末增加18.7万人；城镇化率86.51%，相比2014年末提高了0.11%；GDP为2.30万亿元，相比2014年末增加了0.17万亿元，常住人口人均GDP为10.60万元/人。

2015年北京市建设用地节约集约利用状况排名及变化情况见图12。

2. 现状格局与特征

2015年北京市建设用地节约集约利用现状水平指数为74.23，相比2014年提高了0.93，在全国31个省（区、市）中排名第2，在全国273个地级以

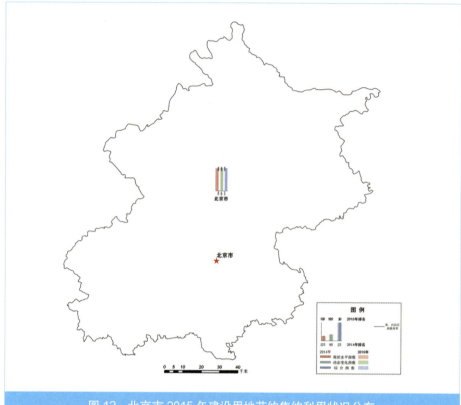

图 12　北京市 2015 年建设用地节约集约利用状况分布

上城市中排名第 8，排名与 2014 年一致。建设用地节约集约利用动态变化趋势指数为 33.78，相比 2014 年下降了 2.72，在全国 31 个省（区、市）中名列第 2，排名维持不变；在全国 273 个地级以上城市中名列第 5，相比 2014 年提升 1 位。建设用地节约集约利用综合指数为 54.80，相比 2014 年提高了 1.99，在全国 31 个省（区、市）中名列第 2，在全国 273 个地级以上城市中名列第 5，排名相比 2014 年维持不变。

2015 年北京市建设用地节约集约利用状况总体呈现现状水平与动态变化"双高"，但投入产出强度提升速度有所放慢的总体特征。

第一，2015 年北京市建设用地和城乡建设用地人口密度分别为 6079.00

人/平方公里和7430.04人/平方公里，是全国城市平均水平的1.64倍和1.60倍，相比于2010年分别提高了5.8%和5.6%。建设用地地均GDP和地均固定资产投资分别为644.58万元/公顷和223.80万元/公顷，分别是全国参评城市平均水平的3.1倍和1.4倍，相比于2010年分别提高了44.38个和45.36个百分点。同时，随着京津冀协同发展和非首都功能有序疏解的不断推进，北京市2015年建设用地人口承载水平提升幅度逐渐回落至0.44%和0.39%，"大城市病"有望逐步缓解，土地利用生态环境效益不断提升。

第二，2015年北京市凭借资金、技术、人才、管理以及投资、金融等高端要素集聚优势，经济社会转型发展成效明显，在建设用地节约集约利用现状水平比较优势明显的同时，建设用地节约集约利用动态变化趋势继续向好，呈现现状水平与动态变化"双高"的格局。2015年，北京市单位人口增长消耗新增城乡建设用地量137.40平方米/人，单位地区生产总值增长消耗新增建设用地量和单位固定资产投资消耗新增建设用地量分别为2.08公顷/亿元和0.34公顷/亿元，仅为全国平均水平的31.1%、25.6%、43.9%；常住总人口与城乡建设用地增长弹性系数、城镇人口与城镇工矿用地增长弹性系数分别高达1.79和2.09，人口城镇化明显快于土地城镇化，建设用地内涵集约化发展趋势明显。

第三，建设用地投入产出强度提升速度有所放慢。2010~2015年北京市建设用地地均GDP和地均固定资产投资年均分别增长7.6%和7.8%，但2015年分别仅为6.4%和5.2%，建设用地投入产出强度提升速度总体低于全国及东部地区参评城市平均水平，且2015年回落比较明显。同时，北京市人均村庄用地偏高且不降反升问题依然存在。2015年人均村庄用地为400.97平方米/人，高出全国城市平均水平86.42平方米/人，同时相比于2014年仍增加了1.72平方米/人。

3. 政策建议

第一，加强腾退空间管控，严控新增非首都功能产业用地供应。按照京津冀协同发展和非首都功能有序疏解要求，加强腾退空间规划管控，统筹引导非首都功能疏解腾退空间主要用于首都核心功能优化提升、民生条件改善、历史文化名城保护建设以及生态保护设施等项目需求。严把建设项目用地审

批关，严禁新增一般性制造业和高端制造业中不具备比较优势的生产加工环节的用地供应，严禁新建和扩建除满足市民基本需求的零售网点以外的商品交易市场设施项目用地供应，严禁新建和扩建未列入规划的区域性物流中心和批发市场的用地供应。积极研究提出疏解腾退空间的管理和使用方案，确保"人随功能走，人随产业走"，坚决防止腾退空间内的非首都功能和人员再聚集。

第二，积极探索促进低效用地再开发政策，大力存量低效建设用地盘活挖潜。坚持存量和增量建设用地差别化管理，在促进低效用地盘活利用的同时，切实加大符合首都功能用地有效供应。严格执行依法收回闲置土地或征收土地闲置费的规定，不断加大闲置土地的认定、公示和处置力度；继续深化完善土地节约集约利用配套法规和规范，促进征而未供、供而未用土地有效利用。

（二）天津

1. 基本情况

2015年末，天津市土地总面积1.19万平方公里，其中建设用地面积为0.41万平方公里，国土开发强度为34.56%；常住总人口1546.95万，相比2014年末增加了30.14万人；常住城镇人口1278.40万，相比2014年末增加了30.36万人；城镇化率82.64%，相比2014年末提高了0.36%；GDP为1.65万亿元，相比2014年末增加了0.08万亿元，常住人口人均GDP为10.69万元/人。

2015年天津市建设用地节约集约利用状况排名及变化情况见图13。

2. 现状格局与特征

2015年天津市建设用地节约集约利用现状水平指数为59.29，相比2014年提高了1.26，在全国31个省（区、市）中排名第3，在全国273个地级以上城市中排名第23，排名与2014年一致。节约集约利用动态变化趋势指数为46.86，相比2014年提高了0.52，在全国31个省（区、市）中排名首位，排名维持不变；在全国273个地级以上城市中排名第4，排名相比2014年下降了3位。节约集约利用综合指数为52.86，相比2014年提高了1.32，在全国

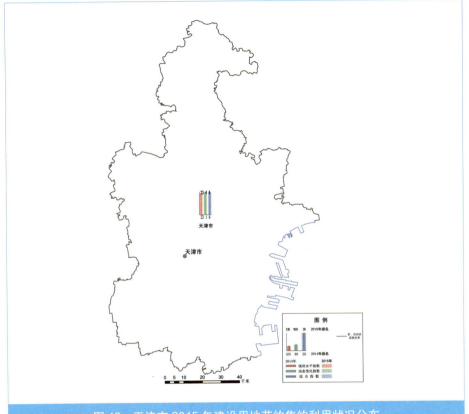

图 13　天津市 2015 年建设用地节约集约利用状况分布

31 个省（区、市）中排名第 3，在全国 273 个地级以上城市中排名第 6，排名相比 2014 年维持不变。

2015 年天津市建设用地节约集约利用状况总体呈现现状水平与动态变化"双高"的特征，但村庄用地节约集约利用仍面临较大的挑战。

第一，2015 年天津市建设用地和城乡建设用地人口密度分别为 3755.86人 / 平方公里和 4789.96 人 / 平方公里，总体与全国城市平均水平相当，但相比于 2010 年年均分别提高了 2.3% 和 2.4%。建设用地地均 GDP 和地均固定资产投资分别为 401.53 万元 / 公顷和 317.20 万元 / 公顷，分别是全国城市平均水平的 1.9 倍和 2.0 倍，同时相比于 2010 年分别提高了 82.9% 和 89.1%，建

设用地投入产出强度提升明显。

第二，2015 年天津市单位人口增长消耗新增城乡建设用地量为 106.67 平方米 / 人，单位地区生产总值增长和单位固定资产投资消耗新增建设用地量分别为 2.15 公顷 / 亿元和 0.33 公顷 / 亿元，仅为全国城市平均水平的 24.2%、26.5%、42.8%；与此同时，人口城镇化明显快于土地城镇化，常住总人口与城乡建设用地增长弹性系数、城镇人口与城镇工矿用地增长弹性系数分别高达 4.59 和 4.42，土地城镇化发展质量明显提升，建设用地内涵集约化成效明显。

第三，村庄用地节约集约利用面临较大挑战。2015 年天津市人均村庄用地 467.17 平方米 / 人，为东部地区最高，高于全国城市平均水平 152.62 平方米 / 人。尽管 2013 年、2014 年以土地增减挂钩政策为平台推动"宅基地换房"试点的推进，天津市人均村庄用地有所下降，但 2015 年又有所反弹，村庄用地节约集约利用仍面临较大的挑战。

3. 政策建议

第一，不断探索健全存量挖潜和城乡建设用地增减挂钩新机制，促进建设用地内涵挖潜上新台阶。积极完善存量挖潜与低效用地再开发激励约束机制，在倒逼低效用地有序退出的同时，因地制宜，积极探索创新多方式、分类推进低效用地再开发机制；及时总结"宅基地换房"农村建设用地节约集约利用试点经验，促进村庄用地节约集约利用工作向纵深发展。

第二，大力推广节地新技术、新模式，积极推进盐碱地、污染地、工矿废弃地的治理与生态修复技术创新，鼓励城市内涵发展；通过创新完善供地方式，推行工业用地弹性出让制、长期租赁制，完善工业用地强制退出机制，健全共同监管责任机制，着力提升产业用地节约集约利用水平，防止低效用地再度形成。

（三）河北

1. 基本情况

2015 年河北省共辖 11 个地级市和 20 个县级市，全部纳入城市建设用地节约集约利用评价，其中 20 个县级参评城市全部为 11 个地级以上参评城市的下辖市。2015 年末，河北省参评城市土地总面积为 18.86 万平方公里，其中建设用地 2.19 万平方公里，国土开发强度为 11.60%；常住总人口 7454.36 万，相比 2014 年末增加了 49.18 万人；常住城镇人口 3828.24 万，相比 2014 年末增加了 185.05 万人；城镇化率 51.36%，相比 2014 年末提高了 2.16%；GDP 为 3.06 万亿元，相比 2014 年末增加了 0.12 万亿元，常住人口人均 GDP 为 4.10 万元 / 人。

2015 年各城市建设用地节约集约利用状况排名及变化情况见图 14、图 15。

图 14　河北省 2015 年地级以上城市建设用地节约集约利用状况分布

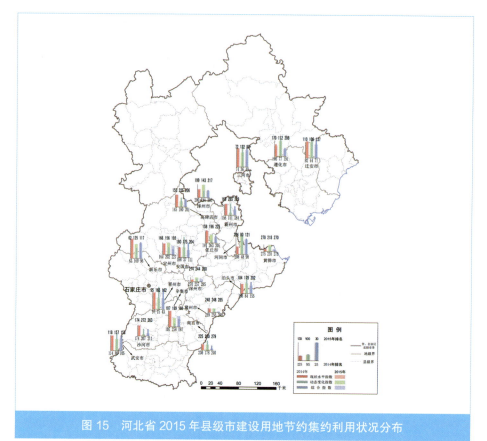

图 15 河北省 2015 年县级市建设用地节约集约利用状况分布

2. 现状格局与特征

河北省城市建设用地节约集约利用水平总体不高。2015 年建设用地节约集约利用现状水平指数为 30.64，在全国 31 个省（区、市）中排名第 23，相比 2014 年提高了 0.26，排名维持不变。节约集约利用动态变化趋势指数为 12.72，排名第 26，相比 2014 年下降了 1.07，排名下降了 5 位。节约集约利用综合指数为 25.05，排名第 25，相比 2014 年下降了 0.88，排名维持不变（见表 10）。

城市名		现状水平指数		动态变化趋势指数		综合指数	
		指数	排名	指数	排名	指数	排名
全　省		30.64	23	12.72	26	25.05	25
地级以上城市	石家庄市	47.96	54	16.80	104	32.00	95
	唐山市	29.17	191	14.27	157	27.73	154
	秦皇岛市	25.76	224	6.93	256	20.32	248
	邯郸市	39.86	96	10.07	225	28.89	139
	邢台市	28.96	194	7.62	249	20.06	249
	保定市	27.15	209	14.92	144	23.89	218
	张家口市	25.03	228	7.84	246	21.49	240
	承德市	28.66	198	4.01	268	19.69	252
	沧州市	25.50	225	16.16	117	25.61	189
	廊坊市	30.99	175	12.46	187	25.74	188
	指数均值	30.17	25	11.72	27	24.19	28
	变异系数	0.25	14	0.40	23	0.17	14
县级市	辛集市	37.27	107	14.60	189	29.09	168
	晋州市	38.45	95	15.69	165	29.38	162
	新乐市	44.19	62	18.30	125	32.60	117
	遵化市	31.00	170	19.32	112	26.30	208
	迁安市	36.99	110	19.56	108	31.00	137
	武安市	36.26	118	16.03	157	30.02	153
	南宫市	25.09	225	11.80	230	19.00	279
	沙河市	30.51	174	7.07	272	21.23	263
	涿州市	27.88	199	16.81	143	25.60	217
	定州市	31.35	166	16.03	156	27.17	192
	安国市	29.92	180	15.33	175	26.64	204
	高碑店市	32.14	155	12.22	225	26.45	206
	泊头市	29.62	184	15.08	179	26.65	202
	任丘市	31.99	158	14.26	196	25.30	225
	黄骅市	19.74	270	13.21	218	20.22	270
	河间市	27.46	204	23.15	80	32.14	121
	霸州市	31.12	169	8.23	265	24.88	229
	三河市	42.40	72	18.58	122	34.42	98
	冀州市	21.80	248	10.81	246	16.98	285
	深州市	19.26	274	11.02	244	21.64	260
	指数均值	31.22	15	14.85	20	26.34	18
	变异系数	0.22	6	0.27	2	0.18	10

表 10　2015 年河北省城市建设用地节约集约利用状况及其排名

资料来源：全国城市建设用地节约集约利用评价数据库。

河北省建设用地节约集约利用状况总体呈现以下特征。

第一，建设用地节约集约利用现状水平总体较低且较均衡，地级以上城市略低于县级市。2015 年河北省 11 个地级以上城市和 20 个县级市节约集约利用现状水平指数均值分别为 30.17 和 31.22，分别名列全国各省（区、市）第 25 和第 15 名，处于全国中下水平。其中地级以上城市中，除石家庄、邯郸名列全国 273 个地级以上城市第 54、第 96 位外，其余 9 个城市排名在 175 名以外，相对处于较低水平；县级市中除新乐、三河、晋州进入全国 296 个县级市百强外，有 5 个城市排名 200 位以外，相对偏低。2015 年河北省地级以上城市和县级市建设用地节约集约利用现状水平指数变异系数分别为 0.25 和 0.22，与 2014 年基本相当，不同城市之间节约集约利用现状水平总体比较均衡。

第二，建设用地节约集约利用动态变化趋势不明显，粗放扩张尚未得到遏制。2015 年河北省 11 个地级以上城市和 20 个县级市节约集约利用动态变化趋势指数均值分别为 11.72 和 14.85，分别名列全国各省（区、市）第 27 和第 20 名。其中地级以上城市中除衡水市名列第 84 名外，有 6 个城市排名在 200 名以外；县级市中除河间市名列第 80 名外，7 个城市排名 200 名以外。从动态变化上看，相比于 2014 年，8 个地级以上城市和 12 个县级市排名有较大幅度下降，经济社会发展过多依赖于新增建设用地的扩张，建设用地粗放扩张尚未得到遏制。从变异系数及动态变化上看，河北省地级以上城市建设用地节约集约利用动态变化趋势指数变异系数从 2014 年的 0.19 扩大至 0.40，不同城市之间节约集约利用动态变化趋势绩效差距明显拉大；县级市变异系数则从 2014 年的 0.50 缩小至 0.27，不同城市之间节约集约利用动态变化趋势状况趋于均衡。

第三，建设用地节约集约利用综合水平总体靠后。2015 年河北省建设用地节约集约利用综合指数 25.05，全国排名第 25 名；其中地级以上城市综合指数均值 24.19，略高于黑龙江、甘肃、宁夏，位居全国第 28 名；县级市综合指数均值相对较高，为 26.34，位列第 18 名。从变异系数看，2015 年河北省地级以上城市和县级市建设用地节约集约利用综合指数变异系数分别为 0.17 和 0.18，不同城市之间节约集约利用综合状况总体比较均衡。

3. 政策建议

由于河北省当前仍处于要素驱动的发展阶段,产业结构比较落后,钢铁、水泥等传统产业占据较大的比重,转型发展面临较大压力,不仅建设用地节约集约利用现状水平总体较低,同时经济社会发展对新增建设用地扩张依赖过大,建设用地节约集约利用动态变化趋势总体不佳。在京津冀协同发展战略指引下,当前河北省产业承接支撑平台建设用地需求强劲,这对于河北省的建设用地节约集约利用既是机遇更是挑战。针对当前河北省建设用地节约集约利用面临的问题,建议如下。

第一,牢固树立"集约促转型"理念,强化节约集约用地舆论导向。在京津冀协同发展中找准河北的定位,特别是在主动承接北京释放出来的相对低端的产业资源的同时,应加强对高端产业与北京、天津的协同发展,加快对传统行业特别是重污染行业的改造升级和促进战略性新兴产业、现代服务业发展,加快过剩产能化解和生态建设,以土地利用方式转变引导经济发展方式的转变。

第二,科学实施土地利用总体规划,严控城乡建设用地盲目外延扩张。以《京津冀协同发展土地利用总体规划》为指引,按照"框定总量、限定容量、盘活存量、做优增量、提高质量"的要求,科学安排"三生"用地空间,严格执行土地利用总体规划和土地用途管制制度,严格控制新增建设用地非法占用基本农田及重要生态用地,避免基础设施的重复建设,尽量实现区域间的共享,防止城乡建设用地盲目外延扩张。

(四)上海

1. 基本情况

2015 年末,上海市土地总面积为 0.84 万平方公里,其中建设用地面积 0.31 万平方公里,国土开发强度为 36.70%;常住总人口 2415.27 万,相比 2014 年末减少了 10.41 万人;常住城镇人口 2115.78 万,相比 2014 年末减少了 57.63 万人;城镇化率 87.60%,相比 2014 年末下降了 2%;GDP 为 2.51 万亿元,相比 2014 年末增加了 0.16 万亿元,常住人口人均 GDP 为 10.40 万元 / 人。

2015 年上海市建设用地节约集约利用状况排名及变化情况见图 16。

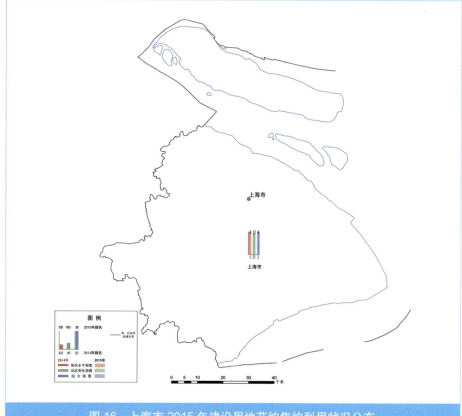

图 16　上海市 2015 年建设用地节约集约利用状况分布

2. 现状格局与特征

2015 年上海市建设用地节约集约利用现状水平指数为 81.47，相比 2014 年下降了 0.54，在全国 31 个省（区、市）中排名首位，在全国 273 个地级以上城市中名列第 4，排名相比 2014 年维持不变。节约集约利用动态变化趋势指数为 25.88，相比 2014 年提高了 0.43，在全国 31 个省（区、市）中排名第 4，排名下降了 1 位；在全国 273 个地级以上城市中名列第 17，排名相比 2014 年提升了 4 名。节约集约利用综合指数为 55.18，相比 2014 年提高了 0.08，在全国 31 个省（区、市）中排名首位，排名维持不变；在全国 273 个地级以上城市中名列第 4，排名相比 2014 年下降了 1 位。

总体而言，2015 年上海市建设用地节约集约利用状况总体呈现现状水平与动态变化"双高"，但投入产出强度提升不够明显的特征。

第一，2015 年上海市建设用地和城乡建设用地人口密度分别为 7864.31 人 / 平方公里和 8905.37 人 / 平方公里，是全国城市平均水平的 2.1 倍和 1.9 倍，但相比于 2010 年分别下降了 100.19 人 / 平方公里和 18.88 人 / 平方公里。建设用地地均 GDP 和地均固定资产投资分别为 818.04 万元 / 公顷和 206.85 万元 / 公顷，分别是全国城市平均水平的 3.9 倍和 1.3 倍，同时相比于 2010 年分别提高了 37.24 个和 12.46 个百分点。建设用地人口承载水平及投入产出强度总体优势比较明显。

第二，2015 年上海市单位地区生产总值增长和单位固定资产投资消耗新增建设用地量分别为 1.56 公顷 / 亿元和 0.39 公顷 / 亿元，仅为全国城市平均水平的 19.3% 和 50.4%，经济增长耗地总体处于较低水平，建设用地内涵集约化发展趋势明显。

第三，建设用地投入产出强度提升不明显，建设用地人口承载水平有所下降。2010~2015 年上海市建设用地地均 GDP 和地均固定资产投资年均增长为 6.5% 和 2.4%，总体低于全国及东部地区城市平均水平。虽然 2015 年地均固定资产投资增长 4.9%，但也低于全国及东部地区平均水平。另外，目前上海市执行比较严格的人口控制政策，使得近年来常住总人口、常住城镇人口均出现小幅下降，使得建设用地人口承载水平总体有所下降，一定程度上影响到建设用地节约集约利用动态变化趋势指数的持续提升。

3. 政策建议

第一，加快城市有机更新，深入推动建设用地"减量化"利用管理，进一步提升建设用地集约利用水平。针对老城区过度利用或低效利用区域，加强规划评估，基于总量控制原则科学制定老城区转型发展实施方案，加快推进城市有机更新，积极引导工业产业、低端污染产业退出中心城区，特别是针对黄浦江沿岸等重点区域，通过土地收储、整体转型的方式，进行综合开发利用，促进用地结构优化，不断提升城市功能，改善区域整体环境。

第二，完善管理技术手段，加强土地动态监测和科学管理，提高用地效率。充分利用各种先进技术，跟踪土地利用动态信息，按照规划和合同约定

监管土地开发、建设和项目运营，提高土地综合利用效益；同时通过深化完善土地全生命周期管理机制，及时发现土地集约化利用的薄弱之处，改进和调整土地利用和管理方式。

（五）江苏

1.基本情况

2015年江苏省共辖13个地级以上城市和21个县级市，全部纳入城市建设用地节约集约利用评价，其中21个县级参评城市全部为地级以上参评城市的下辖市。2015年末，江苏省参评城市土地总面积为10.53万平方公里，其中建设用地2.27万平方公里，国土开发强度为21.57%；常住总人口7976.26万，相比2014年末增加了16.24万人；常住城镇人口5305.84万，相比2014年末增加了119.41万人；城镇化率66.52%，相比2014年末提高了1.36%；GDP为7.19万亿元，相比2014年末增加了0.51万亿元，常住人口人均GDP为9.02万元/人。

2015年各城市建设用地节约集约利用状况排名及变化情况见图17、图18。

图 17　江苏省 2015 年地级以上城市建设用地节约集约利用状况分布

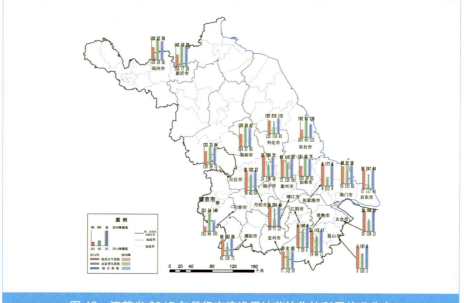

图 18　江苏省 2015 年县级市建设用地节约集约利用状况分布

2. 现状格局与特征

江苏省是我国经济实力最强、最发达的省份之一，也是土地利用示范的排头兵。近年来江苏省深入推进国土资源管理转型创新，全面实施以"提升节地水平和产出效益"为核心内容的节约集约用地"双提升"行动计划，着力构建国土资源管理新机制，城市建设用地节约集约利用取得明显成效。2015 年江苏省建设用地节约集约利用现状水平指数为 45.48，在全国 31 个省（区、市）中排名第 9，相比 2014 年提高了 0.76，排名维持不变。节约集约利用动态变化趋势指数为 21.05，排名第 7，相比 2014 年下降了 0.30，排名维持不变。节约集约利用综合指数为 39.17，排名第 6，相比 2014 年提高了 1.03，排名维持不变（见表 11）。

表 11　2015 年江苏省城市建设用地节约集约利用状况及其排名

城市名		现状水平指数		动态变化趋势指数		综合指数	
		指数	排名	指数	排名	指数	排名
全　省		45.48	9	21.05	7	39.17	6
地级以上城市	南京市	68.91	11	22.64	40	49.66	10
	无锡市	70.13	10	20.95	56	49.81	9
	徐州市	38.11	107	25.36	19	36.79	52
	常州市	61.81	18	18.99	70	46.93	14
	苏州市	64.86	14	17.38	96	48.15	11
	南通市	42.82	74	14.35	156	36.61	56
	连云港市	27.03	211	27.78	9	34.99	71
	淮安市	29.26	190	21.45	52	30.15	117
	盐城市	26.98	214	20.50	63	30.15	118
	扬州市	45.66	68	25.33	21	40.36	32
	镇江市	48.90	49	20.94	57	39.75	35
	泰州市	47.42	59	15.64	128	37.92	42
	宿迁市	31.91	162	22.83	39	32.82	87
	指数均值	46.45	10	21.09	6	39.55	6
	变异系数	0.34	22	0.18	7	0.18	16
县级市	江阴市	71.77	6	20.39	100	51.01	6
	宜兴市	40.80	80	26.21	61	38.14	60
	新沂市	33.47	142	37.95	18	42.85	26
	邳州市	35.07	130	34.86	22	38.17	59
	溧阳市	39.50	86	14.76	183	35.25	86
	常熟市	54.68	23	18.90	115	45.06	17
	张家港市	65.89	9	15.29	177	48.04	8
	昆山市	68.58	7	19.69	107	51.76	5
	太仓市	52.36	30	15.71	164	42.36	31
	启东市	44.77	58	10.73	247	37.01	64
	如皋市	31.56	161	25.37	65	36.22	75
	海门市	43.74	66	27.42	52	41.18	36
	东台市	28.56	192	21.11	93	31.04	136
	仪征市	35.71	123	23.98	73	35.38	84
	高邮市	35.37	129	34.30	26	40.22	42
	丹阳市	49.26	38	20.29	102	41.07	37
	扬中市	55.96	22	15.91	160	38.82	52
	句容市	24.59	231	30.06	34	30.13	148
	兴化市	35.59	125	13.50	210	32.93	110
	靖江市	53.67	26	13.74	204	40.47	40
	泰兴市	44.53	60	19.05	113	39.47	45
	指数均值	45.02	5	21.87	7	39.84	1
	变异系数	0.29	15	0.35	8	0.15	5

资料来源：全国城市建设用地节约集约利用评价数据库。

江苏省建设用地节约集约利用状况总体呈现以下特征。

第一，建设用地节约集约利用现状水平较高，苏南、苏中、苏北阶梯式分异特征明显。2015年江苏省13个地级以上城市和21个县级市节约集约利用现状水平指数均值分别为46.45和45.02，分别名列全国各省（区、市）第10和第5名。其中地级以上城市中，苏南的无锡名列全国273个地级以上城市第10名，南京、苏州、常州、镇江等4个城市名列全国50强，但苏北的徐州、淮安、连云港、宿迁及盐城排名100位以外；县级市中，江阴、昆山、张家港名列全国296个县级市的10强，扬中、常熟、靖江、太仓、丹阳名列全国50强，但如皋、东台、句容3市排名160位以外。苏北地区城市节约集约利用现状水平相对偏低，建设用地经济社会承载能力存在较大的提升空间。

第二，建设用地节约集约利用动态变化趋势成效明显，区域差异较小。2015年江苏省13个地级以上城市和21个县级市节约集约利用动态变化趋势指数均值分别为21.09和21.87，分别名列全国各省（区、市）第6和第7名。地级以上城市中，连云港市位列全国273个地级以上城市第9名，徐州、扬州、宿迁、南京等4市也名列50强，但南通、泰州相对偏低，在100名以外。县级市中，新沂、邳州、高邮、句容4市位列全国296个县级市50强，海门、宜兴、如皋、仪征、东台、江阴等6市进入全国百强，但靖江、兴化、启东3个城市则在200名以外。2015年江苏省地级以上城市和县级市建设用地节约集约利用动态变化趋势指数变异系数分别为0.18和0.35，地级以上城市之间建设用地节约集约利用动态变化趋势比较均衡，但县级市之间区域分异较大。

第三，建设用地节约集约利用综合状况排名总体靠前，建设用地节约集约利用示范区建设成效明显。2015年江苏省建设用地节约集约利用综合指数39.17，名列全国第6；地级以上城市建设用地节约集约利用综合指数均值39.55，名列全国第6；县级市建设用地节约集约利用综合指数均值39.84，名列全国首位。从变异系数上看，地级以上城市和县级市建设用地节约集约利用综合指数变异系数分别为0.18和0.15，分别位居第16和第5位，地级以上城市之间区域分异比较明显，县级市之间比较均衡。

第四，单位人口增长消耗新增城乡建设用地量偏大，村庄用地不减反增，

进一步提升建设用地节约集约利用水平面临较大挑战。鉴于城乡建设用地增减挂钩成本高、难度大，加之部分区域乡村工业发展，近年来江苏省各地农村人口与村庄用地增长匹配度不高，村庄用地整体规模不降反增，尚存在部分低效村庄用地，对节约集约利用水平的进一步提升产生重大制约。同时，江苏省人口增长新增耗地偏高，2015年单位人口增长消耗新增城乡建设用地量高达1336.69平方米/人，仅次于吉林省，使得建设用地人口密度从2010年的3651.53人/平方公里下降至2015年的3512.68人/平方公里。

3. 政策建议

第一，深入实施节约集约用地战略，继续发挥节约集约用地示范引领作用。深入推进江苏省节约集约用地"双提升"行动，按照"控制总量、减少增量、盘活存量、用好流量、提升质量"的要求，深化建设用地总量与强度"双控"。不断健全存量建设用地盘活利用的有效机制，大力推进存量闲置、低效工业用地盘活利用；积极推进引导城市土地复合利用、立体利用、综合利用；不断完善土地资源市场化配置机制，促进以税节地，通过适当调整不同等级土地的保有成本，促进产业转型升级和土地资源节约集约利用。

第二，强化规划空间管控和差别化政策引导，推动省域节约集约用地均衡化发展。加强空间开发管制，加快城市开发边界划定，根据资源禀赋和环境承载能力，引导调控城市规模，优化城市空间布局和形态功能，推动城市集约发展，逐步形成人口、经济、资源、环境相协调的节约集约型土地利用空间布局。根据苏南、苏中、苏北地区不同的经济社会发展目标，差别化配置新增建设用地。针对苏南地区土地开发强度高的现状，通过从严控制新增建设用地，逐步实现建设用地总规模的减量化；针对苏中地区建设用地需求增大，通过支持苏中与苏南的融合发展与调整优化城乡用地结构与布局，合理发展中小城市，推进农村建设用地的适度集聚；针对苏北地区外迁人口较多，存在部分低效和闲置用地的现状，通过适度增加苏北新增建设用地在全省的占比，鼓励合理使用未利用地。

（六）浙江

1. 基本情况

2015 年浙江省共辖 11 个地级以上城市和 20 个县级城市，除丽水、衢州 2 个地级市和兰溪、江山、龙泉 3 个县级市未纳入评价外，其余 9 个地级以上城市和 17 个县级市纳入城市建设用地节约集约利用评价，其中 17 个县级市全部为地级以上参评城市的下辖市。2015 年末，浙江省参评城市土地总面积为 7.94 万平方公里，其中建设用地 1.15 万平方公里，国土开发强度为 14.49%；常住总人口 5111.85 万，相比 2014 年末增加了 28.42 万人；常住城镇人口 3409.23 万，相比 2014 年末增加了 57.82 万人；城镇化率 66.69%，相比 2014 年末提高了 0.76%；GDP 为 4.08 万亿元，相比 2014 年末增加了 0.25

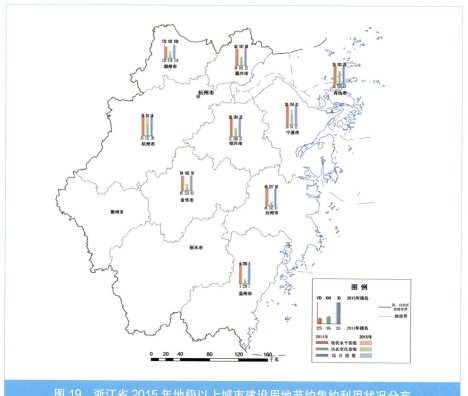

图 19 浙江省 2015 年地级以上城市建设用地节约集约利用状况分布

119

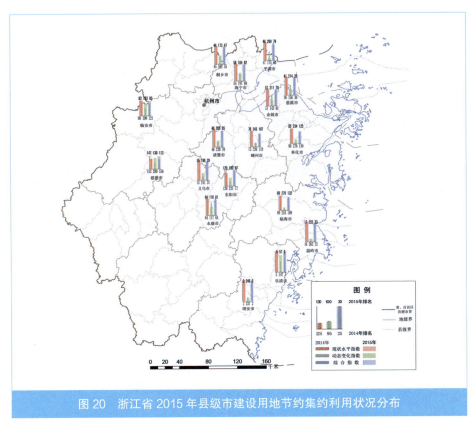

图20　浙江省2015年县级市建设用地节约集约利用状况分布

万亿元，常住人口人均 GDP 为 7.98 万元 / 人。

2015 年各城市建设用地节约集约利用状况排名及变化情况见图 19、图 20。

2. 现状格局与特征

浙江省作为东南沿海发达省份，近年来大力实施"空间换地""亩产论英雄"战略和建设用地节约集约利用模范省创建活动，城市建设用地节约集约利用成效显著。2015 年浙江省城市建设用地节约集约利用现状水平指数为 53.33，在全国 31 个省（区、市）中排名第 5，相比 2014 年提高了 0.83，排名维持不变。节约集约利用动态变化趋势指数为 15.44，排名第 17，相比 2014 年提高了 2.41，排名提升了 7 位。节约集约利用综合指数为 41.04，排名第 4，相比 2014 年提高了 1.72，排名提升了 1 位（见表 12）。

表 12　2015 年浙江省城市建设用地节约集约利用状况及其排名

城市名		现状水平指数		动态变化趋势指数		综合指数	
		指数	排名	指数	排名	指数	排名
全　省		53.33	5	15.44	17	41.04	4
地级以上城市	杭州	58.98	24	25.02	24	46.78	16
	宁波	55.78	30	14.58	154	43.10	21
	温州	78.53	5	11.81	203	50.47	7
	嘉兴	46.90	63	13.52	167	38.12	40
	湖州	35.19	128	12.63	182	31.32	100
	绍兴	52.44	39	13.76	164	39.96	33
	金华	41.29	84	12.62	183	34.19	78
	舟山	53.92	35	16.92	103	42.39	25
	台州	49.23	48	9.63	227	36.32	58
	指数均值	52.47	5	14.50	20	40.29	4
	变异系数	0.23	10	0.30	16	0.15	8
县级市	建德	32.96	147	17.08	138	32.77	113
	临安	40.08	83	17.44	133	34.59	93
	余姚	45.11	57	13.47	211	36.50	70
	慈溪	48.83	41	13.26	214	41.44	35
	奉化	39.52	85	11.43	234	32.07	122
	瑞安	84.98	2	10.69	248	53.59	3
	乐清	76.84	5	26.71	57	55.25	2
	海宁	45.19	56	14.73	184	37.68	62
	平湖	46.32	48	7.76	269	35.96	79
	桐乡	47.83	44	15.40	173	39.06	47
	诸暨	47.06	46	13.71	205	36.96	65
	嵊州	41.30	76	11.08	243	33.01	107
	义乌	61.28	15	13.98	198	42.58	29
	东阳	35.82	120	14.91	180	36.56	67
	永康	43.77	64	15.32	176	35.80	81
	温岭	59.29	17	9.74	255	42.26	33
	临海	39.22	89	7.32	270	31.36	132
	指数均值	49.14	3	13.77	22	38.67	3
	变异系数	0.29	15	0.32	3	0.18	10

资料来源：全国城市建设用地节约集约利用评价数据库。

浙江省建设用地节约集约利用状况总体呈现以下特征。

第一，建设用地节约集约利用现状水平较高，省内差距逐步缩小。2015

年 9 个地级以上城市和 17 个县级市节约集约利用现状水平指数均值分别为 52.47 和 49.14，分别名列全国各省（区、市）第 5 和第 3 名。其中地级以上城市中，温州名列全国 273 个地级以上城市第 5 名，杭州、宁波、舟山、绍兴、台州等 5 个城市名列全国 50 强，仅有湖州排名 100 位以外；县级市中，瑞安、乐清名列全国 296 个县级市 10 强，仅建德、东阳 2 市排名 100 位以外。2015 年浙江省地级以上城市和县级市建设用地节约集约利用现状水平指数变异系数分别为 0.23 和 0.29，与 2014 年相比略有下降，省内不同城市之间建设用地节约集约利用现状水平差距逐步缩小。

第二，建设用地节约集约利用动态变化趋势处于全国中下水平，县级市之间比较均衡。2015 年 9 个地级以上城市和 17 个县级市节约集约利用动态变化趋势指数均值分别为 14.50 和 13.77，分别名列全国各省（区、市）第 20 和第 22 名。地级以上城市中，除杭州市位列全国 273 个地级以上城市第 24 名外，其余均在 100 名以外，台州、温州则在 200 名以外。县级市中，除乐清市位列全国 296 个县级市 57 名外，其余 17 个城市均在 100 名以外，临海、平湖、温岭则在 250 名以外。2015 年浙江省地级以上城市和县级市建设用地节约集约利用动态变化趋势指数变异系数分别为 0.30 和 0.32，排名分别为第 16 和第 3 名，地级以上城市之间建设用地节约集约利用动态变化趋势差距较大，县级城市之间相对比较均衡。

第三，建设用地节约集约利用综合状况排名总体靠前，建设用地节约集约利用模范省创建取得初步成效。近年来浙江省深入实施"空间换地""亩产论英雄"战略和建设用地节约集约利用模范省创建活动，城市建设用地节约集约利用综合成效显著。2015 年浙江省建设用地节约集约利用综合指数 41.04，仅次于上海、北京、天津 3 个直辖市；地级以上城市建设用地节约集约利用综合指数均值 40.29，也仅次于上海、北京、天津 3 个直辖市；县级市建设用地节约集约利用综合指数均值 38.67，仅次于江苏和福建，位列第 3 名。从变异系数上看，2015 年浙江省地级以上城市和县级市建设用地节约集约利用综合指数变异系数分别为 0.15 和 0.18，排名分别位居第 8 和第 10 名，不同城市之间节约集约利用综合状况比较均衡。

第四，建设用地增长较快，人口增长新增耗地偏高，经济增长与用地增长匹配度有改善空间。2015年相比2010年，浙江省城市建设用地增加了999.86平方公里，累计增幅9.5%，年均增长1.8%，增幅位居全国31个省（区、市）第12位，尽管2015年增幅较5年平均增幅有较大回落，但仍位居全国第15名。建设用地的较快增长，使得经济社会发展面临严峻的建设用地空间紧张约束。与此同时，浙江省城市近年来单位人口增长消耗新增城乡建设用地量偏大，2011~2015年平均人口增长耗地量为997.80平方米/人，处于全国较高水平；同时，土地资源扩张边际效应递减现象也日益显现，2013~2015年浙江省地区生产总值与建设用地增长弹性系数为4.88，在全国31个省（区、市）中处于相对较低水平，排名第25位，经济增长与用地增长匹配状况有较大的改善空间。

3. 政策建议

第一，强化土地利用总体规划实施管控，深入实施"亩产倍增"和"双控"行动计划，以差别化、市场化为手段，进一步优化土地资源配置，实现建设用地利用提质增效。浙江省应坚持最严格的耕地保护制度和最严格的节约用地制度，不仅要进一步强化土地利用总体规划实施管理，严格控制新增建设用地占用耕地；而且应更加突出存量盘活促内涵集约发展，通过不断完善节约集约用地制度建设，深化节地评价考核，不断完善"以存量定增量"的增量撬动存量挂钩机制，健全建设用地全生命周期精细化管理、差别化供应、市场化配置新机制，深入推进"空间换地"、城镇低效用地再开发，全力推进国土资源节约集约示范省创建，促进全省建设用地节约集约利用水平上新台阶。

第二，以村规划编制为引领，深入推进农村土地综合整治，着力提升农村建设用地节约集约利用水平。大力实施农村土地全域整治，着力提升村庄建设用地节约集约利用水平，不仅是浙江省当前推进建设用地节约集约利用的主要潜力来源，也是乡村经济振兴的重要抓手。浙江省应深入推进村规划编制实施的探索，着力破除农村建设用地节约集约利用体制机制障碍，不断释放农村土地政策红利，推进全域土地综合整治，全面推进农村存量土地盘

活再利用和用地空间布局优化，从根本上扭转村庄用地不减反增、外延扩张的不利局面。

（七）福建

1. 基本情况

2015 年福建省共辖 9 个地级以上城市和 13 个县级城市，除三明、南平 2 个地级市及邵武、武夷山、建瓯、漳平等 4 个县级市未纳入评价外，其余 7 个地级以上城市和 9 个县级市纳入城市建设用地节约集约利用评价，13 个县级市中除永安市独立参评外，其余均为地级以上参评城市的下辖市。2015 年末，福建省参评城市土地总面积 7.76 万平方公里，其中建设用地 6761.72 平

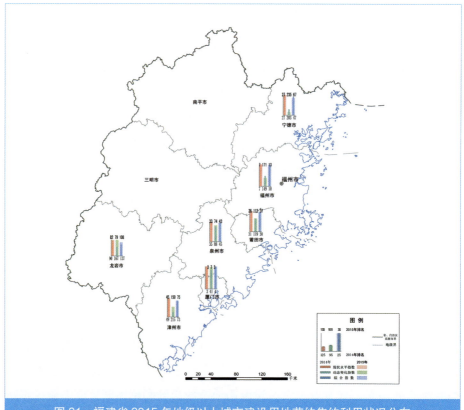

图 21　福建省 2015 年地级以上城市建设用地节约集约利用状况分布

方公里，国土开发强度为 8.71%；常住总人口 3361.68 万人，相比 2014 年末增加了 33.88 万人；常住城镇人口 2142.53 万，相比 2014 年末增加了 44.35 万人；城镇化率 63.73%，相比 2014 年末提高了 0.68%；GDP 为 2.32 万亿元，相比 2014 年末增加了 0.17 万亿元，常住人口人均 GDP 为 6.90 万元 / 人。

2015 年各城市建设用地节约集约利用状况排名及变化情况见图 21、图 22。

图 22　福建省 2015 年县级市建设用地节约集约利用状况分布

2. 现状格局与特征

福建省城市建设用地节约集约利用水平总体处于全国前列。2015 年建设用地节约集约利用现状水平指数为 58.81，在全国 31 个省（区、市）中排名

第4，相比2014年提高了1.52，排名维持不变。节约集约利用动态变化趋势指数为16.68，排名第12，相比2014年提高了1.86，排名提升了5位。节约集约利用综合指数为39.64，排名第5，相比2014年提高了0.32，但排名下降了1位（见表13）。

表 13　2015 年福建省城市建设用地节约集约利用状况及其排名

城市名		现状水平指数		动态变化趋势指数		综合指数	
		指数	排名	指数	排名	指数	排名
全　省		58.81	4	16.68	12	39.64	5
地级以上城市	福州市	74.99	7	13.17	171	47.80	13
	厦门市	85.27	3	28.52	7	55.30	3
	莆田市	57.22	26	16.26	112	39.14	37
	泉州市	54.01	33	18.79	74	37.90	43
	漳州市	49.73	45	14.64	150	34.35	75
	龙岩市	41.58	82	18.18	79	30.92	108
	宁德市	57.17	27	9.18	235	35.62	67
	指数均值	60.00	3	16.96	12	40.15	5
	变异系数	0.25	14	0.36	18	0.21	18
县级市	福清市	52.34	31	12.87	219	36.30	74
	长乐市	56.77	21	11.89	229	38.51	58
	永安市	43.59	67	16.72	146	32.23	119
	石狮市	88.49	1	29.98	35	58.88	1
	晋江市	64.50	10	16.82	142	42.55	30
	南安市	35.68	124	18.77	119	28.46	179
	龙海市	45.46	54	14.61	188	32.82	112
	福安市	61.98	14	9.54	261	40.43	41
	福鼎市	81.55	3	7.90	268	48.24	7
	指数均值	58.93	1	15.46	18	39.82	2
	变异系数	0.30	18	0.42	13	0.23	17

资料来源：全国城市建设用地节约集约利用评价数据库。

福建省建设用地节约集约利用状况总体呈现以下特征。

第一，建设用地节约集约利用现状水平较高，但沿海和山区城市差异较明显。2015 年福建省 7 个地级以上城市和 9 个县级市节约集约利用现状水平指数均值分别为 60.00 和 58.93，分别名列全国各省（区、市）第 3 和第 1 名，处于全国前列。地级以上城市中，厦门、福州名列全国 273 个地级以上城市第 3 名和第 7 名，除位于山区的龙岩市名列第 82 名外，其余 4 个市也名列全国 50 强；县级市中，石狮、福鼎、晋江分别名列全国 296 个县级市首位、第 3 和第 10 名，福安、长乐、福清也名列全国 50 强，仅南安市相对较低、位列第 124 名。2015 年福建省地级以上城市和县级市建设用地节约集约利用现状水平指数变异系数分别为 0.25 和 0.30，沿海城市与山区城市之间建设用地节约集约利用现状水平存在一定的差距。

第二，建设用地节约集约利用动态变化趋势状况处于全国中上水平，地区差异年间变动较大。2015 年福建省 7 个地级以上城市和 9 个县级市节约集约利用动态变化趋势指数均值分别为 16.96 和 15.46，分别名列全国各省（区、市）第 12 和第 18 名。地级以上城市中，厦门位列全国 273 个地级以上城市第 7 名，泉州和龙岩分列第 74 和第 79 名，但福州、宁德较低，在 170 名外。县级市中，除石狮市位列全国 296 个县级市第 35 名外，其余 8 个城市均在 100 名以外，其中福鼎、福安、长乐、福清则在 200 名以外，不同城市之间差异明显。2015 年福建省地级以上城市和县级市建设用地节约集约利用动态变化趋势指数变异系数分别为 0.36 和 0.42，排名分别为第 18 和第 13，其中地级以上城市变异系数相比 2014 年扩大了 0.11，县级市变异系数相比 2014 年缩小了 0.37，不同城市建设用地增长耗地和弹性系数年间变动较大。

第三，建设用地节约集约利用综合状况排名总体靠前，但略有下降。2015 年福建省建设用地节约集约利用综合指数 39.64，名列全国第 5，但相比 2014 年下降了 1 位；地级以上城市建设用地节约集约利用综合指数均值 40.15，名列全国第 5；县级市建设用地节约集约利用综合指数均值 39.82，名列全国第 2。从变异系数上看，地级以上城市和县级市建设用地节约集约利用综合指数变异系数分别为 0.21 和 0.23，沿海和山区城市差异比较明显，处于山区的龙岩市、永安市排名相对靠后。

第四，建设用地增长过快，土地城镇化总体快于人口城镇化，新型城镇

化进程的人地协调关系有待改善。2015 年相比 2010 年，福建省城市建设用地增加了 744 平方公里，累计增幅 12.4%，年均增长 2.4%，增幅位居全国 31 个省（区、市）第 6，尽管 2015 年增幅回落至 1.9%，但增幅位居全国第 5。过快的建设用地增长，使得经济社会发展用地空间日趋紧张。同时，福建省当前土地城镇化总体快于人口城镇化，2010~2015 年城镇人口与城镇工矿用地增长弹性系数 0.77，人均城镇工矿用地从 2010 年的 101.1 平方米 / 人扩张至 2015 年的 105.0 平方米 / 人，新型城镇化进程的人地协调关系有待改善。

3. 政策建议

第一，加强存量盘活和建设用地供应管理与评价考核。坚持规划统筹、政府引导、市场运作、公众参与、利益共享、严格监管的原则，加快推进城镇低效用地再开发；积极探索建立存量盘活与增量挂钩制度，对当年度批而未用土地数量较多的市、县（区）在下达下一年度土地利用计划指标时予以相应扣减，鼓励各地积极加大存量闲置土地和批而未用土地盘活力度，推进城乡存量建设用地挖潜利用和高效配置。

第二，加强土地利用总体规划管控，严格控制建设用地扩张速度；严控村庄用地无序蔓延，加大城乡建设用地增减挂钩支持力度，拓宽政策实施范围，结合美丽乡村建设和"造福工程"实施，分类分阶段推进农村土地综合整治，推进旧村复垦整治。

（八）山东

1. 基本情况

2015 年山东省共辖 17 个地级以上城市和 28 个县级市，全部纳入城市建设用地节约集约利用评价，其中 21 个县级参评城市全部为地级以上参评城市的下辖市。2015 年末，山东省参评城市土地总面积为 15.79 万平方公里，其中建设用地 2.82 万平方公里，国土开发强度为 17.86%；常住总人口 9847.16 万，相比 2014 年末增加了 57.73 万人；常住城镇人口 5613.92 万，相比 2014 年末增加了 228.57 万人；城镇化率 57.01%，相比 2014 年末提高了 2.0%；

GDP 为 6.31 万亿元，相比 2014 年末增加了 0.33 万亿元，常住人口人均 GDP 为 6.41 万元 / 人。

2015 年各城市建设用地节约集约利用状况排名及变化情况见图 23、图 24。

2. 现状格局与特征

山东是我国经济大省、人口大省，也是我国最具综合竞争力的省区之一。近年来山东省紧紧围绕节约集约用地主题和制度建设谋划部署工作，不断增强节约集约用地意识，不断建立完善节约集约用地制度，强化节约集约用地措施，城市建设用地节约集约利用取得明显成效。2015 年山东省建设用地节约集约利用现状水平指数为 37.73，在全国 31 个省（区、市）中排名第 13，相比 2014 年提高了 0.71，排名上升了 1 位。节约集约利用动态变化趋势指数为 20.63，排名第 8，相比 2014 年提高了 0.15，排名上升了 1 位。节约集约利用综合指数为 33.37，排名第 11，相比 2014 年提高了 0.40，排名上升了 1 位（见表 14）。

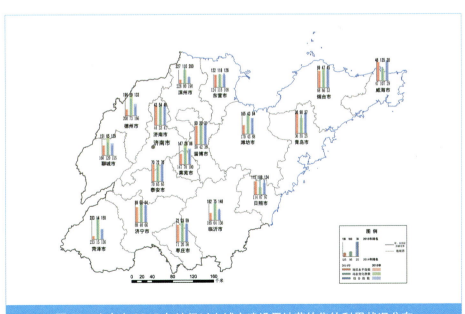

图 23 山东省 2015 年地级以上城市建设用地节约集约利用状况分布

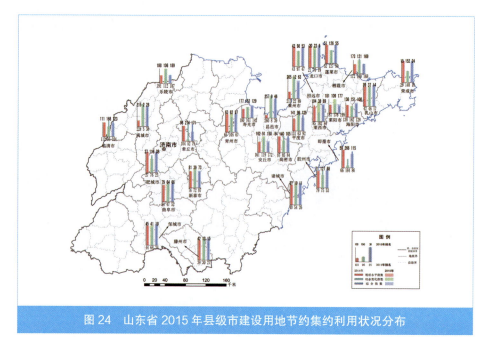

图 24　山东省 2015 年县级市建设用地节约集约利用状况分布

山东省建设用地节约集约利用状况总体呈现以下特征。

第一，建设用地节约集约利用现状总体处于全国中上水平，并稳步得到提升。2015 年山东省 17 个地级以上城市和 28 个县级市节约集约利用现状水平指数均值分别为 38.59 和 39.82，分别名列全国各省（区、市）第 13 和第 8 名；相比于 2014 年，现状水平指数均值分别提高了 0.62 和 0.66，排名提升了 1 位。地级以上城市中，青岛、济南、威海、淄博 4 市名列全国 273 个地级以上城市 50 强，烟台、泰安、枣庄、济宁 4 市名列百强，但滨州和菏泽两市较低，排名 200 位以外；县级市中，荣成、龙口、肥城、诸城、乳山、滕州、招远、邹城等 8 市名列全国 296 个县级市 50 强，但莱州、禹城、昌邑容 3 市排名 200 位以外。2015 年山东省地级以上城市和县级市建设用地节约集约利用现状水平指数变异系数均为 0.24，区域发展总体比较均衡。

第二，建设用地节约集约利用动态变化趋势成效明显，县级市区域差异较大。2015 年山东省 17 个地级以上城市和 28 个县级市节约集约利用动态变

表 14　2015 年山东省城市建设用地节约集约利用状况及其排名

城市名		现状水平指数		动态变化趋势指数		综合指数	
		指数	排名	指数	排名	指数	排名
全　省		37.73	13	20.63	8	33.37	11
地级以上城市	济南市	50.53	43	21.15	54	37.79	46
	青岛市	53.44	36	17.57	90	41.68	27
	淄博市	48.88	50	25.35	20	40.57	31
	枣庄市	43.75	72	25.10	23	36.23	59
	东营市	36.08	122	16.13	118	29.81	126
	烟台市	45.56	69	21.99	47	37.86	45
	潍坊市	31.78	165	22.48	43	33.08	84
	济宁市	40.49	89	21.63	50	35.90	64
	泰安市	44.22	70	18.90	72	35.06	70
	威海市	49.61	46	15.33	135	41.09	30
	日照市	36.99	115	12.46	188	29.35	134
	莱芜市	33.42	147	24.72	26	32.87	86
	临沂市	29.95	182	18.65	75	28.41	148
	德州市	28.83	196	24.24	29	29.38	133
	聊城市	32.73	151	19.69	65	29.57	129
	滨州市	25.34	227	16.43	110	24.83	200
	菏泽市	24.48	233	26.42	14	28.36	150
	指数均值	38.59	13	20.48	7	33.64	12
	变异系数	0.24	11	0.20	9	0.15	8
县级市	章丘市	38.44	96	6.72	274	28.88	171
	胶州市	42.41	71	18.22	127	36.56	68
	即墨市	44.60	59	8.08	266	32.73	115
	平度市	33.58	141	20.44	99	31.74	125
	莱西市	37.68	104	29.30	38	36.53	69
	滕州市	48.36	42	41.17	13	45.78	15
	龙口市	56.94	20	34.86	23	47.86	9
	莱阳市	29.90	181	19.53	109	28.57	177
	莱州市	27.14	205	41.68	12	37.19	63
	蓬莱市	45.93	51	18.25	126	38.66	55
	招远市	48.18	43	20.70	98	38.81	53
	栖霞市	30.62	173	18.61	121	29.02	169
	海阳市	33.74	138	16.21	151	32.99	108
	青州市	44.10	63	26.04	62	38.54	57
	诸城市	49.29	37	37.44	19	47.75	11
	寿光市	30.23	177	16.19	153	31.44	129
	安丘市	31.55	162	21.22	91	30.09	150
	高密市	40.07	84	17.03	140	33.25	105
	昌邑市	21.10	257	44.66	9	39.11	46
	曲阜市	40.93	79	25.58	64	36.62	66
	邹城市	47.47	45	28.58	41	45.00	19
	新泰市	40.76	81	29.27	39	36.40	73
	肥城市	53.50	27	18.78	118	40.80	38
	荣成市	57.53	19	16.20	152	43.82	24
	乳山市	49.03	39	29.67	37	46.31	14
	乐陵市	28.78	188	19.76	106	27.60	189
	禹城市	26.09	215	60.63	2	42.63	28
	临清市	36.95	111	15.67	166	31.91	123
	指数均值	39.82	8	25.02	3	37.02	5
	变异系数	0.24	9	0.47	14	0.17	8

资料来源：全国城市建设用地节约集约利用评价数据库。

化趋势指数均值分别为 20.48 和 25.02，分别名列全国各省（区、市）第 7 和第 3 名。地级以上城市中，菏泽、淄博、枣庄、莱芜、德州、潍坊、烟台、济宁等 8 市位列全国 273 个地级以上城市 50 强，但威海、日照相对偏低，在 130 名以外。县级市中，禹城、昌邑分列全国 296 个县级市第 2、第 9 名，莱州、滕州、诸城、龙口、乳山、莱西、新泰、邹城等 8 市位列 50 强，但即墨、章丘 2 市较低，位列第 266、第 274 名。2015 年山东省地级以上城市和县级市建设用地节约集约利用动态变化趋势指数变异系数分别为 0.20 和 0.47，排名分别为第 9 和第 14，县级市之间建设用地节约集约利用动态变化趋势状况分异较大。

第三，建设用地节约集约利用综合状况总体处于全国中上水平，县级市优势较明显。2015 年山东省建设用地节约集约利用综合指数为 33.37，名列全国第 11 名，相比 2014 年排名上升了 1 名；地级以上城市建设用地节约集约利用综合指数均值为 33.64，名列全国第 12；县级市建设用地节约集约利用综合指数均值为 37.02，相比 2014 年提高了 0.81，名列全国第 5 位。从变异系数上看，地级以上城市和县级市建设用地节约集约利用综合指数变异系数分别为 0.15 和 0.17，不同城市之间分异不大。

第四，人口增长新增耗地偏高，村庄用地不减反增，建设用地人口承载能力有所下降。由于历史原因，山东省人均村庄用地总体较高，但当前城乡建设用地增减挂钩成本高、村庄存量用地复垦实施难度大，加之部分区域乡村经济发展的用地需求，近年来山东省各地农村人口与村庄用地增长并不匹配，村庄用地整体规模不降反增，2015 年相比 2010 年人均村庄用地从 281.3 平方米 / 人扩张至 334.4 平方米 / 人；同时，山东省人口增长新增耗地量仍偏高，2011~2015 年单位人口增长消耗新增城乡建设用地量平均高达 495.81 平方米 / 人，建设用地人口密度从 2010 年的 3592.12 人 / 平方公里下降至 2015 年的 3491 人 / 平方公里。农村建设用地粗放利用问题是当前山东进一步提升建设用地集约利用水平的重要制约因素。

3. 政策建议

第一，加快产业转型升级，着力提升建设用地经济强度。山东经济具有良好的综合条件,实现转型发展潜力巨大。鉴于当前山东省建设用地经济强度相对于发达省份尚有一定差距,在新常态下,山东应发挥自身的区位、文化、知识等方面的综合优势,不断吸引人才,增强创新能力,着力推动山东半岛蓝色经济和开放经济转型发展,不断提升建设用地投入产出强度。

第二,强化规划计划管控作用,不断完善差别化土地利用管理政策。进一步发挥计划指标的调控作用,完善土地利用年度计划管理,分配下达新增建设用地计划指标时,配比下达挖潜指标,积极探索挖潜建设用地指标省内有偿调剂使用。在符合产业政策和区域发展政策的前提下,引导新增建设用地指标向城镇化重点地区、重点区域倾斜,保障重点产业、重点建设项目和保障性住房建设项目用地需求,保障节地型产业、节地型城镇和节地型企业用地需求。同时,要以编制实施村规划为契机,不断优化农村居民点用地结构和布局,不断完善城乡建设用地减挂钩政策,积极培育并完善农村宅基地流转市场,因地制宜推进村庄整治和宅基地整理,着力降低人均村庄用地面积。

(九)广东

1. 基本情况

2015 年广东省共辖 21 个地级以上城市和 20 个县级市,全部纳入城市建设用地节约集约利用评价,其中 20 个县级参评城市全部为地级以上参评城市的下辖市。2015 年末,广东省参评城市土地总面积为 17.96 万平方公里,其中建设用地 2.00 万平方公里,国土开发强度为 11.16%;常住总人口 10849.03 万,相比 2014 年末增加了 125.04 万人;常住城镇人口 7438.43 万,相比 2014 年末增加了 168.87 万人;城镇化率 68.56%,相比 2014 年末提高了 0.78%;GDP 为 7.87 万亿元,相比 2014 年末增加了 0.56 万亿元,常住人口人均 GDP 为 7.25 万元 / 人。

2015 年各城市建设用地节约集约利用状况排名及变化情况见图 25、图 26。

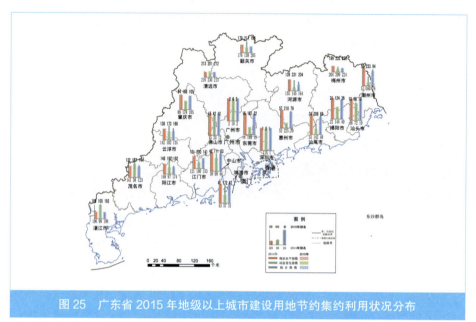

图 25　广东省 2015 年地级以上城市建设用地节约集约利用状况分布

图 26　广东省 2015 年县级市建设用地节约集约利用状况分布

2. 现状格局与特征

广东省是我国改革开放的先行地和经济大省，也是我国最具综合竞争力的省区。近年来广东省紧紧围绕节约集约用地示范省建设，大力推进"三旧"改造、"城市更新"，城市建设用地节约集约利用成效显著。2015年建设用地节约集约利用现状水平指数为49.42，在全国31个省（区、市）中排名第7，相比2014年提高了0.44，排名维持不变。节约集约利用动态变化趋势指数为17.61，排名第11，相比2014年下降了0.74，但排名提升了2位。节约集约利用综合指数为36.70，排名第9，相比2014年提高了0.16，但排名下降了1位（见表15）。

表 15　2015 年广东省城市建设用地节约集约利用状况及其排名

城市名		现状水平指数		动态变化趋势指数		综合指数	
		指数	排名	指数	排名	指数	排名
全　省		49.42	7	17.61	11	36.70	9
地级以上城市	广州市	89.49	2	31.21	6	60.31	2
	韶关市	30.25	179	11.42	211	25.02	195
	深圳市	95.29	1	54.06	2	77.29	1
	珠海市	51.49	41	13.14	172	37.59	47
	汕头市	65.12	13	19.44	66	44.34	19
	佛山市	63.64	15	22.48	42	47.98	12
	江门市	36.58	121	12.07	200	28.79	141
	湛江市	29.28	189	16.64	105	25.19	193
	茂名市	34.91	132	16.62	107	28.61	144
	肇庆市	40.03	94	13.58	166	31.11	105
	惠州市	47.79	57	11.47	210	33.91	79
	梅州市	28.25	199	9.44	232	22.63	230
	汕尾市	53.97	34	11.63	208	35.25	69
	河源市	34.15	139	9.53	231	24.68	204
	阳江市	33.40	148	12.36	192	25.26	192
	清远市	26.99	213	11.93	201	24.18	212
	东莞市	63.46	16	12.69	181	42.87	22
	中山市	50.61	42	16.34	111	35.92	63
	潮州市	47.69	58	9.42	233	32.09	94
	揭阳市	59.81	21	15.91	124	39.27	36
	云浮市	34.30	138	13.06	173	26.90	168
	指数均值	48.40	7	16.40	14	35.68	11
	变异系数	0.40	26	0.61	29	0.38	30

续表

城市名		现状水平指数		动态变化趋势指数		综合指数	
		指数	排名	指数	排名	指数	排名
县级市	乐昌市	28.77	189	30.50	33	34.42	97
	南雄市	24.47	232	22.09	87	26.33	207
	台山市	32.21	153	13.56	208	30.54	143
	开平市	33.02	146	15.35	174	28.64	176
	鹤山市	30.51	175	11.79	231	25.70	213
	恩平市	26.29	213	5.73	278	22.81	253
	廉江市	28.09	195	28.17	44	29.81	156
	雷州市	23.39	242	23.80	75	28.12	184
	吴川市	36.55	115	20.88	96	31.19	135
	高州市	33.59	140	24.79	67	28.72	173
	化州市	28.20	194	26.86	54	30.38	145
	信宜市	32.53	149	33.62	27	29.32	164
	四会市	50.60	35	17.99	128	38.91	49
	兴宁市	27.94	196	10.17	253	23.00	250
	陆丰市	54.03	25	16.81	144	42.32	32
	阳春市	24.42	234	17.68	129	20.83	264
	英德市	21.12	256	20.78	97	25.08	227
	连州市	29.29	185	18.89	116	28.69	174
	普宁市	63.40	12	22.52	86	45.06	18
	罗定市	28.20	193	15.66	167	23.39	244
	指数均值	32.83	14	19.88	8	29.66	12
	变异系数	0.33	22	0.35	8	0.21	15

资料来源：全国城市建设用地节约集约利用评价数据库。

广东省建设用地节约集约利用状况总体呈现以下特征。

第一，建设用地节约集约利用现状水平总体较高，但区域差异显著。2015 年广东省 21 个地级以上城市和 20 个县级市节约集约利用现状水平指数均值分别为 48.40 和 32.83，分别名列全国各省（区、市）第 7 和第 14 名；相比于 2014 年，现状水平指数均值分别提高了 0.41 和 0.65。但区域之间、城市之间差异显著，总体呈现珠三角地区优于粤东、粤西、粤北，地级以上城市优于县级市的分异格局。从地级以上城市上，珠三角的深圳、广州名列全国 273 个地级以上城市前 2 名，佛山、东莞、珠海、中山名列全国 50 强，仅肇庆和江门 2 市靠后，但排名也在第 94 和第 121 名；粤东的汕头、揭阳、汕尾、潮州也位于前列，分别为第13、第21、第34、第58名；但粤西、粤北地区城市总体较低，排序在100名以外，其中清远最低，排名213位。县级市中仅普宁、陆丰、四会等3市名列全国296个县级市50强，其余均在百强以外，其中恩平、南雄、阳春、雷州、英德等5市排名200位以外，区域发展差异十分显著。

第二，建设用地节约集约利用动态变化趋势处于全国中上水平，县级市总体优于地级以上城市。2015年广东省21个地级以上城市和20个县级市节约集约利用动态变化趋势指数均值分别为16.40和19.88，分别名列全国各省（区、市）第14和第8名。地级以上城市中，除深圳、广州位列全国273个地级以上城市第2、第6名，佛山、汕头名列第42和第66名外，其余17个城市均在100名以外，其中江门、清远、汕尾、惠州、韶关、河源、梅州、潮州等8个城市位列200名以外。县级市中，信宜、乐昌、廉江3市进入全国296个县级市50强，化州、高州、雷州、普宁、南雄、吴川、英德等7市进入百强；但台山、鹤山、兴宁、恩平4市较低，位列200名以外。2015年广东省地级以上城市和县级市建设用地节约集约利用动态变化趋势指数变异系数分别为0.61和0.35，排名分别为第29和第8位，地级以上城市之间建设用地节约集约利用动态变化趋势成效区域差异巨大。

第三，建设用地节约集约利用综合状况总体处于全国上游水平，但区域差异显著，珠三角地区明显优于粤东、粤西、粤北地区。2015年广东省建设用地节约集约利用综合指数为36.70，名列全国第9名；地级以上城市建设用地节约集约利用综合指数均值为35.68，名列全国第11；县级市建设用地节约集约利用综合指数均值为29.66，名列全国第12位。从变异系数上看，2015年广东省地级以上城市和县级市建设用地节约集约利用综合指数变异系数分别为0.38和0.21，排名分别位居全国第30和第15位，不同区域、不同城市之间分异明显，珠三角城市明显优于粤东、粤西、粤北地区城市。珠三角地区的深圳和广州2市建设用地节约集约利用综合指数名列全国前2位，佛山、东莞、珠海、中山、惠州分列第12、第22、第47、第63、第79名；粤东的汕头、揭阳、汕尾、潮州分列第19、第36、第69、第94名，而粤西、粤北

地区无一城市进入全国百强，大多排名在 150~230 名。

第四，城乡建设用地增长快、幅面广、绩效偏低，土地城镇化快于人口城镇化，人口与用地增长不够协调匹配。广东全省城乡建设用地占建设用地比重近八成，村庄用地占比超 50%。近年来城乡建设用地增长较快，2010~2015 年累计城乡建设用地增加了 1212.35 平方公里，累计增幅 8.3%，位居全国 31 个省（区、市）第 13 位；城乡建设用地迅速扩张，导致经济社会转型发展面临严峻的用地规划空间紧张约束。同时，广东省当前土地城镇化总体快于人口城镇化，农村地区人减地增依然突出，2010~2015 年城镇人口与城镇工矿地增长弹性系数为 0.57，人均城镇工矿用地从 2010 年的 97.1 平方米／人扩张至 2015 年的 102.9 平方米／人，人均村庄用地从 2010 年的 221.2 平方米／人扩张至 2015 年的 238.6 平方米／人，新型城镇化进程的人地协调关系有待改善。

3. 政策建议

第一，发挥规划引领作用，着力提高土地综合承载能力。以提高城市综合服务能力和城镇吸纳就业能力为目标，加快经济社会发展规划、城镇总体规划、土地利用规划"三规合一"编制进程，通过中心城区、县城、中心镇、重点村（社区）"四点对接"，实现功能布局、发展目标、人口规模、建设用地指标、城乡增长边界、土地开发强度"六统一"；通过划定生态控制线、基本农田控制线、城市增长边界控制线和产业区块控制线，构建科学合理的城镇化布局，实现土地承载均衡提升。加强土地规划与各类产业规划衔接，通过企业集中布局、产业集群发展、资源集约利用、服务功能集合构建，提升土地人口吸纳能力和土地集约利用潜能；通过二、三产业的发展带动人口向城镇集中，提升人口吸引力，推动土地承载全局均衡性发展。

第二，深化相关改革探索，进一步完善相关制度和提升管理技术水平，发挥节约集约用地示范效应。全面总结"三旧"实践经验和模式，继续优化完善"三旧"改造配套政策体系和差别化扶持政策体系；深化农村集体经营性建设用地入市试点，着力改善农村地区无序、低效农村集体建设用地现状，提升建设用地总体集约水平。积极探索二次开发模式的金融保障运行机制和土地使用税差别化征收措施，通过创新土地资产资本运作方式、"以税节地"，实现土地利用的高效率和高效益。

（十）海南

1. 基本情况

2015 年海南省共辖 4 个地级以上城市和 5 个县级市。其中海口和三亚 2 个地级市以及琼海、文昌、东方 3 个县级市纳入全国城市建设用地节约集约利用评价。2015 年末，海南省 5 个参评城市土地总面积为 1.07 万平方公里，其中建设用地 1595.00 平方公里，国土开发强度为 14.97%；常住总人口为 444.89 万，相比 2014 年末增加了 3.93 万人；常住城镇人口为 295.18 万，相

图 27　海南省 2015 年地级以上城市建设用地节约集约利用状况分布

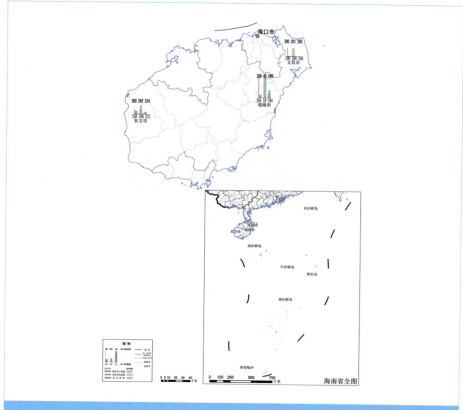

图 28　海南省 2015 年县级市建设用地节约集约利用状况分布

比 2014 年末增加了 6.17 万人；城镇化率 66.35%，相比 2014 年末提高了 0.81%；GDP 为 2112.18 亿元，相比 2014 年末增加了 117.19 亿元，常住人口人均 GDP 为 4.75 万元/人。

2015 年各城市建设用地节约集约利用状况排名及变化情况见图 27、图 28。

2. 现状格局与特征

海南省是旅游大省，伴随着"国际旅游岛建设"战略的实施，海南省节约集约用地管理得到稳步推进，城市建设用地节约集约利用水平总体处于全国中等行列。2015 年海南省参评城市建设用地节约集约利用现状水平指数为

31.28，在全国 31 个省（区、市）中排名第 21，相比 2014 年提高了 0.81，排名提升了 1 位。节约集约利用动态变化趋势指数为 16.49，排名第 13，相比 2014 年提升了 0.27，排名提升了 1 位。节约集约利用综合指数为 25.85，排名第 23，相比 2014 年下降了 1.46，排名下降了 2 位（见表16）。

表 16 2015 年海南省城市建设用地节约集约利用状况及其排名

城市名		现状水平指数		动态变化趋势指数		综合指数	
		指数	排名	指数	排名	指数	排名
全 省		31.28	21	16.49	13	25.85	23
地级以上城市	海口市	47.95	55	16.19	116	34.69	74
	三亚市	47.84	56	15.15	139	37.14	50
	指数均值	47.90	8	15.67	16	35.92	9
	变异系数	0.0	1	0.05	6	0.05	6
县级市	琼海市	20.93	259	28.40	42	23.30	246
	文昌市	11.59	290	13.83	201	12.51	295
	东方市	20.88	260	11.11	242	19.38	274
	指数均值	17.80	25	17.78	13	18.40	25
	变异系数	0.30	18	0.52	17	0.30	20

资料来源：全国城市建设用地节约集约利用评价数据库。

海南省建设用地节约集约利用状况总体呈现以下特征。

第一，建设用地节约集约利用现状水平逐步提升，地级市明显高于县级市。2015 年海南省 2 个地级市和 3 个县级市节约集约利用现状水平指数均值分别为 47.90 和 17.80，分别名列全国各省（区、市）第 8 和第 25 名。其中海口和三亚两个地级市分列全国 273 个地级以上城市第 55、第 56 名，节约集约利用水平总体较高；同时指数均值相比于 2014 年提高了 1.79，排名分别提高了 6 位和 3 位。但琼海、文昌、东方 3 个县级市节约集约利用现状水平较低，不仅在全国 296 个县级市中排名靠后；而且相比 2014 年指数均值下降了 0.03，其中文昌市下降了 0.57，排名不变；东方市下降了 0.36，排名下降 2 位；琼海市提高了 0.86，排名提升了 5 位。

　　第二，建设用地节约集约利用动态变化趋势处于全国中等水平，城市之间差异明显。2015年海南省2个地级市和3个县级市节约集约利用动态变化趋势指数均值分别为15.67和17.78，分别名列全国各省（区、市）第16和第13名。其中，琼海市动态变化趋势成效明显，在全国296个县级市中排名42位，但相比2014年排名下降了24位；海口和三亚两市处于全国中等水平，相比于2014年，三亚市排名提升了90位，而海口则下降了40位。

　　第三，建设用地节约集约利用综合状况总体处于全国中下水平，但地级市排名较高。2015年海南省建设用地节约集约利用综合指数为25.85，名列全国第23名；地级市建设用地节约集约利用综合水平较高，指数均值为35.92，名列全国第9；县级市建设用地节约集约利用综合水平较低，指数均值为18.40，名列全国第25位。从动态变化上看，海口市排名提升了8位，文昌市维持不变，而三亚、琼海、东方则均有所下降。

　　第四，建设用地人口承载水平和经济产出强度相对较低，经济增长耗地偏高。2015年海南省建设用地人口密度仅为2789.28人/平方公里，为东部地区10省（市）最低，仅为东部地区平均水平的67.3%；建设用地地均地区生产总值为132.43万元/公顷，仅为东部地区平均水平的43.6%，差距比较悬殊；同时，经济增长耗地偏高，2010~2015年单位地区生产总值增长消耗新增建设用地量平均21.60公顷/亿元，是东部地区平均水平的3.47倍，经济发展对土地资源要素依赖过大。另外，海南省5市均呈现农村常住人口减少而村庄用地依然扩张的态势，村庄用地浪费、闲置现象严重，空心村现象突出，成为全省建设用地节约集约利用水平提升的重要制约因素。

3. 政策建议

　　第一，以"国际旅游岛建设"为契机，提升以旅游为龙头的现代服务业发展质量；严格控制房地产业和旅游产业过度开发；积极引进IT产业、电子商务，精密材料制造业等污染少、产出高的高新技术产业，加快培育特色优势产业，不断提高建设用地经济产出。

　　第二，加强节约集约用地供应管理，不断提高建设用地使用效率。针对建设用地闲置现象突出，空心村、人均建设用地量过大等问题，应积极开展供而未用、未批先用、闲置土地排查摸底，落实闲置土地收回机制，提高存量建设用地使用效率；适当提高供地标准，健全建设用地供后开发利用全程监管共同责任机制，强化节约集约用地评价考核与目标责任管理，不断提高建设用地使用效率。

B.4
"十二五"时期中部地区城市建设用地节约集约利用状况分析报告

摘　要：　以中部地区"六省"74个地级以上城市和73个县级城市建设用
　　　　　地节约集约利用评价数据为基础，分析揭示了"十二五"时期中
　　　　　部地区各省的建设用地利用现状及变化特征，节约集约利用现状
　　　　　水平、动态变化趋势及区域分异特征。基于对各省（市）参评城
　　　　　市建设用地节约集约利用的现状格局、利用特征及存在问题等综
　　　　　述分析，提出节约集约用地的政策建议。
关键词：　中部地区　城市建设用地　节约集约利用　区域特征

中部地区"六省"（山西、安徽、江西、河南、湖北、湖南）参评城市共计147个，占中部地区城市总数（168个）的88%。其中，地级以上城市除山西省长治市、吕梁市，安徽省六安市、池州市、亳州市，河南省信阳市等6个城市未参评外，涵盖其余所有74个城市，占中部地区地级以上城市总数（80个）的93%；县级参评城市总计73个，占中部地区县级城市总数（88个）的83%。

2015年末，中部地区参评城市建设用地总面积9.22万平方公里，占全国建设用地总面积的27.1%，国土开发强度为10.15%；常住总人口3.36亿，常住城镇人口1.74亿，城镇化率为51.75%；GDP为14.43万亿元，常住人口人均GDP为4.30万元/人。[①]

---

① 中部地区73个县级参评城市中，除山西潞城、侯马市，湖北恩施、利川、仙桃、潜江、天门市等7个城市独立参评外，其余66个县级城市涵盖在相应的地级以上参评城市之中。本报告涉及的用地、经济、人口数据为剔除重复统计后的数据。

一 土地利用现状及变化状况

（一）三大类用地结构

2015年末，中部地区参评城市农用地面积72.62万平方公里，占土地总面积的80.0%，其中耕地面积27.10万平方公里，占农用地面积的37.3%；建设用地总面积9.22万平方公里，占土地总面积的10.2%；其他土地8.99万平方公里，占土地总面积的9.9%。从各省份情况看，河南和安徽的建设用地占比较高，分别为15.84%和14.75%，山西较低、为6.79%（见图1）。

图1　中部地区城市土地利用现状结构

从动态变化上看，中部地区城市总体呈现建设用地逐年较快扩张，农用地和其他土地逐年减少的态势。2010~2015年，中部地区城市建设用地累计增加0.65万平方公里，增幅为7.6%，其中2015年增长1.1%，增幅较5年平均增幅有所回落，5年间国土开发强度提高了0.72%。其中，建设用地增幅最大的是江西省，5年年均增长1.9%；安徽增幅最小，5年年均增长不到1%。5年间建设用地开发强度提升最大的是河南，提高了1.14%；提升最小的是山西，5年仅提高了0.42%（见图2）。

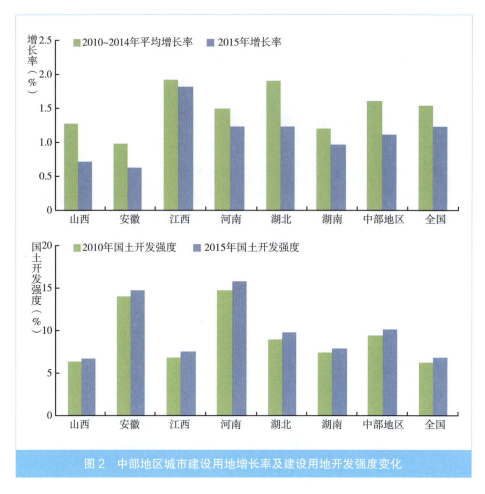

图 2　中部地区城市建设用地增长率及建设用地开发强度变化

（二）建设用地结构

2015 年，中部地区城市城乡建设用地 7.37 万平方公里，占建设用地面积的 79.9%，略低于全国参评城市平均水平，其中河南占比最高，为 85.0%，江西占比最低，为 73.9%；交通水利用地 1.71 万平方公里，占比 18.5%；其他建设用地面积 0.14 万平方公里，占比 1.6%。从城乡建设用地内部结构看，城镇用地 1.95 万平方公里，占比为 26.4%，比全国参评城市平均水平低 4.7%，其中湖北占比最高，为 31.7%，河南占比最低，为 22.3%；村庄用地 5.02 万平方公里，占比为 68.3%，比全国参评城市平均水平高 6.7%，其中河南占比最高，为 72.8%，江西占比最低，为 61.2%；采矿用地 0.40 万平方公里，占比为 5.4%（见图 3）。

从动态变化上看，2010~2015 年中部地区城市城乡建设用地累计增加 0.50 万平方公里，增幅 7.3%，5 年年均增长 1.41%，略低于全国参评城市增长率。其中，江西省城乡建设用地增长最快，5 年年均增长 2.0%，安徽增幅最小，不到 0.9%。从城镇用地变化看，中部地区城市 2010~2015 年城镇用地累计增

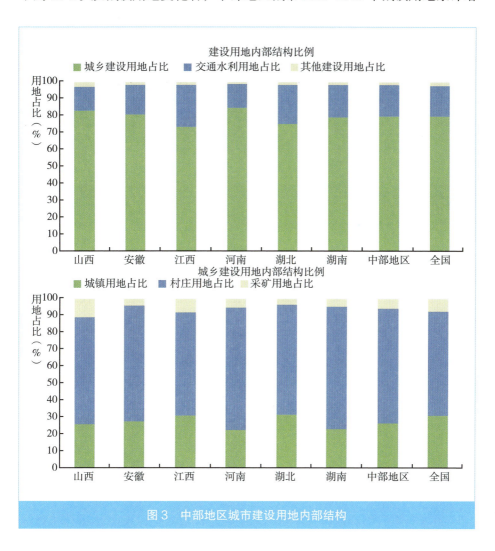

图 3　中部地区城市建设用地内部结构

加 0.42 万平方公里，增幅为 27.5%，年均增长 5.0%；其中，江西增幅最大，5 年年均增长 6.8%，山西增幅最小，5 年年均增长 2.4%（见图 4）。

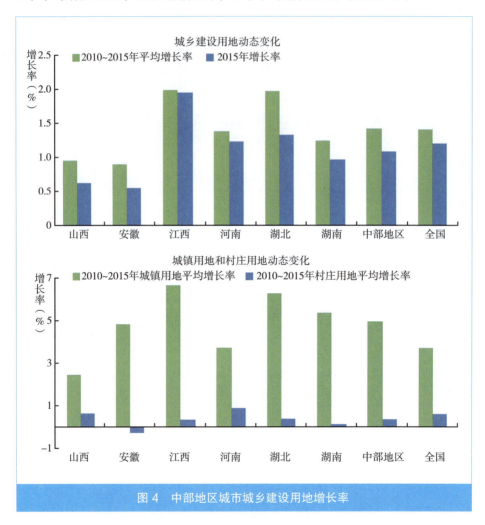

图 4　中部地区城市城乡建设用地增长率

二　建设用地节约集约利用总体状况

（一）建设用地利用强度

1. 建设用地人口承载水平

2015 年末，中部地区参评城市常住总人口 3.36 亿，相比 2010 年末增加了837.31万人；常住城镇人口1.74亿，相比2010年末增加了2977.26万人；城镇化率51.75%，相比2010年末提高了7.77%。建设用地和城乡建设用地人口密度分别为3640.21人/平方公里和4556.16人/平方公里，比全国参评城市平均水平分别低68.34人/平方公里和73.80人/平方公里；其中湖南省最高，建设用地和城乡建设用地人口密度分别为4130.98人/平方公里和5199.48人/平方公里；安徽省最低，分别为3158.89人/平方公里和3906.64人/平方公里。

从动态变化上看，中部地区城市建设用地人口承载水平总体呈现持续小幅下降的态势。2010~2015年建设用地和城乡建设用地人口密度年均下降0.96%和0.89%，但2015年降幅有所收窄，分别为0.46%和0.43%。从各省状况看，除安徽省略有提高外，其余5省人口承载水平均出现不同程度的下降，其中江西降幅最大，建设用地和城乡建设用地人口密度5年年均降幅分别为1.43%和1.52%（见图5）。

2. 建设用地经济强度

2015年中部地区参评城市GDP为14.43万亿元，相比2010年可比价增幅为65.9%。建设用地地均GDP为156.50万元/公顷，相比全国参评城市平均水平低53.49万元/公顷，但相比2010年可比价提高了51.31万元/公顷，增幅为54.2%，其中2015年增幅为7.2%。六省中，建设用地地均GDP最高的是湖北，为192.85万元/公顷，最低的是安徽，为126.1万元/公顷；年均提升幅度最大的是安徽，为10.2%，最低的是山西，为7.5%。从建设用地投入强度看，2015年中部地区城市建设用地地均固定资产投资为146.78万元/公顷，比全国参评城市平均水平低8.58万元/公顷，但较2010年提高了80.37万元/公顷，增幅为121.0%，其中2015年增幅13.9%。建设用地地均固定资产投资最高的是湖北，为168.41万元/公顷，最低的是江西，为129.73万元/公顷；5年年均提升幅度最大的是湖北，为21.4%，最低的是江西，为14.2%（见图6）。

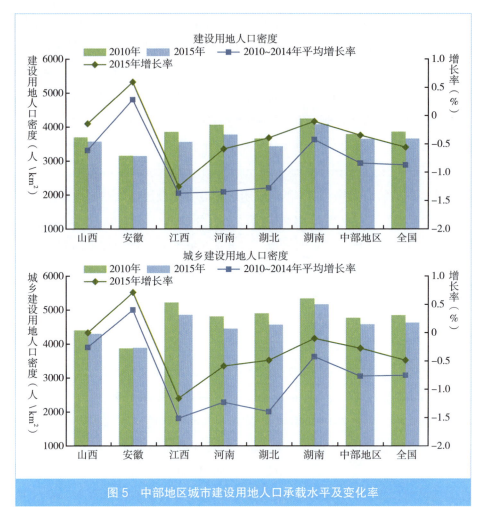

图5 中部地区城市建设用地人口承载水平及变化率

（二）增长耗地

1. 人口增长耗地

2015年，中部地区参评城市单位人口增长消耗新增城乡建设用地364.1米²/人，比全国参评城市平均水平低77.2米²/人，相比2011~2014年4年平均700.9米²/人下降了336.9米²/人。从省际比较看，由于新增建设用地指标供给及人口变动年间差异较大，不同省份之间人口增长新增耗地状况差异巨

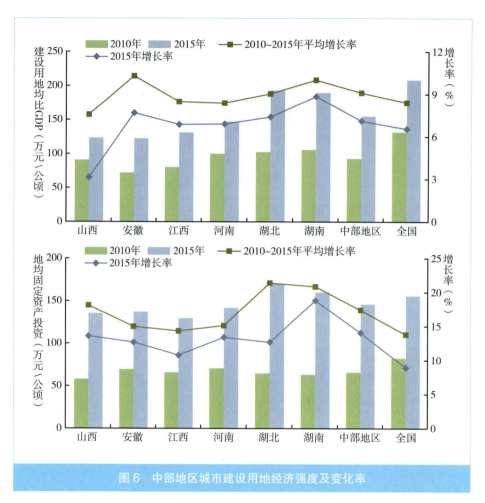

图6　中部地区城市建设用地经济强度及变化率

大，其中河南省 2011 年、2012 年人口外流但用地继续增长，湖南省人口增长新增耗地总体较低、年均耗地量不到 300 米 2/人，而湖北、江西耗地较高、年均高达 800 米 2/人以上（见图 7）。

2. 经济增长耗地

2010~2015 年，中部地区参评城市经济增长耗地面积不断下降，单位 GDP 建设用地使用面积由 2010 年的 105.68 公顷/亿元（2010 年可比价）下降至 2015 年的 68.53 公顷/亿元（2010 年可比价），累计下降了 37.16 公顷/

151

图 7　中部地区城市人口增长耗地水平及变化状况

亿元，单位 GDP 建设用地使用面积下降率为 35.2%，略高于全国参评城市平均水平。从各省状况看，安徽省经济增长耗地下降最为明显，2010~2015年单位 GDP 建设用地使用面积下降率达 38.4%，山西省最低、为 30.2%（各省单位 GDP 耗地下降率情况见图 8）。

图 8　中部地区城市单位 GDP 耗地下降率状况

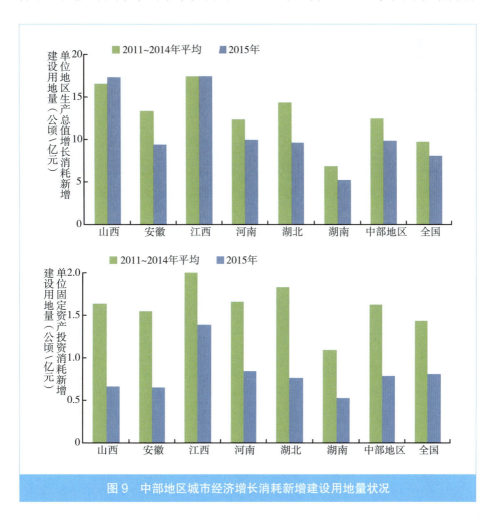

从经济增长新增耗地量上看，2015 年中部地区城市单位 GDP 增长消耗新增建设用地量 9.86 公顷 / 亿元，比全国参评城市平均水平高 1.75 公顷 / 亿元，但相比 2011 年的 13.04 公顷 / 亿元下降了 24.4%。从省际比较看，湖南省新增耗地量最低，2011~2015 年年均 6.53 公顷 / 亿元，其中 2015 年为 5.18 公顷 / 亿元；江西省最高，年均新增耗地量为 17.41 公顷 / 亿元，2015 年为 17.40 公顷 / 亿元。从单位固定资产投资消耗新增建设用地量看，中部地区城市 2015 年单位固定资产投资消耗新增建设用地量 0.76 公顷 / 亿元，略低于全国参评城市平均水平，同时比 2010 年下降了 66.4%；其中，湖南省

图 9　中部地区城市经济增长消耗新增建设用地量状况

153

最低，2010~2015 年年均新增耗地量为 0.94 公顷 / 亿元，2015 年为 0.51 公顷 / 亿元；江西省最高，年均为 1.82 公顷 / 亿元，2015 年为 1.34 公顷 / 亿元（见图 9）。

（三）经济社会发展与用地变化匹配状况

1. 人口增长与用地变化匹配状况

中部地区参评城市 2010~2014 年常住总人口与城乡建设用地增长弹性系数为 0.35，弹性系数略低于全国参评城市平均水平，城乡建设用地增长速度总体快于常住人口增长速度，建设用地人口承载水平逐年有所下降，但 2015 年弹性系数为 0.60，较 2014 年有较大的提高。从省际比较看，安徽省的弹性系数大于 1.0，城乡建设用地人口密度有所提高，其余 5 省弹性系数均小于 1.0。相比 2014 年，各省份 2015 年的弹性系数均有所提高，人口增长与用地变化匹配状况有所改善（见图 10）。

从城镇人口增长与用地变化匹配关系看，中部地区城市 2010~2014 年常住城镇人口与城镇工矿用地增长弹性系数为 0.96，土地城镇化略快于人口城镇化；但 2015 年弹性系数提高至 1.21，人口城镇化快于土地城镇化，城镇化进程中的人地协调关系有所好转。从省际比较看，2010~2014 年，山西、河南、安徽 3 省弹性系数分别为 2.46、1.34、1.05，人口城镇化总体快于土地城镇化，人地协调关系较好。从农村人口与用地变化匹配看，除安徽省村庄用地与农村人口同步减少外，其余 5 省均呈现农村人口减少、村庄用地不减反增的局面。2010~2015 年中部地区城市人均村庄用地由 269.54 平方米增至 310.16 平方米，累计增加 15.07%，增幅超过全国参评城市平均水平的 0.32%。

2. 经济发展与用地变化匹配状况

中部地区参评城市经济发展与建设用地增长匹配协调度总体较高，2010~2014 年地区生产总值与建设用地增长弹性系数高达 8.68，比全国参评城市弹性系数高出 0.91，建设用地在扩张的同时趋于集约化发展，地均 GDP 可比价从 2010 年的 94.62 万元 / 公顷提高至 2015 年的 145.93 万元 / 公顷，累计

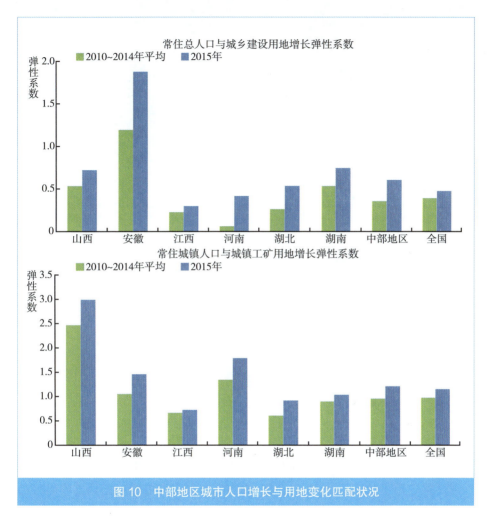

图 10 中部地区城市人口增长与用地变化匹配状况

提高了 51.31 万元 / 公顷。从省际比较看，安徽省的弹性系数最高，为 13.93，江西最低，为 6.57。从动态变化上看，中部地区城市 2015 年弹性系数为 7.51，相比以往年份，山西、江西、湖南、河南等省份 2015 年的弹性系数提升比较明显，但湖北省有所下降（见图 11）。

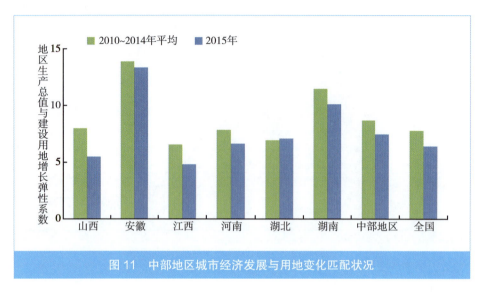

图 11　中部地区城市经济发展与用地变化匹配状况

三　建设用地节约集约利用分异状况

（一）节约集约利用现状水平分异状况

1. 总体状况

2015年中部地区城市建设用地节约集约利用现状水平指数为34.18，比全国平均水平低3.49。其中，湖南、湖北、河南、江西4省分别名列全国31个省（区、市）的第11、第14、第18、第19位，而安徽和山西2省略微逊色，排名20以外。相比2014年，各省现状水平指数均有提高，其中湖南和湖北2省提升明显，分别提高了1.55、1.24；从位序变化看，湖南和湖北2省分别提升了2位和1位，山西下降了1位，其余各省维持不变（见表1）。

表 1　中部 6 省城市建设用地节约集约利用现状水平指数

省名	2015 年			2014 年		
	指数值	排序号	全国位序号	指数值	排序号	全国位序号
山　西	31.18	5	22	30.76	5	21
安　徽	29.84	6	24	28.99	6	24

续表

省名	2015 年			2014 年		
	指数值	排序号	全国位序号	指数值	排序号	全国位序号
江　西	32.98	4	19	32.57	4	19
河　南	33.40	3	18	32.72	3	18
湖　北	37.45	2	14	36.21	2	15
湖　南	38.81	1	11	37.26	1	13
中部地区	34.18	—	—	33.28	—	—
全　国	37.67	—	—	30.93	—	—

2. 地级以上城市状况

2015 年中部地区地级以上城市建设用地节约集约利用现状水平指数均值为 35.13，比全国平均水平低 2.09，占据全国 10 强城市的 1 席、50 强城市的 6 席和百强城市的 25 席。从区域分异看，湖南和湖北 2 省指数均值略高于全国平均水平，其余 4 省均低于全国平均水平。从各省城市建设用地节约集约利用现状水平内部分异看，湖北、山西、安徽 3 省变异系数较大，省域内各城市之间节约集约利用现状水平差异较为显著；湖南、河南、江西 3 省总体比较均衡（见表 2）。

表 2　中部 6 省地级以上城市建设用地节约集约利用现状水平指数分异状况

单位：个，%

省名	城市数量	节约集约利用现状水平指数					入百强城市数量				
		均值	标准差	变异系数	最大值	最小值	入百强数量	区域城市中百强占比	前50强数量	区域城市中前50强占比	10强城市数量
山　西	9	33.09	10.33	0.31	56.58	24.58	2	22.22	1	11.11	0
安　徽	13	31.13	9.66	0.31	49.34	17.93	3	23.08	1	7.69	0
江　西	11	35.69	10.01	0.28	58.09	27.03	4	36.36	1	9.09	0
河　南	16	35.04	8.48	0.24	55.63	20.94	6	37.50	1	6.25	0
湖　北	12	37.48	14.93	0.40	78.09	22.54	5	41.67	1	8.33	1
湖　南	13	37.99	8.45	0.22	62.15	27.87	5	38.46	1	7.69	0
中部地区	74	35.13	10.33	0.29	78.09	17.93	25	33.78	6	8.11	1
全　国	273	37.22	14.60	0.39	95.29	9.43	100	36.63	50	18.32	10

3. 县级市状况

2015 年中部地区县级市建设用地节约集约利用现状水平指数均值为 33.22，比全国平均水平低 1.54，占据全国 10 强城市的 1 席、前 50 强城市的 6 席和百强城市的 18 席。从区域分异看，安徽、山西、湖北、江西 4 省相对偏低，指数均值低于全国平均水平；河南和湖南 2 省优势明显，占据了全国百强城市的 13 席。从变异系数看，中部地区各省县级市建设用地节约集约利用现状水平总体比较均衡，变异系数最小的山西省为 0.23，最大的湖北省也仅为 0.31（见表 3）。

表 3　中部 6 省县级市建设用地节约集约利用现状水平指数分异状况

单位：个，%

| 省名 | 城市数量 | 节约集约利用现状水平指数 | | | | | 入百强城市数量 | | | | |
		均值	标准差	变异系数	最大值	最小值	入百强数量	区域城市中百强占比	前50强数量	区域城市中前50强占比	10强城市数量
山　西	11	28.99	6.54	0.23	38.59	19.67	1	9.09	0	0.00	0
安　徽	5	24.31	6.04	0.25	32.10	17.91	0	0.00	0	0.00	0
江　西	6	33.21	8.14	0.25	42.13	21.43	2	33.33	0	0.00	0
河　南	14	40.29	11.88	0.29	68.55	23.73	7	50.00	4	28.57	1
湖　北	23	30.45	9.45	0.31	63.97	19.56	2	8.70	1	4.35	0
湖　南	14	37.22	9.23	0.25	62.13	24.45	6	42.86	1	7.14	0
中部地区	73	33.22	10.21	0.31	68.55	17.91	18	24.66	6	8.22	1
全　国	296	34.76	13.63	0.39	88.49	9.46	100	33.78	50	16.89	10

（二）节约集约利用动态变化趋势分异状况

1. 总体状况

中部地区城市 2015 年建设用地节约集约利用动态变化趋势指数为 17.27，比全国平均水平高 0.26。其中，安徽和湖南位列全国 31 个省（区、市）第 3、第 5 位，但山西、江西、河南 3 省相对偏低，处于全国中下水平。相比于 2014 年，除河南省动态变化趋势指数下降 0.36，排名下降 5 位外，其余 5 省指数均有所提升，其中安徽和湖北 2 省提升明显，指数分别提高了 4.72、3.02，位序分别提升了 3 位、9 位（见表 4）。

表 4　中部 6 省城市建设用地节约集约利用动态变化趋势指数

省名	2015 年			2014 年		
	指数值	排序号	全国位序号	指数值	排序号	全国位序号
山　西	12.00	6	28	9.96	6	30
安　徽	26.32	1	3	21.60	1	6
江　西	12.18	5	27	11.44	5	29
河　南	13.89	4	23	14.25	3	18
湖　北	14.94	3	18	11.92	4	27
湖　南	22.36	2	5	21.01	2	8
中部地区	17.27	—	—	15.50	—	—
全　国	17.01	—	—	17.01	—	—

2. 地级以上城市状况

2015 年，中部地区地级以上城市建设用地节约集约利用动态变化趋势指数均值为 16.97，比全国平均水平高 1.02，并占据全国 10 强城市的 2 席、前 50 强城市的 20 席和百强城市的 32 席。从区域分异看，除安徽和湖南外，其余 4 省的指数均值均低于全国平均水平。其中安徽和湖南 2 省的动态变化趋势指数分别名列全国第 4、第 5 位，而山西、江西、河南 3 省动态变化趋势绩效相对逊色。从内部分异看，山西、安徽、江西 3 省指数变异系数较大，省内各城市之间集约利用动态变化趋势差异较为显著，其余 3 省比较均衡（见表 5）。

表 5　中部 6 省地级以上城市建设用地节约集约利用动态变化趋势指数分异状况

单位：个、%

省名	城市数量	节约集约利用动态变化趋势指数					入百强城市数量				
		均值	标准差	变异系数	最大值	最小值	入百强数量	区域城市中百强占比	前 50 强数量	区域城市中前 50 强占比	10 强城市数量
山　西	9	11.71	7.01	0.60	27.14	4.63	2	22.22	1	11.11	0
安　徽	13	24.30	9.04	0.37	50.85	11.71	11	84.62	10	76.92	1
江　西	11	13.60	4.23	0.31	22.07	7.06	2	18.18	1	9.09	0
河　南	16	14.03	3.88	0.28	23.25	6.75	2	12.50	1	6.25	0
湖　北	12	14.95	3.91	0.26	21.02	8.73	5	41.67	0	0.00	0
湖　南	13	21.64	3.88	0.18	28.33	16.25	10	76.92	7	53.85	1
中部地区	74	16.97	7.09	0.42	50.85	4.63	32	43.24	20	27.03	2
全　国	273	15.95	7.38	0.46	56.8	0.5	100	36.63	50	18.32	10

3. 县级市状况

2015 年，中部地区县级市建设用地节约集约利用动态变化趋势指数均值为 20.05，比全国平均水平高 1.0，在全国 10 强城市中占据 1 席、前 50 强城市中占据 14 席、百强城市中占据 29 席。从区域分异看，湖南和安徽 2 省指数均值高于全国平均水平外，其余 4 省低于全国平均水平。其中湖南和安徽 2 省名列全国前 2 位，10 个城市入围前 50 强；而山西和江西 2 省相对偏低，处于全国中下游水平。从内部分异看，山西和江西 2 省节约集约利用动态变化趋势指数变异系数较大，各城市之间动态变化趋势成效差异较为显著（见表 6）。

表 6　中部 6 省县级市建设用地节约集约利用动态变化趋势指数分异状况

单位：个，%

| 省名 | 城市数量 | 节约集约利用动态变化趋势指数 | | | | | 入百强城市数量 | | | | |
		均值	标准差	变异系数	最大值	最小值	入百强数量	区域城市中百强占比	前 50 强数量	区域城市中前 50 强占比	10 强城市数量
山　西	11	11.50	6.46	0.56	27.51	4.94	1	9.09	0	0.00	0
安　徽	5	28.36	9.45	0.33	44.45	20.35	4	80.00	2	40.00	0
江　西	6	14.41	7.15	0.50	23.39	2.00	1	16.67	0	0.00	0
河　南	14	16.71	5.76	0.34	26.82	9.74	4	28.57	0	0.00	0
湖　北	23	18.51	6.91	0.37	34.80	9.58	6	26.09	4	17.39	0
湖　南	14	32.08	10.44	0.33	59.04	18.56	13	92.86	8	57.14	1
中部地区	73	20.05	10.21	0.51	59.04	2.00	29	39.73	14	19.18	1
全　国	296	19.05	10.83	0.57	74.90	1.15	100	33.78	50	16.89	10

（三）节约集约利用综合水平分异状况

1. 总体状况

2015 年，中部地区城市建设用地节约集约利用综合指数为 29.46，比全国平均水平低 1.66。其中，湖南、安徽、湖北、河南 4 省分别名列全国第 12、第 13、第 14、第 19 位，处于中游水平；而江西、山西相对偏低，分别名列全国第 22、第 26 位。相比于 2014 年，各省集约利用综合指数均有所提高，其中安徽和湖北 2 省提升明显，综合指数分别提高了 2.63、1.59，位序均提升了 3 位；山西的位序提升了 2 位，湖南、河南、江西 3 省的位序也提升了 1 位（见表 7）。

表 7　中部 6 省城市建设用地节约集约利用综合指数

省名	2015 年			2014 年		
	指数值	排序号	全国位序号	指数值	排序号	全国位序号
山　西	24.29	6	26	23.86	6	28
安　徽	31.82	2	13	29.19	2	16
江　西	26.81	5	22	26.68	5	23
河　南	28.02	4	19	27.44	4	20
湖　北	30.23	3	14	28.64	3	17
湖　南	33.24	1	12	31.79	1	13
中部地区	29.46	——	——	28.28	——	——
全　国	31.12			30.93		

2. 地级以上城市状况

2015 年，中部地区地级以上城市建设用地节约集约利用综合指数均值为29.58，略低于全国平均水平，占据全国 10 强的 1 席、前 50 强城市的 8 席和百强城市的 24 席。从区域分异看，湖南、安徽、湖北、河南、江西 5 省综合指数分别位居全国第 14、第 15、第 17、第 19、第 20 名，处于中游水平；山西省综合指数相对偏低，位列第 27 位。从内部分异看，各省集约利用综合水平总体比较均衡，变异系数最小的湖南省仅为 0.15，最大的山西省也仅为 0.25（见表 8）。

表 8　中部 6 省地级以上城市建设用地节约集约利用综合指数分异状况

单位：个，%

省名	城市数量	节约集约利用综合指数					入百强城市数量				
		均值	标准差	变异系数	最大值	最小值	入百强数量	区域城市中百强占比	前50强数量	区域城市中前50强占比	10强城市数量
山　西	9	25.01	6.20	0.25	38.29	18.81	1	11.11	1	11.11	0
安　徽	13	31.43	5.68	0.18	42.59	23.97	5	38.46	3	23.08	0
江　西	11	28.62	5.98	0.21	41.26	21.52	4	36.36	1	9.09	0

续表

省名	城市数量	节约集约利用综合指数					入百强城市数量				
		均值	标准差	变异系数	最大值	最小值	入百强数量	区域城市中百强占比	前50强数量	区域城市中前50强占比	10强城市数量
河　南	16	28.83	4.53	0.16	37.56	19.12	5	31.25	1	6.25	0
湖　北	12	29.92	6.98	0.23	50.04	23.63	2	16.67	1	8.33	1
湖　南	13	32.29	4.94	0.15	46.42	24.74	7	53.85	1	7.69	0
中部地区	74	29.58	5.9	0.2	50.04	18.81	24	32.43	8	10.81	1
全　国	273	30.36	8.74	0.29	77.29	14.13	100	36.63	50	18.32	10

3. 县级市状况

2015 年，中部地区县级市建设用地节约集约利用综合指数均值为 30.21，略低于全国平均水平，占据全国 10 强城市的 1 席、前 50 强城市的 7 席和百强城市的 20 席。从区域分异看，湖南、河南、安徽省综合指数分别位居全国第 6、第 8、第 10 名；江西和湖北 2 省处于中游水平；山西的综合指数相对偏低，位列全国第 22 名。从内部分异看，各省节约集约利用综合水平总体比较均衡，变异系数最小的安徽省仅为 0.12，最大的江西和河南 2 省也仅为 0.21 和 2.0（见表 9）。

表 9　中部 6 省县级市建设用地节约集约利用综合指数分异状况

单位：个，%

省名	城市数量	节约集约利用综合指数					入百强城市数量				
		均值	标准差	变异系数	最大值	最小值	入百强数量	区域城市中百强占比	前50强数量	区域城市中前50强占比	10强城市数量
山　西	11	24.09	3.89	0.16	29.02	16.54	0	0.00	0	0.00	0
安　徽	5	30.82	3.63	0.12	36.43	26.92	1	20.00	0	0.00	0
江　西	6	28.74	6.06	0.21	35.19	17.95	1	16.67	0	0.00	0
河　南	14	32.57	6.42	0.20	43.88	24.63	6	42.86	3	21.43	0
湖　北	23	28.20	5.00	0.18	42.82	19.01	3	13.04	1	4.35	0
湖　南	14	36.36	6.17	0.17	52.58	29.14	9	64.29	3	21.43	1
中部地区	73	30.21	6.56	0.22	52.58	16.54	20	27.40	7	9.59	1
全　国	296	31.00	8.36	0.27	58.88	12.41	100	33.78	50	16.89	10

四　各省状况综述

（一）山西

1. 基本情况

2015 年山西省共辖 11 个地级以上城市和 11 个县级市。除长治和吕梁 2 个地级市未参评外，其余 9 个地级以上城市和 11 个县级市纳入城市建设用地节约集约利用评价；县级参评城市中，除潞城和侯马 2 市独立参评外，其余 9 个县级城市为地级以上参评城市的下辖市。2015 年末，山西省参评城市土地总面积为 12.24 万平方公里，其中建设用地 0.83 万平方公里，国土开发强度

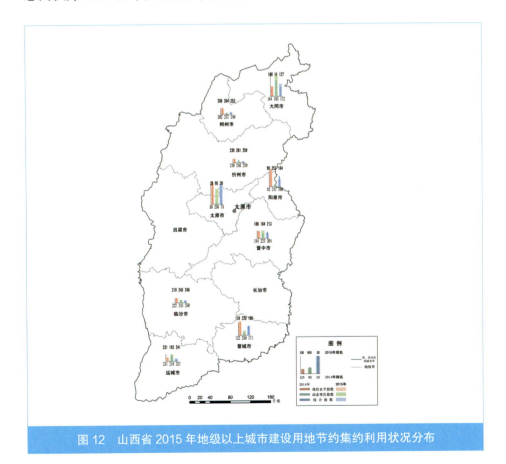

图 12　山西省 2015 年地级以上城市建设用地节约集约利用状况分布

为 6.79%；常住总人口 2986.84 万，相比 2014 年末增加了 12.87 万人；常住城镇人口 1696.90 万，相比 2014 年末增加了 41.92 万人；城镇化率 56.81%，相比 2014 年末提高了 1.16 个百分点；GDP 为 1.05 万亿元，相比 2014 年末增加了 37.06 亿元，常住人口人均 GDP 为 3.53 万元 / 人。

2015 年各城市建设用地节约集约利用状况排名及变化情况见图 12、图 13。

2. 现状格局与特征

山西是煤炭资源大省，尽管近年来受行业发展减缓的限制，经济发展速度不断放缓，但山西省通过积极创新土地管理制度，深入推进城乡建设用地增减挂钩，工矿废弃地、露天采矿用地复垦利用等工作，建设用地节约集约利用取得较大成效。2015 年山西省建设用地节约集约利用现状水平指数为

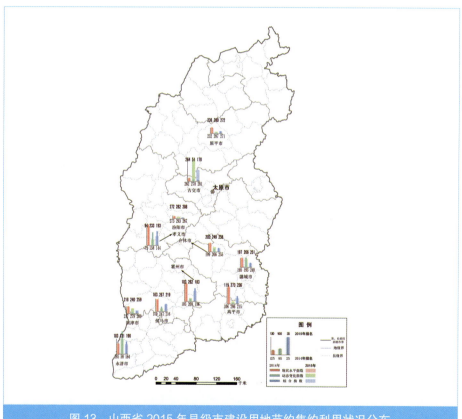

图 13 山西省 2015 年县级市建设用地节约集约利用状况分布

31.18，在全国 31 个省（区、市）中排名第 22，相比 2014 年提高 0.42，但排名下降了 1 位。节约集约利用动态变化趋势指数为 12.00，排名第 28，相比 2014 年提高 2.04，排名提升了 2 位。节约集约利用综合指数为 24.29，排名第 26，相比 2014 年提高了 0.42，排名提升 2 位（见表 10）。

表 10　2015 年山西省城市建设用地节约集约利用状况及其排名

城市名		现状水平指数		动态变化趋势指数		综合指数	
		指数	排名	指数	排名	指数	排名
全　省		31.18	22	12.00	28	24.29	26
地级以上城市	太原	56.58	28	17.38	95	38.29	39
	大同	31.75	166	27.14	11	29.80	127
	阳泉	40.42	90	7.19	253	25.90	184
	晋城	36.71	119	10.58	220	26.92	166
	朔州	27.36	206	4.63	264	19.59	253
	晋中	29.29	188	12.56	184	24.16	213
	运城	24.58	231	12.26	193	21.21	241
	忻州	24.87	230	5.79	261	18.81	259
	临汾	26.27	219	7.87	245	20.45	246
	指数均值	33.09	21	11.71	28	25.01	27
	变异系数	0.31	20	0.60	27	0.25	26
县级市	古交	20.24	264	27.51	51	29.02	170
	潞城	27.91	197	13.70	206	22.98	251
	高平	36.08	119	6.79	273	24.51	236
	介休	27.59	202	10.60	249	21.95	258
	永济	29.66	183	17.60	131	27.59	190
	河津	25.57	218	11.25	240	21.78	259
	原平	24.21	236	5.69	280	19.79	272
	侯马	31.55	163	7.94	267	25.50	219
	霍州	37.78	103	9.01	262	28.16	183
	孝义	38.59	94	11.46	233	27.15	193
	汾阳	19.67	272	4.94	282	16.54	288
	指数均值	28.99	17	11.50	24	24.09	22
	变异系数	0.23	8	0.56	19	0.16	7

资料来源：全国城市建设用地节约集约利用评价数据库。

山西省建设用地节约集约利用状况总体呈现以下特征。

第一，建设用地节约集约利用现状水平处于全国中下水平，地级以上城市区域差异较大。2015年山西省地级以上城市和县级市节约集约利用现状水平指数均值分别为33.09和28.99，分别名列全国各省（区、市）第21和第17位，处于全国中下水平。地级以上城市中，仅有太原和阳泉名列全国273个地级以上城市第28和第90位，而运城、忻州、临汾、朔州等4个城市则在200名以外；县级市中，仅孝义市进入全国296个城市百强名单，其余10个城市排名比较靠后。2015年山西省地级以上城市和县级市建设用地节约集约利用现状水平指数变异系数分别为0.31和0.23，排名分别位居第20和8位，县级市之间节约集约利用现状水平比较均衡，地级以上城市之间差异较大。

第二，建设用地节约集约利用动态变化趋势成效不佳，但提升明显。2015年山西省9个地级以上城市和11个县级市节约集约利用动态变化趋势指数均值分别为11.71和11.50，分别名列全国各省（区、市）第28和第24位。地级以上城市中，除大同、太原市名列全国273个地级以上城市第11和第95位外，排名总体较低。县级市中，除古交位列全国296个县级市第51名，永济名列第131名外，其余9市均在200名以外。但相比2014年，指数均值分别提升2.11和1.40，特别是太原、大同、晋中、晋城以及古交、河津等城市排名提升在30名以上。

第三，建设用地节约集约利用综合状况排名总体靠后，但提升比较明显。近年来，受煤炭行业发展减缓限制，山西省建设用地投入产出水平提升缓慢，但随着山西省深入推进用地管理改革，经济增长耗地下降比较明显，建设用地节约集约利用综合水平有所提升。2015年山西省建设用地节约集约利用综合指数为24.29，位列第26名，相比2014年排名提升了2位；地级以上城市建设用地节约集约利用综合指数均值为25.01，相比2014年提高了0.34，位列第27名；县级市建设用地节约集约利用综合指数均值为24.09，相比2014年提高了0.24，位列第22名。从变异系数上看，地级以上城市和县级市建设用地节约集约利用综合指数变异系数分别为0.25和0.16，地级以上城市之间节约集约利用综合水平差距较大，县级市之间比较均衡。

第四，建设用地投入产出强度提升动力不足，经济增长耗地仍偏高。2015 年山西省建设用地地均 GDP、固定资产投资分别为 126.80 亿元 / 公顷、118.69 亿元 / 公顷，仅为全国参评平均水平的 60%、85%。当前山西省资源依赖型的粗放型经济发展面临产业投资减少、经济速度不断放缓等多重瓶颈，使得建设用地投入产出强度提升缺乏动力，2010~2015 年山西省地均 GDP 平均增长率仅为 7.5%，特别是 2015 年增长率降至 3.2%，远低于中部地区以及全国的平均增长水平。同时，山西省经济增长耗地仍偏高。2011~2015 年山西省单位 GDP 增长消耗新增建设用地量平均高达 16.65 公顷 / 亿元，其中 2014 年高达 29.88 公顷 / 亿元，2015 年尽管下降至 17.28 公顷 / 亿元，但仍是全国参评城市平均水平的 2.1 倍，"高耗地，低效用"的粗放型土地利用方式依然突出。

3. 政策建议

第一，强化节约集约用地意识，转变土地资源观念。牢固树立"集约促转型"理念，积极转变土地利用方式，通过不断深化土地管理制度改革创新，大力推行节约集约用地新模式、新技术、新机制、新制度，在积极适应和引领经济新常态的同时，做好调结构、治污染重任，逐步实现资源型经济结构转型和产业升级，推动从要素驱动向创新驱动的增长动力转换，用"引力"和"推力"共同促使土地资源利用更高效、更节约、更绿色。

第二，加强节约集约用地供应管理，着力盘活存量建设用地。当前山西省应加快开展供而未用、未批先用、闲置土地等排查摸底，落实闲置土地收回机制，同时要适当提高建设用地供地标准，健全建设用地供后开发利用全程监管共同责任机制，不断提高建设用地使用效率，着力降低经济增长对建设用地扩张的依赖。

（二）安徽

1. 基本情况

2015 年安徽省共辖 16 个地级市和 6 个县级市。除六安、池州、亳州 3 个地级市及界首市外，其余 13 个地级市和 5 个县级市纳入城市建设用地节约集

约利用评价，其中 5 个县级参评城市全部为地级以上参评城市的下辖市。2015 年末，安徽省参评城市土地总面积为 10.78 万平方公里，其中建设用地 1.59 万平方公里，国土开发强度为 14.75%；常住总人口 5020.96 万，相比 2014 年末增加了 51.06 万人；常住城镇人口 2651.39 万，相比 2014 年末增加了 94.71 万人；城镇化率 52.81 %，相比 2014 年末提高了 1.36 个百分点；GDP 为 2.00 万亿元，相比 2014 年末增加了 0.13 万亿元，常住人口人均 GDP 为 3.99 万元 / 人。

2015 年各城市建设用地节约集约利用状况排名及变化情况见图 14、图 15。

2. 现状格局与特征

近年来，安徽省认真执行最严格的土地节约集约利用制度，积极创新管

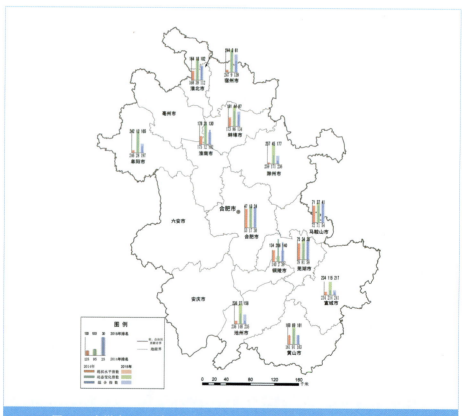

图 14　安徽省 2015 年地级以上城市建设用地节约集约利用状况分布

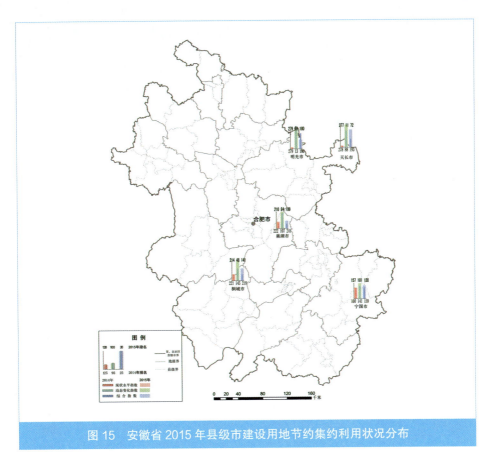

图 15　安徽省 2015 年县级市建设用地节约集约利用状况分布

理机制，严控增量，用好存量，大力提升土地利用效率，在保护生态环境的基础上，稳步推进经济发展，建设用地节约集约利用水平提升明显。2015 年建设用地节约集约利用现状水平指数为 29.84，在全国 31 个省（区、市）中排名第 24，相比 2014 年提高了 0.85，排名维持不变。节约集约利用动态变化趋势指数为 26.32，排名第 3，相比 2014 年排名提升 3 位。节约集约利用综合指数为 31.82，排名第 13，相比 2014 年排名提升 3 位（见表 11）。

表 11　2015 年安徽省城市建设用地节约集约利用状况及其排名

城市名		现状水平指数		动态变化趋势指数		综合指数	
		指数	排名	指数	排名	指数	排名
全　省		29.84	24	26.32	3	31.82	13
地级以上城市	合肥市	49.34	47	26.53	13	42.59	24
	芜湖市	42.80	75	23.50	34	38.47	38
	蚌埠市	31.98	161	22.20	44	31.77	97
	淮南市	30.53	178	23.92	31	29.54	130
	马鞍山市	43.93	71	22.95	37	38.07	41
	淮北市	31.80	164	25.67	18	31.24	102
	铜陵市	34.57	134	11.71	206	28.80	140
	安庆市	23.72	236	24.53	27	27.45	158
	黄山市	31.58	168	19.00	69	27.25	161
	滁州市	17.93	257	22.16	45	26.27	177
	阜阳市	21.29	242	26.62	12	26.98	165
	宿州市	21.23	244	50.85	3	36.16	61
	宣城市	24.04	234	16.21	115	23.97	217
	指数均值	31.13	24	24.30	4	31.43	15
	变异系数	0.31	20	0.37	20	0.18	16
县级市	巢湖市	26.82	210	22.91	84	26.92	199
	桐城市	26.24	214	27.73	48	30.81	141
	天长市	18.48	277	44.45	11	36.43	72
	明光市	17.91	279	26.37	59	28.46	180
	宁国市	32.10	157	20.35	101	31.48	128
	指数均值	24.31	20	28.36	2	30.82	10
	变异系数	0.25	10	0.33	4	0.12	2

资料来源：全国城市建设用地节约集约利用评价数据库。

　　安徽省建设用地节约集约利用状况总体呈现以下特征。

　　第一，建设用地节约集约利用现状水平处于全国中下水平，区域差异较大，但提升比较明显。2015 年安徽省地级以上城市和县级市节约集约利用现状水平指数均值分别为 31.13 和 24.31，分别名列全国各省（区、市）第 24 和第 20 位，排名总体靠后；但相比 2014 年提升明显，指数均值分别提升了 0.75 和 0.93。地级以上城市中，合肥市名列全国 273 个地级以上城市第 47 位，马鞍山和芜湖 2 市分别名列第 71 和 75 位，但滁州、宿州、阜阳、宣城、安庆等5个城市较低，排名在230名以外；县级市排名比较靠后，除宁国在全国296个县级市排名157位外，其余4个城市排名均在200位以外。相比于2014年，除淮南和黄山2市排名有所下降外，其余16个城市排名均有不同程度的提升，其中蚌埠和巢湖2市排名提升12名。从变异系数看，地级以上城市和县级市建设用地节约集约利用现状水平指数变异系数分别为0.31和0.25，排名分别位居第20和第10位，建设用地节约集约利用现状水平区域差异比较明显。

第二，建设用地节约集约利用动态变化趋势成效明显，但区域差异较大。2015年安徽省13个地级以上城市和5个县级市节约集约利用动态变化趋势指数均值分别为24.30和28.36，分别名列全国各省（区、市）第4和第2位。地级以上城市中，除铜陵和宣城2市名列全国273个地级以上城市第206位和115位外，排名总体比较靠前，其中宿州名列第3，阜阳、合肥、淮北、安庆等9市进入前50强。县级市中，天长、桐城位列全国296个县级市第11和第48名，明光、巢湖、宁国分列第59、第84、第101名，排名总体比较靠前。从区域分异看，2015年安徽省地级以上城市和县级市建设用地节约集约利用动态变化趋势指数变异系数分别为0.37和0.33，排名分别位居第20和第4，地级以上城市之间动态变化趋势绩效区域差异比较明显。

第三，建设用地节约集约利用综合状况处于全国中上水平，且提升明显。安徽省是全国首个新型城镇化试点省份，近年来随着安徽省经济增长稳定性和可持续性的显著增强，特别是节约集约用地管理的不断强化，经济增长耗地下降明显、存量盘活挖潜用地保障不断增强，建设用地节约集约利用综合水平提升显著。2015年安徽省建设用地节约集约利用综合指数为31.82，相比2014年提高了2.63，排名提升3位；地级以上城市建设用地节约集约利用综合指数均值为31.43，相比2014年提高了1.59，位列第15名；县级市综合指数均值为30.82，相比2014年提高了2.95，位列第10名，节约集约利用综合水平提升显著。从变异系数看，地级以上城市和县级市建设用地节约集约利

用综合指数变异系数分别为 0.18 和 0.12，排名分别位居第 16 和第 2 位，不同城市之间节约集约利用综合水平差距不大。

第四，建设用地投入水平较低，产出效益不够理想，农村土地利用效率有待提高。由于受经济发展阶段影响，安徽省当前经济发展总体处于总量扩张期，建设用地投入产出水平总体不高，2015 年建设用地人口密度 3158.89 人 / 平方公里，建设用地地均固定资产投资为 137.82 万元 / 公顷，建设用地地均 GDP 为 126.10 万元 / 公顷，分别位居全国第 21、第 17、第 27 名，建设用地投入产出效益及人口承载水平总体不高。与此同时，近年来安徽省各市常住农村人口和村庄用地均在不断减少，农村地区人地协调关系总体趋于改善，但随着中心城镇的辐射带动功能日益增强，大量农村人口向城镇集中，造成农村内部大量宅基地闲置，村庄用地仍存在粗放利用的情况，制约着建设用地节约集约利用总体水平的持续提升。

3. 政策建议

第一，切实转变"重外延扩张，轻内部挖潜"的粗放型用地观念，顺应城镇化与工业化发展规律，进一步统筹区域城乡一体化发展，加快推进新型城镇化建设，通过不断提高用地门槛、强化投资强度控制，着力优化资源配置，提升聚合发展能力，充分发挥城镇化与工业化在安徽经济增长中的"双引擎"作用，加快推进安徽调结构、转方式、促升级力度，不断提升产业竞争力，着力提升建设用地投入产出强度和效益。

第二，进一步推进低效建设用地再开发，积极探索推进农村集体土地流转上市。严格执行闲置土地处置政策，实施闲置土地清理分类引导。积极创新完善土地利用管理机制，强化低效用地再开发激励机制，通过自主改造、限期整改、依法转让、政府引导等举措拓展利用空间、调整用地结构、改善利用方式，切实提高建设用地利用效率。积极探索完善农村土地流转制度设计，推进农村集体土地流转，在保证农民能够享受土地增值收益和合法权益的同时，大力推动农业土地规模化经营，避免土地的低效利用和浪费，促进土地资源高效节约集约利用。

（三）江西

1. 基本情况

2015 年江西省共辖 11 个地级市和 10 个县级市。除共青城、庐山、井冈山、樟树、高安 5 个县级市外，其余 11 个地级市和 5 个县级市纳入城市建设地节约集约利用评价，其中 5 个县级参评城市全部为地级以上参评城市的下辖市。截至 2015 年底，江西省参评城市土地总面积为 16.69 万平方公里，其中建设用地 1.27 万平方公里，国土开发强度为 7.62%；常住总人口 4565.63 万，相比 2014 年末增加了 23.51 万人；常住城镇人口 2356.77 万，相比 2014 年末增加了 72.75 万人；城镇化率 51.62%，相比 2014 年末提高

图 16　江西省 2015 年地级以上城市建设用地节约集约利用状况分布

图 17　江西省 2015 年县级市建设用地节约集约利用状况分布

了 1.33 个百分点；GDP 为 1.69 万亿元，相比 2014 年末增加了 0.11 万亿元，常住人口人均 GDP 为 3.69 万元 / 人。

2015 年各城市建设用地节约集约利用状况排名及变化情况见图 16、图 17。

2. 现状格局与特征

江西省生态资源优势明显。近年来江西省深入实施生态江西、绿色崛起战略，通过执行最严格的土地节约集约利用制度，大力推动国土资源保护与开发利用，在实现生态与经济协调发展的同时，不断提升建设用地节约集约利用水平。2015 年江西省建设用地节约集约利用现状水平指数为 32.98，在全国 31 个省（区、市）中排名第 19，相比 2014 年提高了 0.41，排名维持不变。节约集约利用动态变化趋势指数为 12.18，排名第 27，相比 2014 年提高了

0.75，排名提升 2 位。节约集约利用综合指数为 26.81，排名第 22，相比 2014 年提高了 0.13，排名提升 1 位（见表 12）。

表 12　2015 年江西省城市建设用地节约集约利用状况及其排名

城市名		现状水平指数		动态变化趋势指数		综合指数	
		指数	排名	指数	排名	指数	排名
全　省		32.98	19	12.18	27	26.81	22
地级以上城市	南昌市	58.09	25	18.86	73	41.26	28
	景德镇市	42.29	79	13.42	168	31.81	96
	萍乡市	45.77	67	14.20	158	32.69	89
	九江市	31.88	163	11.13	213	27.09	162
	新余市	41.68	81	22.07	46	35.30	68
	鹰潭市	32.37	157	14.51	155	27.46	157
	赣州市	27.03	212	8.65	241	21.52	239
	吉安市	27.19	208	13.38	169	24.41	209
	宜春市	27.50	205	7.06	254	23.18	225
	抚州市	29.84	183	14.64	149	25.12	194
	上饶市	28.93	195	11.70	207	25.00	197
	指数均值	35.69	17	13.60	24	28.62	20
	变异系数	0.28	17	0.31	17	0.21	18
县级市	乐平市	42.13	73	15.97	158	32.89	111
	瑞昌市	39.35	88	16.45	148	35.19	88
	贵溪市	34.52	136	23.39	77	30.83	140
	瑞金市	25.30	222	17.03	139	26.75	200
	丰城市	36.53	116	11.65	232	28.83	172
	指数均值	33.21	13	14.41	21	28.74	14
	变异系数	0.25	10	0.50	15	0.21	15

资料来源：全国城市建设用地节约集约利用评价数据库。

江西省建设用地节约集约利用状况总体呈现以下特征。

第一，建设用地节约集约利用现状处于全国中等水平，环鄱阳湖生态经济区优势明显。2015 年江西省 11 个地级以上城市和 5 个县级市节约集约利用现状水平指数均值分别为 35.69 和 33.21，分别名列全国各省（区、市）第 17 和第 13 名；相比 2014 年，指数均值分别提升 0.38 和 0.14。地级以上城市中，南昌市名列全国 273 个地级以上城市第 25 名，萍乡、景德镇、新余 3 市进入百强，但其他城市排名相对靠后；县级市中，乐平、瑞昌在全国 296 个县级市排名 73 和 88 位，其余 3 个城市排名相对靠后。总体而言，以南昌为核心的环鄱阳湖生态经济区，特别是九江工业走廊、浙赣轴线沿线城市由于毗邻大型产业基地、拥有便利的交通条件，并为国家级战略区域所覆盖，建设用地节约集约利用现状水平较高，而赣南地区由于经济社会发展明显滞后，节约集约利用水平相对较低。

第二，建设用地节约集约利用动态变化趋势总体不佳，但提升明显。2015 年江西省 11 个地级以上城市和 5 个县级市节约集约利用动态变化趋势指数均值分别为 13.60 和 14.41，分别名列全国各省（区、市）第 24 和第 21 位。地级以上城市中，除新余和南昌 2 市进入全国 273 个地级以上城市百强外，排名总体靠后，其中九江、赣州、宜春、上饶 4 市排名在 200 以外。县级市中，除贵溪位列全国 296 个县级市第 77 名，排名总体比较靠后。但相比 2014 年，节约集约利用动态变化趋势提升明显，指数均值分别提升了 1.93 和 1.75，除赣州、宜春、上饶、乐平、德兴 5 市排名有所下降外，其余 11 个城市排名有较大的提升。从区域分异上看，地级以上城市和县级市建设用地节约集约利用动态变化趋势指数变异系数分别为 0.31 和 0.50，排名分别位居第 17 和 15，不同城市之间建设用地节约集约利用动态变化趋势绩效区域差异较大。

第三，建设用地节约集约利用综合状况处于全国中下水平，但逐步有提升。2015 年江西省建设用地节约集约利用综合指数为 26.81，在全国 31 个省（区、市）中排名第 22，相比 2014 年提高了 0.13，排名提升 1 位。地级以上城市建设用地节约集约利用综合指数均值为 28.62，相比 2014 年提高了 0.60，位列第 20 名；县级市建设用地节约集约利用综合指数均值为 28.74，相比

2014年提高了0.81，位列第14名。从变异系数上看，地级以上城市和县级市建设用地节约集约利用综合指数变异系数均为0.21，排名分别位居第18和第15位，不同城市之间节约集约利用综合水平差距较大，总体呈现赣北环鄱阳湖生态经济区城市建设用地节约集约利用综合水平高于赣南地区的分异特征。

第四，建设用地增长较快，增长耗地偏高，土地城镇化快于人口城镇化，建设用地投入产出强度提升不够明显。江西省城市2010~2015年建设用地累计增长10.0%，增速位居中部地区首位以及全国第10。同时，江西省各城市增长耗地偏高，2011~2015年单位地区生产总值增长消耗新增建设用地量年均高达17.41公顷/亿元，单位固定资产投资消耗新增建设用地量年均高达1.82公顷/亿元，不仅远高于全国8.11公顷/亿元和0.78公顷/亿元的平均水平，且为中部地区各省最高，使得建设用地投入产出强度提升不够明显。另外，江西省2010~2015年城镇人口与城镇工矿用地增长弹性系数为0.67，土地城镇化明显快于人口城镇化，人均城镇工矿用地从2010年的143.63平方米/人扩张至2015年的154.77平方米/人，新型城镇化进程的人地关系不匹配、不协调比较突出，建设用地人口承载水平下降率位居中部地区首位。

3. 政策建议

第一，注重城乡、区域协调发展，优化区域空间布局。充分发挥生态优势，加快推进鄱阳湖生态经济区建设和赣南等原中央苏区振兴发展，积极对接"一带一路"、长江经济带、长江中游城市群等国家战略，全面承接沿海发达地区产业转移，不断优化产业用地布局；同时，加大科技创新投入，加快江西实现从以要素驱动为主向创新驱动转型中实现绿色崛起，着力降低增长耗地水平，不断提升建设用地投入产出水平和效益。

第二，加强规划管控引导和节约集约用地供应监管，完善各项土地制度。着力转变用地方式，按照"先存量、后增量"的基本原则，强化土地利用总体规划管控力度，主攻内部挖潜，优先盘活存量土地，加大旧城改造和建设用地整理力度，加大废弃工矿用地的复垦力度，严防城镇工矿用地规模无序蔓延扩张。积极完善节约集约用地供应监管制度，严把土地市场关，对用地审批、建设、使用实施分阶段全程动态监管。

（四）河南

1. 基本情况

2015 年河南省共辖 17 个地级市和 21 个县级市。除信阳 1 个地级市和巩义、登封、卫辉、沁阳、禹州、项城、济源等 7 个县级市外，共有 16 个地级市和 14 个县级市纳入城市建设用地节约集约利用评价，其中 14 个县级参评城市全部为地级以上参评城市的下辖市。2015 年末，河南省参评城市土地总面积为 14.48 万平方公里，其中建设用地 2.29 万平方公里，国土开发强度为 15.81%；常住总人口 8771.03 万，相比 2014 年末增加了 45.53 万人；常住城镇人口 4152.75 万，相比 2014 年末增加了 175.36 万人；城镇化率 47.35%，相比 2014 年末提高了 1.76 个百分点；GDP 为 3.46 万亿元，相比 2014 年末增加了 0.18 万亿元，常住人口人均 GDP 为 3.95 万元 / 人。

2015 年各城市建设用地节约集约利用状况排名及变化情况见图 18、图 19。

图 18　河南省 2015 年地级以上城市建设用地节约集约利用状况分布

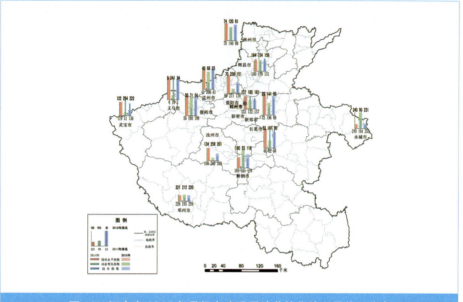

图 19　河南省 2015 年县级市建设用地节约集约利用状况分布

2. 现状格局与特征

河南省地处沿海开放地区与中西部地区的接合部，是我国经济由东向西梯次推进发展的中间地带，也是全国农业大省、人口大省。近年来，河南省主动适应和引领经济发展新常态，顺应国家"一带一路"建设，在经济转型升级取得重大突破的同时，建设用地节约集约利用得到稳步推进。2015 年河南省建设用地节约集约利用现状水平指数为 33.40，在全国 31 个省（区、市）中排名第 18，相比 2014 年提高了 0.68，排名维持不变。节约集约利用动态变化趋势指数为 13.89，排名第 23，相比 2014 年下降了 0.37，排名下降了 5 位。节约集约利用综合指数为 28.02，排名第 19，相比 2014 年提高了 0.57，排名提升了 1 位（见表 13）。

表 13　2015 年河南省城市建设用地节约集约利用状况及其排名

城市名		现状水平指数		动态变化趋势指数		综合指数	
		指数	排名	指数	排名	指数	排名
全　省		33.40	18	13.89	23	28.02	19
地级以上城市	郑州市	55.63	31	14.58	153	37.56	48
	开封市	31.31	170	11.91	202	25.01	196
	洛阳市	40.55	88	18.12	81	32.69	88
	平顶山市	33.62	144	10.59	219	26.67	171
	安阳市	33.81	143	15.64	129	28.47	147
	鹤壁市	39.90	95	11.72	205	32.41	91
	新乡市	32.16	159	10.23	223	27.32	159
	焦作市	42.54	78	15.07	141	34.23	77
	濮阳市	34.74	133	15.89	125	29.40	132
	许昌市	39.69	98	14.61	151	30.71	109
	漯河市	40.11	91	23.25	36	33.22	82
	三门峡市	38.27	105	9.56	228	26.31	176
	南阳市	26.86	216	15.97	123	24.66	205
	商丘市	23.79	235	15.17	138	25.57	191
	周口市	26.77	217	15.37	133	27.91	153
	驻马店市	20.94	245	6.75	257	19.12	257
	指数均值	35.04	19	14.03	23	28.83	19
	变异系数	0.24	11	0.28	14	0.16	12
县级市	荥阳市	42.62	70	11.40	236	30.07	151
	新密市	34.45	137	14.72	185	28.35	181
	新郑市	52.75	29	17.00	141	38.88	50
	偃师市	46.22	50	24.37	71	38.77	54
	舞钢市	31.68	160	26.82	55	32.45	118
	汝州市	34.78	134	9.74	256	26.67	201
	林州市	42.06	74	18.69	120	35.06	91
	辉县市	31.46	164	16.16	154	29.48	159
	孟州市	48.86	40	24.64	68	43.88	23
	长葛市	45.77	53	14.01	197	35.10	90
	义马市	68.55	8	11.14	241	41.73	34
	灵宝市	35.78	122	9.89	254	25.44	222
	邓州市	25.39	221	13.45	212	25.46	220
	永城市	23.73	240	21.85	90	24.63	231
	指数均值	40.29	7	16.71	15	32.57	8
	变异系数	0.29	15	0.34	7	0.20	14

资料来源：全国城市建设用地节约集约利用评价数据库。

180

河南省建设用地节约集约利用状况总体呈现以下特征。

第一，建设用地节约集约利用现状处于全国中等水平，并逐步提升，其中中心城市和县级市优势明显。2015年河南省16个地级以上城市和14个县级市节约集约利用现状水平指数均值分别为35.04和40.29，分别名列全国各省（区、市）第19和第7位；相比2014年，指数均值分别提升了0.67和0.60。地级以上城市中，郑州作为中心城市，节约集约利用现状水平较高，位居全国273个地级以上城市第31名，另有焦作、洛阳、漯河、鹤壁、许昌等5市进入全国百强，但南阳、周口、商丘、驻马店等4市排名靠后；相比于2014年，除新乡市排名下降3位外，其余总体小幅提升。县级市中，义马市在全国296个县级市排名第8，新郑、孟州、偃师3市进入50强，另有长葛、荥阳、林州3市进入百强；但邓州和永城2市排名靠后。

第二，建设用地节约集约利用动态变化趋势总体欠佳，并有所恶化。2015年河南省地级以上城市和县级市节约集约利用动态变化趋势指数均值分别为14.03和16.71，分别名列全国各省（区、市）第23和第15位。地级以上城市中，除漯河和洛阳2市进入全国273个地级以上城市百强外，排名总体靠后，其中开封等6个市排名在200以外。县级市中，舞钢、孟州、偃师、永城等4市进入全国296个县级市百强，但也有邓州等5个城市排名在200名以外。相比2014年，节约集约利用动态变化趋势出现一定幅度的下降，指数均值分别下降了0.58和0.67，新乡、驻马店等11个城市排名有较大下降。从区域分异看，地级以上城市和县级市动态变化趋势指数变异系数分别为0.28和0.34，排名分别位居第14和第7位，不同城市之间建设用地节约集约利用动态变化趋势差异较大。

第三，建设用地节约集约利用综合状况处于全国中等水平，且稳步有所提升。2015年河南省建设用地节约集约利用综合指数为28.02，在全国31个省（区、市）中排名第19，相比2014年提高了0.57，排名提升了1位。地级以上城市建设用地节约集约利用综合指数均值为28.83，相比2014年提高了0.47，位列第19名；县级市综合指数均值为32.57，相比2014年提高了0.44，位列第8名。从变异系数看，地级以上城市和县级市综合指数变异系数分别

为 0.16 和 0.20，不同城市之间节约集约利用综合水平差距不大。

第四，增长耗地偏高，建设用地产出强度提升不够明显。河南省当前仍处于工业主导的发展阶段和以要素驱动为主的增长模式，经济增长对土地资源的依赖较大。2010~2015 年河南省单位地区生产总值增长消耗新增建设用地量年均为 11.92 公顷／亿元，尽管 2015 年下降至 9.96 公顷／亿元，但总体仍高于全国及中部地区平均水平，使得建设用地产出强度提升不够明显，2010~2015 年建设用地地均 GDP 年均增长 8.4%，比中部地区和全国参评城市平均水平低 0.7% 和 0.1%。此外，河南省 2010~2012 年人口有所外流，但城乡建设用地增加较快，尽管 2013~2015 年人口外流现象得到控制，但单位人口增长消耗新增城乡建设用地量明显偏高，分别为 1914.22 平方米／人、1067.01 平方米／人、488.28 平方米／人，特别是人均村庄用地由 2010 年的 256.71 平方米／人增加至 2015 年的 307.58 平方米／人，使得城镇化及产业发展用地空间日趋紧张，对实现中原崛起、绿色发展产生较大约束。

3. 政策建议

第一，强化规划管控，不断优化国土空间开发格局。按照人口资源环境相均衡、经济社会生态效益相统一原则，调整完善土地利用总体规划，努力提高规划的前瞻性与可操作性，不断强化土地利用总体规划的整体管控功能。积极引导和推进中原城市群基础支撑建设，促进郑州、开封融合发展，不断优化国土空间开发格局。严格控制人均村庄用地标准，加大农村建设用地的整治力度，积极开展城乡建设用地增减挂钩，努力拓展城镇化及产业发展用地空间。

第二，积极盘活存量建设用地，提高建设用地利用效率。积极转变土地利用方式，加大存量盘活机制政策创新，建立健全低效用地再开发激励约束机制，着力释放存量建设用地空间；不断完善促进批而未征、征而未供、供而未用土地有效利用的政策，将实际供地率作为安排新增建设用地计划和城镇批次用地规模的重要依据，促进建设用地以盘活存量为主。

（五）湖北

1. 基本情况

2015 年湖北省共辖 12 个地级以上城市和 24 个县级城市。除枝江市外，12 个地级以上城市和 23 个县级市纳入城市建设用地节约集约利用评价。其中恩施和利川 2 个县级市以及仙桃、潜江、天门 3 个省直管市为独立参评城市，其余 18 个县级参评城市均为地级以上参评城市的下辖市。2015 年末，湖北省参评城市土地总面积为 16.72 万平方公里，其中建设用地 1.64 万平方公里，国土开发强度为 9.83%；常住总人口 5659.39 万，相比 2014 年末增加了 39.80 万人；常住城镇人口 3154.62 万，相比 2014 年末增加了 102.45 万人；城镇化率 55.74%，相比 2014 年末提高了 1.43 个百分点；GDP3.17 万亿元，相比 2014 年末增加了 0.27 万亿元，常住人口人均 GDP 为 5.60 万元 / 人。

2015 年各城市建设用地节约集约利用状况排名及变化情况见图 20、图 21。

图 20 湖北省 2015 年地级以上城市建设用地节约集约利用状况分布

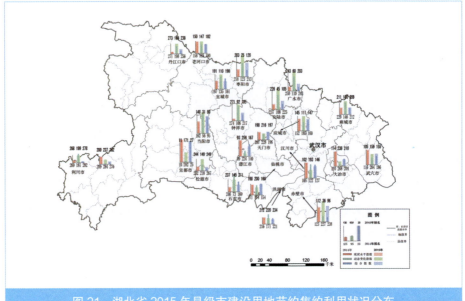

图 21 湖北省 2015 年县级市建设用地节约集约利用状况分布

2. 现状格局与特征

　　湖北省是我国承东启西，连南接北内陆最大的水陆空交通枢纽，是我国经济地理的"心脏"，在国家"中部崛起"、"一带一路"、长江经济带和长江中游城市群建设等重大战略实施中发挥战略支点和中心的作用。近年来，湖北省主动适应经济发展新常态，全面落实"竞进提质、升级增效"战略，经济社会发展呈现"总量跨越、质效提升、位次前移"的竞进态势，建设用地节约集约利用成效显著。2015 年湖北省建设用地节约集约利用现状水平指数为 37.45，在全国 31 个省（区、市）中排名第 14，相比 2014 年提高了 1.24，排名提升 1 位。节约集约利用动态变化趋势指数为 14.94，排名第 18，相比 2014 年提高了 3.03，排名提升 9 位。节约集约利用综合指数为 30.23，排名第 14，相比 2014 年提高了 1.60，排名提升了 3 位（见表 14）。

城市名	现状水平指数		动态变化趋势指数		综合指数	
	指数	排名	指数	排名	指数	排名
全 省	37.45	14	14.94	18	30.23	14
武汉市	78.09	6	19.44	67	50.04	8
黄石市	40.09	93	17.45	93	30.54	112
十堰市	31.24	172	9.24	234	26.72	170
宜昌市	43.52	73	15.46	132	33.53	81
襄阳市	39.63	99	13.78	162	30.03	121
鄂州市	46.76	64	8.73	239	29.08	136
荆门市	22.54	239	21.02	55	28.52	146
孝感市	33.54	145	13.64	165	27.59	155
荆州市	25.85	221	12.69	180	24.79	201
黄冈市	27.59	203	12.14	197	24.10	215
咸宁市	35.94	124	18.10	82	30.52	113
随州市	24.99	229	17.73	87	23.63	220
指数均值	37.48	15	14.95	19	29.92	17
变异系数	0.40	26	0.26	12	0.23	23
大冶市	36.60	114	11.32	238	26.01	210
丹江口市	19.56	273	15.65	169	24.31	238
宜都市	63.97	11	15.52	171	42.82	27
当阳市	32.81	148	31.09	31	35.89	80
老河口市	32.51	150	16.67	147	28.22	182
枣阳市	27.51	203	34.80	25	32.21	120
宜城市	28.58	191	19.52	110	26.98	196
钟祥市	19.72	271	21.22	92	27.05	195
应城市	33.06	145	19.52	111	30.15	147
安陆市	25.03	226	28.10	45	28.10	185
汉川市	38.00	102	14.52	193	30.33	146
石首市	24.15	237	16.76	145	25.81	211
洪湖市	26.41	212	12.83	220	24.58	234
松滋市	22.98	244	16.36	149	23.09	249
麻城市	26.49	211	17.66	130	26.11	209
武穴市	37.29	105	15.96	159	29.94	155
赤壁市	36.90	112	29.93	36	34.44	96
广水市	23.18	243	26.24	60	26.65	203
恩施市	27.75	200	11.35	237	21.30	262
利川市	20.15	268	13.96	199	19.01	278
仙桃市	31.14	168	13.91	200	29.44	160
潜江市	38.61	93	9.58	259	29.12	167
天门市	27.90	198	13.22	216	26.95	197
指数均值	30.45	16	18.51	11	28.20	16
变异系数	0.31	21	0.37	10	0.18	10

表 14　2015 年湖北省城市建设用地节约集约利用状况及其排名

（地级以上城市 / 县级市 分组）

资料来源：全国城市建设用地节约集约利用评价数据库。

湖北省建设用地节约集约利用状况总体呈现以下特征。

第一，建设用地节约集约利用现状处于全国中上水平，并逐步提升，但区域差异比较明显。2015年湖北省地级以上城市和县级市节约集约利用现状水平指数均值分别为37.48和30.45，分别名列全国各省（区、市）第15和第16位；相比2014年，指数均值分别提升了1.14和0.97。地级以上城市中，武汉作为中心城市，节约集约利用现状水平位居全国前列，在全国273个地级以上城市中排名第6，另有鄂州、宜昌、黄石、襄阳4市进入全国百强；但黄冈、荆州、随州、荆门等4市排名靠后。县级市中，宜都市在全国296个县级市排名第11，潜江市进入百强，但丹江口等11市排名靠后。从变异系数看，地级以上城市和县级市现状水平指数变异系数分别为0.40和0.31，排名分别位居第26和第21，不同城市之间建设用地节约集约利用现状水平差异比较明显。

第二，建设用地节约集约利用动态变化趋势处于全国中等水平，但提升明显。2015年湖北省地级以上城市和县级市节约集约利用动态变化趋势指数均值分别为14.95和18.51，分别名列全国各省（区、市）第19和第11位；相比2014年指数均值分别提高了3.65和3.41，除汉川、石首等少数几个县级市排序有所下降外，大多数城市排名提升明显。地级以上城市中，荆门、武汉、咸宁、随州、黄石等5市进入全国273个地级以上城市百强，但十堰、鄂州排名靠后，在200以外。县级市中，有枣阳、当阳、赤壁、安陆等4市进入全国296个县级市50强，广水和钟祥等两市进入百强，但也有仙桃、天门、洪湖、恩施、大冶、潜江等6个城市排名在200以外。

第三，建设用地节约集约利用综合状况处于全国中上水平，且提升明显。2015年湖北省建设用地节约集约利用综合指数为30.23，在全国31个省（区、市）中排名第14，相比2014年提高了1.60，排名提升了3位。地级以上城市综合指数均值为29.92，相比2014年提高了1.79，位列第17名；县级市综合指数均值为28.20，相比2014年提高了1.15，位列第16名。从变异系数看，地级以上城市和县级市综合指数变异系数分别为0.23和0.18，排名分别位居第23和第10位，地级以上城市之间节约集约利用综合水平差距较大。

第四，建设用地增长偏快，土地城镇化明显快于人口城镇化，土地利用效益整体水平偏低。2010~2015 年湖北省建设用地年均增长 1.92%，增速位居全国 31 个省（区、市）第 11 名和中部地区第 2 名；2011~2015 年单位人口增长消耗新增城乡建设用地量平均高达 863.0 平方米 / 人，是全国和中部地区平均水平的 1.66 倍和 1.36 倍。建设用地的过快增长和消耗，使得湖北省土地利用效益整体偏低，不仅建设用地人口密度从 2010 年的 3686.32 人 / 平方公里下降至 3443.15 人 / 平方公里，且在中部地区仅高于安徽省；同时，建设用地投入产出效益提升偏低，2015 年地均投入产出比仅为 1：1.15，相比于湖南及东部地区仍有差距，存在资本利用效率偏低的情况。与此同时，处于工业化中期阶段的湖北省，依靠工业用地快速扩张实现经济增长，存在城镇建设盲目扩张，人口集聚不足的问题，土地城镇化明显快于人口城镇化，新型城镇化进程的人地关系不匹配、不协调及村庄用地低效闲置利用问题比较突出。2010~2015 年城镇人口与城镇工矿用地增长弹性系数 0.60，人均城镇工矿用地从 2010 年的 125 平方米 / 人扩张至 2015 年的 138 平方米 / 人。

3. 政策建议

第一，以城市圈（群）为主体形态，强化国土规划管控和宏观引导促进区域协同发展。积极探索城市圈（群）中心城市"飞地"经济模式，加强区域经济合作和土地跨区域配置，着力缓解城市圈（群）内部土地集约利用水平差异的"两极分化"问题，推进特大城市、大中小城市土地集约利用的协同发展，提高土地经济集聚效益。

第二，适度控制经济发展水平高的城市供地速度，加快已批未供和存量土地挖潜。积极探索建立完善新增建设用地指标与存量建设用地挖潜相挂钩制度，按照各城市实际的新增与存量建设用地供应比例，下达存量挖潜指标，积极盘活存量土地，加快已批未供土地利用。严格控制人均建设用地指标，通过城乡建设用地增减挂钩、人地挂钩等方式，加快平原地区迁村并点速度，减少农村居民点用地，提高人口城镇化和农业规模化经营水平，释放农村建设用地潜力。积极探索工业用地弹性出让、租让结合的供地模式，着力解决工业用地利用低效、供后监管难的问题。

（六）湖南

1. 基本情况

2015 年湖南省共辖 13 个地级市和 16 个县级市。除武冈和吉首 2 个县级市外，13 个地级市和 14 个县级市纳入城市建设用地节约集约利用评价，14 个县级参评城市均为地级以上参评城市的下辖市。截至 2015 年底，湖南省参评城市土地总面积为 19.91 万平方公里，其中建设用地 1.59 万平方公里，国土开发强度为 7.97%；常住总人口 6554.79 万，相比 2014 年末增加了 45.68 万人；常住城镇人口 3355.61 万，相比 2014 年末增加了 122.55 万人；城镇化率 51.19%，相比 2014 年末提高了 1.52%；GDP 为 3.05 万亿元，相比 2014 年

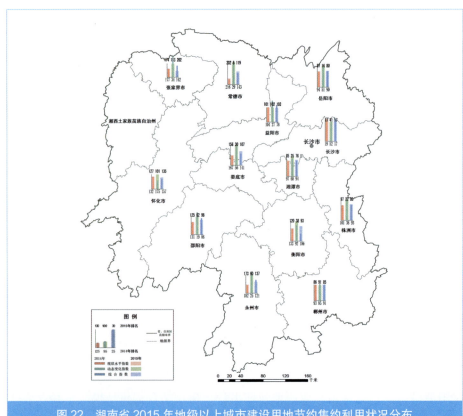

图 22　湖南省 2015 年地级以上城市建设用地节约集约利用状况分布

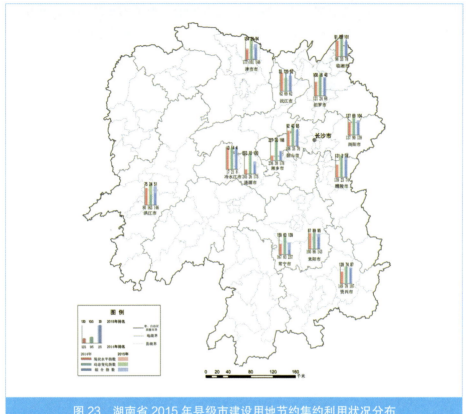

图23　湖南省2015年县级市建设用地节约集约利用状况分布

末增加了0.25万亿元，常住人口人均GDP为4.65万元/人。

2015年各城市建设用地节约集约利用状况排名及变化情况见图22、图23。

2. 现状格局与特征

湖南省地处我国大陆第二级与第三级阶梯的交接地带，近年来湖南省积极对接"一带一路"、中部崛起和长江经济带建设等国家区域发展战略，坚定"五化同步"发展新路径，着力促进"三量齐升"，经济社会发展呈现稳中有进、稳中趋优的良好局面。与此同时，湖南省致力于探索完善各项节约集约用地措施，通过实施供地率考核制度和节约集约用地奖励制度、推动棚户区改造、总结推广典型节地技术与模式等大力推进土地节约集约利用，建设用地节约集约利用取得显著成效。2015 年建设用地节约集约利用现状水平指数为 38.81，在全国 31 个省（区、市）中排名第 11 位，相比 2014 年提高了 1.55，排名提升 2 位。节约集约利用动态变化趋势指数为 22.36，排名第 5，相比 2014 年提高了 1.35，排名提升 3 位。节约集约利用综合指数为 33.24，排名第 12，相比 2014 年提高了 1.60，排名提升了 1 位（见表 15）。

表 15　2015 年湖南省城市建设用地节约集约利用状况及其排名

城市名		现状水平指数		动态变化趋势指数		综合指数	
		指数	排名	指数	排名	指数	排名
全　省		38.81	11	22.36	5	33.24	12
地级以上城市	长沙市	62.15	17	22.50	41	46.42	17
	株洲市	39.73	97	25.17	22	33.12	83
	湘潭市	41.07	85	23.48	35	34.34	76
	衡阳市	36.60	120	22.87	38	32.14	93
	邵阳市	35.84	125	20.52	62	31.69	98
	岳阳市	40.73	87	26.06	16	33.85	80
	常德市	27.87	202	28.33	8	30.07	119
	张家界市	31.07	174	16.25	113	24.74	202
	益阳市	39.08	101	16.92	102	31.20	103
	郴州市	40.94	86	17.51	91	33.02	85
	永州市	31.15	173	20.56	60	29.03	137
	怀化市	35.23	127	17.06	101	29.22	135
	娄底市	32.38	156	24.13	30	30.97	107
	指数均值	37.99	14	21.64	5	32.29	14
	变异系数	0.22	8	0.18	7	0.15	8

续表

城市名		现状水平指数		动态变化趋势指数		综合指数	
		指数	排名	指数	排名	指数	排名
县级市	浏阳市	35.50	127	24.44	69	33.39	104
	醴陵市	34.96	131	59.04	3	45.61	16
	湘乡市	25.02	227	33.08	30	29.14	166
	韶山市	38.76	92	28.28	43	35.34	85
	耒阳市	39.49	87	21.99	89	34.46	95
	常宁市	31.71	159	25.74	63	30.96	139
	汨罗市	37.22	108	38.58	16	38.93	48
	临湘市	38.81	91	26.52	58	33.77	101
	津市市	32.18	154	33.30	29	34.55	94
	沅江市	45.33	55	18.56	123	34.76	92
	资兴市	33.61	139	23.87	74	35.25	87
	洪江市	41.89	75	34.82	24	38.85	51
	冷水江市	62.13	13	40.98	14	52.58	4
	涟源市	24.45	233	39.93	15	31.44	130
	指数均值	37.22	9	32.08	1	36.36	6
	变异系数	0.25	10	0.33	4	0.17	8

资料来源：全国城市建设用地节约集约利用评价数据库。

　　湖南省建设用地节约集约利用状况总体呈现以下特征。

　　第一，建设用地节约集约利用现状处于全国上游水平，且提升明显，其中长株潭地区城市优势明显。2015年湖南省地级以上城市和县级市节约集约利用现状水平指数均值分别为37.99和37.22，分别名列全国各省（区、市）第14和第9位，位居中部地区首位；同时，相比2014年指数均值分别提升了1.46和1.66，节约集约利用现状水平提升明显。地级以上城市中，长沙作为中心城市，节约集约利用现状水平位居全国前列，在全国273个地级以上

城市中排名第 17，另有湘潭、郴州、岳阳、株洲 4 市进入全国百强，但常德市靠后。县级市中，冷水江市在全国 296 个县级市排名第 13，沅江、洪江、耒阳、临湘、韶山等 5 市进入百强，但湘乡和涟源两市排名靠后。

第二，建设用地节约集约利用动态变化趋势处于全国前列，且提升显著。2015 年湖南省地级以上城市和县级市节约集约利用动态变化趋势指数均值分别为 21.64 和 32.08，分别名列全国各省（区、市）第 5 和第 1 位；同时，相比 2014 年指数均值分别提高了 0.29 和 4.27，动态变化趋势绩效提升明显。地级以上城市中，常德市名列全国 273 个地级以上城市第 8 名，岳阳、株洲、娄底、湘潭、衡阳、长沙等 6 市位列 50 强，排名较低的怀化、益阳、张家界也分别为第 101、第 102、第 113 名。县级市中，除沅江位列全国 296 个县级市第 123 名外，醴陵市名列全国第 3，另有冷水江等 7 市进入 50 强。从区域分异上看，地级以上城市和县级市动态变化趋势指数变异系数分别为 0.18 和 0.33，排名分别位居第 7 和第 4，不同城市之间节约集约利用动态变化趋势总体比较均衡。

第三，建设用地节约集约利用综合状况处于全国上游水平，且稳步提升，其中县级市优势更明显。2015 年湖南省建设用地节约集约利用综合指数为 33.24，在全国 31 个省（区、市）中排名第 12，相比 2014 年提高了 1.60，排名提升了 1 位。地级以上城市综合指数均值为 32.29，相比 2014 年提高了 0.99，位列第 14 名；县级市综合指数均值为 36.36，相比 2014 年提高了 3.25，位列第 6 名。从变异系数上看，地级以上城市和县级市综合指数变异系数分别为 0.15 和 0.17，排名均为第 8，不同城市之间节约集约利用综合水平总体比较均衡。

第四，建设用地人口承载水平与经济强度的区域匹配度不高，长株潭人口承载力偏低和大湘西投入产出强度偏低并存。湖南省建设用地人口承载水平和投入产出强度总体位居中部地区前列，但不同区域之间匹配度不高，长株潭地区城市建设用地投入产出效益总体处于全省前列，但人口承载力则明显不足，在全省 13 个地级市中排名靠后。同时，大湘西地区由于经济发展水平不高，建设用地投入产出效益远低于长株潭三市，总体反映出湖南省区域经济发展不平衡，一定程度上制约建设用地整体效益的提升。

192

3. 政策建议

第一，以城市群为主体形态，强化国土规划管控，优化用地空间布局。按照"合理布局、经济可行、控制时序"的原则，加强长株潭城市群基础设施和产业的科学规划，适当控制大城市用地规模，加快产业转型升级，增强长株潭城市综合承载能力，提高建设用地人口承载力。抓住国家新一轮产业布局和经济结构战略性调整机遇，优化大湘西生态经济区城镇布局，提升城市化建设水平，以推进农业产业化、新型工业化为重点，积极培育有特色、有市场、有效益的支柱产业和生态产业，推动大湘西地区转型发展，促进用地集聚集约高效利用。

第二，进一步加强存量建设用地挖潜，提高城市用地管理水平。积极探索建立新增建设用地指标与存量建设用地挖潜相挂钩制度，科学制定存量盘活挖潜激励约束机制，加大存量盘活和低效用地再开发力度；严格控制人均村庄建设用地指标，通过城乡建设用地增减挂钩、人地挂钩等措施推动农村土地节约集约利用，进一步释放农村建设用地潜力。

B.5
"十二五"时期西部地区城市建设用地节约集约利用状况分析报告

摘　要：　以西部地区"一市""五区""六省"87个地级以上城市和65个县级城市建设用地节约集约利用评价数据为基础，分析揭示了"十二五"时期西部地区各省（区、市）的建设用地利用现状及变化特征，节约集约利用现状水平、动态变化趋势及区域分异特征。基于对各省（区、市）参评城市建设用地节约集约利用的现状格局、利用特征及存在问题等综述分析，提出节约集约用地的政策建议。

关键词：　西部地区　城市　建设用地　节约集约利用　区域特征

西部地区"一市"（重庆）、"五区"（内蒙古、广西、西藏、宁夏、新疆）、"六省"（四川、贵州、云南、陕西、甘肃、青海）参评城市共计152个，占西部地区城市总数（184个）的83%。其中，地级以上城市除内蒙古乌兰察布市，西藏昌都、林芝市，宁夏固原市，以及新疆吐鲁番市等5个城市未参评外，涵盖其余所有87个城市，占西部地区地级以上城市总数（92个）的95%；县级参评城市总计65个，占西部地区县级市总数（92个）的71%。

截至2015年底，西部地区参评城市建设用地总面积8.68万平方公里，占全国建设用地总面积的25.5%，国土开发强度为3.30%；常住总人口3.18

亿，常住城镇人口 1.65 亿，城镇化率 51.91%；GDP 为 13.87 万亿元，常住人口人均 GDP 为 4.36 万元 / 人。[①]

一　土地利用现状及变化状况

（一）三大类用地结构

2015 年末，西部地区参评城市农用地面积 189.47 万平方公里，占土地总面积的 72.1%，其中耕地面积 38.46 万平方公里，占农用地的 20.3%；建设用地总面积 8.68 万平方公里，占土地总面积的 3.3%；其他土地 64.55 万平方公里，占土地总面积的 24.6%。12 个省（区、市）中，四川和重庆的国土开发强度较高，为 8.45% 和 8.01%，西藏最低，为 0.25%（见图 1）。

图 1　西部地区城市土地利用现状结构

[①] 西部地区 65 个县级参评城市中，内蒙古丰镇、乌兰浩特、二连浩特、锡林浩特市，四川西昌市，贵州兴义、凯里、都匀、福泉市，云南楚雄、个旧、开远、蒙自、弥勒、文山、景洪、大理、瑞丽、芒市，甘肃临夏、合作市，青海格尔木、德令哈市，新疆哈密、昌吉、阜康、博乐、库尔勒、阿克苏、喀什、伊宁、奎屯、石河子市等 33 个城市独立参评，其余 32 个县级市涵盖在相应的地级以上参评城市之中。本报告涉及的用地、经济、人口数据为剔除重复统计后的数据。

从动态变化看，西部地区城市总体也呈现建设用地逐年快速扩张，农用地和其他土地逐年减少的态势。2010~2015 年西部地区城市建设用地增加了 0.86 万平方公里，累计增幅为 11%，其中 2015 年增长 1.6%，5 年间国土开发强度提高了 0.33%。其中，贵州省建设用地面积增长最快，5 年年均增长 4.1%，四川省增长最小，5 年年均增长不到 1.5%。5 年间，国土开发强度提升最快的是贵州省，累计提高了 0.84%；提升最慢的是西藏，仅提高了 0.02%（见图 2）。

（二）建设用地结构

2015 年，西部地区城市城乡建设用地总面积 7.00 万平方公里，占建设用地总面积的 80.7%，占比略高于全国参评城市平均水平，其中四川省占比最高，为 85.4%，西藏最低，为 68.0%；交通水利用地 1.49 万平方公里，占比 17.1%；其他建设用地 0.19 万平方公里，占比 2.2%。从城乡建设用地内部结构看，城镇用地 2.10 万平方公里，占比为 30.0%，比全国参评城市平均水平低 1.1%，其中宁夏占比最高，为 39%，甘肃占比最低，为 21.5%；村庄用地 4.29 万平方公里，占比 61.3%，略低于全国参评城市平均水平，其中甘肃占比最高，为 71.6%，新疆最低，为 31%；采矿用地 0.61 万平方公里，占比 8.7%（见图 3）。

从动态变化看，2010~2015 年西部地区城市城乡建设用地累计增加 0.61 万平方公里，增幅为 9.6%，5 年年均增长 1.9%，比全国参评城市平均增长率高 0.4%。其中，新疆增长最快，5 年年均增长 4.2%，四川省增长最小，为 1.3%。从城镇用地变化看，西部地区城市 2010~2015 年城镇用地累计增加 0.47 万平方公里，增幅为 29.1%，年均增长 5.2%；其中，贵州省增长最快，5 年年均增长 11.3%，西藏增长最小，5 年年均增长 2.4%（见图 4）。

二 建设用地节约集约利用总体状况

（一）建设用地利用强度

1. 建设用地人口承载水平

2015 年末，西部地区参评城市常住总人口 3.18 亿，相比于 2010 年末增

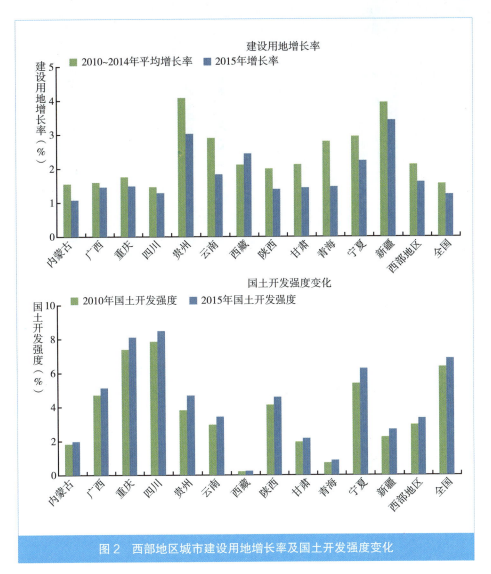

图 2 西部地区城市建设用地增长率及国土开发强度变化

加了 896.45 万人；常住城镇人口 1.65 亿，相比 2010 年末增加了 2856.43 万人；城镇化率 51.91%，相比 2010 年末提高了 7.74%。建设用地和城乡建设用地人口密度分别为 3663.47 人／平方公里和 4542.23 人／平方公里，分别比全国参评城市平均水平低 45.08 人／平方公里和 87.74 人／平方公里；其中贵州省人口承载水平最高，分别为 5384.60 人／平方公里和 6837.97 人／平方公里，内

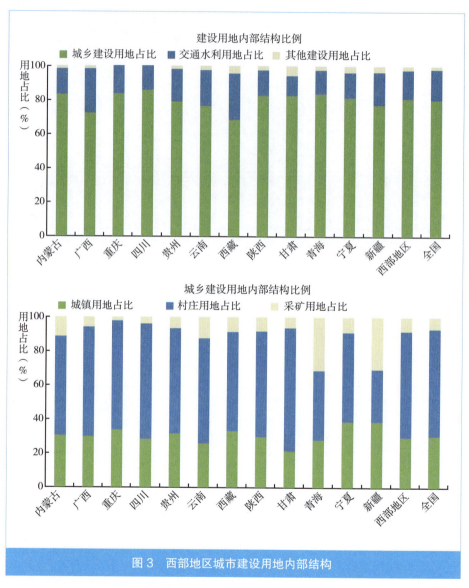

图3　西部地区城市建设用地内部结构

蒙古最低、分别为1711.09人/平方公里和2062.56人/平方公里。

　　从动态变化看，西部地区城市建设用地人口承载水平总体呈现持续小幅下降的态势。2010~2015年建设用地和城乡建设用地人口密度年均下降率为1.5%和1.3%，其中2015年约下降0.9%。除西藏外，其余11个省（区、市）

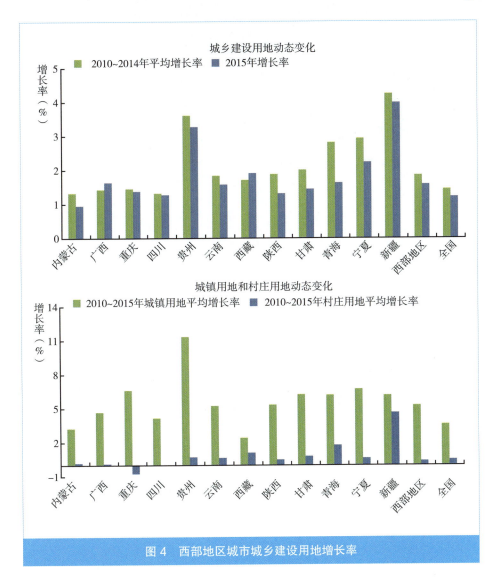

图4 西部地区城市城乡建设用地增长率

人口承载水平不同程度有所下降，其中贵州降幅最明显，5年年均降幅分别为3.7%和3.2%（见图5）。

2.建设用地经济强度

2015年西部地区参评城市GDP为13.87万亿元，相比2010年可比价增幅为72.7%。建设用地地均GDP为159.73万元/公顷，比全国参评城市平均水平

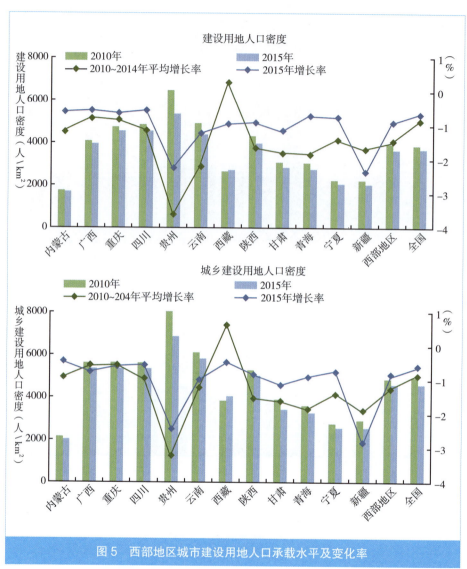

图 5　西部地区城市建设用地人口承载水平及变化率

低 50.27 万元 / 公顷，但较 2010 年可比价提高了 53.71 万元 / 公顷，5 年累计增幅 55.6%，其中 2015 年增幅为 7.2%。12 个省（区、市）中，重庆市地均 GDP最高，为 238.22 万元 / 公顷，甘肃最低，为 78.9 万元 / 公顷；地均 GDP 年均提升幅度最大的是西藏，为 11.6%，最低的是宁夏，为 6.7%。从建设用地投入强度看，2015 年西部地区城市建设用地地均固定资产投资为 149.44 万元 / 公顷，比全国参评城市平均水平低 5.91 万元 / 公顷，但较 2010 年提高了 74.36 万元 / 公顷，年均增幅 14.8%，其中 2015 年增幅 6.7%。地均固定资产投资最高的是贵州，为 247.50 万元 / 公顷，最低的是甘肃、为 102.1 万元 / 公顷；5 年年均提升幅度最大的是贵州，为 28.9%，最低的是内蒙古，为 9.4%（见图 6）。

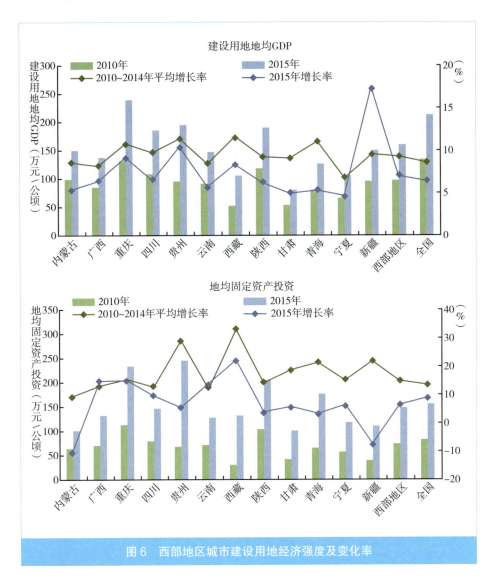

图 6　西部地区城市建设用地经济强度及变化率

（二）增长耗地

1. 人口增长耗地

2015年，西部地区参评城市单位人口增长消耗新增城乡建设用地为440.8平方米/人，略低于全国参评城市平均水平，相比于2011~2014年4年平均698.66平方米/人下降了257.82平方米/人。横向比较看，西藏、广西的人口增长耗地较低，5年平均新增耗地量不到300平方米/人，而内蒙古、甘肃、陕西的新增耗地量偏高，5年平均新增耗地量高达1000平方米/人以上；另外，四川和贵州两省出现人口外流而用地持续增长的状况（见图7）。

图7　西部地区城市人口增长耗地水平及变化状况

2. 经济增长耗地

近年来，西部地区参评城市经济增长耗地总体不断下降，单位GDP建设用地使用面积由2010年的103.51公顷/亿元（2010年可比价）下降至2015年的66.52公顷/亿元（2010年可比价），累计下降了36.98公顷/亿元，单位GDP建设用地使用面积下降率达35.7%，比全国参评城市平均水平高2.4%。

横向比较看，西藏自治区经济增长耗地下降最明显，2010~2015年单位GDP建设用地使用面积累计下降42.1%，宁夏最低，仅为27.8%；2015年单位GDP耗地下降最明显的是新疆，为14.9%，最低的是宁夏，为4.6%（见图8）。

图8　西部地区城市单位GDP耗地下降率

从经济增长耗地量看，西部地区城市2015年单位GDP增长消耗新增建设用地量为11.65公顷/亿元，比全国参评城市平均水平高3.54公顷/亿元，但相比2011年的15.48公顷/亿元下降了3.83公顷/亿元。横向比较看，四川省耗地量最低，2011~2015年各年平均为9.72公顷/亿元，2015年为9.46公顷/亿元；宁夏最高，5年平均为35.27公顷/亿元，2015年为33.54公顷/亿元。从单位固定资产投资耗地量看，2015年西部地区城市单位固定资产投资消耗新增建设用地量为0.96公顷/亿元，比全国城市平均水平高0.19公顷/亿元，但相比于2010年的2.89公顷/亿元下降了66.8%；其中，陕西耗地量最低，2010~2015年各年平均为1.23公顷/亿元，新疆最高，各年平均为4.95公顷/亿元（见图9）。

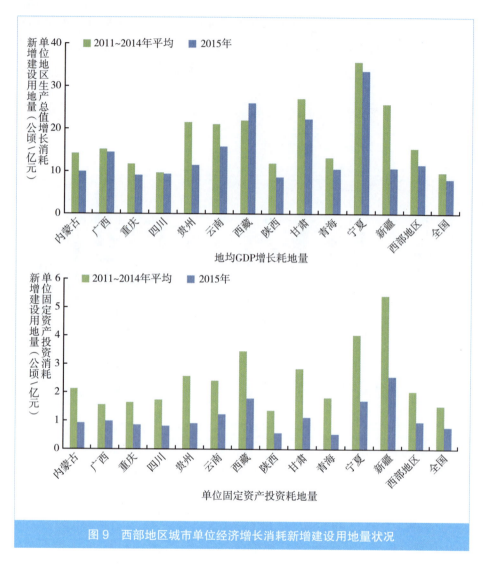

图 9　西部地区城市单位经济增长消耗新增建设用地量状况

（三）经济社会发展与用地变化匹配状况

1. 人口增长与用地变化匹配状况

西部地区参评城市 2010~2014 年常住总人口与城乡建设用地增长弹性系数为 0.30，比全国参评城市整体弹性系数低 0.09，城乡建设用地增长速度总体快于常住人口增长速度，建设用地人口承载水平整体趋于下降，但2015年弹性系数有所提高，为0.43。横向比较看，除西藏外，其余11个省（区、市）2010~2015年弹性系数均小于1。相比于2014年，除新疆、甘肃、青海3省（区）外，其余9省（区、市）2015年弹性系数有所提高，人口增长与用地变化匹配关系有所改善（见图10）。

2010~2014年西部地区城市常住城镇人口与城镇工矿用地增长弹性系数

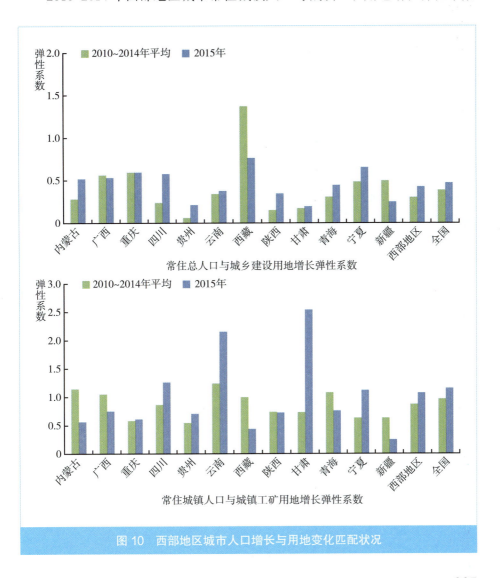

常住总人口与城乡建设用地增长弹性系数

常住城镇人口与城镇工矿用地增长弹性系数

图10　西部地区城市人口增长与用地变化匹配状况

为 0.87，总体低于参评全国城市平均水平，土地城镇化快于人口城镇化，但 2015 年弹性系数为 1.08，城镇化快速进程中城镇工矿用地扩张得到一定控制，人地协调程度有所好转。横向比较看，2010~2014 年，云南、内蒙古、青海、广西、西藏等 5 省（区）弹性系数分别为 1.25、1.15、1.07、1.06、1.00，人口城镇化总体快于土地城镇化。从农村人口与用地变化匹配看，2010~2015 年，除重庆、西藏、新疆等 3 市（区）村庄用地与农村人口同步增长或同步减少外，其余 9 个省（区）均呈现农村人口减少、村庄用地不减反增的态势，农村人口与村庄用地变化不协调问题比较突出。

2. 经济发展与用地变化匹配状况

西部地区参评城市经济发展与建设用地增长匹配协调度总体较高，2010~2015 年地区生产总值与建设用地增长弹性系数为 6.62，建设用地在扩张的同时经济产出强度趋于提升，但弹性系数总体低于全国参评城市平均水平。横向比较看，四川、重庆的弹性系数较高，分别达 9.18、9.13，宁夏最低，仅为 3.86。从动态变化看，西部地区城市 2015 年建设用地经济弹性系数为 5.54，其中重庆、新疆、内蒙古等 10 个省（区、市）相比往年提升比较明显，但甘肃和西藏则有所下降（见图 11）。

三 建设用地节约集约利用分异状况

（一）节约集约利用现状水平分异状况

1. 总体状况

2015 年西部地区城市建设用地节约集约利用现状水平指数为 34.94，比全国平均水平低 2.73。其中，贵州、重庆、陕西分别名列全国 31 个省（区、市）第 6、第 8、第 10 位，而宁夏、内蒙古、甘肃、新疆、西藏等 5 省（区）节约集约利用现状水平较低，排名在 20 名外。相比于 2014 年，各省（区、市）指数值均有所提高，其中贵州、重庆提升明显，分别提高了 1.59、1.56；从位序变化看，甘肃、宁夏提升了 1 位，四川、内蒙古下降了 1 位，其余各省（区、市）维持不变（见表 1）。

图 11　西部地区城市经济发展与用地变化匹配状况

表 1　西部 12 省（区、市）城市建设用地节约集约利用现状水平指数

省（区、市）	2015 年			2014 年		
	指数值	排序号	全国位序号	指数值	排序号	全国位序号
内 蒙 古	23.25	11	29	23.87	10	28
广 　 西	35.59	6	16	35.74	6	17
重 　 庆	47.29	2	8	45.73	2	8
四 　 川	38.80	4	12	38.34	4	11
贵 　 州	51.64	1	6	50.05	1	6
云 　 南	36.72	5	15	36.14	5	16
西 　 藏	28.36	8	25	27.21	8	25
陕 　 西	41.63	3	10	41.48	3	10
甘 　 肃	23.60	10	28	23.70	11	29
青 　 海	31.37	7	20	30.83	7	20
宁 　 夏	23.16	12	30	22.82	12	31
新 　 疆	25.37	9	27	26.02	9	27
西部地区	34.94	—	—	34.69	—	—
全 　 国	37.67	—	—	30.93	—	—

2. 地级以上城市状况

2015 年西部地区地级以上城市建设用地节约集约利用现状水平指数均值为 34.36，比全国平均水平低 2.86，其中全国 10 强城市占 1 席、50 强城市占 10 席、百强城市占 22 席。横向比较看，贵州、重庆、青海、陕西 4 省（市）指数均值略高于全国平均水平，其余 8 省（区）均低于全国平均水平。从内部分异看，新疆、内蒙古、青海、宁夏、甘肃等 5 省（区）变异系数较大，不同城市之间节约集约利用现状水平差异较大，其余各省（区）内部各城市分异不大（见表 2）。

表 2　西部 12 省（区、市）地级以上城市建设用地节约集约利用现状水平指数分异状况

单位：个，%

| 省（区、市） | 城市数量 | 节约集约利用现状水平指数 | | | | | 入百强城市数量 | | | | |
		均值	标准差	变异系数	最大值	最小值	入百强数量	区域城市中百强占比	前50强数量	区域城市中前50强占比	10强城市数量
内蒙古	8	27.24	15.65	0.57	59.69	14.28	1	12.50	1	12.50	0
广　西	14	34.79	7.65	0.22	53.04	27.09	3	21.43	1	7.14	0
重　庆	1	47.29	—	—	—	—	1	100.00	0	0.00	0
四　川	18	36.26	7.59	0.21	61.23	26.56	2	11.11	1	5.56	0
贵　州	6	52.35	10.85	0.21	71.13	37.83	5	83.33	4	66.67	1
云　南	8	35.64	8.42	0.24	47.12	25.37	2	25.00	0	0.00	0
西　藏	2	28.30	7.31	0.26	33.47	23.13	0	0.00	0	0.00	0
陕　西	10	40.57	11.29	0.28	67.45	25.82	5	50.00	1	10.00	0
甘　肃	12	23.23	8.70	0.37	48.01	17.11	1	8.33	0	0.00	0
青　海	2	44.78	22.74	0.51	60.86	28.70	1	50.00	1	50.00	0
宁　夏	4	22.23	8.39	0.38	34.47	16.25	0	0.00	0	0.00	0
新　疆	2	32.70	32.91	1.01	55.98	9.43	1	50.00	1	50.00	0
西部地区	87	34.36	12.64	0.37	71.13	9.43	22	25.29	10	11.49	1
全　国	273	37.22	14.60	0.39	95.29	9.43	100	36.63	50	18.32	10

3. 县级市状况

2015 年西部地区县级市建设用地节约集约利用现状水平指数均值为 33.43，比全国平均水平低 1.33，其中全国 10 强城市占 1 席、50 强城市占 9 席、百强城市占 22 席。横向比较，青海、内蒙古、新疆、宁夏、云南、广西等 6 省（区）指数均值低于全国平均水平；贵州、陕西、甘肃 3 省优势较明显，共有 10 个城市进入全国百强名单。从内部分异看，新疆、甘肃变异系数较大，不同城市节约集约利用现状水平差异较大，其他各省（区、市）内部各城市分异不大（见表 3）。

表 3　西部 10 省（区）县级市建设用地节约集约利用现状水平指数分异状况

单位：个，%

| 省（区） | 城市数量 | 节约集约利用现状水平指数 | | | | | 入百强城市数量 | | | | |
		均值	标准差	变异系数	最大值	最小值	入百强数量	区域城市中百强占比	前50强数量	区域城市中前50强占比	10强城市数量
内 蒙 古	7	20.99	4.45	0.21	25.79	13.56	0	0.00	0	0.00	0
广　西	7	33.94	7.36	0.22	45.83	25.23	2	28.57	0	0.00	0
四　川	14	35.26	7.53	0.21	54.51	26.92	5	35.71	1	7.14	0
贵　州	7	51.58	14.58	0.28	79.82	35.81	6	85.71	4	57.14	1
云　南	12	33.83	5.74	0.17	42.93	25.42	3	25.00	0	0.00	0
陕　西	3	47.80	2.49	0.05	50.67	46.23	3	100.00	3	100.00	0
甘　肃	2	42.31	12.59	0.30	51.21	33.40	1	50.00	1	50.00	0
青　海	2	10.21	0.88	0.09	10.84	9.59	0	0.00	0	0.00	0
宁　夏	1	28.96	/	/	/	/	0	0.00	0	0.00	0
新　疆	10	25.02	11.07	0.44	43.77	10.96	2	20.00	0	0.00	0
西部地区	65	33.43	12.57	0.38	79.82	9.59	22	33.85	9	13.85	1
全　国	296	34.76	13.63	0.39	88.49	9.46	100	33.78	50	16.89	10

（二）节约集约利用动态变化趋势分异状况

1. 总体状况

2015 年西部地区城市建设用地节约集约利用动态变化趋势指数为 14.87，

比全国平均水平低 2.14。其中，青海、西藏位列全国 31 个省（区、市）第 6、9 名，但甘肃、宁夏、云南、广西 4 省（区、市）相对偏低，处于全国下游水平。相比于 2014 年，重庆动态变化趋势指数提升最为明显，提高了 3.14，位序提升了 5 位；新疆、贵州、宁夏、内蒙古、陕西等 5 省（区、市）指数提高了 1.77~2.87，位序有不同程度提升；而广西、四川尽管指数有所提升，但位序有所下降；西藏、甘肃、青海、云南指数下降了 0.62~4.70，位序也不同程度有所下降（见表 4）。

表 4　西部 12 省（市、区）城市建设用地节约集约利用动态变化趋势指数

省（市、区）	2015 年			2014 年		
	指数值	排序号	全国位序号	指数值	排序号	全国位序号
内 蒙 古	14.83	7	20	12.94	9	25
广　　西	14.35	9	22	13.96	5	19
重　　庆	17.97	3	10	14.83	4	16
四　　川	16.11	4	14	15.96	3	15
贵　　州	14.88	6	19	12.28	10	26
云　　南	12.92	10	25	13.55	7	22
西　　藏	18.69	2	9	23.38	1	4
陕　　西	15.71	5	16	13.94	6	20
甘　　肃	11.32	12	30	13.44	8	23
青　　海	21.32	1	6	22.90	2	5
宁　　夏	11.61	11	29	9.35	12	31
新　　疆	14.78	8	21	11.91	11	28
西部地区	14.87	/	/	14.05	/	/
全　　国	17.01	/	/	17.01	/	/

2. 地级以上城市状况

2015 年西部地区地级以上城市建设用地节约集约利用动态变化趋势指数均值为 14.39，比全国平均水平低 1.56，全国 10 强城市占 1 席、50 强城市占 8 席、百强城市占 24 席。其中西藏、重庆、新疆、陕西、青海 5 省（区、市）

指数均值高于全国平均水平，其余5省（区）低于全国平均水平。从内部分异看，陕西、甘肃、宁夏等6省（区）的变异系数较大，不同城市节约集约利用动态变化趋势差异较大，其余各省（区、市）比较均衡（见表5）。

表5 西部12省（区、市）地级以上城市建设用地节约集约
利用动态变化趋势指数分异状况

单位：个，%

省（区、市）	城市数量	节约集约利用动态变化趋势指数					入百强城市数量				
		均值	标准差	变异系数	最大值	最小值	入百强数量	区域城市中百强占比	前50强数量	区域城市中前50强占比	10强城市数量
内蒙古	8	14.97	5.43	0.36	24.95	6.73	3	37.50	1	12.50	0
广 西	14	14.25	3.61	0.25	24.27	8.79	2	14.29	1	7.14	0
重 庆	1	17.97	—	—	—	—	1	100.00	0	0.00	0
四 川	18	15.42	3.97	0.26	23.56	8.65	7	38.89	1	5.56	0
贵 州	6	14.21	2.79	0.20	17.26	9.55	1	16.67	0	0.00	0
云 南	8	12.84	3.69	0.29	20.53	9.70	1	12.50	0	0.00	0
西 藏	2	18.75	7.04	0.38	23.72	13.77	1	50.00	1	50.00	0
陕 西	10	16.59	7.53	0.45	27.70	4.74	5	50.00	3	30.00	1
甘 肃	12	10.99	4.99	0.45	20.79	4.32	1	8.33	0	0.00	0
青 海	2	16.03	0.07	0.00	16.08	15.99	0	0.00	0	0.00	0
宁 夏	4	11.85	5.24	0.44	17.31	7.29	1	25.00	0	0.00	0
新 疆	2	17.38	6.45	0.37	21.94	12.82	1	50.00	1	50.00	0
西部地区	87	14.39	4.9	0.34	27.7	4.32	24	27.59	8	9.2	1
全 国	273	15.95	7.38	0.46	56.8	0.5	100	36.63	50	18.32	10

3. 县级市状况

2015年西部地区县级市建设用地节约集约利用动态变化趋势指数均值为18.43，比全国平均水平高0.62，全国10强城市占4席、50强城市占10席、百强城市占19席。其中，四川、陕西、青海、内蒙古4省指数均值高于全国平均水平，分别名列全国第4、第6、第9位，其余6省（区、市）低于全国

平均水平。从内部分异看，除陕西省外，其他各省（区）变异系数较大，不同城市之间节约集约利用动态变化趋势差异较显著（见表6）。

表6 西部10省（区）县级市建设用地节约集约利用动态变化趋势指数分异状况

单位：个，%

| 省（区） | 城市数量 | 节约集约利用动态变化趋势指数 | | | | | 入百强城市数量 | | | | |
		均值	标准差	变异系数	最大值	最小值	入百强数量	区域城市中百强占比	前50强数量	区域城市中前50强占比	10强城市数量
内 蒙 古	7	18.92	13.77	0.73	46.99	5.71	2	28.57	1	14.29	1
广 西	7	17.88	7.14	0.40	23.43	4.04	4	57.14	0	0.00	0
四 川	14	23.99	18.26	0.76	58.09	6.66	4	28.57	4	28.57	3
贵 州	7	16.48	6.77	0.41	30.75	9.57	1	14.29	1	14.29	0
云 南	12	16.65	5.44	0.33	27.68	8.38	3	25.00	1	8.33	0
陕 西	3	22.80	5.18	0.23	27.67	17.36	2	66.67	1	33.33	0
甘 肃	2	11.53	6.09	0.53	15.84	7.23	0	0.00	0	0.00	0
青 海	2	19.57	23.82	1.22	36.42	2.73	1	50.00	1	50.00	0
宁 夏	1	9.73	/	/	/	/	0	0.00	0	0.00	0
新 疆	10	14.93	7.51	0.50	28.75	4.89	2	20.00	1	10.00	0
西部地区	65	18.43	11.45	0.62	58.09	2.73	19	29.23	10	15.38	4
全 国	296	19.05	10.83	0.57	74.9	1.15	100	33.78	50	16.89	10

（三）节约集约利用综合水平分异状况

1. 总体状况

2015年西部地区城市建设用地节约集约利用综合指数为28.15，比全国平均水平低2.97。其中，贵州、重庆、西藏分别名列全国第7、第8、第10位，甘肃、宁夏、内蒙古、新疆、云南等5省（区）排名在20位外。相比于2014年，重庆和贵州两省（市）综合指数提升明显，分别提高了2.25、2.10，位序均提升了2位；宁夏、新疆、陕西等6省（区）提升了0.26~1.32；但西藏、甘肃、四川、内蒙古等4省（区）下降了0.19~1.07（见表7）。

表 7　西部 12 省（区、市）城市建设用地节约集约利用综合指数

省（区、市）	2015 年			2014 年		
	指数值	排序号	全国位序号	指数值	排序号	全国位序号
内 蒙 古	23.46	10	28	23.65	10	29
广　　西	27.77	7	20	27.47	7	19
重　　庆	36.78	2	8	34.53	3	10
四　　川	29.47	5	16	29.90	4	14
贵　　州	37.51	1	7	35.41	2	9
云　　南	27.23	8	21	26.75	8	22
西　　藏	35.72	3	10	36.79	1	7
陕　　西	29.93	4	15	29.44	5	15
甘　　肃	21.83	12	31	22.44	11	30
青　　海	28.15	6	18	27.89	6	18
宁　　夏	22.58	11	29	21.26	12	31
新　　疆	25.32	9	24	24.18	9	27
西部地区	28.15	—	—	27.79	—	—
全　　国	31.12	—	—	30.93	—	—

2. 地级以上城市状况

2015 年西部地区地级以上城市建设用地节约集约利用综合指数均值为 27.67，比全国平均水平低 2.69，全国 50 强城市占 8 席，百强城市占 20 席。其中，贵州、重庆、西藏的综合指数均值分别位居全国第 7、第 8、第 10 名；但甘肃、宁夏、内蒙古、云南、广西、四川等 6 省（区）偏低，排名在全国 20 位以外。从内部分异看，新疆、内蒙古、青海的变异系数较大，不同城市节约集约利用综合水平差异较大，其余 9 个省（区、市）相对比较均衡（见表 8）。

3. 县级市状况

2015 年西部地区县级市建设用地节约集约利用综合指数均值为 29.21，

表8　西部12省（区、市）地级以上城市建设用地节约
集约利用综合指数分异状况

单位：个，%

省（区、市）	城市数量	节约集约利用综合指数					入百强城市数量				
		均值	标准差	变异系数	最大值	最小值	入百强数量	区域城市中百强占比	前50强数量	区域城市中前50强占比	10强城市数量
内　蒙　古	8	25.60	8.89	0.35	45.47	16.99	1	12.50	1	12.50	0
广　　　西	14	27.51	3.75	0.14	35.67	22.87	2	14.29	0	0.00	0
重　　　庆	1	36.78	—	—	—	—	1	100.00	0	0.00	0
四　　　川	18	27.89	4.79	0.17	42.84	22.02	2	11.11	1	5.56	0
贵　　　州	6	37.42	5.48	0.15	46.91	29.84	5	83.33	2	33.33	0
云　　　南	8	26.33	5.82	0.22	35.73	17.52	1	12.50	0	0.00	0
西　　　藏	2	35.71	1.19	0.03	36.56	34.87	2	100.00	0	0.00	0
陕　　　西	10	29.76	6.96	0.23	42.36	19.48	3	30.00	2	20.00	0
甘　　　肃	12	21.70	4.80	0.22	32.40	16.21	1	8.33	0	0.00	0
青　　　海	2	32.42	10.52	0.32	39.86	24.98	1	50.00	1	50.00	0
宁　　　夏	4	22.24	3.52	0.16	26.40	17.90	0	0.00	0	0.00	0
新　　　疆	2	30.03	15.83	0.53	41.23	18.84	1	50.00	1	50.00	0
西部地区	87	27.67	6.89	0.25	46.91	16.21	20	22.99	8	9.2	0
全　　　国	273	30.36	8.74	0.29	77.29	14.13	100	36.63	50	18.32	10

比全国平均水平低1.79，其中前50强城市占6席，百强城市占17席。从区域分异看，贵州、陕西、四川3省分别位居全国第4、第7、第9名；而青海、宁夏的综合指数均值相对较低，位列全国第26、第23名。青海和内蒙古2省（区）变异系数较大，不同城市节约集约利用综合水平差距较大，其余10省（区、市）则比较均衡（见表9）。

表9 西部10省（区）县级市建设用地节约集约利用综合指数分异状况

单位：个，%

省（区）	城市数量	节约集约利用综合指数					入百强城市数量				
		均值	标准差	变异系数	最大值	最小值	入百强数量	区域城市中百强占比	前50强数量	区域城市中前50强占比	10强城市数量
内 蒙 古	7	24.90	7.79	0.31	38.57	14.27	1	14.29	0	0.00	0
广 西	7	28.89	5.51	0.19	35.57	20.39	2	28.57	0	0.00	0
四 川	14	31.15	7.11	0.23	44.08	22.60	4	28.57	3	21.43	0
贵 州	7	38.15	4.80	0.13	47.54	32.96	6	85.71	2	28.57	0
云 南	12	28.24	3.80	0.13	33.41	22.21	0	0.00	0	0.00	0
陕 西	3	34.69	1.26	0.04	36.07	33.61	2	66.67	0	0.00	0
甘 肃	2	30.48	7.12	0.23	35.51	25.45	1	50.00	0	0.00	0
青 海	2	17.93	7.81	0.44	23.46	12.41	0	0.00	0	0.00	0
宁 夏	1	23.87	—	—	—	—	0	0.00	0	0.00	0
新 疆	10	25.51	7.17	0.28	40.03	13.82	1	10.00	1	10.00	0
西部地区	65	29.21	7.23	0.25	47.54	12.41	17	26.15	6	9.23	0
全 国	296	31.00	8.36	0.27	58.88	12.41	100	33.78	50	16.89	10

四　各省（区、市）状况综述

（一）内蒙古

1. 基本情况

内蒙古自治区共辖9个地级市和11个县级市。除乌兰察布市和扎兰屯、额尔古纳、根河、阿尔山4个县级市外，共有8个地级市和7个县级市纳入城市建设用地节约集约利用评价，其中丰镇、乌兰浩特、二连浩特和锡林浩特4个县级市为独立参评城市。截至2015年底，内蒙古自治区参评城市土地总面积为62.08万平方公里，其中建设用地1.24万平方公里，国土开发强度为2.00%；常住总人口2123.43万，相比2014年末增加了10.86万人；常住

215

城镇人口 1318.64 万，相比 2014 年末增加了 13.58 万人；城镇化率 62.10%，相比 2014 年末提高了 0.32%；GDP 为 1.86 万亿元，相比 2014 年末增加了518.94 亿元，常住人口人均 GDP 为 8.77 万元 / 人。

2015 年各城市建设用地节约集约利用状况排名及变化情况见图 12、图 13。

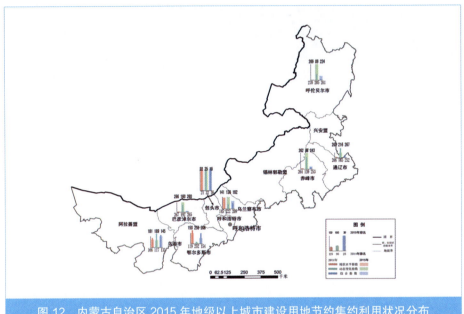

图 12　内蒙古自治区 2015 年地级以上城市建设用地节约集约利用状况分布

2. 现状格局与特征

内蒙古自治区地处我国北部边疆，资源储量丰富，是京津冀协同发展辐射区，也是我国近年来经济发展较快的省区之一。2015 年内蒙古自治区建设用地节约集约利用现状水平指数为 23.25，在全国 31 个省（区、市）中排名第 29 位，相比 2014 年下降了 0.62，排名下降了 1 位。节约集约利用动态变化趋势指数为 14.83，排名第 20，相比 2014 年提高了 1.89，排名提升了 5 位。节约集约利用综合指数为 23.46，排名第 28，相比 2014 年下降了 0.18，但排名提升了 1 位（见表 10）。

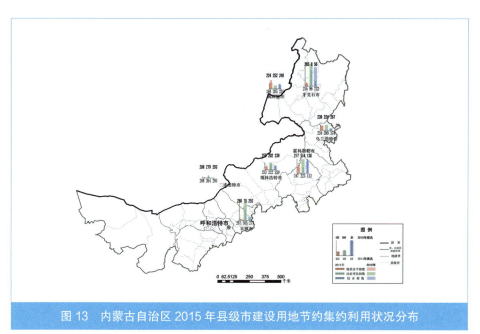

图 13　内蒙古自治区 2015 年县级市建设用地节约集约利用状况分布

表 10　2015 年内蒙古自治区城市建设用地节约集约利用状况及其排名

城市名		现状水平指数		动态变化趋势指数		综合指数	
		指数	排名	指数	排名	指数	排名
全　省		23.25	29	14.83	20	23.46	28
地级以上城市	呼和浩特市	33.88	141	15.31	136	26.04	182
	包头市	59.69	22	24.95	25	45.47	18
	乌海市	30.11	181	12.42	189	28.60	145
	赤峰市	16.26	262	17.77	86	21.03	243
	通辽市	15.49	265	10.89	216	16.99	267
	鄂尔多斯市	33.13	150	6.73	258	24.64	206
	呼伦贝尔市	14.28	269	17.66	89	23.38	224
	巴彦淖尔市	15.05	266	14.06	160	18.63	260
	指数均值	27.24	27	14.97	18	25.60	25
	变异系数	0.57	30	0.36	18	0.35	28

217

续表

城市名		现状水平指数		动态变化趋势指数		综合指数	
		指数	排名	指数	排名	指数	排名
县级市	霍林郭勒市	25.79	217	18.97	114	31.00	138
	满洲里市	25.18	224	10.21	252	23.09	248
	牙克石市	20.24	265	46.99	8	38.57	56
	丰镇市	17.20	280	24.40	70	22.88	252
	乌兰浩特市	23.80	239	12.41	224	20.58	267
	二连浩特市	13.56	286	5.71	279	14.27	293
	锡林浩特市	21.18	255	13.76	202	23.90	239
	指数均值	20.99	24	18.92	10	24.90	20
	变异系数	0.21	4	0.73	21	0.31	21

资料来源：全国城市建设用地节约集约利用评价数据库。

内蒙古自治区建设用地节约集约利用状况总体呈现以下特征。

第一，建设用地节约集约利用现状水平较低，且在2015年有所下降，但包头市优势明显。2015年内蒙古自治区地级市和县级市节约集约利用现状水平指数均值分别为27.24和20.99，分别名列全国各省（区、市）第27和第24位；由于产业结构不合理，特别是资源依赖型城市经济转型面临困难，内蒙古自治区建设用地节约集约利用现状水平有所下降，指数均值相比2014年分别下降了0.65和1.20。除包头市节约集约利用现状水平优势较为明显，位居全国273个地级以上城市第22名外，其他城市排名总体靠后。

第二，建设用地节约集约利用动态变化趋势处于全国中等水平，但提升比较明显。2015年内蒙古自治区地级市和县级市节约集约利用动态变化趋势指数均值分别为14.97和18.92，分别名列全国各省（区、市）第18和第10位；相比2014年，节约集约利用动态变化趋势提升明显，指数均值分别提高了1.33和7.39。地级以上城市中，包头市位居全国273个地级以上城市第25名，另有赤峰和呼伦贝尔两市进入全国百强；但通辽和鄂尔多斯两市排名靠后；县级市中，牙克石和丰镇两市优势明显，在全国 296 个县级市中分别排名第 8 和第 70 位，二连浩特等城市比较靠后。从区域分异看，地级以上城市和县级市动态变化趋势指数变异系数分别为 0.36 和 0.73，排名分别位居第 18 和第 21，不同城市之间建设用地节约集约利用动态变化趋势差异较大。

第三，建设用地节约集约利用综合状况处于全国下游水平，排名有所提升。2015 年内蒙古自治区建设用地节约集约利用综合指数为 23.46，在全国 31 个省（区、市）中排名第 28，相比 2014 年排名提升了 1 位。地级以上城市综合指数均值为 25.60，相比 2014 年下降了 0.12，位列全国第 25 名；县级市综合指数均值为 24.90，相比 2014 年提高了 2.29，位列全国第 20 名。从变异系数看，地级以上城市和县级市综合指数变异系数分别为 0.35 和 0.31，排名分别位居第 28 和第 21 名，不同城市之间节约集约利用综合水平差距较大，包头市和牙克石市优势比较明显。

第四，建设用地人口承载水平偏低，人口增长新增耗地过高，投入产出效益提升缓慢。内蒙古 2015 年建设用地人口密度为 1711.09 人／平方公里，仅为西部地区平均水平的 46.7%。2011~2015 年人口增长消耗新增城乡建设用地量平均高达 2060.4 平方米／人，是西部地区以及全国参评平均水平的 3.18 倍和 3.97 倍。同时，内蒙古各城市经济发展过于依赖于资源开发利用，不仅导致环境恶化、水土流失、沙化面积扩大等生态问题，而且由于受当前煤炭行业发展减缓限制，落后产能压缩淘汰的推进，以及环保力度的加大，内蒙古城市建设用地投入产出强度提升缓慢，总体低于西部及全国平均水平。

3. 政策建议

第一，牢固树立节约集约用地发展理念，加快转变经济增长方式，大力发展高新技术产业，促进产业结构优化升级，摆脱"资源诅咒"。加强土地综合整治，加大矿区土地整理复垦力度，加强基础性生态用地的保护，建设高效生态农业区，推动城镇建设用地增加和农村居民点减少相挂钩，避免或者改善土地粗放利用，缓解土地生态系统，保障经济持续、健康、稳定、快速的发展。

第二，加强用地规划统筹与政府引导，着力构建节地评价考核体系。充分发挥土地利用总体规划的龙头作用，紧密结合城市规划，统筹安排和指导城镇化建设各类专业规划用地，发挥各类专业规划控制城镇化建设用地规模、布局和土地供应总量的作用。建立健全建设用地标准控制制度，构建科学合理的建设项目节地评价体系，开展项目节地评价论证，达到节约土地、减量用地、提升用地强度、促进低效废弃地再利用、优化土地利用结构和布局、提高土地利用效率。

（二）广西

1. 基本情况

广西壮族自治区共辖 14 个地级以上城市和 8 个县级城市，除靖西市外，14 个地级以上城市和 7 个县级市纳入城市建设用地节约集约利用评价，其中 7 个县级参评城市均为地级以上参评城市的下辖市。截至 2015 年底，广西壮族自治区参评城市土地总面积为 23.76 万平方公里，其中建设用地 1.22 万平方公里，国土开发强度为 5.12%；常住总人口 4796.05 万，相比 2014 年末增加了 17.71 万人；常住城镇人口 2257.34 万，相比 2014 年末增加了 40.08 万人；城镇化率 47.07%，相比 2014 年末提高了 0.81%；GDP 为 1.68 万亿元，相比 2014 年末增加了 159.57 亿元，常住人口人均 GDP 为 3.50 万元 / 人。

2015 年各城市建设用地节约集约利用状况排名及变化情况见图 14、图 15。

2. 现状格局与特征

广西壮族自治区地处祖国西南部，具有沿海、沿边、沿江区位优势，在我国与东南亚经济交往中占有重要地位。2015 年广西壮族自治区建设用地节约集约利用现状水平指数为 35.59，在全国 31 个省（区、市）中排名第 16 位，相比 2014 年下降了 0.15，但排名上升了 1 位。节约集约利用动态变化趋势指数为 14.35，排名第 22，相比 2014 年提高了 0.39，但排名下降了 3 位。节约集约利用综合指数为 27.77，排名第 20，相比 2014 年提高了 0.30，但排名下降了 1 位（见表 11）。

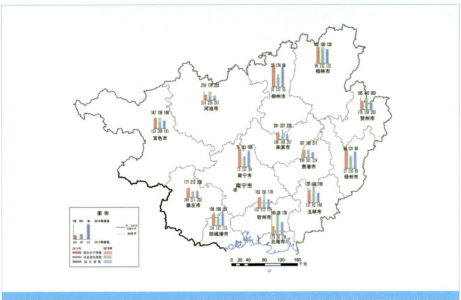

图 14　广西壮族自治区 2015 年地级以上城市建设用地节约集约利用状况分布

图 15　广西壮族自治区 2015 年县级市建设用地节约集约利用状况分布

城市名		现状水平指数		动态变化趋势指数		综合指数	
		指数	排名	指数	排名	指数	排名
全 省		35.59	16	14.35	22	27.77	20
地级以上城市	南宁市	42.80	76	13.87	161	31.01	106
	柳州市	53.04	37	13.05	174	35.67	66
	桂林市	39.08	102	17.12	100	30.04	120
	梧州市	46.04	66	15.51	131	32.53	90
	北海市	30.13	180	24.27	28	28.96	138
	防城港市	32.19	158	12.12	198	28.15	151
	钦州市	32.57	153	12.39	191	26.19	178
	贵港市	29.30	187	12.52	185	24.25	211
	玉林市	34.52	135	16.62	106	26.84	169
	百色市	31.66	167	14.19	159	25.89	186
	贺州市	29.66	185	14.94	143	24.73	203
	河池市	27.09	210	12.71	179	23.43	223
	来宾市	28.13	201	8.79	237	22.87	228
	崇左市	30.85	177	11.35	212	24.56	208
	指数均值	34.79	20	14.25	21	27.51	22
	变异系数	0.22	8	0.25	11	0.14	7
县级市	岑溪市	45.83	52	21.10	94	35.57	82
	东兴市	35.58	126	15.63	170	30.70	142
	桂平市	28.75	190	14.54	191	25.65	216
	北流市	37.18	109	23.33	79	31.48	127
	宜州市	26.85	209	23.10	81	24.52	235
	合山市	25.23	223	4.04	286	20.39	269
	凭祥市	38.16	100	23.43	76	33.94	100
	指数均值	33.94	11	17.88	12	28.89	13
	变异系数	0.22	6	0.40	11	0.19	13

表 11　2015 年广西壮族自治区城市建设用地节约集约利用状况及其排名

资料来源：全国城市建设用地节约集约利用评价数据库。

广西壮族自治区建设用地节约集约利用状况总体呈现以下特征。

第一，建设用地节约集约利用现状处于全国中等水平，且总体比较均衡。2015年广西壮族自治区地级以上城市和县级市节约集约利用现状水平指数均值分别为34.79和33.94，分别名列全国各省（区、市）第20和第11位；但由于工业经济和外向型经济下行压力较大，建设用地节约集约利用现状水平有所下降，指数均值相比2014年分别下降了0.35和0.49。广西壮族自治区建设用地节约集约利用现状水平总体比较均衡，2015年地级以上城市和县级市现状水平指数变异系数均为0.22，排名分别位居第8和第6。地级以上城市中，柳州、梧州、南宁3市进入全国273个地级以上城市百强，但来宾和河池2市相对偏低，排名在200以外；县级市中，岑溪市进入全国296个县级市百强，但宜州和合山2市排名在200外。

第二，建设用地节约集约利用动态变化趋势处于全国中下水平，县级市相对较优但下降较明显。2015年广西壮族自治区地级以上城市和县级市节约集约利用动态变化趋势指数均值分别为14.25和17.88，分别名列全国各省（区、市）第21和第12位；相比2014年，地级以上城市指数均值提高了0.22，除北海市名列全国273个地级以上城市第28名外，总体处于中下水平；县级市中，凭祥、北流、宜州、岑溪等4市进入全国296个县级市百强，节约集约利用动态变化趋势相对较优，但合山市排名靠后，为286名；同时，相比2014年均值指数下降了2.48。从区域分异上看，地级以上城市和县级市动态变化趋势指数变异系数分别为0.25和0.40，排名均位居第11名，不同城市之间动态变化趋势总体差异不大。

第三，建设用地节约集约利用综合状况处于全国中下水平，区域发展比较均衡。2015年广西壮族自治区建设用地节约集约利用综合指数27.51，在全国31个省（区、市）中排名第22，相比2014年提高了0.30，但排名下降了1位。地级以上城市建设用地节约集约利用综合指数均值为27.51，位列全国第22名，相比2014年提高了0.16；县级市综合指数均值为28.89，位列全国第13名，相比2014年下降了1.20。从变异系数上看，地级以上城市和县级市综合指数变异系数分别为0.14和0.19，排名分别位居第7和第13名，不同

城市之间节约集约利用综合水平差异不大，除柳州市优势较明显外，总体比较均衡。

第四，人口增长与用地匹配度下降，村庄用地人减地增问题突出。2010~2015年广西常住城镇人口与城镇工矿用地增长弹性系数为1.06，人口城镇化略快于土地城镇化；但从动态变化看，广西常住城镇人口与城镇工矿用地增长弹性系数从2010年的1.56持续下降至2015年的0.75，城镇化进程中的人地关系匹配协调度持续下降，特别是村庄用地人减地增问题比较突出，2010年以来农村常住人口持续减少但村庄用地较快增加，人均村庄用地不减反增。

3. 政策建议

第一，强化规划管控和引导，优化城乡建设用地结构与布局。聚合要素，大力支持与粤港澳对接和东盟开放合作用地保障，促进北部湾经济区、桂西资源富集区和西江经济带集聚发展、协同发展。以推动人口集中、企业（项目）集中布局、产业集聚发展，资源集约利用、功能集合构建为目标导向，积极推进产业规划、城市规划、土地规划、国民经济等相关规划的"多规合一"，促进土地、资源、经济社会的协调发展。加大实施城乡建设用地增减挂钩，探索建立宅基地有效退出机制，推动远郊零星分散集体建设用地整治和流转入市，合理拓展城镇工矿用地空间规模。发挥城镇工矿用地利用强度、投入产出效率更高和基础设施、公共服务设施配套更完善的优势，不断提高建设用地人口承载水平和经济强度。

第二，加大土地监管力度，强化建设用地内涵挖潜。广西近年来经济发展速度较快，但仍处于全国落后地区，土地还处于粗放利用阶段，经济增长耗地仍有一定的下降空间。必须坚持走内涵挖潜式道路，努力探索解决土地瓶颈问题的方式和途径，加大土地市场动态监管监测力度，制定分类处置盘活存量用地政策措施及方案，将土地供应率和存量盘活供应比率指标纳入考核范围，建立奖罚制度；同时加大对现状废弃采矿用地复垦、空心村和城中村集中整治力度，努力盘活存量建设用地，促进建设用地内涵集约发展。

（三）重庆

1. 基本情况

截至 2015 年底，重庆市土地总面积为 8.24 万平方公里，其中建设用地 6597.86 平方公里，国土开发强度为 8.01%；常住总人口 3016.55 万，相比 2014 年末增加了 25.15 万；常住城镇人口 1838.41 万，相比 2014 年末增加了 55.40 万人；城镇化率 60.94%，相比 2014 年末提高了 1.34%；GDP 为 1.57 万亿元，相比 2014 年末增加了 1454.67 亿元，常住人口人均 GDP 为 5.21 万元／人。

2015 年重庆市建设用地节约集约利用状况排名及变化情况见图 16。

图 16　重庆市 2015 年建设用地节约集约利用状况分布

2. 现状格局与特征

2015 年重庆市建设用地节约集约利用现状水平指数为 47.29，相比 2014 年提高了 1.56，在全国 31 个省（区、市）中排名第 8，排名维持不变；在全国 273 个地级以上城市中名列第 60，相比 2014 年排名提升了 2 位。节约集

约利用动态变化趋势指数为 17.97，相比 2014 年提高了 3.14，在全国 31 个省（区、市）中排名第 10，排名提升了 6 位；在全国 273 个地级以上城市中名列第 83，但相比 2014 年排名提升了 52 位。节约集约利用综合指数为 36.78，相比 2014 年提高了 2.26，在全国 31 个省（区、市）中排名第 8，排名提升了 2 位；在全国 273 个地级以上城市中名列第 53，相比 2014 年排名提升了 16 位。

2015 年重庆市建设用地节约集约利用状况总体呈现现状水平与动态变化趋势指数双提升特征，但土地城镇化发展质量有待进一步提升。

第一，2015 年重庆市建设用地和城乡建设用地人口密度分别为 4572.01 人 / 平方公里和 5438.46 人 / 平方公里，是全国参评城市平均水平的 1.23 倍和 1.17 倍；建设用地地均 GDP 和地均固定资产投资分别为 238.22 万元 / 公顷和 234.63 万元 / 公顷，分别是全国城市平均水平的 1.13 倍和 1.51 倍，同时相比于 2010 年分别提高了 67.59 个和 104.66 个百分点，建设用地投入产出强度提升明显。

第二，2015 年重庆市单位人口增长消耗新增城乡建设用地量为 471.06 平方米 / 人，单位 GDP 增长和单位固定资产投资消耗新增建设用地量分别为 11.24 公顷 / 亿元和 1.51 公顷 / 亿元，处于西部地区较低水平，与全国平均水平总体相当；与此同时，伴随着农村常住人口的下降，村庄用地减量化发展态势明显，村庄用地面积从 2010 年的 3618.62 平方公里下降至 2015 年的 3491.79 平方公里，城乡用地与人口流动互动的良性机制初步形成。

第三，土地城镇化仍快于人口城镇化，城镇化发展质量有待进一步提升。重庆市 2010~2015 年常住城镇人口与城镇工矿用地增长弹性系数为 0.60，土地城镇化总体仍快于人口城镇化；同时，尽管农村用地呈现人地同步减少的良好态势，但人均村庄用地仍逐年有所增长，从 2010 年的 267.04 平方米 / 人提高至 2015 年的 296.38 平方米 / 人，城镇化进程中的人地关系仍需进一步协调，土地城镇化发展质量有待进一步提升。

3. 政策建议

第一，加快经济增长方式转变，优化产业结构和建设用地布局，不断挖掘建设用地潜力。切实转变粗放型经济增长模式，优化产业结构，逐步淘汰用地量大产值低的企业。科学规划功能性地块空间布局，统筹安排基础设施建设，按照新农村建设规划引导农民逐步向中心村和小集镇集中，企业向工业园集中，盘活镇区低效利用土地，挖掘城镇建设用地潜力。积极推进"多规合一"，加快划分城市开发边界、永久基本农田和生态保护红线，促进生产、生活、生态用地合理布局，促进城市土地利用效率和集约水平的提高。

第二，适当提高用地强度标准，鼓励城市土地立体化使用，严格用地监管。在招商引资中，应适当提高用地强度标准，严格用地监管，避免引进高耗地低产出的企业入驻；进一步合理开发地下土地资源，鼓励主城区进行地上、地下空间立体化开发，提升城市土地利用强度和利用效率，优化城市布局和人居环境，缓解城市用地需求压力。

（四）四川

1. 基本情况

2015 年四川省共辖 18 个地级以上城市和 16 个县级城市，除隆昌和康定 2 个县级市未参评外，18 个地级以上城市和 14 个县级市纳入城市建设用地节约集约利用评价，除西昌市为独立参评县级市外，其余 13 个县级参评城市均为地级以上参评城市的下辖市。截至 2015 年底，四川省参评城市土地总面积为 19.58 万平方公里，其中建设用地 1.65 万平方公里，国土开发强度为 8.45%；常住总人口 7601.90 万，相比 2014 年末增加了 55.47 万人；常住城镇人口 3772.14 万，相比 2014 年末增加了 125.38 万人；城镇化率 49.62%，相比 2014 年末提高了 1.30%；GDP 为 3.07 万亿元，相比 2014 年末增加了 0.20 万亿元，常住人口人均 GDP 为 4.04 万元 / 人。

2015 年各城市建设用地节约集约利用状况排名及变化情况见图 17、图 18。

2. 现状格局与特征

四川省位于我国西南腹地，是承接华南华中、连接西南西北、沟通中亚南亚东南亚的重要交汇点和交通走廊。四川省目前总体处于要素驱动发展阶段，近年来通过积极融入"一带一路"建设和长江经济带等国家发展战略，

图 17　四川省 2015 年地级以上城市建设用地节约集约利用状况分布

图 18　四川省 2015 年县级市建设用地节约集约利用状况分布

突出构建功能互补、错位竞争、合作共赢的区域发展格局，着力提升经济实力，促进建设用地节约集约利用。2015年四川省建设用地节约集约利用现状水平指数为38.80，在全国31个省（区、市）中排名第12位，相比2014年提高了0.46，但排名下降了1位。节约集约利用动态变化趋势指数为16.11，排名第14，相比2014年提高了0.14，排名上升了1位。节约集约利用综合指数为29.47，排名第16，相比2014年下降了0.43，排名下降了2位（见表12）。

表 12 2015 年四川省城市建设用地节约集约利用状况及其排名

城市名		现状水平指数		动态变化趋势指数		综合指数	
		指数	排名	指数	排名	指数	排名
全　省		38.80	12	16.11	14	29.47	16
地级以上城市	成都市	61.23	19	21.20	53	42.84	23
	自贡市	36.80	117	19.13	68	28.63	143
	攀枝花市	41.52	83	17.48	92	31.50	99
	泸州市	39.03	103	16.45	109	29.89	124
	德阳市	32.02	160	12.42	190	26.44	173
	绵阳市	27.33	207	14.95	142	22.02	235
	广元市	26.56	218	23.56	33	25.57	190
	遂宁市	37.46	111	17.25	99	31.20	104
	内江市	37.43	112	15.57	130	30.33	115
	乐山市	37.86	109	12.18	196	26.08	181
	南充市	36.92	116	15.68	126	29.45	131
	眉山市	32.49	155	12.84	176	25.83	187
	宜宾市	37.09	114	12.24	194	26.14	180
	广安市	29.60	186	10.56	221	22.55	231
	达州市	38.26	106	18.52	76	30.28	116
	雅安市	34.04	140	10.72	217	22.67	229
	巴中市	38.00	108	8.65	240	26.39	175
	资阳市	29.09	193	18.23	78	24.16	214
	指数均值	36.26	16	15.42	17	27.89	21
	变异系数	0.21	6	0.26	12	0.17	14

续表

城市名		现状水平指数		动态变化趋势指数		综合指数	
		指数	排名	指数	排名	指数	排名
县级市	都江堰市	30.06	178	55.54	5	39.75	44
	彭州市	38.20	99	58.09	4	43.94	21
	邛崃市	29.87	182	15.23	178	25.57	218
	崇州市	31.19	167	17.34	137	25.18	226
	广汉市	38.40	97	8.23	264	29.98	154
	什邡市	35.41	128	55.33	6	44.08	20
	绵竹市	27.71	201	18.86	117	24.95	228
	江油市	26.92	207	14.65	186	22.60	254
	峨眉山市	39.17	90	14.42	194	30.10	149
	阆中市	36.87	113	18.41	124	31.40	131
	华蓥市	44.24	61	6.66	275	29.61	157
	万源市	28.84	187	27.98	46	27.13	194
	简阳市	32.26	151	14.55	190	25.74	212
	西昌市	54.51	24	10.54	250	36.02	78
	指数均值	35.26	10	23.99	4	31.15	9
	变异系数	0.21	4	0.76	22	0.23	16

资料来源：全国城市建设用地节约集约利用评价数据库。

四川省建设用地节约集约利用状况总体呈现以下特征。

第一，建设用地节约集约利用现状总体处于全国中上水平，成都一枝独秀。2015年四川省地级以上城市和县级市节约集约利用现状水平指数均值分别为36.26和35.26，分别名列全国各省（区、市）第16和第10位，相比2014年指数均值分别提升了0.55和0.08。地级以上城市中，成都市作为中心城市，节约集约利用现状水平位居全国前列，在全国273个地级以上城市中排名第19，其余城市则总体靠后，其中绵阳和广元两市排名200名以外；县级市中，西昌、华蓥、峨眉山、广汉、彭州5市排名相对靠前，进入全国296个县级市百强，但绵竹和江油两市排名200名以外。从变异系数上看，地级以上城市和县级市现状水平指数变异系数均为 0.21，排名分别位居第 6 和第 4，不同城市之间节约集约利用现状水平总体比较均衡。

第二，建设用地节约集约利用动态变化趋势处于全国中游水平，县级市优势明显。2015 年四川省地级以上城市和县级市节约集约利用动态变化趋势指数均值分别为 15.42 和 23.99，分别名列全国各省（区、市）第 17 和第 4 位；相比 2014 年，地级以上城市指数均值提高了 0.37，但县级市下滑明显，指数均值下降了 5.86。地级以上城市中，广元市名列全国 273 个地级以上城市第 33 名，成都、自贡、达州、资阳、攀枝花、遂宁等 6 市进入百强，但雅安、广安、巴中 3 市排序在 200 名以外；县级市中，彭州、都江堰、什邡 3 市位列全国 296 个县级市第 4~6 名，节约集约利用动态变化趋势成效明显，但西昌、广汉、华蓥靠后。从变异系数上看，地级以上城市和县级市动态变化趋势指数变异系数分别为 0.26 和 0.76，地级以上城市之间动态变化趋势绩效总体比较均衡，县级市区域差异显著。

第三，建设用地节约集约利用综合状况总体处于全国中等水平，且有所下滑，成都市整体优势较明显。2015 年四川省建设用地节约集约利用综合指数为 29.47，在全国 31 个省（区、市）中排名第 16，相比 2014 年排名下降了 2 位。地级以上城市建设用地节约集约利用综合指数均值为 27.89，相比 2014 年下降了 0.42，位列第 21 名；县级市综合指数均值为 31.15，相比 2014 年下降了 1.95，位列第 9 名。从变异系数上看，地级以上城市和县级市综合指数变异系数分别为 0.17 和 0.23，排名分别为第 14 和第 16 位，不同城市之间节约集约利用综合水平差距不大，其中成都市的优势比较明显，位列全国 273 个地级以上城市第 23 名。

第四，土地城镇化总体快于人口城镇化，村庄用地人减地增问题依然突出。四川省 2010~2015 年常住城镇人口与城镇工矿用地增长弹性系数仅为 0.87，土地城镇化快于人口城镇化，但 2015 年弹性系数提高至 1.26，城镇化进程中的人地匹配关系有较大改善。同时村庄用地人减地增问题依然突出，2013 年以来农村人口持续减少但村庄用地持续增加，人均村庄用地从 2010 年的 219.0 平方米／人扩张至 2015 年的 248.4 平方米／人。

3.政策建议

第一，强化规划管控和引导作用，助力多点多极支撑发展战略。在严格控制建设用地总规模的同时，积极实施差别化土地政策，调整优化土地利用空间布局，在进一步支持成都市增强承载能力、优化产业配套功能、扩大引领示范的同时，积极保障川南、川东北、攀西城市群之间相互支撑与协调发展用地需求，引导区域经济平衡发展，促进全域建设用地节约集约利用整体水平提升。

第二，加强存量盘活挖潜，提高存量建设用地利用效率，提高土地对经济社会发展的持续保障能力。深入推进城乡建设用地增减挂钩，促进引导农村人口集中居住，着力盘活释放农村零散、闲置存量建设用地供给潜力，有效提高农村建设用地利用效率。加大土地储备力度，积极促进城镇低效用地再开发，着力释放存量建设用地空间；健全土地征收管理制度，强化建设用地全程监管，加大建设用地批后实施和市场动态监督管理制度落实力度，有效提高土地供应率。

（五）贵州

1.基本情况

贵州省共辖 6 个地级以上城市和 7 个县级市，全部纳入城市建设用地节约集约利用评价，除兴义、凯里、都匀、福泉为独立参评县级市外，其余 3 个县级参评城市为地级以上参评城市的下辖市。截至 2015 年底，贵州省参评城市土地总面积为 11.13 万平方公里，其中建设用地 5167.83 平方公里，国土开发强度为 4.64%；常住总人口 2782.67 万，相比 2014 年末增加了 19.84 万人；常住城镇人口 1384.88 万，相比 2014 年末增加了 67.64 万人；城镇化率49.77%，相比 2014 年末提高了 2.09%；GDP 为 1.01 万亿元，相比 2014 年末增加了 1350.43 亿元，常住人口人均 GDP 为 3.61 万元 / 人。

2015 年各城市建设用地节约集约利用状况排名及变化情况见图 19、图 20。

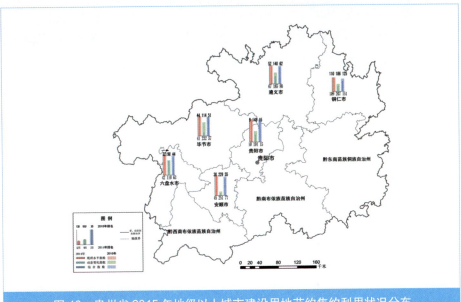

图 19　贵州省 2015 年地级以上城市建设用地节约集约利用状况分布

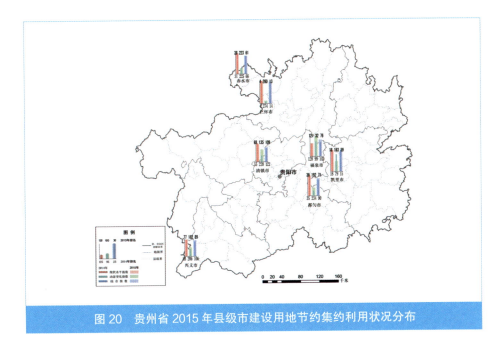

图 20　贵州省 2015 年县级市建设用地节约集约利用状况分布

2. 现状格局与特征

贵州省地处我国西南腹地，是西南五省中唯一与其他四省市都相邻的省份，是西南的交通枢纽。近年来，贵州省充分发挥后发优势，深入实施工业强省和城镇化带动战略，加快能源、资源深加工、装备制造、特色轻工业、战略性新兴产业发展，在实现经济社会快速发展的同时有力促进了建设用地节约集约利用。2015 年贵州省建设用地节约集约利用现状水平指数为 51.64，在全国 31 个省（区、市）中排名第 6 位，相比 2014 年提高了 1.59，排名维持不变。节约集约利用动态变化趋势指数为 14.88，排名第 19，相比 2014 年提高了 2.60，排名上升了 7 位。节约集约利用综合指数为 37.51，排名第 7，相比 2014 年提高了 2.09，排名提升了 2 位（见表 13）。

表 13　2015 年贵州省城市建设用地节约集约利用状况及其排名

城市名		现状水平指数		动态变化趋势指数		综合指数	
		指数	排名	指数	排名	指数	排名
全　省		51.64	6	14.88	19	37.51	7
地级以上城市	贵阳市	71.13	9	14.65	148	46.91	15
	六盘水市	54.18	32	17.26	98	37.87	44
	遵义市	48.37	52	15.10	140	36.11	62
	安顺市	52.68	38	9.55	229	36.68	55
	毕节市	49.88	44	16.21	114	37.09	51
	铜仁市	37.83	110	12.47	186	29.84	125
	指数均值	52.35	6	14.21	22	37.42	7
	变异系数	0.21	6	0.20	9	0.15	8
县级市	清镇市	43.15	68	17.37	135	32.96	109
	赤水市	53.28	28	12.57	223	37.99	61
	仁怀市	79.82	4	9.57	260	47.54	13
	兴义市	41.00	77	14.82	182	35.14	89
	凯里市	57.93	18	15.75	163	40.80	39
	都匀市	50.05	36	14.54	192	36.47	71
	福泉市	35.81	121	30.75	32	36.14	76
	指数均值	51.58	2	16.48	17	38.15	4
	变异系数	0.28	14	0.41	12	0.13	3

资料来源：全国城市建设用地节约集约利用评价数据库。

贵州省建设用地节约集约利用状况总体呈现以下特征。

第一，建设用地节约集约利用现状水平位居全国前列，且提升显著。2015年贵州省地级以上城市和县级市节约集约利用现状水平指数均值分别为52.35和51.58，分别名列全国各省（区、市）第6和第2位，相比2014年指数均值分别提升了1.78和1.51。除铜仁和福泉两市排名稍靠后外，其余5个地级以上城市和6个县级市全部进入全国百强，其中贵阳市位列全国273个地级以上城市第9名，仁怀市位列全国296个县级市第4名。相比2014年，除毕节、铜仁以及清镇、都匀4市排名稍有下降外，其余9个城市排名均有不同程度的提升。

第二，建设用地节约集约利用动态变化趋势处于全国中下水平，但提升明显。2015年贵州省地级以上城市和县级市节约集约利用动态变化趋势指数均值分别为14.21和16.48，分别名列全国各省（区、市）第22和第17位。地级以上城市中仅六盘水市进入全国273个地级以上城市百强，县级市中仅福泉市名列全国296个县级市第32位，其余城市总体处于全国中下水平。但相比2014年，指数均值分别提高了2.44和2.19，除凯里市排名下降外，其余12个城市排名均不同程度有所提升。从变异系数上看，地级以上城市和县级市动态变化趋势指数变异系数分别为0.20和0.41，地级以上城市之间动态变化趋势绩效总体比较均衡，县级市区域差异比较显著。

第三，建设用地节约集约利用综合水平较高，且得到稳步提升。2015年贵州省建设用地节约集约利用综合指数为37.51，在全国31个省（区、市）中排名第7，排名相比2014年提升了2位。地级以上城市建设用地节约集约利用综合指数均值为37.42，相比2014年提高了2.24，位列第7名；县级市建设用地节约集约利用综合指数均值为38.15，相比2014年提高了1.26，位列第4名。从变异系数上看，地级以上城市和县级市综合指数变异系数分别为0.15和0.13，不同城市之间节约集约利用综合水平比较均衡。

第四，建设用地增长偏快，土地城镇化总体快于人口城镇化，地均产出

效益提升偏低。当前贵州正处于后发赶超快速发展时期，建设用地需求旺盛，用地增长较快，2010~2015年建设用地年均增长4.1%，增速位居西部地区首位，是全国平均增速的2.6倍，一定程度上制约建设用地地均产出强度的持续提升。2010~2015年贵州省地区生产总值与建设用地增长弹性系数仅为4.93，远低于西部地区6.62和全国7.76的平均水平。同时，贵州省2010~2015年常住城镇人口与城镇工矿用地增长弹性系数仅为0.54，土地城镇化明显快于人口城镇化。

3. 政策建议

第一，加强和完善规划管控，统筹优化城乡用地结构和布局。综合考虑资源环境承载能力、经济社会发展水平，及时调整完善土地利用总体规划，清理规划剩余空间，调整优化规划用地结构与空间布局；强化规划管控，控制土地供应总量，积极探索实行城镇建设用地增加与农村建设用地减少挂钩、城镇建设用地增加规模与吸纳农村转移人口落户数量挂钩机制，切实转变粗放浪费的土地利用方式，实现增量递减，存量挖潜，引导和促进经济结构调整和转型发展。加大农村空闲、闲置土地和低效用地整治力度，着力提高城镇工矿用地在城乡建设用地的比例。

第二，建立健全产业用地准入体系，探索节约集约用地新模式，促进土地集约高效利用。根据产业结构优化升级和转型发展要求，完善建设项目用地标准，建立健全产业用地节地准入体系，促进新型产业体系构建，着力提高产业用地利用效率；继续探索并推广应用"工业梯田""山地城镇""梯田园区"等节地新模式、新技术，引导项目建设充分利用其他未利用地和低效用地，保护耕地资源，促进城镇土地复合利用、立体利用、综合利用，实现内涵挖潜。

（六）云南

1. 基本情况

2015年云南省共辖8个地级以上城市和14个县级城市，除腾冲和香格里拉2个县级市未参评外，其余各市纳入城市建设用地节约集约利用评价，其中楚雄、个旧、开远、蒙自、弥勒、文山、景洪、大理、瑞丽、芒市等 10 市为独立参评县级市。截至 2015 年底，云南省参评城市土地总面积为 22.43 万平方公里，其中建设用地 7739 平方公里，国土开发强度为 3.45%；常住总人口 3418.91 万，相比 2014 年末增加了 20.58 万人；常住城镇人口 1611.23 万人，相比 2014 年末增加了 89.15 万人；城镇化率 47.13%，相比 2014 年末提高了 2.34%；GDP 为 1.14 万亿元，相比 2014 年末增加了 659.89 亿元，常住人口人均 GDP 为 3.32 万元／人。

2015 年各城市建设用地节约集约利用状况排名及变化情况见图 21、图 22。

图 21　云南省 2015 年地级以上城市建设用地节约集约利用状况分布

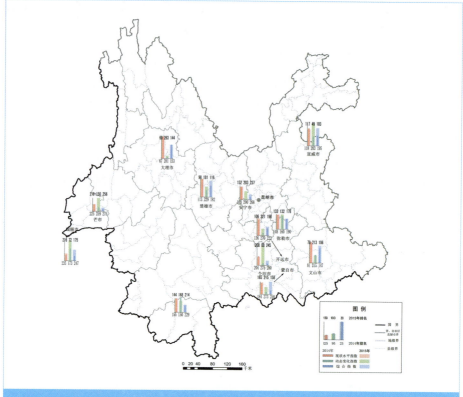

图 22　云南省 2015 年县级市建设用地节约集约利用状况分布

2. 现状格局与特征

　　云南省地处我国西南边陲，整体经济社会发展水平较低，但随着桥头堡建设、西部大开发、沿边开发开放试验区、泛珠三角合作、大湄公河次区域合作、孟中印缅经济走廊等国家战略的实施，经济社会得到稳步发展。2015年建设用地节约集约利用现状水平指数为 36.72，在全国 31 个省（区、市）中排名第 15 位，相比 2014 年提高了 0.58，排名提升了 1 位。节约集约利用动态变化趋势指数为 12.92，排名第 25，相比 2014 年下降了 0.62，排名下降了 3 位。节约集约利用综合指数为 27.23，排名第 21，相比 2014 年提高了0.47，排名提升了 1 位（见表 14）。

表 14 2015 年云南省城市建设用地节约集约利用状况及其排名

城市名		现状水平指数		动态变化趋势指数		综合指数	
		指数	排名	指数	排名	指数	排名
全　省		36.72	15	12.92	25	27.23	21
地级以上城市	昆明市	47.12	61	10.71	218	30.44	114
	曲靖市	35.09	131	10.48	222	28.12	152
	玉溪市	38.85	104	12.72	178	28.36	149
	保山市	28.23	200	16.12	119	24.57	207
	昭通市	46.33	65	20.53	61	35.73	65
	丽江市	26.88	215	9.70	226	19.73	251
	普洱市	25.37	226	11.48	209	17.52	266
	临沧市	37.26	113	10.95	215	26.16	179
	指数均值	35.64	18	12.84	25	26.33	24
	变异系数	0.24	11	0.29	15	0.22	21
县级市	安宁市	32.25	152	13.75	203	24.47	237
	宣威市	36.33	117	27.68	49	33.41	103
	楚雄市	38.31	98	14.83	181	32.62	116
	个旧市	26.90	208	22.09	88	23.37	245
	开远市	37.29	106	12.80	221	26.93	198
	蒙自市	31.41	165	13.25	215	29.50	158
	弥勒市	34.91	133	17.57	132	28.48	178
	文山市	40.98	78	13.35	213	33.15	106
	景洪市	33.34	144	15.66	168	25.67	214
	大理市	42.93	69	8.38	263	30.39	144
	瑞丽市	25.94	216	24.08	72	28.65	175
	芒市	25.42	219	16.33	150	22.21	256
	指数均值	33.83	12	16.65	16	28.24	15
	变异系数	0.17	3	0.33	4	0.13	3

资料来源：全国城市建设用地节约集约利用评价数据库。

云南省建设用地节约集约利用状况总体呈现以下特征。

第一，建设用地节约集约利用现状处于全国中游水平，并得到稳步提升。

2015年云南省地级市和县级市节约集约利用现状水平指数均值分别为35.64和33.83，分别名列全国各省（区、市）第18和第12位，相比2014年指数均值分别提升了0.46和1.40。地级以上城市中，昆明和昭通2市进入全国273个地级以上城市百强；保山、丽江、普洱排名靠后；县级市中，大理、文山、楚雄3市进入全国296个县级市百强，个旧、瑞丽、芒市靠后。从变异系数看，地级以上城市和县级市现状水平指数变异系数分别为0.24和0.17，地级以上城市区域差异稍大，县级市总体比较均衡。

第二，建设用地节约集约利用动态变化趋势总体欠佳，但县级市提升明显。2015年云南省地级市和县级市节约集约利用动态变化趋势指数均值分别为12.84和16.65，分别名列全国各省（区、市）第25和第16位；除昭通、宣威、瑞丽、个旧4市进入全国百强外，总体排名靠后。相比2014年，地级以上城市指数均值下降了0.37；但县级市提升明显，指数均值提高了5.92，除景洪市排名下降外，其余11个城市排名不同程度有所提升。

第三，建设用地节约集约利用综合现状处于全国中下水平，但有所提升。2015年云南省建设用地节约集约利用综合指数为27.23，在全国31个省（区、市）中排名第21，排名提升了1位。地级以上城市建设用地节约集约利用综合指数均值为26.33，相比2014年提高了0.32，位列第24名；县级市建设用地节约集约利用综合指数均值为28.24，相比2014年提高了3.46，位列第15名。从变异系数上看，地级以上城市和县级市综合指数变异系数分别为0.22和0.13，排名分别为第21和第3位，地级以上城市之间节约集约利用综合水平区域分异较大。

第四，建设用地增长偏快，经济增长新增耗地偏高。当前云南省正处于经济转型升级重要时期，建设用地需求较大，用地增长偏快，2010~2015年建设用地年均增长2.9%，分别比西部地区及全国平均增速高0.82%和1.38%；同时经济增长对新增建设用地依赖较大，2011~2015年单位GDP增长和单位固定资产投资消耗建设用地量平均高达20.09公顷/亿元和2.30公顷/亿元，处于西部地区以及全国较高水平。与此同时，尽管近年来云南省人口城镇化总体快于土地城镇化，但村庄用地人减地增问题比较突出，2010年以来农村常住人口持续减少但村庄用地持续增加。

3. 政策建议

第一，依托"一带一路"、长江经济带等国家重大发展战略和国家扶贫、脱贫开发政策，积极扶持新兴产业发展，加大城市基础设施建设，推动跨境经济合作和边境经济合作，加快城市产业转型升级和多元化发展，发挥滇中城市群的辐射带动作用，着力改变资源型、旅游型城市产业结构单一短板，推动城市经济繁荣和人口集聚，进一步提升建设用地整体投入产出强度和人口承载水平。

第二，严格控制建设用地规模，用好增量，盘活存量，实现城市由外延拓展向内涵发展转变。严格依据土地利用总体规划和城市规划用地安排和布局进行城市建设，控制新增建设用地过度扩张；推进建设用地节约集约利用评价考核制度，完善建设项目用地投入产出强度控制制度，健全土地节约集约利用管理机制；按照以用为先原则，加大闲置土地处置力度，促进闲置土地处置和批而未供用地消化，提高用地投入产出效益。

（七）西藏

1. 基本情况

2015 年西藏自治区共辖 4 个地级市，其中拉萨、日喀则市纳入城市建设用地节约集约利用评价。截至 2015 年底，西藏自治区 2 个参评城市土地总面积为 20.95 万平方公里，其中建设用地 516.14 平方公里，国土开发强度为 0.25%；常住总人口 141.30 万，相比 2014 年末增加了 40.08 万人；城镇化率 32.41%；GDP 为 540.72 亿元，相比 2014 年末增加了 46.79 亿元，常住人口人均 GDP 为 3.83 万元 / 人。

2015 年各城市建设用地节约集约利用状况排名及变化情况见图 23。

2. 现状格局与特征

2015 年西藏自治区参评城市建设用地节约集约利用现状水平指数为 28.36，在全国 31 个省（区、市）中排名第 25 位，相比 2014 年提高了 1.15，排名维持不变。节约集约利用动态变化趋势指数为 18.69，排名第 9，相比 2014 年下降了 4.70，排名下降了 5 位。节约集约利用综合指数为 35.72，排名第 10，相比 2014 年下降了 1.07，排名下降了 3 位（见表 15）。

图 23　西藏自治区 2015 年地级以上城市建设用地节约集约利用状况分布

表 15　2015 年西藏自治区城市建设用地节约集约利用状况及其排名

城市名		现状水平指数		动态变化趋势指数		综合指数	
		指数	排名	指数	排名	指数	排名
全　省		28.36	25	18.69	9	35.72	10
地级以上城市	拉萨市	33.47	146	13.77	163	36.56	57
	日喀则市	23.13	237	23.72	32	34.87	72
	指数均值	28.30	26	18.75	8	35.71	10
	变异系数	0.26	16	0.38	22	0.03	5

资料来源：全国城市建设用地节约集约利用评价数据库。

西藏自治区建设用地节约集约利用状况总体呈现以下特征。

第一，建设用地节约集约利用现状处于全国中下水平，但有所提升。2015 年拉萨和日喀则两市建设用地节约集约利用现状水平指数均值为 28.30，名列全国各省（区、市）第 26 名，相比 2014 年提高了 1.13；其中拉萨市名列全国273个地级以上城市第146位，相比2014年提升了11名；日喀则名列237位，相比2014年提升了3位。近年来，拉萨和日喀则两市建设用地人口承载水平和投入强度稳步提升，2015年相比2010年建设用地和城乡建设用地人口密度年均提高了0.2%和0.6%，建设用地地均GDP和地均固定资产投资年均提高了11.6%和32.8%，提升幅度位居全国前列。

第二，建设用地节约集约利用动态变化趋势位列全国中上，但有所下滑。2015年拉萨和日喀则两市建设用地节约集约利用动态变化趋势指数均值为18.75，名列全国各省（区、市）第8，但相比2014年下降了4.72；其中日喀则市名列全国273个地级以上城市第32位，但相比2014年下降了32位；拉萨市名列163位，相比2014年提升了10位。

第三，建设用地增长较快，经济增长耗地偏高，生态保护压力增大。2010~2015年拉萨和日喀则两市建设用地年均增长率为2.13%，比西部地区及全国平均水平快0.02%和0.58%；与此同时，2011~2015年单位GDP增长和单位固定资产投资消耗新增建设用地量平均分别达22.84公顷/亿元和3.19公顷/亿元，是西部地区平均水平的1.56倍和1.72倍，是全国参评城市平均水平的2.43倍和2.26倍，建设用地的较快增长，使得生态用地减少较快，对十分脆弱的青藏高原生态安全带来不利影响。

3. 政策建议

第一，注重内涵挖潜，在保护生态环境的前提下适当提高建设用地利用强度。青藏高原地区生态安全较为脆弱，不适合高强度开发，建设用地节约集约利用更应侧重于存量盘活、内涵挖潜，逐步提升现有建设用地的经济人口承载力。特别是要加强产业结构调整，通过适度发展劳动密集型产业，扩大就业，提高建设用地人口承载水平；通过发展低消耗、高产出的高新产业，逐渐取代现有的高能耗产业，提高建设用地的经济产出强度。

第二，严格规划管控，不断提升土地管理信息化水平，加强节约集约用地监管。严格执行土地利用总体规划，通过建设土地管理信息化平台，采用遥感技术等方法对土地利用过程实施动态监管，促进土地利用规划的有效落实，督促土地使用者切实提高土地利用效率，减少对生态用地的占用。

（八）陕西

1. 基本情况

陕西省共辖 10 个地级以上城市和 3 个县级城市，全部纳入城市建设用地节约集约利用评价，其中 3 个县级参评城市均为地级以上参评城市的下辖市。截至 2015 年底，陕西省参评城市土地总面积为 20.55 万平方公里，其中建设用地 9361.12 平方公里，国土开发强度为 4.56%；常住总人口 3772.53 万，相比 2014 年末增加了 17.71 万人；常住城镇人口 2032.58 万，相比 2014 年末增加了 40.08 万人；城镇化率 53.88%，相比 2014 年末提高了 0.81%；GDP 为 1.78 万亿元，相比 2014 年末增加了 159.57 亿元，常住人口人均 GDP 为 4.71 万元 / 人。

2015 年各城市建设用地节约集约利用状况排名及变化情况见图 24、图 25。

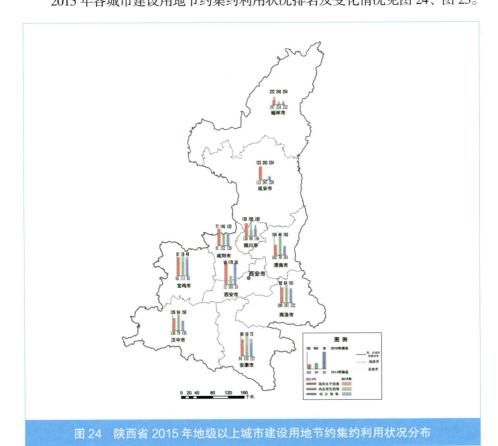

图 24　陕西省 2015 年地级以上城市建设用地节约集约利用状况分布

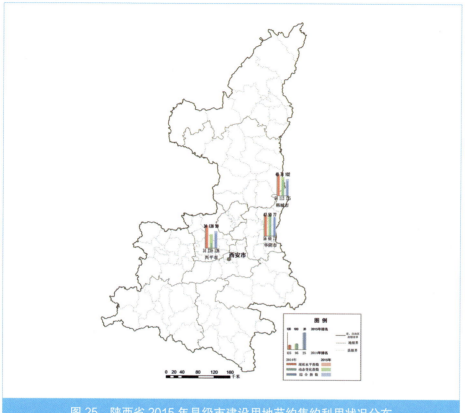

图25 陕西省2015年县级市建设用地节约集约利用状况分布

2. 现状格局与特征

陕西省地处黄河中游，是连接我国东、中部地区和西北、西南的交通枢纽，也是古丝绸之路的起点和新亚欧大陆桥的重要枢纽，具有承东启西、连接南北的区位优势和丝绸之路经济带的新起点。2015年陕西省建设用地节约集约利用现状水平指数为41.63，在全国31个省（区、市）中排名第10位，相比2014年提高了0.15，排名维持不变。节约集约利用动态变化趋势指数为15.71，排名第16，相比2014年提高了1.77，排名提升了4位。节约集约利用综合指数为29.93，排名第15，相比2014年提高了0.49，排名维持不变（见表16）。

245

表 16　2015 年陕西省城市建设用地节约集约利用状况及其排名

城市名		现状水平指数		动态变化趋势指数		综合指数	
		指数	排名	指数	排名	指数	排名
全　省		41.63	10	15.71	16	29.93	15
地级以上城市	西安市	67.45	12	13.25	170	42.36	26
	铜川市	35.11	130	12.21	195	25.89	185
	宝鸡市	48.40	51	26.23	15	37.32	49
	咸阳市	42.65	77	14.91	145	29.93	122
	渭南市	32.56	154	21.90	49	26.99	163
	延安市	36.07	123	4.74	263	22.07	234
	汉中市	35.53	126	17.44	94	27.51	156
	榆林市	25.82	222	7.64	248	19.48	254
	安康市	41.98	80	27.70	10	34.78	73
	商洛市	40.10	92	19.93	64	31.30	101
	指数均值	40.57	12	16.59	13	29.76	18
	变异系数	0.28	17	0.45	25	0.23	23
县级市	兴平市	50.67	34	17.36	136	34.38	99
	韩城市	46.23	49	23.36	78	33.61	102
	华阴市	46.51	47	27.67	50	36.07	77
	指数均值	47.80	4	22.80	6	34.69	7
	变异系数	0.05	1	0.23	1	0.04	1

资料来源：全国城市建设用地节约集约利用评价数据库。

陕西省建设用地节约集约利用状况总体呈现以下特征。

第一，建设用地节约集约利用现状水平较高，总体呈现"南高北低、西强东弱"的分异格局，其中西安市优势明显。2015 年陕西省地级以上城市和县级市节约集约利用现状水平指数均值分别为 40.57 和 47.80，分别名列全国各省（区、市）第 12 和第 4 位，相比 2014 年指数均值分别提升了 0.49 和 2.07。陕西省建设用地节约集约利用程度总体呈现"南高北低、西强东弱"的分异特征，位于关中、陕南的西安、宝鸡、咸阳、汉中等西部城市节约集约利用水平总体高于陕北及东部地区的延安、榆林、铜川、渭南等城市,其中西安市优势明显,位居全国 273 个地级以上城市第 12 名。同时,3 个县级市节约集约利用现状水平优势明显,全部进入全国 296 个县级市 50 强。

第二,建设用地节约集约利用动态变化趋势处于全国中等水平,且提升明显。2015 年陕西省地级以上城市和县级市节约集约利用动态变化趋势指数均值分别为 16.59 和 22.80,分别名列全国各省(区、市)第 13 和第 6 位;其中,安康和宝鸡市分别名列全国 273 个地级以上城市第 10 和 15 位,但榆林、延安排名靠后。同时,相比 2014 年指数均值分别提高了 1.97 和 4.10。从变异系数上看,地级以上城市和县级市动态变化趋势指数变异系数分别为 0.45 和 0.23,地级以上城市之间动态变化趋势区域差异显著。

第三,建设用地节约集约利用综合现状总体处于全国中等水平,区域分异比较明显。2015 年陕西省建设用地节约集约利用综合指数为 29.93,在全国 31 个省(区、市)中排名第 15。地级以上城市建设用地节约集约利用综合指数均值为 29.76,相比 2014 年提高了 0.85,位列第 18 名;县级市综合指数均值为 34.69,相比 2014 年提高了 1.84,位列第 7 名。从变异系数上看,地级以上城市综合指数变异系数 0.23,排名全国第 23 位,区域分异比较明显,其中西安市总体较优。

第四,人口增长新增耗地过高,土地城镇化快于人口城镇化。2011~2015 年陕西省单位人口增长消耗新增城乡建设用地量平均高达 1179.83 平方米 / 人,是西部地区以及全国平均水平的 1.82 倍和 2.27 倍,尽管 2015 年有较大的下降,但仍达 462.31 平方米 / 人;2010~2015 年常住城镇人口与城镇工矿用地增长弹性系数仅为 0.74,土地城镇化明显快于人口城镇化;同时,村庄用地人减地增问题比较突出,2010 年以来农村人口持续减少但村庄用地持续增加,人均村庄用地从 2010 年的 233.8 平方米 / 人扩张至 2015 年的 274.2 平方米 / 人。

3. 政策建议

第一,以关中城市群为主体形态推进区域土地节约集约利用协同发展。当前陕西省城市首位度过大,中小城市发展不足,不同区域土地节约集约利用程度不均衡现象明显，关中地区及陕南部分城市人口高度密集，陕北地区建设用地节约集约程度较低，且近年来仍旧存在粗放扩张状态。应以关中城市群集聚发展为依托，通过建立土地跨区域配置机制，发挥大西安的集聚效应和扩散效应，带动中小城市经济、人口承载能力提升；同时，针对陕北地区资源型城市发展面临的问题及其集约利用特点，一方面应积极推广先进技术，高效利用矿产资源；另一方面应大力推行工矿废弃地复垦，拓展建设用地新空间。

第二，积极建立新增建设用地指标与存量建设用地挖潜相挂钩制度，加快批而未供用地消化和加大存量土地挖潜力度。严格控制新增建设用地过快增长，积极建立新增建设用地指标与存量建设用地挖潜相挂钩制度，科学制定城镇低效用地再开发激励约束政策，按照各城市实际的新增、存量建设用地的比例，下达存量挖潜指标，盘活存量土地。同时，严格控制人均村庄用地指标，利用城乡建设用地增减挂钩政策平台，加快村庄综合整治，适度引导农村居民点集聚，提高农村土地节约集约利用水平。积极探索推广陕南地区"工业梯田"等节约集约利用新模式，提高坡地利用率。

（九）甘肃

1. 基本情况

2015 年甘肃省共辖 12 个地级以上城市和 4 个县级市，除玉门和敦煌 2 个县级市未参评外，其余 14 个市纳入城市建设用地节约集约利用评价，其中临夏和合作 2 个县级市为独立参评城市。截至 2015 年底，甘肃省参评城市土地总面积为 38.12 万平方公里，其中建设用地 8221.60 平方公里，国土开发强度为 2.16%；常住总人口 2368.08 万，相比 2014 年末增加了 6.64 万人；常住城镇人口 1038.79 万，相比 2014 年末增加了 75.02 万人；城镇化率 43.87%，相比 2014 年末提高了 3.05%；GDP 为 6486.97 亿元，相比 2014 年末增加了 58.69 亿元，常住人口人均 GDP 为 2.74 万元／人。

2015 年各城市建设用地节约集约利用状况排名及变化情况见图 26、图 27。

图 26　甘肃省 2015 年地级以上城市建设用地节约集约利用状况分布

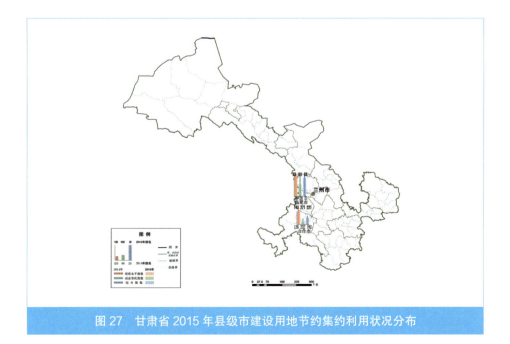

图 27　甘肃省 2015 年县级市建设用地节约集约利用状况分布

2. 现状格局与特征

甘肃省地处西部，经济发展水平较低，但可开发的资源非常广阔，并具有承东启西、南扩北展的区位优势，是国家建设丝绸之路经济带的重要省份之一。2015 年甘肃省建设用地节约集约利用现状水平指数为 23.60，在全国 31 个省（区、市）中排名第 28 位，相比 2014 年下降了 0.09，排名提升了 1 位。节约集约利用动态变化趋势指数为 11.32，排名第 30，相比 2014 年下降了 2.13，排名下降了 7 位。节约集约利用综合指数为 21.83，在全国 31 个省（区、市）中排名末位，相比 2014 年下降了 0.61，排名下降了 1 位（见表 17）。

表 17　2015 年甘肃省城市建设用地节约集约利用状况及其排名

城市名		现状水平指数		动态变化趋势指数		综合指数	
		指数	排名	指数	排名	指数	排名
全　省		23.60	28	11.32	30	21.83	31
地级以上城市	兰州市	48.01	53	10.14	224	32.40	92
	嘉峪关市	20.13	247	8.50	243	20.48	245
	金昌市	19.68	248	6.26	260	17.84	264
	白银市	18.64	251	10.97	214	22.32	232
	天水市	29.81	184	15.67	127	26.98	164
	武威市	22.32	240	7.70	247	22.96	227
	张掖市	17.11	260	4.32	265	16.59	268
	平凉市	18.94	250	15.31	137	18.13	262
	酒泉市	18.58	253	6.99	255	16.21	269
	庆阳市	18.40	255	8.62	242	19.42	256
	定西市	19.67	249	20.79	58	21.19	242
	陇南市	27.51	204	16.61	108	25.94	183
	指数均值	23.23	29	10.99	30	21.70	30
	变异系数	0.37	24	0.45	25	0.22	21
县级市	临夏市	51.21	33	15.84	161	35.51	83
	合作市	33.40	143	7.23	271	25.45	221
	指数均值	42.31	6	11.53	23	30.48	11
	变异系数	0.30	18	0.53	18	0.23	16

资料来源：全国城市建设用地节约集约利用评价数据库。

甘肃省建设用地节约集约利用状况总体呈现以下特征。

第一，建设用地节约集约利用现状水平靠后，兰州市优势相对明显。甘肃省经济社会发展比较落后，建设用地人口承载水平和投入产出强度较低。2015 年地级以上城市和县级市节约集约利用现状水平指数均值分别为 23.23 和 42.31，分别名列全国各省（区、市）第 29 和第 6 位，同时相比 2014 年，指数均值分别下降了 0.31 和 0.11。除省会兰州市以及临夏市排名相对靠前，分别位居全国 273 个地级以上城市和 296 个县级市第 53 名和 33 名外，各城市建设用地节约集约利用现状水平总体比较靠后。

第二，建设用地节约集约利用动态变化趋势不佳，且下滑明显。2015 年甘肃省地级以上城市和县级市节约集约利用动态变化趋势指数均值分别为 10.99 和 11.53，分别名列全国各省（区、市）第 30 和第 23 位；除定西市名列全国 273 个地级以上城市第 58 名外，总体排名靠后。同时，相比 2014 年指数均值分别下降了 1.60 和 11.08。从变异系数上看，地级以上城市动态变化趋势指数变异系数为 0.45，节约集约利用动态变化趋势区域差异显著。

第三，建设用地节约集约利用综合水平处于全国末位，节约集约用地面临较大挑战。2015 年甘肃省建设用地节约集约利用综合指数为 21.83，在全国 31 个省（区、市）中排名末位，同时相比 2014 年下降了 1 位。地级以上城市建设用地节约集约利用综合指数均值为 21.70，相比 2014 年下降了 0.54，位列第 30 名；县级市综合指数均值为 30.48，相比 2014 年下降了 3.70，位列第 11 名。

3. 政策建议

第一，紧抓"一带一路"发展机遇，充分利用自身区位优势，加强与周边地区联系，注重对基础设施、生态环境的投入，优化土地、人力、资金和技术投入水平，完善基础设施配套建设，强力推进扶贫攻坚，在改善生态环境，提高环境效益的同时努力提高经济总量，促进土地利用效率和利用效益的逐步提高。要着眼城镇化的内涵，摒弃土地粗放利用，突出在产业支撑、人居环境、社会保障、生活方式等方面实现由"乡"到"城"的转变。应制定有力措施加强土地管理，从宏观上引导和规范土地利用、控制建设用地规

模、鼓励挖掘潜力，从微观上优化土地利用结构和布局，合理配置土地，加大土地投入，进一步提高和推进土地节约集约利用水平。

第二，强化建设用地节约集约利用理念，建立健全节约集约利用激励约束机制。应根据土地利用规划严控建设用地规模，着眼内涵挖潜，优化土地利用结构和土地利用布局，盘活存量土地，充分挖掘城市土地内部潜力，提高土地利用率，实现城市土地资源的优化配置。同时，应加强农村国土综合整治和管理，以"空心村"、废弃地、闲置地整治为重点，加强农村基础设施与公共服务设施配套建设，缩减居民点用地，提高农村建设用地利用效率。

（十）青海

1. 基本情况

2015 年青海省共辖 2 个地级以上城市和 3 个县级市，除玉树市未参评外，2 个地级市和 2 个县级市纳入城市建设用地节约集约利用评价，其中格尔木和德令哈 2 个县级市为独立参评城市。截至 2015 年底，青海省参评城市土地总面积为 16.75 万平方公里，其中建设用地 1464.11 平方公里，国土开发强度为 0.87%；常住总人口 407.78 万，相比 2014 年末增加了 2.95 万人；常住城镇人口 235.50 万，相比 2014 年末增加了 2.24 万人；城镇化率 57.75%，相比 2014 年末提高了 0.13%；GDP 为 1846.76 亿元，相比 2014 年末增加了 38.92 亿元，常住人口人均 GDP 为 4.53 万元 / 人。

2015 年各城市建设用地节约集约利用状况排名及变化情况见图 28、图 29。

2. 现状格局与特征

青海省人口少，经济基础薄弱，生态环境脆弱，经济上长期以煤炭、有色金属资源为主的高污染、高消耗、低产出粗放型经济发展方式为主导。近年来青海省主动适应新常态，积极平衡发展与环境之间的矛盾，紧抓"一带一路"发展机遇，加大基础设施投入，使得经济稳步增长、结构不断优化、质量得到提升。2015 年青海省建设用地节约集约利用现状水平指数为 31.37，在全国 31 个省（区、市）中排名第 20 位，相比 2014 年提高了 0.53，排名维

图 28　青海省 2015 年地级以上城市建设用地节约集约利用状况分布

图 29　青海省 2015 年县级市建设用地节约集约利用状况分布

持不变。节约集约利用动态变化趋势指数为 21.32，排名第 6，相比 2014 年下降了 1.57，排名下降了 1 位。节约集约利用综合指数为 28.15，排名第 18，相比 2014 年提高了 0.25，排名维持不变（见表 18）。

表 18　2015 年青海省城市建设用地节约集约利用状况及其排名

城市名		现状水平指数		动态变化趋势指数		综合指数	
		指数	排名	指数	排名	指数	排名
全　省		31.37	20	21.32	6	28.15	18
地级以上城市	西宁市	60.86	20	15.99	122	39.86	34
	海东市	28.70	197	16.08	120	24.98	199
	指数均值	44.78	11	16.03	15	32.42	13
	变异系数	0.51	29	0.00	1	0.32	27
县级市	格尔木市	9.59	295	36.42	21	23.46	242
	德令哈市	10.84	292	2.73	288	12.41	296
	指数均值	10.21	26	19.57	9	17.93	26
	变异系数	0.09	2	1.22	25	0.44	25

资料来源：全国城市建设用地节约集约利用评价数据库。

青海省建设用地节约集约利用状况总体呈现以下特征。

第一，建设用地节约集约利用现状处于全国中下水平，西宁市相对优势明显。2015 年青海省 2 个地级市和 2 个县级市节约集约利用现状水平指数均值分别为 44.78 和 10.21，分别名列全国各省（区、市）第 11 和第 26 位；相比 2014 年，2 个地级市指数均值提高了 1.73。其中西宁市建设用地节约集约利用现状水平相对较高，在全国 273 个地级以上城市排名第 20 位，但格尔木和德令哈 2 个县级市排名垫底。

第二，建设用地节约集约利用动态变化趋势较优，但有所下滑。2015 年青海省 2 个地级市和 2 个县级市节约集约利用动态变化趋势指数均值分别为 16.03 和 19.57，分别名列全国各省（区、市）第 15 和第 9 位；其中格尔木市名列全国 296 个县级市第 21 名，西宁和海东 2 市排名也比较靠前。但动态上看，相比于 2014 年，指数均值分别下降了 4.35 和 2.40，节约集约利用动态变化趋势有所下滑。

第三，建设用地节约集约利用综合现状处于全国中下水平，西宁市相对优势明显。2015 年青海省建设用地节约集约利用综合指数为 28.15，在全国 31 个省（区、市）中排名第 18 名。其中，西宁市相对优势比较明显，位列全国 273 个地级以上城市第 34 名，但海东及格尔木、德令哈市排名靠后。

第四，建设用地增长较快，与人口增长、经济发展协调匹配程度不高。青海省正处于快速城镇化阶段，新城区和工业园区建设用地需求量大、增长迅速，2010~2015 年建设用地年均增长 2.8%；但不同区域发展定位不同，要素投入差异较大，发展不平衡，导致建设用地增长与人口增长、经济发展不够协调匹配。与此同时，村庄用地呈现人减地增的发展态势，人均村庄用地从 2010 年的 231.2 平方米 / 人扩张至 2015 年的 284.9 平方米 / 人。

3. 政策建议

第一，牢固树立科学发展观，合理促进土地节约集约利用。青海省正处于经济快速增长期，同时生态环境脆弱，大量新项目建设对土地资源提出了更多、更高的要求。必须要坚持以科学发展观统揽全局，正确处理好发展与用地的关系，不断建立完善节约集约用地共同责任机制，依法规范用地，集约高效用地，避免经济"短视"，影响地区社会经济可持续发展。

第二，加强土地利用管理，积极盘活存量土地，提高土地利用效益。加强和改进征地拆迁、基础设施配套、前期开发及批后全程监管；全面清查农用地转用后征收和供应情况，按照区别对待、分类处置原则，合理制定整改处置方案。加强村镇用地规划，积极推进城乡建设用地增减挂钩，坚决遏制村庄用地无序扩张势头，盘活农村低效用地和闲置用地。

（十一）宁夏

1. 基本情况

宁夏回族自治区共辖 5 个地级市和 2 个县级市，除固原市和青铜峡市外，4 个地级市和灵武市纳入城市建设用地节约集约利用评价，其中灵武市为银川市的下辖市。截至 2015 年底，宁夏回族自治区参评城市土地总面积为 4.14

万平方公里，其中建设用地2584.71平方公里，国土开发强度为6.24%；常住总人口546.69万，相比2014年末增加了7.89万人；常住城镇人口329.70万人，相比2014年末增加了12.01万；城镇化率60.31%，相比2014年末提高了1.35%；GDP为2698.61亿元，相比2014年末增加了159.56亿元，常住人口人均GDP为4.94万元/人。

2015年各城市建设用地节约集约利用状况排名及变化情况见图30、图31。

2. 现状格局与特征

宁夏回族自治区经济基础薄弱，当前粗放型经济发展瓶颈突出，生态环境日益恶化，整体经济下行压力严峻，同时结构性矛盾突出。近年来宁夏回

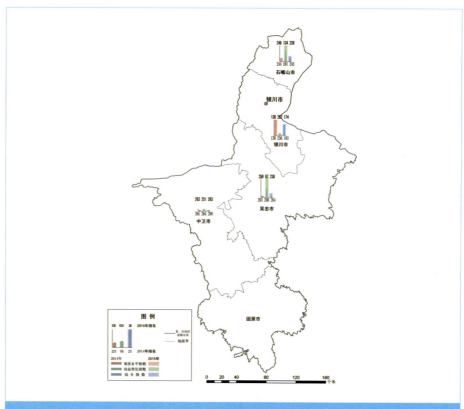

图30　宁夏回族自治区2015年地级以上城市建设用地节约集约利用状况分布

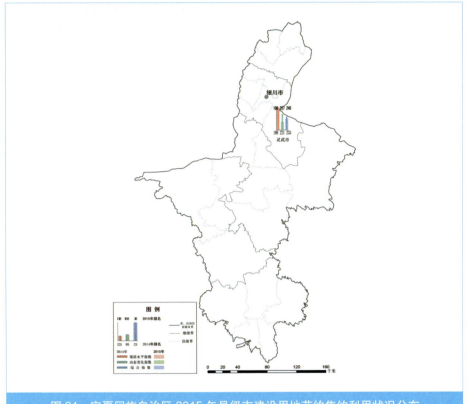

图 31　宁夏回族自治区 2015 年县级市建设用地节约集约利用状况分布

族自治区紧抓"一带一路"发展机遇，注重环境友好可持续发展，大力推进产业结构转型升级，经济呈现"总体平稳、稳中有进、稳中向好"的运行态势，土地节约集约利用水平也得到稳步提升。2015 年宁夏回族自治区建设用地节约集约利用现状水平指数为 23.16，在全国 31 个省（区、市）中排名第 30 位，相比 2014 年提高了 0.35，排名提升了 1 位。节约集约利用动态变化趋势指数为 11.61，排名第 29，相比 2014 年提高了 2.26，排名提升了 2 位。节约集约利用综合指数为 22.58，排名第 29，相比 2014 年提高了 1.31，排名提升了 2 位（见表 19）。

表 19   2015 年宁夏回族自治区城市建设用地节约集约利用状况及其排名

城市名		现状水平指数		动态变化趋势指数		综合指数	
		指数	排名	指数	排名	指数	排名
全　省		23.16	30	11.61	29	22.58	29
地级以上城市	银川市	34.47	136	7.29	252	26.40	174
	石嘴山市	20.81	246	15.36	134	23.01	226
	吴忠市	17.38	259	17.31	97	21.66	238
	中卫市	16.25	263	7.44	251	17.90	263
	指数均值	22.23	30	11.85	26	22.24	29
	变异系数	0.38	25	0.44	24	0.16	12
县级市	灵武市	28.96	186	9.73	257	23.87	240
	指数均值	28.96	18	9.73	25	23.87	23

资料来源：全国城市建设用地节约集约利用评价数据库。

宁夏回族自治区建设用地节约集约利用状况总体呈现以下特征。

第一，建设用地节约集约利用现状水平排在全国后列，略有提升。2015 年宁夏 5 个参评城市建设用地节约集约利用现状水平总体排名靠后，现状水平指数及指数均值均名列全国各省（区、市）第 30 位，但相比 2014 年排名提升了 1 位。其中银川市及灵武市排名相对靠前。

第二，建设用地节约集约利用动态变化趋势不佳，但提升明显。2015 年宁夏 4 个地级以上城市节约集约利用动态变化趋势指数均值为 11.85，名列全国各省（区、市）第 26 位；其中吴忠市排名相对靠前，位列全国 273 个地级以上城市第 97 名，其余各市排名比较靠后。但动态上看，相比于 2014 年，4 个地级以上城市指数均值提高了 2.35，全部参评城市节约集约利用动态变化趋势指数提升了 2.26，排名提升了 2 位。

第三，建设用地节约集约利用综合水平排名靠后，但有所提升。2015 年宁夏回族自治区建设用地节约集约利用综合指数及 4 个地级以上城市综合指数均值分别 22.58 和 22.24，在全国 31 个省（区、市）中排名第 29 名；同时，相比 2014 年分别提高了 1.31 和 1.23，建设用地节约集约利用总体趋势向好。

第四，经济增长耗地偏高，土地城镇化总体快于人口城镇化。2011~2015年宁夏单位 GDP 增长和单位固定资产投资消耗新增建设用地量分别高达35.27公顷 / 亿元和2.91公顷 / 亿元，分别为西部地区平均水平的2.40倍和1.77倍，经济增长耗地偏高。2010~2015 年宁夏城镇人口与城镇工矿用地增长弹性系数为 0.64，土地城镇化明显快于人口城镇化，尽管 2015 年弹性系数提高至1.12，但村庄用地人减地增问题依然突出，人均村庄用地从 2010 年的 444.8 平方米 / 人扩张至 2015 年的 495.8 平方米 / 人。

3. 政策建议

第一，紧抓"一带一路"发展机遇，深化改革开放，继续加快城镇化进程，加大固定资产投资力度，积极鼓励创新，推进企业转型升级，在保护好生态环境、控制建设用地总量的同时促进经济快速发展，不断提高土地利用效率和经济效率。

第二，突出规划引领，统筹土地利用格局，积极盘活存量土地，推进低效用地再开发。根据宁夏当前经济社会发展形势和空间发展战略规划，适当修改完善土地利用总体规划，从严控制人均建设用地标准、人均村庄用地标准等集约用地指标，优化区域用地结构和空间布局，打造紧凑型城市。加强新增建设用地供应管理，积极推进批而未供土地盘活使用，鼓励城镇低效用地再开发，逐步降低新增建设供应占比，严格控制用地增量扩张，积极进行存量挖潜。同时，要注重生态移民迁出区废弃居民点的复垦力度，推进城乡"增减挂钩"，积极盘活村庄用地。

（十二）新疆

1. 基本情况

2015 年新疆维吾尔自治区（含新疆生产建设兵团）共辖 3 个地级市和24 个县级市，其中乌鲁木齐和克拉玛依 2 个地级市和哈密、昌吉、阜康、博乐、库尔勒、阿克苏、喀什、伊宁、奎屯、石河子等 10 个县级市纳入城市建设用地节约集约利用评价，10 个县级市均为独立参评城市。截至 2015 年底，新疆维吾尔自治区参评城市土地总面积为 14.97 万平方公里，其中建设用

地 4040.27 平方公里，国土开发强度为 2.70%；常住总人口 829.76 万，相比 2014 年末增加了 8.22 万人；常住城镇人口 646.55 万，相比 2014 年末增加了 5.12 万人，城镇化率 77.92%；GDP 为 6057.65 亿元，相比 2014 年末增加了 47.27 亿元，常住人口人均 GDP 为 7.30 万元／人。

2015 年各城市建设用地节约集约利用状况排名及变化情况见图 32、图 33。

2. 现状格局与特征

新疆维吾尔自治区地处我国西北边陲，是我国边境线最长、对外口岸最多的一个省区，具有沿边对外开放得天独厚的地缘优势，是建设丝绸之路经济带的核心经济区之一。但传统高污染、高耗能的粗放型经济发展方式，不但对生态环境形成较大压力，也使得节约集约用地面临较大挑战。2015 年新疆维吾尔自治区建设用地节约集约利用现状水平指数为 25.37，在全国 31 个省（区、市）中排名第 27 位，相比 2014 年下降了 0.65，排名维持不变。节约集约利用动态变化趋势指数为 14.78，排名第 21 位，相比 2014 年提高了

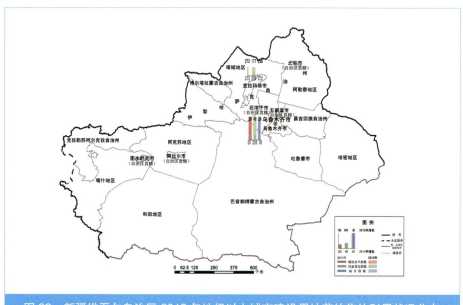

图 32　新疆维吾尔自治区 2015 年地级以上城市建设用地节约集约利用状况分布

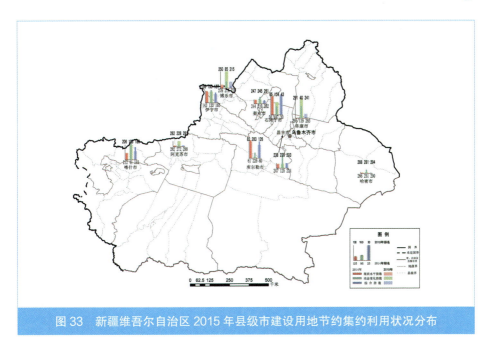

图 33　新疆维吾尔自治区 2015 年县级市建设用地节约集约利用状况分布

2.87，排名提升了 7 位。节约集约利用综合指数为 25.32，排名第 24 位，相比
2014 年提高了 1.14，排名提升了 3 位（见表 20）。

表 20　2015 年新疆维吾尔自治区城市建设用地节约集约利用状况及其排名

城市名		现状水平指数		动态变化趋势指数		综合指数	
		指数	排名	指数	排名	指数	排名
全　省		25.37	27	14.78	21	25.32	24
地级以上城市	乌鲁木齐市	55.98	29	21.94	48	41.23	29
	克拉玛依市	9.43	273	12.82	177	18.84	258
	指数均值	32.70	22	17.38	11	30.03	16
	变异系数	1.01	31	0.37	20	0.53	31
县级市	哈密市	13.01	288	5.52	281	13.82	294
	昌吉市	23.95	238	11.31	239	24.58	233
	阜康市	10.96	291	28.75	40	23.48	241
	博乐市	21.65	250	22.52	85	25.65	215

续表

城市名		现状水平指数		动态变化趋势指数		综合指数	
		指数	排名	指数	排名	指数	排名
县级市	库尔勒市	40.49	82	4.89	283	31.57	126
	阿克苏市	15.36	282	12.00	228	18.74	281
	喀什市	27.04	206	19.86	105	27.94	186
	伊宁市	32.11	156	16.16	155	27.83	187
	奎屯市	21.85	247	10.88	245	21.49	261
	石河子市	43.77	65	17.40	134	40.03	43
	指数均值	25.02	19	14.93	19	25.51	19
	变异系数	0.44	24	0.50	15	0.28	19

资料来源：全国城市建设用地节约集约利用评价数据库。

新疆维吾尔自治区建设用地节约集约利用状况总体呈现以下特征。

第一，建设用地节约集约利用现状水平比较靠后，且两极分化比较突出。2015年新疆维吾尔自治区2个地级市和10个县级市节约集约利用现状水平指数均值分别为32.70和25.02，全部参评城市现状水平指数为25.37，分别名列全国各省（区、市）第22、第19和第27位，相比2014年指数及指数均值分别下降了0.65、1.24和0.36。新疆维吾尔自治区建设用地节约集约利用现状水平两极分化比较突出，地级以上城市中，乌鲁木齐市名列全国273个地级以上城市第29位；但克拉玛依市则排名末位；县级市中，石河子市、库尔勒市分别名列全国296个县级市第65和第82位，但其余城市大多在200名以外，节约集约利用现状水平指数变异系数高达0.44。

第二，建设用地节约集约利用动态变化趋势绩效处于中下水平，2个地级市提升明显。2015年新疆维吾尔自治区2个地级市和10个县级市节约集约利用动态变化趋势指数均值分别为17.38和14.93，名列全国各省（区、市）第11和19位；其中乌鲁木齐和克拉玛依2市提升明显，排名相比2014年分别提升了177和82位，但县级市指数均值下降了0.36。

第三，建设用地节约集约利用综合水平处于全国中下水平，两极分化比较突出。2015 年新疆维吾尔自治区建设用地节约集约利用综合指数为 25.32，在全国 31 个省（区、市）中排名第 24 位，相比 2014 年排名提升了 3 位。地级以上城市综合指数均值为 30.03，相比 2014 年提高了 3.01，位列第 16 名；县级市综合指数均值为 25.51，相比 2014 年提高了 0.03，位列第 19 名。其中乌鲁木齐市和石河子市 2 市优势明显，分别名列全国 273 个地级以上城市和 296 个县级市第 29 和第 43 位，而其他城市大多数排名靠后，节约集约利用综合水平区域分异较大，两极分化比较突出。

第四，建设用地增长偏快，经济增长新增耗地偏高，土地城镇化快于人口城镇化。当前新疆正处于经济快速发展时期，各类建设用地需求旺盛，用地增长较快，2010~2015 年建设用地累计增长 21.5%，增速位居西部地区第 2 名，是全国平均增速的 2.7 倍；城镇人口与城镇工矿地增长弹性系数为 0.64，其中 2015 年下降至 0.25，土地城镇化显著快于人口城镇化；同时，新疆经济增长耗地偏高，2011~2015 年单位 GDP 增长和单位固定资产投资消耗新增建设用地量分别高达 22.76 公顷 / 亿元和 3.52 公顷 / 亿元，是西部地区平均水平的 1.55 倍和 2.14 倍，建设用地外延粗放扩张尚未遏制。

3. 政策建议

第一，科学制定区域规划，实施差别化用地政策，优化土地布局结构。新疆维吾尔自治区 2 个地级以上城市和县级市在新疆经济发展中占据主导地位，但用地供需矛盾错位突出。应当合理制定区域规划，在严控建设用地总量的同时，针对不同城市因地制宜采取不同的发展策略和用地政策，对于城市土地利用需求旺盛、供需矛盾依然突出的城市，应当适度增加建设用地量；对土地利用强度不高、人口出现负增长的城市，应当严控增量、盘活存量，着力调整建设用地结构，保障重点建设项目必要用地。同时，用地政策应适当向重点和优势产业倾斜，并按照相对集中、突出重点、适度规模的原则，优化用地布局，减少重复建设，实现土地节约集约利用与自治区产业结构优化升级的良性互动。

第二，提高节约集约用地意识，建立完善节约集约用地激励约束机制。特别是要按照严控增量、盘活存量、管住总量、集约高效的基本要求，不断

建立完善城市节约集约用地激励约束机制，着力调整建设用地结构，保障重点建设项目用地；同时配合城市快速发展，优化城市空间结构，统筹安排城乡用地布局，推进农村居民点用地整合，优化工矿用地结构，建立城市、乡镇及各产业园区协调发展的框架，提高土地投入产出强度，发挥区内各城市在全疆的辐射和带头作用，促进城市社会经济的整体发展。

"十二五"时期东北地区城市建设用地节约集约利用状况分析报告

摘　要：　以东北地区"三省"29个地级以上城市和40个县级城市建设用地
节约集约利用评价数据为基础，分析揭示了"十二五"时期东北
地区各省的建设用地利用现状及变化特征，节约集约利用现状水
平、动态变化趋势及区域分异特征，分析了三省参评城市建设用
地节约集约利用的现状格局、利用特征及存在问题，提出节约集
约用地的政策建议。

关键词：　东北地区　城市　建设用地　节约集约利用　区域特征

　　东北"三省"（辽宁、吉林、黑龙江）参评城市共计69个，占东北地区
城市总数（88个）的78%。其中，地级以上城市除辽宁省铁岭市、朝阳市、
葫芦岛市，黑龙江省伊春市、齐齐哈尔市等5个城市未参评外，涵盖其余所
有29个城市，占东北地区地级以上城市总数（34个）的85%；县级参评城
市总计40个，占东北地区县级城市总数（54个）的74%。

　　截至2015年底，东北地区参评城市建设用地总面积为3.72万平方公里，
占全国建设用地总面积的11.0%，国土开发强度为6.15%；常住总人口0.94
亿，常住城镇人口0.56亿，城镇化率为59.33%；GDP为5.52万亿元，常住
人口人均GDP为5.87万元/人。①

---

① 东北地区40个县级参评城市中，辽宁省调兵山市、北票市，吉林省延吉市、图们市、敦
化市、珲春市、龙井市、和龙市，黑龙江省讷河市、铁力市、绥芬河市等11个城市独立
参评，其余29个县级城市涵盖在相应的地级以上参评城市之中。本报告涉及的用地、经
济、人口数据为剔除重复统计后的数据。

一　土地利用现状及变化状况

（一）三大类用地结构

2015 年末，东北地区参评城市农用地面积为 51.65 万平方公里，占土地总面积的 85.4%，其中耕地面积 23.45 万平方公里，占农用地的 45.4%；建设用地总面积为 3.72 万平方公里，占土地总面积的 6.2%；其他土地 5.10 万平方公里，占土地总面积的 8.4%。从各省的国土开发强度看，辽宁省最高，为 11.91%，吉林次之，为 6.12%，黑龙江最低，为 4.18%（见图 1）。

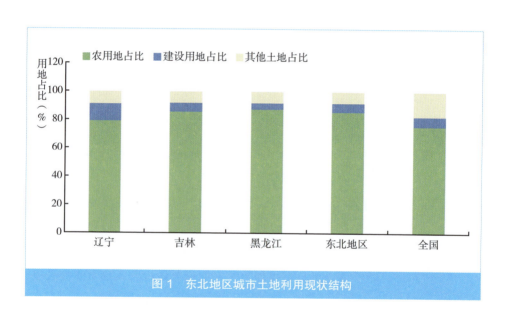

图 1　东北地区城市土地利用现状结构

从动态变化看，东北地区城市建设用地总体逐年扩张，但 2015 年扩张势头有所回落。2010~2015 年，东北地区城市建设用地累计增加 0.19 万平方公里，增幅为 5.5%，其中 2015 年增长 0.7%，较 5 年平均增幅有较大的回落，5 年间国土开发强度提高了 0.32 百分点。其中，辽宁省建设用地增长最快，5 年年均增长 1.4%；黑龙江增长最小，5 年年均增长 0.8%。国土开发强度辽宁省提升最快，5 年提高了 0.79 百分点；黑龙江提升较慢，5 年提高了 0.16 百分点（见图 2）。

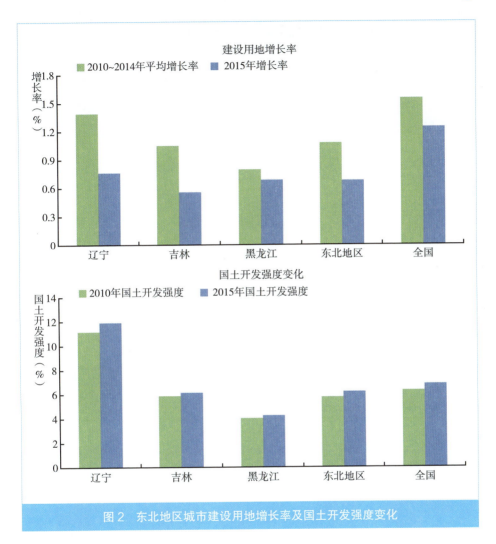

图2 东北地区城市建设用地增长率及国土开发强度变化

（二）建设用地结构

2015 年，东北地区城市城乡建设用地 2.85 万平方公里，占建设用地总面积的 76.7%，其中辽宁城乡建设用地占比最高，为 79.9%，黑龙江最低，为 72.8%；交通水利用地 0.80 万平方公里，占比 21.6%；其他建设用地 0.07 万平方公里，占比 1.8%。从城乡建设用地内部结构看，城镇用地

267

0.82万平方公里，占比为28.7%，比全国参评城市平均水平低2.4%，其中辽宁占比最高，为31.7%，吉林最低，为25.8%；村庄用地1.74万平方公里，占比为61.2%，比全国参评城市平均低0.3%，其中吉林最高，为69.3%，辽宁最低，为54.4%；采矿用地0.29万平方公里，占比为10.2%（见图3）。

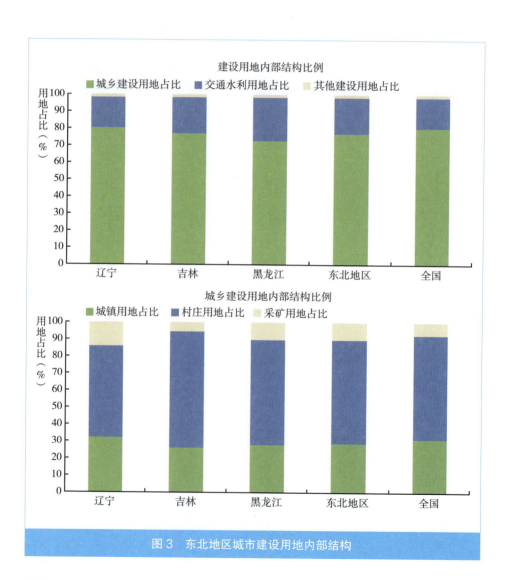

图3 东北地区城市建设用地内部结构

从动态变化看，2010~2015年东北地区城市城乡建设用地累计增加0.14万平方公里，增幅为5.2%，5年年均增长1.0%，比全国参评城市平均增长率低0.4%；其中，辽宁增长最快，5年年均增长1.2%；黑龙江增长最小，5年年均增长0.8%。从城镇用地变化看，2010~2015年东北地区城镇用地累计增加0.11万平方公里，增幅为15.8%，年均增长约3.0%；其中，辽宁增长最快，5年年均增长3.3%；黑龙江增长最小，5年年均增长2.7%（见图4）。

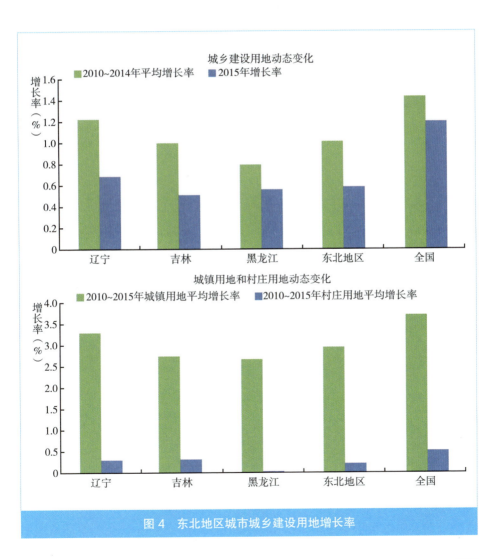

图4　东北地区城市城乡建设用地增长率

二 建设用地节约集约利用总体状况

（一）建设用地利用强度

1. 建设用地人口承载水平

2015 年末，东北地区参评城市常住总人口 0.94 亿，相比于 2010 年末减少了 71.93 万人；常住城镇人口 0.56 亿，相比 2010 年末增加了 211.08 万人；城镇化率 59.33%，相比 2010 年末提高了 2.68%。建设用地和城乡建设用地人口密度分别为 2531.94 人 / 平方公里和 3302.93 人 / 平方公里，分别比全国参评城市平均水平低 1176.61 人 / 平方公里和 1327.04 人 / 平方公里。其中辽宁省相对较高，建设用地和城乡建设用地人口密度分别为 2765.16 人 / 平方公里和 3459.18 人 / 平方公里；黑龙江省的建设用地人口密度最低，为 2362.32 人 / 平方公里，吉林省的城乡建设用地人口密度最低，为 3175.02 人 / 平方公里。

从动态变化看，东北地区城市建设用地人口承载水平总体呈现持续下降态势。2010~2014 年建设用地和城乡建设用地人口密度年均下降了 1.2% 左右，降幅总体高于全国参评城市平均水平；同时 2015 年降幅有所扩大，分别下降了 1.5% 和 1.4%。横向比较看，2010~2014 年，辽宁省的降幅最大，5 年年均分别下降了 1.4% 和 1.2%；黑龙江的降幅相对较小，但也下降了 1.0% 左右。从 2015 年看，吉林省的降幅有所收窄，但辽宁、黑龙江的降幅则有所扩大（见图 5）。

2. 建设用地经济强度

2015 年东北地区参评城市 GDP 为 5.52 万亿元，相比 2010 年可比价增幅为 44.0%。建设用地地均 GDP 为 148.62 万元 / 公顷，比全国参评城市平均水平低 61.38 万元 / 公顷，但较 2010 年可比价提高了 42.18 万元 / 公顷，5 年累计增幅 39%。相对而言，辽宁的建设用地地均 GDP 最高，为 203.38 万元 / 公顷，黑龙江最低，为 105.03 万元 / 公顷，提升幅度最大的是吉林，为 8.0%，最小的是辽宁，为 6.1%。从建设用地投入强度看，2015 年东北地区城市建设用地地均固定资产投资为 100.33 万元 / 公顷，比全国参评城市平均水平低 55.03 万元 / 公顷，但较 2010 年提高了 16.31 万元 / 公顷，增幅为 19.4%；其中辽宁最高，为 127.75 万元 / 公顷，黑龙江最低，仅为 62.39 万元 / 公顷；5 年年均提升幅度最大的是黑龙江，为 6.6%，最低的是辽宁，仅为 1.5%（见图 6）。

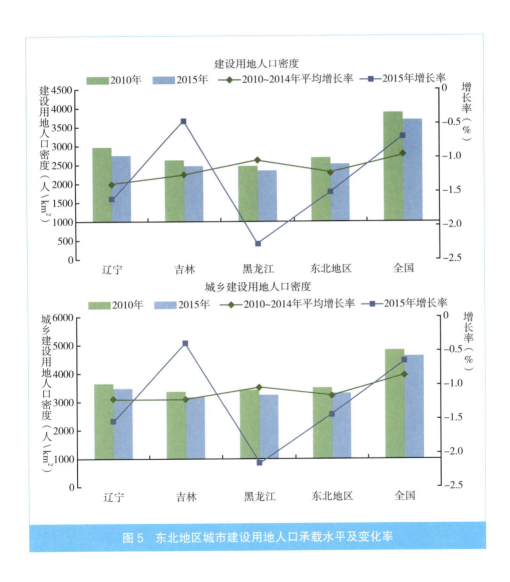

图 5　东北地区城市建设用地人口承载水平及变化率

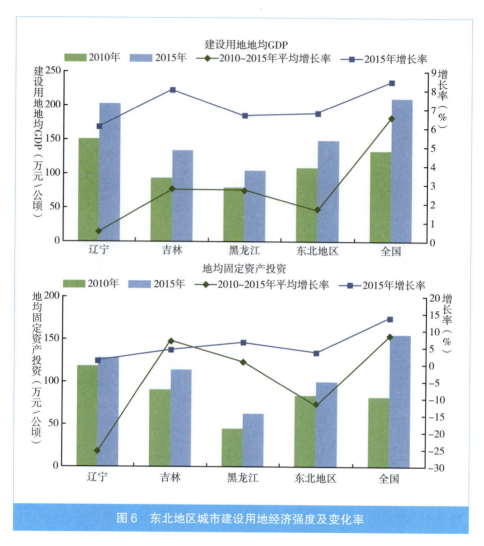

图6 东北地区城市建设用地经济强度及变化率

（二）增长耗地

1. 人口增长耗地

近年来，东北地区参评城市常住人口总体呈现外流态势，但新增城乡建设用地扩张依然明显，单位人口增长消耗新增城乡建设用地总体为负值。横向比较看，2011~2015年吉林省常住人口总体有所增长，但人口增长耗地水平较高；辽宁和黑龙江常住人口减少，新增城乡建设用地扩张明显（见图7）。

图 7　东北地区城市人口增长耗地水平及变化状况

2. 经济增长耗地

近年来，东北地区参评城市经济增长耗地总体不断下降，单位 GDP 建设用地使用面积由 2010 年的 92.41 公顷 / 亿元下降至 2015 年的 66.49 公顷 / 亿元（2010 年可比价），5 年累计下降了 25.92 公顷 / 亿元，单位 GDP 建设用地使用面积下降率为 28.0%，其中 2015 年下降率 1.7%，但相比全国城市平均水平总体稍显逊色。横向比较看，吉林省经济增长耗地下降最明显，2010~2015年单位 GDP 建设用地使用面积下降率为 32.0%，而辽宁、黑龙江相对逊色，分别为 25.6% 和 27.6%（见图 8）。

从经济增长新增耗地量看，东北地区城市 2015 年单位 GDP 增长消耗新增建设用地量为 19.19 公顷 / 亿元，远高于全国参评城市平均水平，且相比于 2011 年的 10.17 公顷 / 亿元也增加了 88.7%。横向比较看，2015 年单位 GDP 增长消耗新增建设用地量辽宁省最高，达 29.70 公顷 / 亿元，吉林省稍低，为 14.27 公顷 / 亿元。从单位固定资产投资新增耗地量看，2015 年东北地区城市

273

图 8　东北地区城市单位 GDP 耗地下降率

单位固定资产投资消耗新增建设用地量为 0.68 公顷 / 亿元，比全国参评城市平均水平低 0.10 公顷 / 亿元，同时相比 2010 年的 1.59 公顷 / 亿元也下降了57.5%；其中，辽宁省新增耗地较低，2010~2015 年各年平均为 0.98 公顷 /亿元，黑龙江较高、各年平均为 1.46 公顷 / 亿元（见图 9）。

（三）经济社会发展与用地变化匹配状况

1. 人口增长与用地变化匹配状况

2010~2015 年，东北地区参评城市常住总人口与城乡建设用地增长弹性系数为 –0.15，总体呈现常住人口减少、城乡建设用地持续增加、人地关系协调度较差的态势。省际比较看，吉林省 2015 年常住人口略有增加，弹性系数由负转正，为 0.22，人地关系协调度有所改善，但仍小于 1.0，用地增长总体快于人口增长，人均用地水平不减反增（见图 10）。

从城镇人口增长与用地变化匹配关系看，东北地区城市 2010~2014 年常住城镇人口与城镇工矿用地增长弹性系数为 0.32，2015 年弹性系数为 –0.56，土地城镇化快于人口城镇化，城镇用地人口承载水平不断趋于下降，城镇化进程中的人地关系形势不甚乐观。从农村人口与用地变化匹配看，东北 3 省

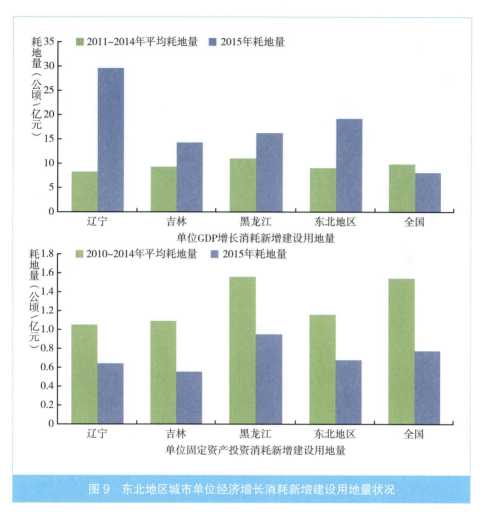

图 9　东北地区城市单位经济增长消耗新增建设用地量状况

均呈现农村常住人口下降而村庄用地不减反增的局面，人均村庄用地从 2010 的 419.20 平方米增加到 2015 年的 455.41 平方米。

2. 经济发展与用地变化匹配状况

从经济发展与建设用地增长匹配状况看，东北地区参评城市建设用地在扩张的同时总体趋于集约化发展，用地增长与经济发展总体比较协调。2010~2014 年东北地区生产总值与建设用地增长弹性系数为 8.46，其中黑龙江、吉林分别高达 10.81、10.28，辽宁也达 6.31；地均 GDP 可比价从 2010

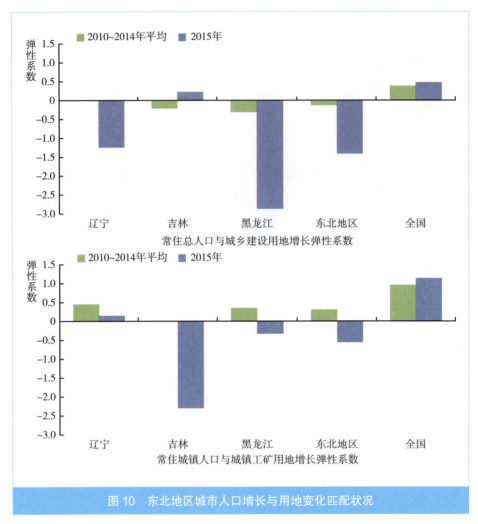

图 10　东北地区城市人口增长与用地变化匹配状况

年的 108.23 万元 / 公顷提高至 2015 年的 150.39 万元 / 公顷，累计提高了 42.18 万元 / 公顷。但从动态变化看，东北地区城市 2015 年的建设用地经济弹性系数为 3.55，相比 5 年平均水平有较大回落，其中辽宁回落幅度最大（见图 11）。

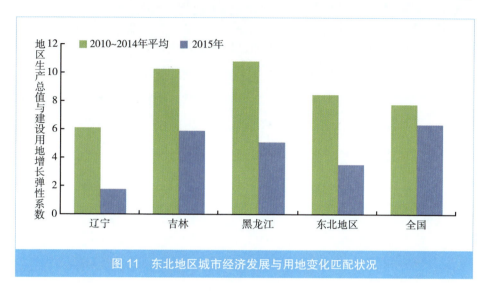

图 11 东北地区城市经济发展与用地变化匹配状况

三 建设用地节约集约利用分异状况

（一）节约集约利用现状水平分异状况

1. 总体状况

2015 年东北地区城市建设用地节约集约利用现状水平指数为 27.78，比全国平均水平低 8.89，同时相比 2014 年下降了 1.39。横向比较看，辽宁省处于全国中游水平，名列第 17 位；而吉林省和黑龙江省排名总体靠后，分别名列第 26 和第 31 位。从动态变化看，三省节约集约利用现状水平指数相比于 2014 年均有所下降，其中辽宁省下降幅度最大，排名下降了 5 位（见表 1）。

表 1 东北 3 省城市建设用地节约集约利用现状水平指数

省名	2015 年			2014 年		
	指数值	排序号	全国位序号	指数值	排序号	全国位序号
辽　宁	34.98	1	17	37.57	1	12
吉　林	26.36	2	26	26.56	2	26
黑 龙 江	21.85	3	31	23.04	3	30
东北地区	27.78	—	—	29.17	—	—
全　国	37.67	—	—	30.93	—	—

2. 地级以上城市状况

2015 年东北地区地级以上城市建设用地节约集约利用现状水平指数均值为 26.26，比全国平均水平低 10.96，仅有 3 个城市进入全国百强名单。总体而言，黑龙江和吉林 2 省城市节约集约利用现状水平较低，分别位列全国倒数第 1、第 4 位；黑龙江省变异系数最大，省域内部各城市节约集约利用现状水平差异较大；吉林省变异系数较小，各城市之间比较均衡（见表 2）。

表 2　东北 3 省地级以上城市建设用地节约集约利用现状水平指数分异状况

单位：个，%

| 省名 | 城市数量 | 节约集约利用现状水平指数 | | | | | 入百强城市数量 | | | | |
		均值	标准差	变异系数	最大值	最小值	入百强数量	区域城市中百强占比	前 50 强数量	区域城市中前 50 强占比	10 强城市数量
辽　宁	11	31.75	11.09	0.35	52.10	14.02	2	18.18	1	9.09	0
吉　林	8	26.71	8.05	0.30	34.32	13.22	0	0.00	0	0.00	0
黑龙江	10	19.85	8.16	0.41	39.27	39.27	1	10.00	0	0.00	0
东　北地　区	29	26.26	10.40	0.40	52.10	12.33	3	10.34	1	3.45	0
全　国	273	37.22	14.60	0.39	95.29	9.43	100	36.63	50	18.32	10

3. 县级市状况

2015 年东北地区县级城市建设用地节约集约利用现状水平指数均值为 23.29，比全国平均水平低 11.47，仅有 2 个城市进入全国百强名单。总体而言，三省的指数均值排名总体比较靠后，分别位列全国倒数第 4、第 5、第 6 位。从内部分异看，辽宁省变异系数较小，各城市之间节约集约利用现状水平差异不大；黑龙江变异系数全国最高，各城市之间差异较大（见表 3）。

（二）节约集约利用动态变化趋势分异状况

1. 总体状况

2015 年东北地区城市建设用地节约集约利用动态变化趋势指数为 13.26，

省名	城市数量	节约集约利用现状水平指数					入百强城市数量				
		均值	标准差	变异系数	最大值	最小值	入百强数量	区域城市中百强占比	前50强数量	区域城市中前50强占比	10强城市数量
辽 宁	10	23.70	5.89	0.25	34.71	13.70	0	0.00	0	0.00	0
吉 林	20	24.03	9.28	0.39	51.49	13.43	1	5.00	1	5.00	0
黑龙江	10	21.40	14.95	0.70	59.58	59.58	1	10.00	1	10.00	0
东 北地 区	40	23.29	10.14	0.44	59.58	9.46	2	5.00	2	5.00	0
全 国	296	34.76	13.63	0.39	88.49	9.46	100	33.78	50	16.89	10

表3 东北3省县级市建设用地节约集约利用现状水平指数分异状况

单位：个，%

比全国平均水平低3.75。其中吉林省稍高，位居全国31个省（区、市）第15位；黑龙江和辽宁2省较低，分别名列第24、第31位。相比2014年，东北三省动态变化趋势指数均出现较大幅度的下降，其中辽宁省下降了9.55，排名下降了21位；黑龙江省下降了5.11，排名下降了12位；吉林省下降了2.96，排名下降了4位（见表4）。

表4 东北3省城市建设用地节约集约利用动态变化趋势指数

省名	2015年			2014年		
	指数值	排序号	全国位序号	指数值	排序号	全国位序号
辽 宁	10.53	3	31	20.08	1	10
吉 林	15.98	1	15	18.94	2	11
黑龙江	13.78	2	24	18.89	3	12
东北地区	13.26	—	—	19.32	—	—
全 国	17.01	—	—	17.01	—	—

2. 地级以上城市状况

2015年东北地区地级以上城市建设用地节约集约利用动态变化趋势指数均值为12.48，比全国平均水平低3.47，仅有8个城市进入全国百强名单。其中吉林省优势较为明显，指数均值比全国平均水平高2.21；而辽宁和黑龙江两省则有待于提升，排名分别位列全国倒数第1、第3。东北三省节约集约利

用动态变化趋势指数变异系数总体较大，位居全国前四名，不同城市之间的节约集约利用动态变化趋势差异显著（见表5）。

表5　东北3省地级以上城市建设用地节约集约利用动态变化趋势指数分异状况

单位：个，%

| 省名 | 城市数量 | 节约集约利用动态变化趋势指数 | | | | | 入百强城市数量 | | | | |
		均值	标准差	变异系数	最大值	最小值	入百强数量	区域城市中百强占比	前50强数量	区域城市中前50强占比	10强城市数量
辽　宁	11	9.67	6.13	0.63	18.34	2.69	2	18.18	0	0.00	0
吉　林	8	18.16	16.89	0.93	56.80	1.88	3	37.50	1	12.50	1
黑龙江	10	11.03	6.61	0.60	18.95	18.95	3	30.00	0	0.00	0
东　北地　区	29	12.48	10.58	0.85	56.80	0.50	8	27.59	1	3.45	1
全　国	273	15.95	7.38	0.46	56.80	0.50	100	36.63	50	18.32	10

3. 县级市状况

2015年东北地区县级市建设用地节约集约利用动态变化趋势指数均值为17.41，比全国平均水平低1.64，其中13个城市进入全国百强名单。横向比较看，吉林省优势较为明显，指数均值比全国平均水平高3.82；但辽宁省则位列全国倒数第1。东北三省县级市的建设用地节约集约利用动态变化趋势指数变异系数均高于全国平均水平，不同城市之间动态变化趋势差异较为显著（见表6）。

表6　东北3省县级市建设用地节约集约利用动态变化趋势指数分异状况

单位：个，%

| 省名 | 城市数量 | 节约集约利用动态变化趋势指数 | | | | | 入百强城市数量 | | | | |
		均值	标准差	变异系数	最大值	最小值	入百强数量	区域城市中百强占比	前50强数量	区域城市中前50强占比	10强城市数量
辽　宁	10	7.03	7.44	1.06	24.87	1.15	1	10.00	0	0.00	0
吉　林	20	22.87	18.15	0.79	74.9	2.00	10	50.00	6	30.00	3
黑龙江	10	16.84	9.87	0.59	37.22	37.22	2	20.00	1	10.00	0
东　北地　区	40	17.41	15.45	0.89	74.90	1.15	13	32.50	7	17.50	3
全　国	296	19.05	10.83	0.57	74.90	1.15	100	33.78	50	16.89	10

（三）节约集约利用综合水平分异状况

1. 总体状况

2015 年东北地区城市建设用地节约集约利用综合指数为 25.04，比全国平均水平低 6.08。其中辽宁省相对较优，位居全国第 17 名；吉林和黑龙江排名比较靠后，分别名列第 27 和第 30 位。相比 2014 年，2015 年东北三省建设用地节约集约利用综合指数均有较大幅度的下降，其中辽宁下了了 5.11，排名下降了 6 位；吉林、黑龙江分别下降了 2.34、2.41，排名分别下降了 3 位和 4 位（见表 7）。

表 7　东北 3 省城市建设用地节约集约利用综合指数

省名	2015 年			2014 年		
	指数值	排序号	全国位序号	指数值	排序号	全国位序号
辽　宁	28.67	1	17	33.78	1	11
吉　林	24.00	2	27	26.34	2	24
黑 龙 江	22.31	3	30	24.72	3	26
东北地区	25.04	—	—	28.38	—	—
全　国	31.12	—	—	30.93	—	—

2. 地级以上城市状况

2015 年东北地区地级以上城市建设用地节约集约利用综合指数均值为 24.60，比全国平均水平低 5.76，仅有 3 个城市进入全国百强名单。其中辽宁省相对较优，综合指数均值名列全国 23 位，吉林和黑龙江则分别名列第 26 和 31 位。从变异系数上看，吉林省 8 个城市之间差异比较显著；黑龙江和辽宁省各城市之间差异相对不大（见表 8）。

3. 县级市状况

2015 年东北地区县级市建设用地节约集约利用综合指数均值为 25.22，比全国平均水平低 5.78，仅有 4 个城市进入全国百强名单。其中吉林省排名相对

表 8　东北 3 省地级以上城市建设用地节约集约利用综合指数分异状况

单位：个、%

省名	城市数量	节约集约利用综合指数					入百强城市数量				
		均值	标准差	变异系数	最大值	最小值	入百强数量	区域城市中百强占比	前 50 强数量	区域城市中前 50 强占比	10 强城市数量
辽　宁	11	26.96	6.39	0.24	36.73	14.13	2	18.18	0	0.00	0
吉　林	8	25.57	9.08	0.36	43.71	16.07	1	12.50	1	12.50	0
黑龙江	10	21.21	4.40	0.21	30.63	30.63	0	0.00	0	0.00	0
东北地区	29	24.60	6.93	0.28	43.71	14.13	3	10.34	1	3.45	0
全　国	273	30.36	8.74	0.29	77.29	14.13	100	36.63	50	18.32	10

靠前，位列全国第 17 名；黑龙江和辽宁分列第 21 和 24 名。辽宁省的变异系数较小，各城市之间差异不大；黑龙江和吉林变异系数较大，各城市之间差异较大（见表 9）。

表 9　东北 3 省县级市建设用地节约集约利用综合指数分异状况

单位：个、%

省名	城市数量	节约集约利用综合指数					入百强城市数量				
		均值	标准差	变异系数	最大值	最小值	入百强数量	区域城市中百强占比	前 50 强数量	区域城市中前 50 强占比	10 强城市数量
辽　宁	10	22.30	3.43	0.15	27.55	16.74	0	0.00	0	0.00	0
吉　林	20	27.12	9.66	0.36	47.60	14.38	3	15.00	3	15.00	0
黑龙江	10	24.36	9.76	0.40	47.77	47.77	1	10.00	1	10.00	1
东北地区	40	25.22	8.62	0.34	47.77	14.38	4	10.00	4	10.00	1
全　国	296	31.00	8.36	0.27	58.88	12.41	100	33.78	50	16.89	10

四　各省状况综述

（一）辽宁

1. 基本情况

辽宁省共辖 14 个地级以上城市和 16 个县级市，除铁岭、葫芦岛、朝阳 3 个地级市和东港、凌海、盖州、灯塔、开原、凌源等 6 个县级市未参评外，11 个地级以上城市和 10 个县级市参加了城市建设用地节约集约利用评价，其中调兵山和北票 2 市为县级独立参评城市，其余 8 个县级市为地级以上参评城市的下辖市。截至 2015 年底，辽宁省参评城市土地总面积为 11.00 万平方公里，其中建设用地 1.31 万平方公里，国土开发强度为 11.91%；常住总人口 3623.86 万，相比 2014 年末减少了 31.25 万人；常住城镇人口 2529.16 万，相比 2014 年末增加了 4.27 万人；城镇化率 69.79%，相比 2014 年末提高了 0.71%；GDP 为 2.67 万亿元，相比 2014 年末增加了 159.57 亿元，常住人口人均 GDP 为 7.36 万元 / 人。

2015 年各城市建设用地节约集约利用状况排名及变化情况见图 12、图 13。

图 12　辽宁省 2015 年地级以上城市建设用地节约集约利用状况分布

图 13　辽宁省 2015 年县级市建设用地节约集约利用状况分布

2. 现状格局与特征

辽宁省是东北地区通往关内的交通要道，也是东北地区和内蒙古通向世界、连接欧亚大陆桥的重要门户和前沿地带。近年来，受人口外流、老工业基地产业结构不合理、经济效率低下以及民营经济不活跃，有效投资乏力等制约，辽宁经济下行压力加大，节约集约用地面临较大的挑战。2015 年辽宁省建设用地节约集约利用现状水平指数为 34.98，在全国 31 个省（区、市）中排名第 17 位，相比 2014 年下降了 2.60，排名下降了 5 位。节约集约利用动态变化趋势指数为 10.53，在全国 31 个省（区、市）中排名末位，相比 2014 年下降了 9.56，排名下降了 21 位。节约集约利用综合指数为 28.67，排名第 17，相比 2014 年提高了 0.49，排名下降了 6 位（见表 10）。

表 10　2015 年辽宁省城市建设用地节约集约利用状况及其排名

城市名		现状水平指数		动态变化趋势指数		综合指数	
		指数	排名	指数	排名	指数	排名
全省		34.98	17	10.53	31	28.67	17
地级以上城市	沈阳市	52.10	40	12.11	199	36.19	60
	大连市	46.98	62	18.34	77	36.73	54
	鞍山市	36.74	118	3.16	269	27.25	160
	抚顺市	33.83	142	4.30	266	23.72	219
	本溪市	35.11	129	9.17	236	29.92	123
	丹东市	25.81	223	2.75	270	23.48	222
	锦州市	21.29	243	6.54	259	23.59	221
	营口市	26.09	220	17.69	88	26.52	172
	阜新市	14.02	270	2.69	271	14.13	273
	辽阳市	24.53	232	14.73	147	24.40	210
	盘锦市	32.73	152	14.88	146	30.65	110
	指数均值	31.75	23	9.67	31	26.96	23
	变异系数	0.35	23	0.63	30	0.24	25
县级市	新民市	21.68	249	11.43	235	20.73	266
	瓦房店市	24.27	235	4.13	285	20.20	271
	庄河市	24.65	230	1.48	295	19.33	275
	海城市	34.71	135	5.91	277	27.55	191
	东港市	20.94	258	4.26	284	20.75	265
	凤城市	20.51	262	1.15	296	23.13	247
	北镇市	20.19	267	24.87	66	25.41	223
	大石桥市	25.42	220	12.65	222	26.62	205
	调兵山市	30.95	171	2.74	287	22.56	255
	北票市	13.70	284	1.71	294	16.74	287
	指数均值	23.70	22	7.03	26	22.30	24
	变异系数	0.25	10	1.06	24	0.15	5

资料来源：全国城市建设用地节约集约利用评价数据库。

辽宁省建设用地节约集约利用状况总体呈现以下特征。

第一，建设用地节约集约利用现状处于全国中下游水平，且下滑明显。2015年辽宁省地级以上城市和县级市节约集约利用现状水平指数均值分别为31.75和23.70，分列全国各省（区、市）第23和第22名。地级以上城市中，仅沈阳和大连2市进入全国273个地级以上城市百强；县级市中无一城市进入全国百强。相比于2014年，地级以上城市和县级市指数分别下降了2.36、2.68，除新民市排名有所提升外，其余20个城市排名均有不同程度的下滑。从变异系数看，地级以上城市现状水平指数变异系数为0.35，位列全国第23位，不同城市之间建设用地节约集约利用现状水平差距较大；县级市变异系数为0.25，位列第10位，相对比较均衡。

第二，建设用地节约集约利用动态变化趋势堪忧。2015年辽宁省地级以上城市和县级市节约集约利用动态变化趋势指数均值分别为9.67和7.03，分别位列全国末位和第26位。除大连、营口、北镇3市进入全国百强外，大多数城市排名靠后。同时，相比2014年，指数均值分别下降了7.9和13.09。另外，从变异系数看，地级以上城市和县级市变异系数分别为0.63、1.06，分列全国第30、第24名，不同城市之间建设用地节约集约利用动态变化趋势差距较大。

第三，建设用地节约集约利用综合水平处于全国中下游，且下滑明显。2015年辽宁省地级以上城市和县级市节约集约利用综合水平指数均值分别为26.96和22.30，分列全国各省（区、市）第23和第24名。地级以上城市中，仅沈阳和大连2市进入全国273个地级以上城市百强；而县级市均在全国190名之外。相比于2014年，地级以上城市和县级市指数分别下降了4.33、6.57，所有城市排名均有不同程度的下滑。

第四，土地城镇化质量不高，经济增长耗地偏高，建设用地投入产出强度提升乏力。辽宁省2010~2015年城镇人口与城镇工矿用地增长弹性系数仅为0.47，2015年还下降至0.17，人均城镇工矿用地从2010年的177.6平方米/人扩张至2015年的188.7平方米/人，城镇人口集聚能力不足，土地城镇化明显快于人口城镇化。2011~2015年辽宁省单位地区生产总值增长消耗新增建设用地量平均为12.56公顷/亿元，为东北地区最高，建设用地地均GDP

年均增长率仅为 6.10%，为东北地区最低，地均固定资产投资年均增加仅为 1.50%，建设用地投入产出强度提升总体乏力。

3. 政策建议

第一，积极开展全域土地整治，提升土地城镇化质量。充分利用现有政策要求，紧紧围绕产业结构调整、城市功能提升、人居环境改善等，积极开展全域土地整治工作，加快城镇低效用地再开发，深化推进城乡增减挂钩等农村土地整治工作，加强村庄用地开发利用，不断提高土地城镇化发展质量和水平，着力改善城乡面貌。

第二，积极引导产业集群化发展，不断优化建设用地结构和空间布局。认真贯彻落实中央《关于全面振兴东北地区等老工业基地的若干意见》，加快城镇中心地段工矿和企业用地产业结构调整，强化创新创业用地保障，积极引导调整区域产业布局，促进产业集群化发展，不断优化建设用地结构和空间布局，增加科学发展用地保障。加强批后监管、督促项目按时开工竣工，提高土地利用效率，优先开发利用空闲、废弃、闲置和低效利用的存量建设用地，着力遏制建设用地过快增加。

（二）吉林

1. 基本情况

2015 年吉林省共辖 8 个地级以上城市和 20 个县级市，全部纳入城市建设用地节约集约利用评价，其中延吉、图们、敦化、珲春、龙井、和龙 6 市为县级独立参评城市，其余 14 个县级市为地级以上参评城市的下辖市。截至 2015 年底，吉林省参评城市土地总面积为 17.49 万平方公里，其中建设用地 1.07 万平方公里，国土开发强度为 6.12%；常住总人口 2630.00 万，相比 2014 年末增加了 3.03 万人；常住城镇人口 1252.28 万，相比 2014 年末减少了 30.84 万人；城镇化率 47.62%，相比 2014 年末下降了 1.23%；GDP 为 1.46 万亿元，相比 2014 年末增加了 231.35 亿元，常住人口人均 GDP 为 5.53 万元 / 人。

2015 年各城市建设用地节约集约利用状况排名及变化情况见图 14、图 15。

图14　吉林省2015年地级以上城市建设用地节约集约利用状况分布

图15　吉林省2015年县级市建设用地节约集约利用状况分布

2. 现状格局与特征

吉林省地处我国东北中部、东北亚几何中心地带,区位优势和经济后发优势明显,但也面临着传统产业产能过剩、经济增速放缓、区域经济发展不均衡、经济结构单一等问题,建设用地节约集约利用面临较大挑战。2015年吉林省建设用地节约集约利用现状水平指数为26.36,在全国31个省(区、市)中排名第26位,相比2014年下降了0.19,排名维持不变。节约集约利用动态变化趋势指数为15.98,排名第15,相比2014年下降了2.96,排名下降了4位。节约集约利用综合指数为24.00,排名第27,相比2014年提高了2.34,但排名下降了3位(见表11)。

吉林省建设用地节约集约利用状况总体呈现以下特征。

第一,建设用地节约集约利用现状处于全国中下水平,区域差异较大。2015年吉林省地级以上城市和县级市节约集约利用现状水平指数均值分别为26.71和24.03,分列全国各省(区、市)第28和第21名。除延吉市位居全国296个县级市第32位外,排名总体靠后。相比于2014年,县级市指数均值提高了0.14,但地级以上城市指数均值则下降了0.29。从变异系数看,吉林省地级以上城市和县级市现状水平指数变异系数分别为0.30、0.39,分别位列全国第19、第23位,不同城市之间建设用地节约集约利用现状水平差距较大。

第二,建设用地节约集约利用动态变化趋势总体较优,但区域分异显著。2015年吉林省地级以上城市和县级市节约集约利用动态变化趋势指数均值分别为18.16和22.87,分列全国各省(区、市)第9和第5名。其中辽源市位列全国273个地级以上城市的首位,吉林和长春市分列第51、第59名;舒兰、临江和延吉3市分列全国296个县级市第1、第7和第10名,另有蛟河、梅河口、集安3市进入50强,但松原、四平,以及敦化、珲春、双辽等城市排名靠后。相比于2014年,地级以上城市指数均值提高了0.41,县级市提高了5.22,节约集约用地动态变化趋势绩效持续提升。从变异系数上看,吉林省地级以上城市和县级市变异系数分别高达0.93、0.79,分列全国第31、第23名,不同城市之间建设用地节约集约利用动态变化趋势绩效差距明显。

表 11　2015 年吉林省城市建设用地节约集约利用状况及其排名

城市名		现状水平指数		动态变化趋势指数		综合指数	
		指数	排名	指数	排名	指数	排名
全省		26.36	26	15.98	15	24.00	27
地级以上城市	长春市	33.33	149	20.71	59	26.90	167
	吉林市	34.32	137	21.49	51	29.61	128
	四平市	17.78	258	8.47	244	19.46	255
	辽源市	31.58	169	56.80	1	43.71	20
	通化市	31.27	171	9.54	230	23.99	216
	白山市	30.85	176	11.76	204	28.73	142
	松原市	21.37	241	1.88	272	16.08	270
	白城市	13.22	271	14.60	152	16.07	271
	指数均值	26.71	28	18.16	9	25.57	26
	变异系数	0.30	19	0.93	31	0.36	29
县级市	榆树市	20.81	261	23.04	82	29.18	165
	德惠市	20.21	266	13.51	209	16.83	286
	蛟河市	24.80	228	38.12	17	30.05	152
	桦甸市	30.68	172	14.64	187	24.65	230
	舒兰市	22.44	245	74.90	1	43.34	25
	磐石市	24.70	229	26.75	56	31.29	133
	公主岭市	18.59	276	15.78	162	23.40	243
	双辽市	13.43	287	6.26	276	14.38	292
	梅河口市	30.50	176	33.60	28	32.75	114
	集安市	34.93	132	27.88	47	31.25	134
	临江市	38.01	101	48.09	7	43.90	22
	扶余市	20.33	263	12.08	226	19.68	273
	洮南市	14.08	283	12.04	227	18.82	280
	大安市	13.66	285	2.15	291	14.82	291
	延吉市	51.49	32	44.66	10	47.60	12
	图们市	23.49	241	22.97	83	29.39	161
	敦化市	19.25	275	2.00	292	17.80	284
	珲春市	22.11	246	2.59	289	19.28	276
	龙井市	16.96	281	15.46	172	24.59	232
	和龙市	20.14	269	20.96	95	29.32	163
	指数均值	24.03	21	22.87	5	27.12	17
	变异系数	0.39	23	0.79	23	0.36	23

资料来源：全国城市建设用地节约集约利用评价数据库。

第三，建设用地节约集约利用综合水平总体欠佳，且区域差异较明显。2015年吉林省地级以上城市和县级市节约集约利用综合水平指数均值分别为25.57和27.12，分列全国各省（区、市）第26和第17名。相比于2014年，地级以上城市指数均值下降了0.76，县级市增加了1.54。从变异系数上看，地级以上城市和县级市变异系数均为0.36，分列全国第29、第23名，不同城市之间建设用地节约集约利用综合水平差异总体较大。

第四，土地城镇化远快于人口城镇化，城镇化发展质量有待提高。近年来吉林省人口外流突出，城镇人口集聚能力总体不强，土地城镇化远快于人口城镇化，2010~2015年城镇人口与城镇工矿用地增长弹性系数仅为0.02，2015年还出现城镇人口减少的不利局面。同时，由于部分开发区、园区土地开发利用程度、利用效率不高，一定程度上影响建设用地节约集约利用水平的提升。

3. 政策建议

第一，坚持产业定位导向，深入实施"五大发展"和"东中西区域战略"，着力提升建设用地利用效益。吉林省应充分利用区位优势和经济后发优势，深入实施创新发展、统筹发展、绿色发展、安全发展和开放发展战略以及东中西区域发展战略，坚持产业定位导向，加大对现代服务业和战略性新型产业的用地保障，着力提升中心城市的辐射带动能力；同时通过不断提升高新技术产业的招商引资绩效来提高土地利用率，推动经济结构转型升级，全面提升建设用地利用效益。

第二，严控新增用地，盘活土地存量。一方面要进一步加强城市土地基础调查工作，合理编制存量盘活和低效用地再开发相关规划，促进存量土地的节约集约利用；另一方面，对于增量土地，建立地价调节制度和土地利用检查制度，充分发挥地价的杠杆作用，引导土地节约集约利用。

（三）黑龙江

1. 基本情况

2015年黑龙江省共辖12个地级以上城市和18个县级市，除齐齐哈尔和

伊春市 2 个地级市以及五常、虎林、富锦、海林、宁安、东宁、北安、海伦等 8 个县级市未参评外，其余 10 个地级市和 10 个县级市纳入城市建设用地节约集约利用评价，其中讷河、铁力、绥芬河 3 市为县级独立参评城市。截至 2015 年底，黑龙江省参评城市土地总面积为 31.98 万平方公里，其中建设用地 1.34 万平方公里，国土开发强度为 4.18%；常住总人口 3158.56 万，相比 2014 年末减少了 51.22 万人；常住城镇人口 1802.75 万，相比 2014 年末减少了 6.92 万人；城镇化率 57.06%，相比 2014 年末提高了 0.70%；GDP 为 1.40 万亿元，相比 2014 年末下降了 636.08 亿元，常住人口人均 GDP 为 4.45 万元 / 人。

2015 年各城市建设用地节约集约利用状况排名及变化情况见图 16、图 17。

图 16　黑龙江省 2015 年地级以上城市建设用地节约集约利用状况分布

图 17 黑龙江省 2015 年县级市建设用地节约集约利用状况分布

2. 现状格局与特征

黑龙江省位于我国最东北部，作为老工业基地，黑龙江省产业发展结构性、体制性矛盾突出，长期以来存在土地利用结构失衡、土地产出率较低等问题，节约集约用地面临较大挑战。2015 年黑龙江省建设用地节约集约利用现状水平指数为 21.85，在全国 31 个省（区、市）中排名末位，相比2014 年下降了 1.18，排名下降了 1 位。节约集约利用动态变化趋势指数为13.78，排名第 24，相比 2014 年下降了 5.11，排名下降了 12 位。节约集约利用综合指数为 22.31，排名第 30，相比 2014 年下降了 2.41，排名下降了 4位（见表 12）。

黑龙江省建设用地节约集约利用状况总体呈现以下特征。

第一，建设用地节约集约利用现状水平低，区域差异大。2015 年黑龙江省地级以上城市和县级市节约集约利用现状水平指数均值分别为 19.85 和21.40，分列全国各省（区、市）末位和第 23 名。除绥芬河市位居全国 296 个县级市第 16 位，哈尔滨市位居全国 273 个地级以上城市第 100 名外，排名总

表 12 2015 年黑龙江省城市建设用地节约集约利用状况及其排名

城市名		现状水平指数		动态变化趋势指数		综合指数	
		指数	排名	指数	排名	指数	排名
全省		21.85	31	13.78	24	22.31	30
地级以上城市	哈尔滨市	39.27	100	18.13	80	30.63	111
	鸡西市	14.95	268	8.73	238	17.82	265
	鹤岗市	18.51	254	4.04	267	22.13	233
	双鸭山市	15.01	267	0.50	273	18.46	261
	大庆市	15.98	264	5.79	262	14.27	272
	佳木斯市	18.60	252	12.91	175	21.73	237
	七台河市	18.24	256	7.44	250	19.89	250
	牡丹江市	29.13	192	15.99	121	25.00	198
	黑河市	12.33	272	18.95	71	20.40	247
	绥化市	16.52	261	17.84	85	21.83	236
	指数均值	19.85	31	11.03	29	21.21	31
	变异系数	0.41	28	0.60	27	0.21	18
县级市	尚志市	21.41	252	2.40	290	18.20	282
	讷河市	9.46	296	37.22	20	27.69	188
	密山市	10.57	294	13.60	207	15.75	289
	铁力市	17.95	278	10.49	251	19.18	277
	同江市	11.68	289	9.59	258	15.32	290
	绥芬河市	59.58	16	20.09	103	47.77	10
	穆棱市	30.02	179	27.30	53	31.82	124
	五大连池市	10.79	293	20.08	104	20.43	268
	安达市	21.29	253	13.22	217	25.40	224
	肇东市	21.25	254	14.42	195	22.08	257
	指数均值	21.40	23	16.84	14	24.36	21
	变异系数	0.70	25	0.59	20	0.40	24

资料来源：全国城市建设用地节约集约利用评价数据库。

294

体靠后。同时，相比于 2014 年，地级以上城市和县级市指数均值分别下降了
1.03、0.88。从变异系数上看，地级以上城市和县级市现状水平指数变异系数
分别为 0.41、0.70，分列全国第 28、第 25 位，不同城市之间建设用地节约集
约利用现状水平差距较大。

　　第二，建设用地节约集约利用动态变化趋势位于全国中下水平，且下滑
较明显。2015 年黑龙江省地级以上城市和县级市节约集约利用动态变化趋势
指数均值分别为 11.03 和 16.84，分列全国各省（区、市）第 29 和第 14 位。
除哈尔滨、黑河、绥化市以及讷河、穆棱市进入全国百强外，总体排名比较
靠后。同时相比于 2014 年，节约集约利用动态变化趋势下滑比较明显，地级
以上城市和县级市指数均值分别下降了 3.85、4.39。从变异系数上看，地级以
上城市和县级市变异系数分别高达 0.60、0.59，分列全国第 27、第 20 位，不
同城市之间建设用地节约集约利用动态变化趋势差距较大。

　　第三，建设用地节约集约利用综合现状处于全国较低水平，且有所下滑。
2015 年黑龙江省建设用地节约集约利用综合指数 22.31，在全国 31 个省（区、
市）中排第 30 位，同时相比 2014 年下降了 2.41，排名下降了 4 位。地级以
上城市建设用地节约集约利用综合指数均值为 21.21，相比 2014 年下降了
1.48，位列末位；县级市建设用地节约集约利用综合指数均值为 24.36，相比
2014 年下降了 1.59，列第 21 位。从变异系数上看，地级以上城市和县级市变
异系数分别为 0.21、0.40，分列全国第 18、第 24 位，县级市之间建设用地节
约集约利用现状水平差距较大。

　　第四，建设用地投入产出强度低，提升缓慢，土地城镇化明显快于人
口城镇化。作为老工业基地，黑龙江省产业发展的结构性矛盾突出，导致城
市土地各项用地类型的比例失衡，土地利用结构不合理，土地产出率较低。
2015 年黑龙江省建设用地地均 GDP、地均固定资产投资分别为 105.03 亿元 /
公顷、62.39 亿元 / 公顷，分列全国第 28、第 31 位。黑龙江省第二产业比重
较大而第三产业发展滞后，尤其是资源型城市第三产业起步较晚，在城市转
型过程中，均面临后劲不足的压力，使得建设用地投入产出强度提升缺乏动
力，2010~2015 年黑龙江省建设用地地均 GDP 平均仅增长 6.66%，低于全国

和东北地区平均水平，2015 年更降至 2.73%，建设用地粗放式扩张问题突出。此外，黑龙江 2010~2015 年城镇人口与城镇工矿用地增长弹性系数仅为 0.37，2015 年弹性系数为 −0.33，城镇人口集聚能力不足，土地城镇化发展质量不高。

3. 政策建议

第一，加快产业结构优化升级，不断提高土地利用效率。黑龙江省一、二产业比重高，先进制造业、高新技术产业比重低，面对传统油、煤、粮、木四大产业及资源型城市发展瓶颈凸显，建设用地节约集约利用面临巨大挑战。以提高自主创新能力和加快高新技术产业发展为重点，积极培育发展具有潜在比较优势的新兴产业，大力发展旅游业和现代服务业，不断优化产业结构，是不断提升建设用地投入产出水平，促进建设用地节约集约高效利用的重要路径选择。

第二，科学制定区域发展规划和土地利用政策，并加强对城乡接合部的规划管控。结合黑龙江当前城市建设用地节约集约利用区域性特征比较明显的现实，在制定区域发展规划和土地利用政策时，一方面应遵循现有城市格局，在严格控制城市规模，积极调整土地利用结构的同时，突出对哈大齐工业走廊基础设施共享用地的保障力度，着力提高其自我发展能力。另一方面应注重对西部和南部城市的土地利用政策引导，逐步提高西部、南部城市建设用地节约集约利用水平的提升。另外，针对城市边缘区土地失控、利用绩效低下等问题，应加强"两规"结合，强化城乡接合部用地规划管控。

专 题 篇

Project Sections

B.7
"十二五"时期不同行政级别城市建设用地节约集约利用状况分析报告

摘　要：　基于"全国城市建设用地节约集约利用评价"基础数据，按直辖市、副省级城市、一般省会城市、一般地级市和县级市等五个行政级别，分析揭示了"十二五"时期不同行政级别城市建设用地节约集约利用的总体特征、分异规律；对比分析了36个省会城市和计划单列市的建设用地节约集约利用状况，提出节约集约用地的政策建议。

关键词：　城市　建设用地　节约集约利用　行政级别　分异规律

　　为揭示全国（不含港、澳、台地区）不同行政级别城市建设用地节约集约利用现状及分异特征，本专题报告按直辖市、副省级城市、一般省会城市、一般地级市和县级市等五个行政级别进行分析。其中直辖市涉及北京、天津、上海、重庆4市，副省级城市涉及广州、杭州、成都、南京、长春、沈阳、哈尔滨、济南、武汉、西安等10个副省级省会城市和深圳、厦门、宁波、大

连、青岛等 5 个计划单列市，一般省会城市指除直辖市、副省级省会城市以外的省会城市，包括石家庄、太原、呼和浩特、合肥、福州、南昌、郑州、长沙、南宁、海口、贵阳、昆明、拉萨、兰州、西宁、银川、乌鲁木齐等 17 个城市，一般地级市即为扣除 36 个省会城市和计划单列市外的其余 237 个地级参评城市，县级市即涉及的 296 个县级参评城市。

一 "十二五"时期不同行政级别城市建设用地节约集约利用状况

（一）土地利用现状

1. 三大类用地结构

由于全国不同城市社会经济发展水平、自然条件及资源禀赋存在巨大差异，不同行政级别城市土地利用现状结构存在较大分异，国土开发强度总体呈现副省级以上城市向一般省会城市、县级市、一般地级市依次递减的分异规律，其中一般省会城市建设用地扩张速度最快。

首先，不同行政级别城市中，15 个副省级城市和 4 个直辖市国土开发强度最高，2015 年国土开发强度分别为 15.57% 和 14.58%，是全国参评城市平均水平的 2.3 倍和 2.1 倍；17 个一般省会城市国土开发强度为 9.78%，是全国参评城市平均水平的 1.4 倍；237 个一般地级市和 296 个县级市的国土开发强度相对较低，分别为 6.48% 和 6.82%（见图 1）。

其次，从土地利用结构动态变化看，"十二五"期间，17 个一般省会城市建设用地增长最快，5 年累计增长 12.7%，年均增长 2.4%，比全国参评城市平均水平高出 0.9 个百分点，5 年间国土开发强度提高了 1.10 个百分点；15 个副省级城市次之，建设用地年均增长 1.7%，国土开发强度提高了 1.27 个百分点；4 个直辖市建设用地增长幅度最小，年均增长不到 1.4%，比全国参评城市平均水平低 0.3%，国土开发强度提高了 0.94 个百分点，比全国参评城市平均提升幅度高 0.19 个百分点（见图 2）。

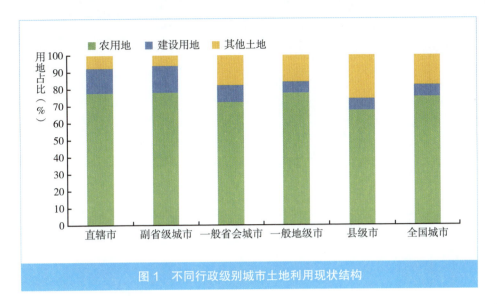

图 1　不同行政级别城市土地利用现状结构

2. 建设用地结构

全国不同行政级别城市建设用地内部结构比例总体比较均衡，直辖市城乡建设用地和城镇用地占比相对较高，一般省会城市城乡建设用地和城镇用地增长最为明显。

首先，全国不同行政级别城市城乡建设用地占建设用地的比重在78.9%~83.0%，其中直辖市占比最高，县级市占比最低，但总体差距不明显；交通水利用地占比，县级市最高，为19.0%，直辖市最低，为15.4%。城乡建设用地中，城镇用地占比副省级城市最高，为49.5%，直辖市次之，为48.5%，一般省会城市再次之，为42.9%，一般地级市最低，为26.8%；村庄用地占比一般地级市最高，为65.5%，副省级城市占比最低，为45.7%；采矿用地占比县级市最高，为8.3%，直辖市最低、为4.7%（见图3）。

其次，从动态变化看，2010~2015年，城乡建设用地增长最快的是一般省会城市，年均增长为2.3%，比全国参评城市平均高0.6%，2015年增长2.0%，较5年平均增速有所回落；副省级城市次之，年均增长为1.7%；县级市、一般地级市增长较小，分别为1.4%和1.3%；直辖市增长最小，仅为

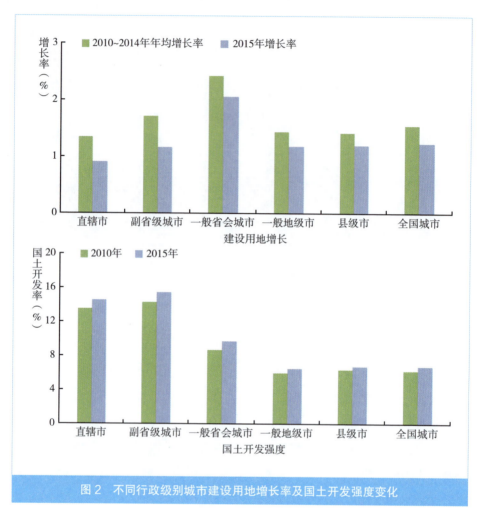

图 2　不同行政级别城市建设用地增长率及国土开发强度变化

1.2%。城乡建设用地中，城镇用地增长最快的是一般省会城市，年均增长为
4.9%，比全国参评城市平均增速高 1.31%；一般地级市和县级市次之，分别
为 3.8% 和 3.4%，副省级城市和直辖市增长较小，分别为 3.0% 和 2.7%。从
村庄用地扩张看，"十二五"期间直辖市的村庄用地面积呈现逐年下降的趋
势，5 年累计村庄用地减少了 16.2 平方公里，年均减少 0.05%；而县级市和副
省级城市的村庄用地增长较快，年均增长在 0.7% 左右，一般省会城市次之，
在 0.6% 左右，一般地级市增长较小，为 0.5%（见图 4）。

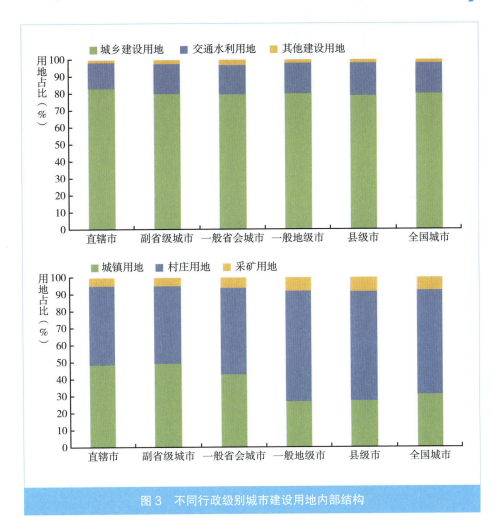

图3 不同行政级别城市建设用地内部结构

（二）建设用地利用强度

1. 建设用地人口承载水平

"十二五"期间，全国不同行政级别城市建设用地人口承载水平随城市行政级别提升而提高，并总体呈现逐年持续小幅下降的态势，其中一般省会城市建设用地人口承载水平降幅最为明显。

首先，全国不同行政级别城市建设用地人口承载水平总体呈现城市行政

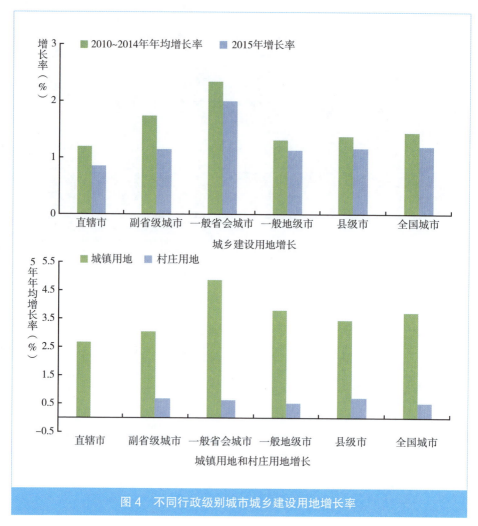

图 4　不同行政级别城市城乡建设用地增长率

级别越高建设用地人口密度越高的分布规律。2015 年，四个直辖市的建设用
地人口承载水平最高，建设用地和城乡建设用地人口密度分别为 5270.8 人 /
平方公里和 6349.4 人 / 平方公里，比全国参评城市平均水平高出 1562.3 人 /
平方公里和 1719.4 人 / 平方公里；而县级市的建设用地和城乡建设用地人口
密度最低，分别为 3241.1 人 / 平方公里和 4106.0 人 / 平方公里，仅为直辖市
的 60% 左右。

　　其次，从动态变化上看，2010~2015 年除直辖市的建设用地和城乡建设

用地人口密度年均小幅提升 0.3% 和 0.4% 外，其余行政级别城市的建设用地人口承载水平持续小幅下降，其中一般省会城市降幅最明显，5 年年均分别下降 1.2% 和 1.1%；县级市降幅次之，年均分别下降 1.1% 和 1.0%。但 2015 年相比 2014 年，副省级城市人口承载水平有所提升，建设用地和城乡建设用地人口密度分别提高了 0.3% 左右；直辖市和其他级别城市均呈现微幅下降，其中一般省会城市降幅最大，下降了约 0.9%（见图 5）。

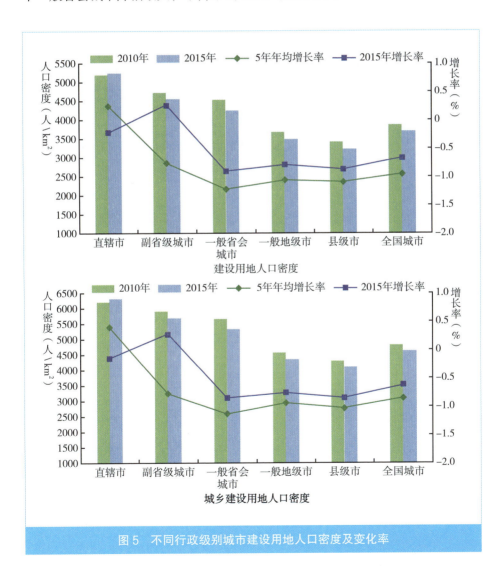

图 5　不同行政级别城市建设用地人口密度及变化率

2. 建设用地经济强度

"十二五"期间，全国不同行政级别城市建设用地产出强度总体呈现行政级别越高、建设用地地均GDP越高的特征，但一般地级市的产出强度相对偏低。2015年，四个直辖市建设用地地均GDP最高，为463.1万元/公顷，是全国参评城市平均水平的2.2倍；副省级城市次之，为448.9万元/公顷；一般省会城市为296.4万元/公顷，略高于全国参评城市平均水平；而一般地级市、县级市较低，分别为162.3万元/公顷和185.6万元/公顷，其中一般地级市最低，比县级市低23.3万元/公顷。从年间变化看，不同行政级别城市建设用地产出强度提升幅度总体相当，其中一般省会城市提升较为明显，2010~2015年年均增长8.9%，2015年增长8.3%；副省级城市提升幅度相对较低，年均增长不到7.9%，2015年增长不到6.6%。

从建设用地投入强度上看，全国不同行政级别城市中，省会及以上城市的建设用地投入强度明显高于一般地级市和县级市。2010~2015年，全国36个省会城市和计划单列市的建设用地地均固定资产投资平均为200.6万元/公顷，比一般地级市的98.4万元/公顷和县级市的99.4万元/公顷高出1倍多。但从年间变化看，一般省会城市、一般地级市及县级市的建设用地投入强度提升较为明显，五年年均增长率在14%以上；而副省级城市提升较小，五年平均增长率不到10%，其中2015年仅增长0.6%（见图6）。

（三）增长耗地

1. 人口增长耗地

全国不同行政级别城市人口增长新增耗地量总体呈现行政级别越低、耗地量越高的分异特征。2011~2015年，四个直辖市单位人口增长消耗新增城乡建设用地平均为188.6平方米/人，仅为全国参评城市平均水平的36%左右，而一般地级市和县级市的人口增长新增耗地则分别高达800.7平方米/人、1010.1平方米/人，分别为直辖市新增耗地量的4.3倍和5.4倍。从动态变化上看，不同行政级别城市人口增长新增耗地年间变化的规律性不明显。其中，副省级城市近五年新增耗地总体呈现持续下降的良好态势，从2011年的540.6平方米/

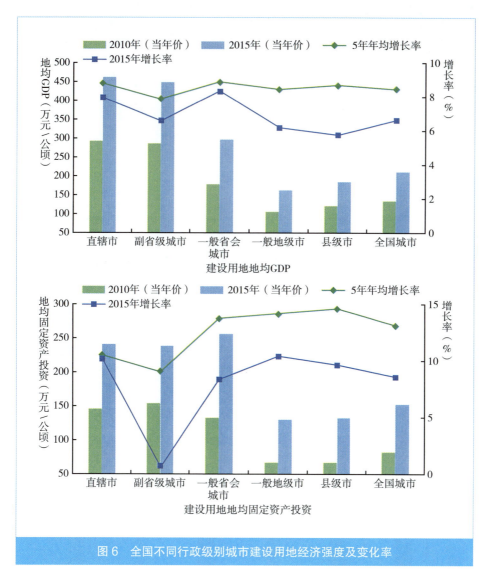

图 6　全国不同行政级别城市建设用地经济强度及变化率

人下降至 2015 年的 138.8 平方米／人。2015 年相比于 2014 年，除直辖市新增耗地增加了 78.1 平方米／人外，其余各级别城市均有不同程度的下降（见图 7）。

2. 经济增长耗地

在国家"十二五"单位 GDP 建设用地下降 30% 的目标管控导向下，

图 7　不同行政级别城市人口增长耗地水平及变化状况

"十二五"期间不同行政级别城市单位 GDP 建设用地使用面积下降水平总体相当，2010~2014 年下降率最大的一般省会城市为 34.7%，下降率最小的副省级城市也达 31.5%；其中 2015 年下降率最大的也是一般省会城市，为 7.7%，最小的是县级市，为 5.4%（见图 8）。

图 8　不同行政级别城市单位 GDP 耗地下降率

从不同行政级别城市的经济增长新增耗地量分异特征上看，总体呈现行政级别越高、新增耗地越低的基本趋势。直辖市、副省级城市的单位 GDP 增长和单位固定资产投资消耗新增建设用地量总体低于一般地级市和县级市，但受城市土地资源禀赋、土地利用规划管控、年度计划指标分配等因素影响，内部具体分异及年间变化规律性不甚明显。从单位 GDP 增长消耗新增建设用地量看，一般地级市新增耗地量最高，其中 2011~2014 年 4 年平均为 11.4 公顷 / 亿元，2015 年为 10.2 公顷 / 亿元；直辖市最低，2011~2014 年 4 年平均为 5.3 公顷 / 亿元，2015 年为 3.6 公顷 / 亿元，不到一般地级市耗地量的一半。从单位固定资产投资消耗新增建设用地量看，县级市最高，2010~2014 年 5 年平均为 1.8 公顷 / 亿元，2015 年为 0.9 公顷 / 亿元；副省级城市最低，2010~2014 年 5 年平均不到 1.0 公顷 / 亿元，2015 年不到 0.5 公顷 / 亿元。从动态变化上看，2015 年相比以往各年来看，不同行政级别城市的经济增长新增耗地量均有一定幅度的下降，其中副省级城市下降最为显著（见图 9）。

（四）经济社会发展与用地变化匹配

1. 人口增长与用地变化匹配状况

从人口增长与用地变化匹配协调状况来看，由于全国人口生育率的持续下降，不同行政级别城市常住总人口增长总体慢于城乡建设用地增长速度，建设用地人口承载水平总体趋于下降，但由于直辖市资源要素集聚度高，2010~2015 年常住总人口、常住城镇人口增长总体快于用地增长速度，常住总人口与城乡建设用地增长弹性系数、常住城镇人口与城镇工矿用地增长弹性系数分别为 1.35 和 1.03，建设用地人口密度相比 2010 年有较大的提升，但随着近两年来大城市人口疏解政策的推进，直辖市建设用地人口密度有所回落。与此同时，随着新型城镇化的快速推进，一般地级市和县级市的人口城镇化总体快于土地城镇化，2010~2014 年常住城镇人口与城镇工矿用地增长弹性系数达 1.1 左右，城镇工矿用地人口承载力得到较大的提升。从 2015 年的人口增长与用地变化匹配协调状况看，副省级城市人地协调状况趋好明显，常住总人口与城乡建设用地增长弹性系数、常住城镇人口与城镇工矿用地增

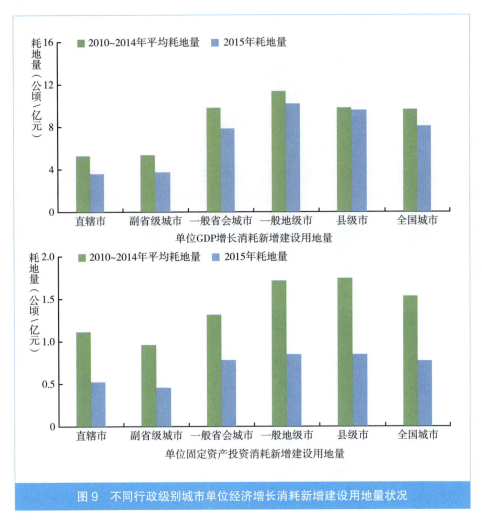

图9　不同行政级别城市单位经济增长消耗新增建设用地量状况

长弹性系数达 1.3 左右，建设用地扩张控制成效明显。另外，随着上海等城市城乡人地挂钩、建设用地"减量化"政策的推进，直辖市村庄用地蔓延趋势得到一定的遏制，总体呈现常住农村人口与村用地同步减少、人均村庄用地持续下降的良好态势，但其他行政级别城市农村人口减少、村庄用地不减反增的问题总体依然突出（见图10）。

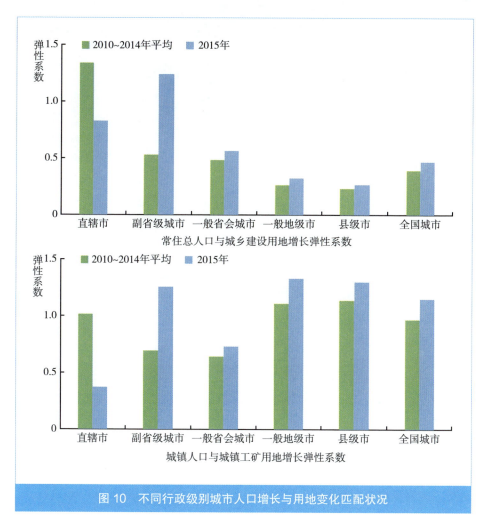

图 10　不同行政级别城市人口增长与用地变化匹配状况

2. 经济发展与用地变化匹配状况

全国不同行政级别城市经济发展与建设用地增长匹配协调度总体较高。其中直辖市 2010~2014 年地区生产总值与建设用地增长弹性系数最高，达 9.1；一般省会城市和副省级城市相对偏低，分别为 5.7 和 6.6。从年间变化看，直辖市和副省级城市 2015 年地区生产总值与建设用地增长弹性系数提升明显，而一般地级市、一般省会城市和县级市由于经济转型压力大，经济增长回落等因素影响，用地变化匹配协调度有所下降（见图 11）。

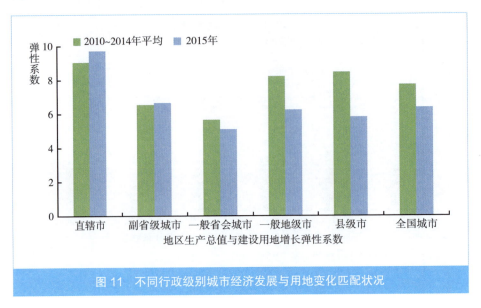

图 11　不同行政级别城市经济发展与用地变化匹配状况

二　不同行政级别城市建设用地节约 集约利用分异特征

综合分析全国不同行政级别城市建设用地节约集约利用现状及分异特征，基于全国城市建设用地节约集约利用评价理论框架、指标体系及其评价结果分析，主要呈现以下特征。

（一）全国城市建设用地节约集约利用现状水平与城市行政级别高低关系密切，总体呈现城市行政级别越高，建设用地节约集约利用现状水平越高的分布格局

一般地，城市行政级别高，区域影响力强，社会经济集聚度高，土地节约集约利用程度较高，随着城市规模、影响力减小，土地节约集约利用程度也相应降低。全国城市建设用地节约集约利用现状水平总体呈现城市行政级别越高节约集约利用现状水平越高的特征。如表 1 所示，全国不同行政级别

城市的城乡建设用地人口密度、建设用地地均 GDP、建设用地地均固定资产投资以及节约集约利用现状水平指数总体呈现"直辖市 > 副省级城市 > 一般省会城市 > 一般地级市 > 县级市"的趋势，但剔除掉省会城市和计划单列市后的 237 个一般地级城市，由于地均 GDP 及地均固定资产投资指标偏低，节约集约利用现状水平略低于县级市。通过对建设用地节约集约利用现状水平指数与城市行政级别做相关分析，结果显示两者在 0.01 的水平（双侧）上呈显著相关，相关系数为 0.308。从动态变化上看，2015 年相比于 2014 年，直辖市、副省级城市和一般省会城市的建设用地节约集约利用强度指数分别提高了 9.8、7.6 和 8.5，提升幅度分别为 5.8%、4.5%、6.2%，明显高于一般地级市和县级市的提升幅度，使得"直辖市 > 副省级城市 > 其他省会城市 > 县级市"的城市建设用地节约集约利用分异特征更加明显。

表 1　不同行政级别城市建设用地节约集约利用现状水平一览

城市行政级别	城市数量（个）	利用强度指标现状值						建设用地节约集约利用现状水平指数均值		建设用地利用强度指数值	
		城乡建设用地人口密度（人 /km²）		建设用地地均固定资产投资（万元 /km²）		建设用地地均地区生产总值（万元 /km²）					
		2015 年	2014 年	2015 年	2014 年	2015 年	2014 年	2015 年	2014 年	2015 年	2014 年
直辖市	4	6349.40	6358.47	22151.16	19850.83	46314.17	43539.13	65.57	64.77	179.62	169.82
副省级城市	15	5698.94	5682.92	23552.17	22050.64	44885.38	42481.74	62.41	62.32	175.13	167.56
一般省会城市	17	5352.32	5398.01	23343.51	20703.63	29636.35	27905.69	51.79	50.87	146.38	137.84
一般地级市	237	4377.50	4410.83	11793.37	10397.49	16226.73	15636.07	34.10	33.76	89.69	85.80
县级市	296	4105.99	4141.03	12016.57	10553.45	18558.46	18014.14	34.76	34.39	91.88	87.92
全国城市	569	4578.06	4607.27	13803.61	12280.24	20848.43	19968.05	35.94	35.57	103.63	98.92

注：表中利用强度指标现状值为各行政级别参评城市的整体数值，建设用地节约集约利用现状水平指数均值为各行政级别参评城市指数值的简单平均数，建设用地利用强度指数值以 2014 年全国参评城市指标现状值作为基准（100）测算得到。

（二）建设用地节约集约利用动态变化趋势与城市行政级别之间呈正"U"形分布关系，高级别城市建设用地内涵集约型发展趋向比较明显

全国不同行政级别城市表征建设用地节约集约利用动态变化趋势状况的增长耗地、用地弹性指标及其动态变化趋势指数均值的分布总体呈现"两头高、中间低"的正"U"形特征，其中一般省会城市和一般地级市的动态变化趋势指数相对处于低点，随着城市行政级别的提升或下降，节约集约利用动态变化趋势指数趋于升高。特别是直辖市、副省级城市不仅节约集约利用动态变化趋势指数处于相对高值，而且年间有所提升，建设用地内涵集约型发展趋向比较明显；但县级市的节约集约利用动态变化趋势指数则有所下降（见表2）。

（三）全国不同行政级别城市建设用地节约集约利用综合水平总体呈现行政级别越高节约集约利用水平越高的分布特征，但一般地级市的节约集约度总体偏低

由于城市行政级别越高，各类资源要素的集聚能力越强，建设用地越趋于节约集约利用。如图12所示，全国不同行政级别城市建设用地节约集约利用综合指数值总体呈现"直辖市>副省级城市>一般省会城市>县级市>一般地级市"的分布规律。但一般地级市由于中心市区要素集聚能力一般，加之下辖各县域的城镇化水平、经济发展水平偏低等因素，导致建设用地节约集约利用综合水平相对偏低。从动态变化上看，2015年相比于2014年，高级别城市特别是直辖市与一般地级市、县级市之间节约集约利用综合指数的差距有所拉大，城市行政级别越高，建设用地节约集约利用综合水平越高的分布特征进一步得到显化。

三　36个省会城市和计划单列市
节约集约用地状况横向比较

北京等31个省会城市和深圳、厦门、宁波、大连、青岛等5个计划单列

表2 不同行政级别城市建设用地节约集约利用动态变化趋势一览

城市行政级别	城市数量（个）	增长耗地指标现状值								用地弹性指数现状值				节约集约利用动态变化趋势指数均值	
		单位人口增长消耗新增城乡建设用地量（m²/人）		单位地区生产总值耗地下降率（%）		单位地区生产总值增长消耗新增建设用地量（hm²/亿元）		单位固定资产投资消耗新增建设用地量（hm²/亿元）		人口与城乡建设用地增长弹性系数		地区生产总值与建设用地增长弹性系数			
		2015年	2014年	2015年	2014年	2015年	2014年	2015年	2014年	2015年	2014年	2015年	2014年	2015年	2014年
直辖市	4	300.46	222.34	7.37	7.60	3.58	4.95	0.53	0.80	1.30	1.40	8.87	7.09	31.12	30.78
副省级城市	15	138.79	215.37	6.16	6.33	3.76	4.43	0.46	0.55	0.76	0.47	6.65	6.08	22.53	22.48
一般省会城市	17	331.86	365.10	7.69	6.00	7.90	12.39	0.78	1.10	0.50	0.47	4.64	4.78	15.86	14.38
一般地级市	237	658.43	784.25	5.81	6.40	10.25	13.70	0.85	1.37	0.29	0.28	6.76	7.36	15.28	15.27
县级市	296	857.59	1075.26	5.41	6.69	9.61	10.82	0.85	1.23	0.25	0.24	6.81	7.74	19.05	19.19
全国城市	569	468.31	566.24	6.09	6.50	8.16	10.84	0.77	1.18	0.41	0.38	6.71	7.02	17.56	17.58

注：表中指标现状值为各行政级别参评城市的整体数值，建设用地节约集约利用动态变化趋势指数均值为各行政级别参评城市指数值的简单平均数。

图 12　不同行政级别城市建设用地节约集约利用综合水平分布

市，地理位置优越，水、陆、空交通发达，历史较悠久，经济基础良好，不仅在区域中处于核心地位，也是国内外公认的长三角城市群、珠三角城市群、京津冀环渤海湾城市群三大中国经济"增长极"，以及长株潭城市群、武汉经济圈、成渝经济区等国家层面优化开发、重点开发区域的核心城市、重点城市。2015 年末，36 个省会城市和计划单列市常住人口 3.18 亿，占全国总人口的 23.2%；土地面积 52.56 万平方公里，占全国土地总面积的 5.5%，其中建设用地总面积 6.84 万平方公里，占全国建设用地总面积的 17.7%；国土开发率 13.0%，是全国平均水平的 3.4 倍；GDP 为 27.78 万亿元，占全国总量的 40.5%；人均 GDP 为 8.73 万元／人，是全国平均水平的 1.8 倍；城镇化率 67.99%，比全国平均水平高出 11.89%；其综合实力和竞争力总体位居全国前列，并在全球城市竞争力排名中占据一定的地位。

（一）建设用地节约集约利用现状水平状况比较

通过对 36 个省会城市和计划单列市城乡建设用地人口密度、建设用地地均 GDP、地均固定资产投资等表征建设用地节约集约利用现状水平指标的综合分析、评价，结果显示，36 个重点城市建设用地节约集约利用总体水平位居全国或所在区域前列，土地承载社会经济总量的能力总体较强，但东北、西部地区重点城市的节约集约利用现状水平相对偏低。

首先，从建设用地人口承载水平看，36个重点城市2015年建设用地和城乡建设用地人口密度分别为4653.8人/平方公里和5764.8人/平方公里。其中，深圳市最高，分别为11656.9人/平方公里和13817.6人/平方公里；另有上海、广州、厦门、北京、福州、武汉、贵阳等城市也处于前列；建设用地人口密度最低的是拉萨，仅为2473.5人/平方公里，城乡建设用地人口密度最低的是长春，仅为3349.9人/平方公里；另外，银川、大连、呼和浩特等城市也较低。从动态变化上看，相比于2010年，36个重点城市2015年建设用地和城乡建设用地人口密度分别下降了149.1人/平方公里和166.3人/平方公里，累计降幅为3.1%和2.8%，年均降幅为0.6%左右，其中2015年降幅有所收窄，为0.2%左右。从具体城市来看，2015年相比于2014年，深圳、广州、厦门、天津、杭州、合肥、北京、成都、武汉、长春等10个城市建设用地人口承载水平有所提升，而其余26个城市则有所下降。

其次，从建设用地投入产出强度看，36个重点城市2015年建设用地地均GDP为406.20万元/公顷，其中最高的深圳市为1793.05万元/公顷，广州次之，为1006.51万元/公顷，上海再次之，为818.04万元/公顷，最低的是拉萨市，仅为143.09万元/公顷。建设用地地均固定资产投资[①]为231.33万元/公顷，其中贵阳市最高，为357.67万元/公顷，另有西宁、西安、福州、武汉等4个城市也在320.00万元/公顷以上，最低的是呼和浩特，为112.36万元/公顷。从动态变化上看，相比于2014年，36个重点城市2015年建设用地地均GDP和地均固定资产投资分别提高了22.63万元/公顷和20.50万元/公顷，除大连和沈阳两市地均固定资产投资有所回落外，其余各城市的建设用地投入产出强度均有不同程度的提升。其中，贵阳市的建设用地地均GDP提升幅度最大，为12.3%；海口市的建设用地地均固定资产投资提升幅度最大，为24.0%。

综合比较分析36个重点城市建设用地节约集约利用现状水平指数分布状况，

---

① 指评价基准年之前的3年（含基准年）的全社会固定资产投资总额的平均值与基准年的建设用地总面积之比值。

深圳、广州、厦门、上海等 4 个城市的建设用地节约集约利用现状水平位居全国273 个地级以上城市的前 4 名，武汉、福州、北京和贵阳等 4 市位列 6~9 名，南京、西安、长沙、成都、西宁、天津、杭州、南昌、太原、乌鲁木齐、宁波等 11 市位居前 30 名；而哈尔滨、银川、呼和浩特、拉萨、长春等 5 市的建设用地节约集约利用现状水平相对偏低，仅位居全国 273 个地级以上城市的 100~150 名（见表 3）。

（二）建设用地节约集约利用动态变化趋势状况比较

通过对 36 个省会城市和计划单列市单位人口增长消耗新增城乡建设用地量、单位地区生产总值耗地下降率、单位地区生产总值增长消耗新增建设用地量、单位固定资产投资消耗新增建设用地量等增长耗地指数，以及人口与城乡建设用地增长弹性系数、地区生产总值与建设用地增长弹性系数等，表征建设用地节约集约利用动态变化趋势指标的综合分析、评价，结果显示，近年来 36 个重点城市建设用地在扩张的同时日趋集约化发展，建设用地消耗与自身社会经济发展总体较为协调。其中深圳、天津、北京、广州、厦门等城市建设用地节约集约利用动态变化最为明显，但银川、兰州、昆明、沈阳、福州、西安、拉萨、南宁、宁波、郑州等城市相对逊色。

首先，2012~2015 年，36 个重点城市常住总人口与城乡建设用地增长弹性系数、城镇常住人口与城镇工矿用地增长弹性系数分别为 0.74 和 0.77，城乡建设用地、城镇工矿用地扩张速度总体快于常住人口、城镇人口增长速度，人均城乡建设用地和人均城镇用地总体有所增加。其中，天津、北京、深圳、厦门、合肥、大连、海口、哈尔滨等 8 个城市的常住总人口与城乡建设用地增长弹性系数、城镇常住人口与城镇工矿用地增长弹性系数大于 1，另有济南、成都、石家庄、青岛等 4 个城市的城镇常住人口与城镇工矿用地增长弹性系数大于 1，人口城镇化快于土地城镇化，建设用地节约集约化发展趋势明显；而其余 24 个城市的土地城镇化仍快于人口城镇化，其中长春市还呈现人口外流而城乡建设用地持续扩张的不利局面。但从单位人口增长消耗新增城乡建设用地量看，36 个重点城市 2015 年单位人口增长消耗新增城乡建设用地量 221.1 平方米/人，总体处于较低水平，其中深圳（13.10 平方米/人）、广

表3 36个省会城市和计划单列市建设用地节约集约利用现状水平状况一览

城市名	建设用地人口密度（人/km²）		城乡建设用地人口密度（PUII1）（人/km²）		建设用地均固定资产投资（EUII1）（万元/km²）		建设用地均地区生产总值（EUII2）（万元/km²）		节约集约利用现状水平指数及在全国273个地级以上城市中的排名		
	2015年指标值	较上年变化量	2015年指标值	较上年变化量	2015年指标值	较上年变化量	2015年指标值	较上年变化量	指数数值	排名位序	位序较上年变化
北京	6079.00	26.48	7430.04	28.62	21085.25	1340.31	64457.79	4453.61	74.23	8	0
天津	3755.86	50.29	4789.96	72.92	28196.55	3240.00	40153.29	1732.41	59.29	23	0
石家庄	4533.61	-22.91	5489.07	-32.66	21190.53	2527.47	23048.46	857.48	47.96	54	0
太原	5310.66	-9.89	6251.81	-14.48	22308.46	2764.05	33636.41	2310.26	56.58	28	2
呼和浩特	2843.16	-25.83	3414.62	-16.44	11235.93	481.63	26404.56	2344.47	33.88	141	4
沈阳	3553.49	-34.61	4436.11	-50.10	26107.21	-698.39	31203.97	468.84	52.10	40	-11
大连	2811.04	-70.11	3525.75	-82.59	23894.98	-1582.62	31117.92	119.15	46.98	62	-23
长春	2789.52	7.54	3349.87	8.05	14261.80	1320.93	20367.15	625.12	33.33	149	1
哈尔滨	3859.77	-28.03	4906.76	-12.07	15460.43	377.66	19064.12	570.95	39.27	100	-14
上海	7864.31	-87.10	8905.37	-91.91	19554.83	1068.37	81803.92	4548.69	81.47	4	0
南京	4409.26	-27.98	5750.34	-24.00	28927.98	1188.29	52042.20	4404.26	68.91	11	0
杭州	3812.80	22.39	6107.42	13.37	20819.89	2434.32	42492.19	3248.92	58.98	24	0
宁波	4140.49	-53.61	5182.09	-58.35	21022.69	2562.63	42350.03	1528.50	55.78	30	-2
合肥	3615.87	17.09	4536.58	26.60	25137.01	3168.01	26273.14	2153.65	49.34	47	6
福州	5717.31	-106.42	7689.28	-75.16	33146.39	3222.68	42818.66	2309.57	74.99	7	0
厦门	6958.64	94.06	9176.85	155.21	28426.16	3067.46	61745.00	2764.05	85.27	3	0
南昌	4281.86	-42.83	5551.07	-58.11	27910.23	3776.18	32298.23	2026.73	58.09	25	1
济南	4279.76	-4.65	5072.44	-8.60	18402.77	2464.62	36606.14	1626.04	50.53	43	1

317

续表

| 城市名 | 建设用地利用强度指标 | | | | | | | | 节约集约利用利用现状水平指数及在全国273个城市中的排名位序 | | |
| | 建设用地人口密度(人/km²) | | 城乡建设用地人口密度(PUII1)(人/km²) | | 建设用地地均固定资产投资(EUII1)(万元/km²) | | 建设用地地均地区生产总值(EUII2)(万元/km²) | | | | |
	2015年指标值	较上年变化量	2015年指标值	较上年变化量	2015年指标值	较上年变化量	2015年指标值	较上年变化量	指数值	排名位序	位序较上年变化
青岛	3680.20	-40.53	4595.66	-54.12	23395.91	2902.35	37623.48	1872.67	53.44	36	0
郑州	4469.14	-33.96	5231.28	-34.75	25277.08	3613.72	34148.21	1606.07	55.63	31	3
武汉	5498.47	22.19	6881.48	21.54	32604.92	3495.20	56528.86	3188.77	78.09	6	0
长沙	3984.17	-5.04	4678.28	2.88	28534.33	3634.39	46489.29	3157.54	62.15	17	2
广州	7507.52	118.76	9346.89	128.35	27339.99	2669.47	100650.53	6278.66	89.49	2	0
深圳	11656.86	525.10	13817.55	618.03	28745.44	3566.92	179305.47	14047.30	95.29	1	0
南宁	3918.37	-13.25	5646.70	-39.32	16503.55	1350.48	19126.53	1223.33	42.80	76	-3
海口	4603.44	-1.41	6294.24	-11.66	17138.90	3320.04	24062.24	1218.94	47.95	55	6
重庆	4572.01	-29.21	5438.46	-30.11	20162.64	2828.34	23821.76	1883.77	47.29	60	2
成都	5446.22	23.05	6091.83	29.87	24930.14	1109.35	40133.39	2331.76	61.23	19	-1
贵阳	5465.40	-115.34	7340.05	-173.76	35766.56	946.69	34968.96	3833.62	71.13	9	1
昆明	4190.48	-61.74	5281.87	-92.89	20015.31	2013.01	24915.70	1087.64	47.12	61	-5
拉萨	2473.52	-31.28	3445.55	-22.69	17453.79	2929.90	14309.47	634.49	33.47	146	11
西安	5461.36	-48.01	6248.07	-60.23	33885.76	1356.37	36393.19	1430.76	67.45	12	0
兰州	4568.25	-112.23	5515.72	-117.77	19508.22	1770.32	25926.74	372.53	48.01	53	-5
西宁	5102.46	-17.30	5802.25	-19.08	34320.23	4860.54	24987.22	1166.84	60.86	20	0
银川	2640.97	-54.63	3405.78	-58.86	16607.54	2002.11	18230.38	647.78	34.47	136	2
乌鲁木齐	4754.21	-185.79	6267.61	-288.36	20568.48	2086.80	35305.00	403.19	55.98	29	-4
36个城市	4653.84	-10.69	5764.85	-10.42	23133.22	2049.55	40619.99	2262.69	—	—	—

州（52.03平方米／人）、厦门（56.15平方米／人）等3个城市的新增耗地量不到100平方米／人，武汉、天津、成都、长沙、杭州、北京等6个城市在150平方米／人以下，新增建设用地消耗管控成效显著；但沈阳、乌鲁木齐、宁波、南京、银川、海口、昆明等城市的新增耗地仍偏大，在600平方米／人以上。从年间变化上看，36个重点城市新增建设用地消耗下降显著，2015年的单位人口增长消耗新增城乡建设用地量，相比于2011年的331.9平方米／人、2014年的260.6平方米／人分别下降了89.9平方米／人、39.5平方米／人。其中，兰州、呼和浩特、杭州、西安、贵阳、重庆等城市下降尤为显著，2015年相比2014年单位人口增长消耗新增城乡建设用地量下降量在300平方米／人以上，但沈阳、长春、宁波、乌鲁木齐等城市的新增耗地则增加较大。

其次，36个重点城市经济发展建设用地消耗程度不断下降，2015年单位地区生产总值耗地下降率为6.77%，其中最高的乌鲁木齐和天津2市分别高达27.44%和10.70%；单位地区生产总值增长消耗新增建设用地量4.77公顷／亿元，其中最低的深圳市仅为0.73公顷／亿元，除银川（38.00公顷／亿元）、海口（31.85公顷／亿元）、拉萨（22.79公顷／亿元）、昆明（13.10公顷／亿元）、南宁（12.61公顷／亿元）等5市稍高外，其余31个城市均低于10公顷／亿元；单位固定资产投资消耗新增建设用地量0.58公顷／亿元，其中最低的深圳市仅为0.27公顷／亿元，除乌鲁木齐（2.24公顷／亿元）、银川（2.15公顷／亿元）、海口（2.14公顷／亿元）、拉萨（1.32公顷／亿元）、昆明（1.01公顷／亿元）等5市稍高外，总体处于较低水平。另外，36个重点城市2012~2015年地区生产总值与建设用地增长弹性系数高达6.07，其中天津、合肥、长春、南京、北京5市尤为显著，弹性系数大于10.0，建设用地投入产出效益提升显著，建设用地节约集约利用动态变化趋势明显。

综合比较分析36个重点城市建设用地节约集约利用动态变化趋势指数分布状况，深圳、天津、北京、广州、厦门等5个城市的建设用地节约集约利用动态变化趋势指数名列全国273个地级以上城市的前10名，合肥、上海、杭州等3市位列前30名；但银川、兰州、昆明、沈阳等4市的动态变化趋势指数排名非常靠后，位列全国273个地级以上城市的190位以外（见表4）。

表4 36个省会城市和计划单列市建设用地节约集约利用动态变化趋势状况一览

城市名	增长耗地指标								用地弹性系数指标						节约集约利用动态变化趋势指数及在全国273个地级以上城市中的排名位序		
	单位人口增长消耗新增城乡建设用地量（PGCI1）（m²/人）		单位地区生产总值耗地下降率（EGCI1）（%）		单位地区生产总值增长消耗新增建设用地量（EGCI2）（hm²/亿元）		单位固定资产投资消耗新增建设用地量（EGCI3）（hm²/亿元）		总人口与城乡建设用地增长弹性系数（PEI1）		城镇人口与城镇工矿用地增长弹性系数		地区生产总值与建设用地增长弹性系数（EEI1）		指数值	排名位序	位序较上年变化
	2015年指标值	较上年变化量	2015年指标值	较上年变化量	2015年指标值	较上年变化量	2015年指标值	较上年变化量	2015年指标值	较上年变化量	2015年指标值	较上年变化量	2015年指标值	较上年变化量			
北京	137.40	61.09	6.04	-0.09	2.08	-0.50	0.34	-0.10	2.15	-0.28	2.14	-0.08	10.83	2.10	33.78	5	1
天津	106.67	33.66	10.70	-2.03	2.15	0.14	0.33	-0.04	3.65	0.55	2.71	0.29	15.57	7.33	46.86	4	-3
石家庄	326.85	28.16	5.74	0.20	8.51	-5.42	0.56	-0.47	0.79	-0.18	2.33	-0.05	6.55	-1.65	16.80	104	1
太原	404.66	-185.44	7.58	6.75	3.91	-16.49	0.41	-0.49	0.29	0.09	0.31	0.09	4.29	1.09	17.38	95	163
呼和浩特	237.58	-460.33	5.79	0.85	5.43	-10.87	0.88	-1.44	0.64	-0.03	0.71	-0.04	3.97	-0.81	15.31	136	86
沈阳	4602.99	4309.15	2.40	-2.28	7.73	4.78	0.36	0.18	0.24	-0.05	0.26	-0.04	6.30	0.71	12.11	199	-183
大连	-85.17	-162.30	3.45	-1.40	5.39	-0.33	0.37	0.03	1.21	0.01	1.80	0.26	7.80	0.84	18.34	77	-66
长春	317.54	1342.67	5.79	-1.36	4.75	2.08	0.36	0.09	-0.03	0.20	0.23	0.38	12.83	4.47	20.71	59	-28
哈尔滨	166.23	42.30	4.94	-0.94	9.53	2.98	0.71	0.16	1.05	0.00	1.46	0.33	7.10	-1.27	18.13	80	-54
上海	-209.42	-466.83	5.82	0.23	1.56	-0.66	0.39	-0.17	0.74	-0.45	-0.20	-1.33	8.49	0.97	25.88	17	4
南京	935.49	110.04	7.71	-0.50	3.49	-0.63	0.45	-0.08	0.39	-0.01	0.32	-0.09	11.70	1.49	22.64	40	7
杭州	137.21	-448.24	8.51	2.35	2.34	-3.30	0.36	-0.36	0.40	0.15	0.63	0.05	6.40	1.21	25.02	24	103

续表

城市名	增长耗地指标								用地弹性系数指标						节约集约利用动态变化趋势指数及在全国273个地级以上城市中的排名位序		
	单位人口增长消耗新增城乡建设用地量（PGCI1）（m²/人）		单位地区生产总值耗地下降率（EGCI1）（%）		单位地区生产总值增长新增建设用地量（EGCI2）（hm²/亿元）		单位固定资产投资消耗新增建设用地量（EGCI3）（hm²/亿元）		总人口与城乡建设用地增长弹性系数（PEI1）		城镇人口与工矿用地增长弹性系数		地区生产总值与建设用地增长弹性系数（EEI1）		指数值	排名位序	位序较上年变化
	2015年指标值	较上年变化量	2015年指标值	较上年变化量	2015年指标值	较上年变化量	2015年指标值	较上年变化量	2015年指标值	较上年变化量	2015年指标值	较上年变化量	2015年指标值	较上年变化量			
宁波	1383.47	1223.98	6.04	0.85	4.66	-1.31	0.59	-0.16	0.42	0.06	0.90	0.15	4.30	0.39	14.58	154	-70
合肥	264.89	74.69	8.83	1.08	6.83	1.37	0.51	0.11	1.23	0.45	1.01	0.02	13.57	1.58	26.53	13	4
福州	379.87	0.30	6.08	-0.64	9.00	-2.03	0.85	-0.24	0.46	0.06	0.56	-0.21	4.06	-0.45	13.17	171	-22
厦门	56.15	-79.06	5.65	-1.21	3.53	-1.83	0.43	-0.49	1.55	0.56	1.31	0.23	6.14	0.23	28.52	7	34
南昌	165.80	-291.73	6.74	0.47	4.50	-6.34	0.37	-0.59	0.47	0.15	0.42	0.07	4.63	0.40	18.86	73	91
济南	329.41	107.19	6.51	-0.68	5.03	0.91	0.65	0.04	0.93	0.06	1.37	0.35	9.83	1.02	21.15	54	-21
青岛	421.46	160.39	5.92	-0.05	4.03	-0.02	0.41	-0.02	0.46	0.00	1.01	-0.67	5.69	-0.29	17.57	90	-35
郑州	230.22	38.41	6.53	1.25	8.76	-3.29	0.85	-0.35	0.70	-0.05	0.86	0.00	3.25	-0.54	14.58	153	-22
武汉	102.38	-188.29	6.07	-0.54	4.47	-2.12	0.47	-0.30	0.63	0.32	0.66	0.13	3.97	0.53	19.44	67	51
长沙	132.17	-140.33	7.74	-0.02	3.24	-0.91	0.39	-0.16	0.60	0.15	0.64	0.19	5.46	-0.45	22.50	41	11
广州	52.03	-48.06	6.29	0.07	1.82	0.11	0.45	0.01	0.94	0.44	0.91	0.17	5.91	-0.55	31.21	6	4
深圳	13.10	-62.37	7.43	0.39	0.73	-0.37	0.27	-0.18	1.89	1.21	1.89	1.21	8.44	1.12	54.06	2	3

续表

城市名	增长耗地指标								用地弹性系数指标						节约集约利用动态变化趋势指数及在全国273个地级以上城市中的排名位序		
	单位人口增长消耗城乡建设用地量（PGCI1）(m²/人)		单位地区生产总值耗地下降率（EGCI1）(%)		单位地区生产总值增长消耗新增建设用地量（EGCI2）(hm²/亿元)		单位固定资产投资消耗新增建设用地量（EGCI3）(hm²/亿元)		总人口与城乡建设用地增长弹性系数（PEI1）		城镇人口与城镇工矿用地增长弹性系数（PEI1）		地区生产总值与建设用地增长弹性系数（EEI1）		指数值	排名位序	位序较上年变化
	2015年指标值	较上年变化量	2015年指标值	较上年变化量	2015年指标值	较上年变化量	2015年指标值	较上年变化量	2015年指标值	较上年变化量	2015年指标值	较上年变化量	2015年指标值	较上年变化量			
南宁	368.68	-78.69	6.64	0.65	12.61	-3.26	0.87	-0.29	0.43	-0.03	0.52	-0.18	5.37	-0.91	13.87	161	-4
海口	672.42	362.94	6.01	-1.35	31.85	14.00	2.14	0.48	1.09	-0.39	1.96	-0.19	8.73	-1.47	16.19	116	-40
重庆	444.19	-323.27	8.57	0.54	9.19	-6.25	0.85	-0.65	0.60	0.05	0.57	0.01	7.88	0.24	17.97	83	52
成都	125.46	-184.58	6.24	-0.04	4.90	-3.00	0.48	-0.37	0.91	0.31	1.36	0.34	6.38	-0.39	21.20	53	40
贵阳	294.57	-369.93	8.89	1.43	9.09	-6.43	0.91	-0.26	0.30	0.06	0.46	0.04	3.72	0.26	14.65	148	43
昆明	620.65	133.08	5.32	0.22	13.10	-0.80	1.01	-0.11	0.28	0.05	0.66	0.13	4.02	-0.26	10.71	218	-5
拉萨	416.09	-138.19	7.24	0.41	22.79	-13.65	1.32	-1.26	0.86	-0.34	0.65	0.17	3.81	-0.73	13.77	163	10
西安	355.08	-388.62	5.92	0.23	7.29	-1.44	0.58	-0.09	0.23	0.10	0.34	0.07	4.05	0.48	13.25	170	13
兰州	359.83	-1071.31	5.37	-0.57	10.06	-16.91	0.91	-1.92	0.13	0.03	0.21	0.00	2.56	-0.62	10.14	224	24
西宁	208.63	49.64	5.23	-2.81	6.52	3.01	0.28	0.00	0.28	0.07	0.31	-0.04	4.11	-0.07	15.99	122	-104
银川	706.48	263.22	3.38	0.13	38.00	2.37	2.15	0.05	0.48	0.17	0.29	0.08	2.13	0.04	7.29	252	4
乌鲁木齐	1515.14	1199.50	27.44	23.81	4.57	-19.05	2.24	0.43	0.40	-0.32	0.41	-0.34	5.69	2.02	21.94	48	177
36个城市	221.09	-39.48	6.77	0.24	4.77	-1.59	0.58	-0.20	0.74	0.10	0.77	0.04	6.07	0.43	—	—	—

（三）建设用地节约集约利用综合水平状况比较

综合分析比较 36 个省会城市和计划单列市建设用地节约集约利用现状水平指数、动态变化趋势指数和管理绩效指数等三方面的综合指数及其在全国 273 个地级以上城市的排名，结果显示，2015 年，36 个重点城市建设用地节约集约利用综合水平总体处于全国或所在区域的前列，占据全国 273 个地级以上城市建设用地节约集约利用综合水平前 10 强的 7 席和前 50 强的 23 席，其中深圳、广州、厦门、上海、北京、天津名列全国 273 个地级以上城市前 6 位；武汉位列全国第 8，名列中西部地区之首；但中西部和东北地区的呼和浩特、银川、长春、昆明、哈尔滨和南宁等 6 个城市的建设用地节约集约利用综合水平相对偏低，处于全国 273 个地级以上城市的 100 名以外，其中呼和浩特、银川排名第 182 和第 174 位，位次比较靠后（见表 5）。

表 5　36 个省会城市和计划单列市建设用地节约集约利用综合水平状况一览

城市名	2015 年综合指数	排名位次	2014 年综合指数	排名位次	2015 年相比2014 年位序变化
北　京	54.80	5	52.81	5	0
天　津	52.86	6	51.54	6	0
石 家 庄	32.00	95	34.54	68	−27
太　原	38.29	39	33.58	75	36
呼和浩特	26.04	182	24.02	209	27
沈　阳	36.19	60	43.11	21	−39
大　连	36.73	54	43.16	20	−34
长　春	26.90	167	29.47	119	−48
哈 尔 滨	30.63	111	32.96	84	−27
上　海	55.18	4	55.10	3	−1
南　京	49.66	10	47.52	13	3
杭　州	46.78	16	42.26	26	10
宁　波	43.10	21	43.00	22	1
合　肥	42.59	24	40.87	30	6

续表

城市名	2015年综合指数	排名位次	2014年综合指数	排名位次	2015年相比2014年位序变化
福　州	47.80	13	48.63	10	−3
厦　门	55.30	3	54.77	4	1
南　昌	41.26	28	39.13	33	5
济　南	37.79	46	38.25	41	−5
青　岛	41.68	27	42.26	25	−2
郑　州	37.56	48	36.75	50	2
武　汉	50.04	8	48.49	11	3
长　沙	46.42	17	44.35	17	0
广　州	60.31	2	59.78	2	0
深　圳	77.29	1	68.34	1	0
南　宁	31.01	106	30.92	99	−7
海　口	34.69	74	33.01	82	8
重　庆	36.78	53	34.53	69	16
成　都	42.84	23	41.42	28	5
贵　阳	46.91	15	45.13	15	0
昆　明	30.44	114	31.57	96	−18
拉　萨	36.56	57	35.58	59	2
西　安	42.36	26	42.66	24	−2
兰　州	32.40	92	32.49	87	−5
西　宁	39.86	34	42.72	23	−11
银　川	26.40	174	25.86	183	9
乌鲁木齐	41.23	29	38.78	35	6

四　主要结论与政策建议

　　基于不同行政级别城市建设用地节约集约利用状况的实证分析，结果显示：我国城市建设用地节约集约利用水平与城市行政级别之间呈现明显的层次性。城市行政级别越高，由于经济社会发展、人口产业集聚、公共服务配套水平高，不仅自身集聚各种资源要素的能力越强，而且由于行政权限高，运用行政手段获取各种要素资源的能力强，建设用地利用规模效应优势明显。

因此，无论从全国范围来看还是从省域空间层次来看，城市建设用地节约集约利用总体水平明显呈现直辖市高于副省级城市，副省级城市高于一般省会城市，一般省会城市高于其他城市的分异特征。但也存在以下几个现象值得关注。

一是一般地级市相比县级市而言，除建设用地人口承载水平稍高外，建设用地节约集约利用总体水平要低于县级市；二是一般地级市和县级市等低行政级别城市的人口城镇化总体要快于土地城镇化，2010~2015年各年的常住城镇人口与城镇工矿用地增长弹性系数总体大于1.0，人地协调关系相对较好，而副省级城市提升较快，人地趋于好转，一定程度上表明当前新型城镇化推进过程中，较低行政级别的中小城市在吸纳农村转移人口方面发挥出更为积极的作用，同时在直辖市人口用地减量下，副省级城市承接人口转移现象趋显。综合看来，在当前深入推进以人为中心的新型城镇化进程中，差别化的节约集约用地调控政策设计，不仅要关注把人口从农村转移到城市或者城镇的用地政策导向，还要关注转移出来的人口在城市与城镇之间均衡分配的用地政策导向。一是针对直辖市、省会城市、计划单列市和重要节点城市等中心城市，节约集约用地政策导向应更加突出如何引导和保障城市加快产业转型升级，提升要素聚集能力，发挥规模效应和辐射带动效应，推动存量农业转移人口的市民化问题。二是着力支持中小城市加快发展，引导产业和公共资源的布局，增强聚集要素的吸引力，提升质量，使之成为吸纳农村人口的主要载体。三是有重点地支持小城镇特色发展的合理用地需求，使其与疏解大城市中心城区功能相结合、与特色产业发展相结合、与服务"三农"相结合，在吸纳农业人口中发挥重要作用。

B.8
"十二五"时期重点城市群城市建设用地节约集约利用状况分析报告

摘　要：　基于"全国城市建设用地节约集约利用评价"基础数据，对京津冀、长三角、珠三角等19个城市群"十二五"时期城市建设用地节约集约利用的总体特征、分异规律进行客观分析；并针对京津冀、长三角、珠三角、长江中游、成渝等5个国家层面的重点城市群建设用地节约集约利用特征进行深入分析，提出节约集约用地的政策建议。

关键词：　城市　建设用地　节约集约利用　重点城市群　分异规律

城市群是国家新型城镇化战略的主体形态。本专项报告针对国家"十三五"规划纲要提出的京津冀、长三角、珠三角、哈长、辽中南、山西中部、山东半岛、中原、长江中游、海峡西岸、北部湾、呼包鄂榆、宁夏沿黄、兰西、关中平原、成渝、黔中、滇中、天山北坡等19个重点城市群，依据国家已出台的城市群发展规划、国家主体功能区规划、国家新型城镇化规划等，选择182个样本城市数据展开专项分析。

一　重点城市群土地利用现状

（一）三大类用地结构

2015年末，19个城市群182个样本城市土地总面积249.63万平方公里，农用地面积182.12万平方公里，占土地总面积的73%，其中耕地面积67.66万平方公里，占农用地的37.2%；建设用地面积23.41万平方公里，占土地总面积的 9.4%；其他土地 44.10 万平方公里，占土地总面积的 17.6%。19 个城市群 2015 年国土开发强度为 9.38%，是全国国土开发强度的 2.33 倍；其中山东半岛和长三角城市群国土开发强度最高，分别为 18.38% 和 18.32%；兰西城市群最低，为 1.65%（见图 1）。

图 1　19 个城市群样本城市土地利用现状结构

从动态变化看，2010~2015 年 19 个城市群建设用地累计增长 1.78 万平方公里，增幅为 8.2%，年均增长 1.6%，略高于全国参评城市平均水平，5 年间国土开发强度提高了 0.71%。其中，建设用地增长最快的是黔中城市群，5 年年均增长 4.3%，最慢的是哈长城市群，5 年年均增长不到 1.0%。国土开发强度提升最快的是珠三角城市群，5 年提高了 1.54%，最低的是兰西城市群，5 年仅提高了 0.23%（见图 2、图 3）。

图 2　19 个城市群建设用地增长率

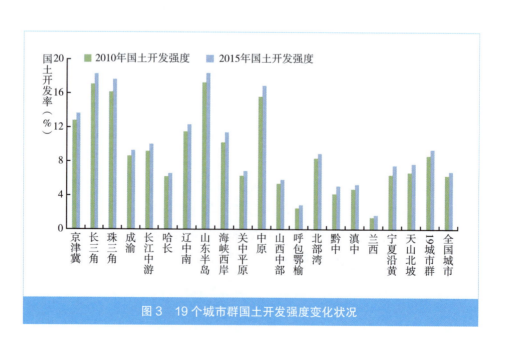

图 3　19 个城市群国土开发强度变化状况

（二）建设用地结构

2015 年，19 个城市群 182 个样本城市城乡建设用地面积为 18.87 万平方公里，占建设用地总面积的 80.6%；交通水利用地 4.05 万平方公里，占比 17.3%；其他建设用地面积 0.49 万平方公里，占比 2.1%。城乡建设用地占比最高的是中原城市群，为 87%，最低的是北部湾城市群，为 74.5%。19 个城市群城镇用地总面积 6.41 万平方公里，占城乡建设用地面积的 34%，比全国参评城市城镇用地占比高出 2.9%；村庄用地 11.08 万平方公里，占比为 58.7%，比全国参评城市平均占比低 2.8%；采矿用地 1.38 万平方公里，占比为 7.3%。城镇用地占比最高的是珠三角城市群，为 58.2%，最低的是中原城市群，为 24.8%（见图 4、图 5）。

从动态变化看，19 个城市群样本城市 2010~2015 年城乡建设用地累计增加 1.37 万平方公里，增幅为 7.8%，年均增长 1.5%，略高于全国参评城市平均增长率；其中增长最快的是黔中城市群，5 年年均增长 3.8%；增长最慢的是哈长城市群，5 年年均增长不到 1%（见图 6）。19 个城市群样本城市

图 4　19 个城市群建设用地内部现状结构

图5　19个城市群城乡建设用地内部现状结构

图6　19个城市群城乡建设用地增长率

2010~2015 年城镇用地累计增加 1.05 万平方公里,增幅为 19.5%,年均增长 3.6%;其中,黔中城市群增长最快,5 年年均增长 10.1%,京津冀城市群增长最慢,5 年年均增长 2.1%(见图 7)。

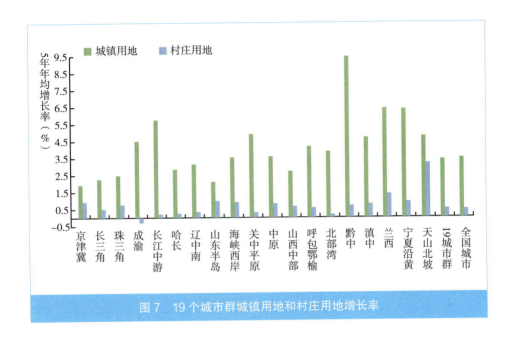

图 7　19 个城市群城镇用地和村庄用地增长率

二　重点城市群建设用地节约集约利用总体状况

(一)建设用地利用强度

1. 建设用地人口承载水平

2015 年末,19 个城市群参评城市常住总人口 9.0 亿,相比于 2010 年末增加了 2272.09 万人;常住城镇人口 5.53 亿,相比 2010 年末增加了 6998.77 万人;城镇化率为 61.45%,相比 2010 年末提高了 6.07%。建设用地和城乡建设用地人口密度分别为 3845.08 人/平方公里和 4769.62 人/平方公里,分别比全国参评城市平均水平高 136.53 人/平方公里和 139.65 人/平方公里。其

中建设用地人口密度最高的是珠三角城市群，为 6064.92 人 / 平方公里，最低的是宁夏沿黄城市群，为 2212.16 人 / 平方公里；城乡建设用地人口密度最高的是海峡西岸城市群，为 7682.93 人 / 平方公里，最低的是呼包鄂榆城市群，为 2742.0 人 / 平方公里。

2010~2015 年，19 个城市群建设用地人口承载水平总体呈现持续小幅下降的态势。5 年间建设用地人口密度和城乡建设用地人口密度年均降幅分别为 1% 和 0.9%，降幅略高于全国参评城市平均水平。横向比较看，除京津冀城市群外，其余 18 个城市群建设用地人口承载水平不同程度呈现下降态势，其中黔中城市群降幅最大，5 年平均分别下降了 3.5% 和 3.1%（见图 8、图 9）。

2. 建设用地经济强度

2015 年，19 个城市群参评城市 GDP 总计为 58.70 万亿元，相比 2010 年可比价增幅为 61.6%，建设用地地均 GDP 为 250.72 万元 / 公顷，比全国参评城市平均水平高 40.72 万元 / 公顷，较 2010 年可比价提高了 79.65 万元 / 公顷，5 年增幅为 49.3%。建设用地地均 GDP 最高的是珠三角城市群，为 642.88 万

图 8　19 个城市群建设用地人口密度及变化率

图9　19个城市群城乡建设用地人口密度及变化率

元/公顷，最低的是兰西城市群，为108.25万元/公顷；提升幅度最大的是黔中城市群，5年年均提高了11.4%，最低的是辽中南城市群，5年年均提高了6.1%（见图10）。

从建设用地投入强度看，19个城市群2015年建设用地地均固定资产投资为176.15万元/公顷，高出全国参评城市平均水平20.79万元/公顷，较2010年提高了79.88万元/公顷，增幅为83%。其中，黔中城市群最高，为296.81万元/公顷，哈长城市群最低，为102.98万元/公顷；提升幅度最大的是天山北坡城市群，5年年均提升幅度为25.7%，最低的是辽中南城市群，5年年均提升幅度仅为1.8%（见图11）。

（二）增长耗地

1. 人口增长耗地

2015年，19个城市群参评城市单位人口增长消耗新增城乡建设用地442.4平方米/人，与全国参评城市平均水平基本相当，相比于2011~2014年4年平均503平方米/人下降了60.6平方米/人。横向比较看，京津冀、海峡

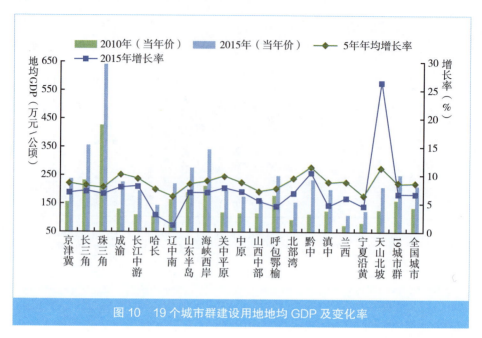

图 10　19 个城市群建设用地地均 GDP 及变化率

图 11　19 个城市群建设用地地均固定资产投资及变化率

西岸、北部湾城市群人口增长耗地处于较低水平,5年平均不到350平方米/人;黔中、呼包鄂榆、兰西、关中平原城市群处于较高水平,5年平均在950平方米/人以上。动态变化上看,哈长、辽中南城市群2015年人口外流但用地继续增长;珠三角城市群人口增长新增耗地管控成效显著,单位人口增长消耗新增城乡建设用地从2011年的497.1平方米/人持续下降至2015年的110.2平方米/人(见图12)。

图12 19个城市群人口增长耗地水平及变化状况

2. 经济增长耗地

2010~2015年,19个城市群经济增长耗地面积不断下降,单位GDP建设用地使用面积由2010年的61.95公顷/亿元下降至2015年的41.48公顷/亿元(2010年可比价),累计下降了20.47公顷/亿元,单位GDP建设用地使用面积下降率达33.0%,与全国参评城市平均下降率基本相当。其中,黔中城市群经济增长耗地下降最为明显,2010~2015年单位GDP建设用地使用面积下降率达41.7%,辽中南城市群最低,为25.7%;2015年单位GDP耗地下降最明显的是天山北坡城市群,为21%,最低的是辽中南城市群,不到1%(见图13)。

图 13　19 个城市群单位 GDP 耗地下降率

　　从经济增长新增耗地量看，19 个城市群 2015 年单位 GDP 增长消耗新增建设用地量为 7.06 公顷 / 亿元，比全国参评城市平均水平低 1.05 公顷 / 亿元，相比于 2011 年的 9.42 公顷 / 亿元下降了 25%。其中，珠三角城市群新增耗地最低，2011~2015 年各年平均为 3.31 公顷 / 亿元，2015 年为 2.97 公顷 / 亿元；宁夏沿黄城市群最高，2011~2015 年各年平均为 31.80 公顷 / 亿元，2015 年为 34.26 公顷 / 亿元（见图 14）。

　　19 个城市群 2015 年单位固定资产投资消耗新增建设用地量为 0.72 公顷 / 亿元，比全国参评城市平均水平低 0.06 公顷 / 亿元，相比于 2010 年的 1.97 公顷 / 亿元下降了 63.5%。其中，山东半岛城市群新增耗地最低，2010~2015 年各年平均仅为 0.90 公顷 / 亿元，2015 年为 0.42 公顷 / 亿元；天山北坡城市群最高，2010~2015 年各年平均为 3.43 公顷 / 亿元，2015 年为 2.40 公顷 / 亿元（见图 15）。

图 14　19 个城市群单位 GDP 增长消耗新增建设用地量

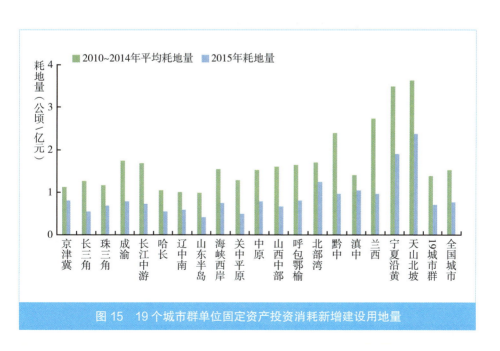

图 15　19 个城市群单位固定资产投资消耗新增建设用地量

（三）经济社会发展与用地变化匹配状况

1. 人口增长与用地变化匹配状况

19个城市群2010~2015年常住总人口与城乡建设用地增长弹性系数为0.41，建设用地增长速度总体快于人口增长速度，建设用地人口密度逐年有所降低。横向比较看，除京津冀、天山北坡城市群弹性系数大于1、城乡建设用地人口密度略有所提高外，其余17个城市群弹性系数均小于1，其中哈长城市群则出现常住人口减少而用地增长的不良局面。相比于以往年份，珠三角、成渝、长江中游、关中平原、山东半岛、中原等6个城市群2015年弹性系数有所提高，而天山北坡、京津冀、哈长、辽中南城市群则有所恶化，特别是哈长、辽中南城市群由于人口外流，城乡建设用地人口密度下降最为显著（见图16）。

2010~2015年，19个城市群城镇常住人口与城镇工矿用地增长弹性系数为0.97，土地城镇化进程略快于人口城镇化，2015年城镇人口与城镇工矿用地增长弹性系数为1.16，人口城镇化5年来首次快于土地城镇化，人地协调

图16　19个城市群常住总人口与城乡建设用地增长弹性系数

程度有所好转。总体来看，京津冀、山西中部、山东半岛、中原、呼包鄂榆、天山北坡、滇中等8个城市群人地协调程度较好，2010~2015年人口城镇化总体快于土地城镇化（见图17）。

图17　19个城市群常住城镇人口与城镇工矿用地增长弹性系数

2. 经济发展与用地变化匹配状况

从经济发展与建设用地增长匹配状况看，19个城市群2010~2015年地区生产总值与建设用地增长弹性系数为7.49，其中最高的哈长城市群为10.23，最低的宁夏沿黄城市群为3.37，建设用地在扩张的同时总体趋于集约化发展，地均GDP可比价从2010年的161.42万元/公顷提高至2015年的241.08万元/公顷，累计提高了79.66万元/公顷。从动态变化看，19个城市群2015年弹性系数为6.28，相比于以往年份，长三角、长江中游、天山北坡等城市群弹性系数提升明显，而哈长、辽中南、滇中等城市群有所回落（见图18）。

图18　19个城市群地区生产总值与建设用地增长弹性系数

三　重点城市群建设用地节约集约利用分异状况

（一）建设用地节约集约利用现状水平分异状况

综合分析19个城市群城乡建设用地人口密度、建设用地地均GDP、建设用地地均固定资产投资等表征建设用地利用强度指标状况，结果显示珠三角城市群建设用地节约集约利用现状水平指数最高，为62.86；海峡西岸城市群次之，为61.00，黔中城市群再次之，为56.91，长三角、关中平原、成渝、山东半岛、滇中等5个城市群为第四梯队，现状水平指数在40~50；京津冀、长江中游、辽中南、中原、山西中部、呼包鄂榆、北部湾、天山北坡等8个城市群现状水平指数在30~40；兰西、哈长、宁夏沿黄城市群节约集约利用现状水平指数较低、在30.0以下（见表1）。

城市群名	样本城市数量（个）	2015 年		2014 年	
		指数值	排序号	指数值	排序号
京 津 冀	13	39.90	9	39.48	10
长 三 角	25	49.33	4	48.68	4
珠 三 角	9	62.86	1	62.56	1
成 渝	11	43.23	6	42.35	6
长江中游	31	38.09	10	36.92	12
哈 长	9	27.05	18	28.00	18
辽 中 南	10	37.26	11	39.96	9
山东半岛	8	42.05	7	41.20	7
海峡西岸	9	61.00	2	59.57	2
关中平原	7	44.94	5	44.00	5
中 原	12	36.33	12	35.59	13
山西中部	4	36.11	13	35.48	14
呼包鄂榆	5	36.06	14	37.73	11
北 部 湾	11	34.60	15	34.24	15
黔 中	3	56.91	3	54.40	3
滇 中	3	41.29	8	40.93	8
兰 西	7	28.37	17	28.22	17
宁夏沿黄	3	25.46	19	25.26	19
天山北坡	2	31.25	16	32.14	16
19 城市群	182	41.51	—	41.11	—
全 国	—	37.67		30.93	—

表 1　19 个城市群建设用地节约集约利用现状水平指数

　　从年际变化看，以 2014 年全国参评城市指标值作为基准（100），测算 2014 年和 2015 年度建设用地利用强度指数（见图 19），结果显示 19 个城市群整体利用强度指数由 2014 年的 111.61 提高到 2015 年的 117.08，增幅为 4.9%。除辽中南、哈长、呼包鄂榆 3 个城市群利用强度指数由 2014 年的 107.50、74.62、104.34 下降至 2015 年的 104.68、74.37、104.28 外，其余 16 个城市群均有一定的提高。其中，黔中和长江中游城市群提升最为显著，山

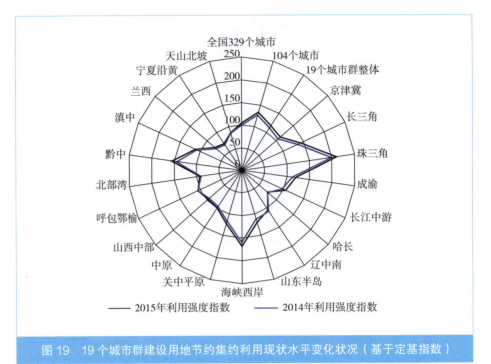

图 19　19 个城市群建设用地节约集约利用现状水平变化状况（基于定基指数）

东半岛、海峡西岸、成渝、中原、关中平原、长三角、山西中部、珠三角、宁夏沿黄等 9 个城市群次之，而天山北坡城市群提升不明显。

从各城市群建设用地节约集约利用现状水平内部分异看，19 个城市群集聚了全国 273 个地级以上参评城市建设用地节约集约利用水平前 10 强城市中的 9 席、前 50 强城市中的 45 席，以及百强城市中的 84 席。其中，海峡西岸、珠三角、黔中、长三角、山东半岛城市群内部各样本城市节约集约利用现状水平指数均值位居前 5 位，占前 10 强城市的 7 席、50 强城市的 32 席和百强城市的 44 席；关中平原、滇中、成渝、长江中游、山西中部城市群位居 6~10 位；而宁夏沿黄、哈长、兰西、天山北坡、辽中南城市群位居末 5 位。从变异系数上看，天山北坡、兰西城市群变异系数较大，城市群内部不同城市建设用地节约集约利用现状水平差异较为明显；滇中、海峡西岸城市群变异系数相对较小，城市群内部不同城市节约集约利用现状水平比较均衡（见表 2）。

表 2　19 个城市群 2015 年建设用地节约集约利用现状水平指数分异状况

单位：个，%

| 城市群名 | 样本城市数量 | 节约集约利用现状水平指数 | | | | | 入百强城市数量 | | | | |
		均值	标准差	变异系数	最大值	最小值	入百强数量	区域城市中百强占比	前50强数量	区域城市前50强占比	10强城市数量
京津冀	13	35.80	15.61	0.44	74.23	22.82	4	30.77	2	15.38	1
长三角	25	47.56	15.46	0.32	81.47	17.93	19	76.00	12	48.00	2
珠三角	9	59.82	20.61	0.34	95.29	36.58	8	88.89	6	66.67	2
成渝	11	37.97	9.43	0.25	61.23	27.33	2	18.18	1	9.09	0
长江中游	31	37.95	11.65	0.31	78.09	22.54	13	41.94	3	9.68	1
哈长	9	26.59	8.77	0.33	39.27	15.98	1	11.11	0	0.00	0
辽中南	10	33.52	9.92	0.30	52.10	21.29	2	20.00	1	10.00	0
山东半岛	8	43.09	9.45	0.22	53.44	28.83	5	62.50	4	50.00	0
海峡西岸	9	61.23	12.17	0.20	85.27	47.69	9	100.00	8	88.89	2
关中平原	7	41.64	13.01	0.31	67.45	29.81	3	42.86	1	14.29	0
中原	12	36.90	8.32	0.23	55.63	23.79	6	50.00	1	8.33	0
山西中部	4	37.79	14.13	0.37	56.58	24.87	2	50.00	1	25.00	0
呼包鄂榆	5	37.72	12.87	0.34	59.69	59.69	1	20.00	1	20.00	0
北部湾	11	33.59	7.05	0.21	47.95	20.88	2	18.18	0	0.00	0
黔中	3	57.39	12.09	0.21	71.13	48.37	3	100.00	2	66.67	1
滇中	3	40.35	6.16	0.15	47.12	35.09	1	33.33	0	0.00	0
兰西	7	29.46	17.53	0.60	60.86	17.11	2	28.57	1	14.29	0
宁夏沿黄	3	23.84	9.48	0.40	34.47	16.25	0	0.00	0	0.00	0
天山北坡	2	32.70	32.91	1.01	55.98	9.43	1	50.00	1	50.00	0
19 个城市群	182	40.31	15.25	0.38	95.29	9.43	84	46.15	45	24.73	9
全国地级市	273	37.22	14.60	0.39	95.29	9.43	100	36.63	50	18.32	10

（二）建设用地节约集约利用动态变化趋势分异状况

综合分析 19 个城市群单位人口增长消耗新增城乡建设用地量、单位地区

生产总值耗地下降率、单位地区生产总值增长消耗新增建设用地量、单位固定资产投资消耗新增建设用地量等增长耗地指数，以及人口与城乡建设用地增长弹性系数、地区生产总值与建设用地增长弹性系数等表征建设用地节约集约利用动态变化趋势指标，结果显示珠三角、山东半岛、京津冀3个城市群建设用地节约集约利用动态变化趋势成效较为明显，节约集约利用动态变化趋势指数在20.0以上；而宁夏沿黄、兰西、滇中、山西中部、呼包鄂榆、辽中南等6个城市群较低，指数值在9.0~12.0，其中宁夏沿黄城市群最低，仅为9.35。相比于2014年的位序排名，除珠三角和宁夏沿黄城市群，其余17个城市群的排名均发生了变化，11个城市群排名上升，其中天山北坡、长江中游、关中平原城市群排名上升较大；6个城市群排名有所下降，其中辽中南、滇中、哈长城市群排名下降较大（见表3）。

表3　19个城市群建设用地节约集约利用动态变化趋势指数

城市群名	样本城市数量（个）	2015年		2014年	
		指数值	排序号	指数值	排序号
京 津 冀	13	20.02	3	21.12	2
长 三 角	25	19.69	4	18.35	6
珠 三 角	9	21.90	1	21.32	1
成 渝	11	17.04	8	16.06	9
长江中游	31	17.19	6	14.69	12
哈 长	9	15.73	10	19.91	5
辽 中 南	10	11.44	14	20.22	3
山东半岛	8	20.85	2	20.15	4
海峡西岸	9	16.28	9	15.33	11
关中平原	7	17.67	5	15.57	10
中 原	12	14.33	12	13.92	13
山西中部	4	11.09	16	8.85	17
呼包鄂榆	5	11.23	15	11.20	16
北 部 湾	11	15.33	11	16.75	8
黔 中	3	13.98	13	11.66	15
滇 中	3	10.94	17	17.30	7
兰 西	7	10.65	18	12.24	14
宁夏沿黄	3	9.35	19	8.37	19
天山北坡	2	17.09	7	8.40	18
19城市群	182	17.14	—	17.22	—
全 国	—	17.01		17.01	

从各城市群建设用地节约集约利用动态变化趋势内部分异看，19个城市群集聚了全国273个地级以上参评城市建设用地节约集约利用动态变化趋势前10强城市中的7席、前50强城市中的34席，以及百强城市中的63席。其中，珠三角、山东半岛、长三角、哈长、天山北坡等5个城市群的节约集约利用动态变化趋势状况位居前5位，占前10强城市的3席、50强城市的18席和百强城市的29席；关中平原、长江中游、海峡西岸、京津冀、成渝等5个城市群位居6~10位；而宁夏沿黄、兰西、辽中南、山西中部、滇中城市群位居末5位。从变异系数上看，哈长、京津冀、呼包鄂榆等3个城市群变异系数较大，城市群内部不同城市节约集约利用动态变化趋势状况高低差异悬殊；而滇中和山东半岛等2个城市群变异系数相对最小，城市群内部不同城市节约集约动态变化状况比较均衡（见表4）。

表4 19个城市群2015年建设用地节约集约利用动态变化趋势指数分异状况

单位：个，%

城市群名	样本城市数量	节约集约利用动态变化趋势指数					入百强城市数量				
		均值	标准差	变异系数	最大值	最小值	入百强数量	区域城市中百强占比	前50强数量	区域城市中前50强占比	10强城市数量
京津冀	13	16.12	11.86	0.74	46.86	4.01	3	23.08	2	15.38	2
长三角	25	18.75	5.10	0.27	26.53	9.63	14	56.00	9	36.00	0
珠三角	9	20.78	14.04	0.68	54.06	11.47	3	33.33	3	33.33	2
成渝	11	15.74	3.13	0.20	21.20	12.18	4	36.36	0	0.00	0
长江中游	31	16.76	5.50	0.33	28.33	7.06	13	41.94	8	25.81	1
哈长	9	18.57	15.91	0.86	56.80	1.88	5	55.56	1	11.11	1
辽中南	10	10.37	5.98	0.58	18.34	2.75	2	20.00	0	0.00	0
山东半岛	8	20.53	3.75	0.18	25.35	15.33	6	75.00	4	50.00	0
海峡西岸	9	16.15	5.87	0.36	28.52	9.18	3	33.33	1	11.11	1
关中平原	7	17.37	5.03	0.29	26.23	12.21	3	42.86	2	28.57	0
中原	12	14.27	3.74	0.26	23.25	10.23	2	16.67	1	8.33	0
山西中部	4	10.73	5.31	0.49	17.38	5.79	1	25.00	0	0.00	0
呼包鄂榆	5	11.87	8.34	0.70	24.95	24.95	1	20.00	1	20.00	0
北部湾	11	14.87	3.83	0.26	24.27	11.11	1	9.09	1	9.09	0

345

城市群名	样本城市数量	节约集约利用动态变化趋势指数					入百强城市数量				
		均值	标准差	变异系数	最大值	最小值	入百强数量	区域城市中百强占比	前50强数量	区域城市中前50强占比	10强城市数量
黔　　中	3	13.10	3.08	0.24	15.10	9.55	0	0.00	0	0.00	0
滇　　中	3	11.30	1.23	0.11	12.72	10.48	0	0.00	0	0.00	0
兰　　西	7	10.31	5.95	0.58	20.79	4.32	1	14.29	0	0.00	0
宁夏沿黄	3	10.03	4.62	0.46	15.36	7.29	0	0.00	0	0.00	0
天山北坡	2	17.38	6.45	0.37	21.94	12.82	1	50.00	1	50.00	0
19个城市群	182	15.98	7.58	0.47	56.80	1.88	63	34.62	34	18.68	7
全国地级市	273	15.95	7.38	0.46	56.80	0.50	100	36.63	50	18.32	10

（三）建设用地节约集约利用综合水平分异状况

综合分析19个城市群建设用地节约集约利用综合水平状况，结果显示珠三角城市群节约集约利用综合状况最佳，节约集约利用综合指数为45.80；海峡西岸、长三角、黔中城市群次之，综合指数分别为40.68、40.09、39.90；山东半岛、成渝、关中平原、京津冀、长江中游、辽中南等6个城市群名列前10位；宁夏沿黄、兰西、哈长城市群位居末3位。相比于2014年度，天山北坡、成渝、长江中游、关中平原等4个城市群位序提升了2位以上，而辽中南、滇中、呼包鄂榆、哈长等4个城市群位序下降了2位以上（见表5）。

表5　19个城市群建设用地节约集约利用综合指数					
城市群名	样本城市数量（个）	2015年		2014年	
		指数值	排序号	指数值	排序号
京 津 冀	13	32.52	8	32.80	7
长 三 角	25	40.09	3	38.64	3
珠 三 角	9	45.80	1	45.12	1
成 　 渝	11	32.87	6	32.33	8
长江中游	31	31.23	9	29.82	11

续表

城市群名	样本城市数量（个）	2015 年		2014 年	
		指数值	排序号	指数值	排序号
哈　长	9	24.10	17	26.75	15
辽中南	10	30.19	10	34.85	6
山东半岛	8	36.07	5	35.47	5
海峡西岸	9	40.68	2	40.60	2
关中平原	7	32.56	7	31.22	9
中　原	12	29.92	11	29.01	12
山西中部	4	26.30	16	25.69	17
呼包鄂榆	5	26.60	15	27.90	13
北　部　湾	11	27.60	14	27.67	14
黔　中	3	39.90	4	37.27	4
滇　中	3	29.24	13	30.64	10
兰　西	7	23.36	18	24.22	18
宁夏沿黄	3	22.94	19	22.30	19
天山北坡	2	29.34	12	26.10	16
19 城市群	182	33.07	—	32.88	—
全　国	—	31.12	—	30.93	—

　　从各城市群建设用地节约集约利用综合指数内部分异看，19 个城市群集聚了全国 273 个地级以上参评城市建设用地节约集约利用综合水平前 10 强城市中的 9 席、前 50 强城市中的 47 席，以及百强城市中的 77 席。其中，珠三角、海峡西岸、黔中、长三角、山东半岛城市群的节约集约利用综合水平位居前五位，占据前 10 强城市的 6 席、50 强城市的 33 席和百强城市的 45 席；关中平原、长江中游、天山北坡、中原、成渝城市群位居前 10 位；而宁夏、兰西、哈长城市群位居末 3 位。从变异系数看，天山北坡、京津冀城市群变异系数较大，城市群内部不同城市节约集约利用综合状况差异较大；而滇中城市群变异系数最小，城市群内部不同城市节约集约利用综合状况比较均衡（见表 6）。

表6　19个城市群2015年建设用地节约集约利用综合指数分异状况

单位：个、%

城市群名	样本城市数量	节约集约利用综合指数					入百强城市数量				
		均值	标准差	变异系数	最大值	最小值	入百强数量	区域城市中百强占比	前50强数量	区域城市中前50强占比	10强城市数量
京 津 冀	13	28.75	11.76	0.41	54.80	19.69	3	23.08	2	15.38	2
长 三 角	25	38.89	8.03	0.21	55.18	23.97	20	80.00	16	64.00	3
珠 三 角	9	43.97	15.80	0.36	77.29	28.79	7	77.78	5	55.56	2
成 渝	11	29.01	6.00	0.21	42.84	22.02	2	18.18	1	9.09	0
长江中游	31	30.96	6.04	0.20	50.04	23.18	11	35.48	3	9.68	1
哈 长	9	25.28	8.95	0.35	43.71	14.27	1	11.11	1	11.11	0
辽 中 南	10	28.24	5.02	0.18	36.73	23.48	2	20.00	0	0.00	0
山东半岛	8	36.41	5.00	0.14	41.68	29.38	6	75.00	5	62.50	0
海峡西岸	9	40.65	7.33	0.18	55.30	32.09	9	100.00	6	66.67	1
关中平原	7	31.00	6.33	0.20	42.36	25.89	2	28.57	2	28.57	0
中 原	12	30.02	4.00	0.13	37.56	25.01	5	41.67	1	8.33	0
山西中部	4	26.79	8.24	0.31	38.29	18.81	1	25.00	1	25.00	0
呼包鄂榆	5	27.54	10.33	0.38	45.47	45.47	1	20.00	1	20.00	0
北 部 湾	11	27.17	3.92	0.14	34.69	19.38	1	9.09	0	0.00	0
黔 中	3	39.90	6.08	0.15	46.91	36.11	3	100.00	1	33.33	0
滇 中	3	28.98	1.27	0.04	30.44	28.12	0	0.00	0	0.00	0
兰 西	7	23.86	8.99	0.38	39.86	16.21	2	28.57	1	14.29	0
宁夏沿黄	3	22.44	4.28	0.19	26.40	17.90	0	0.00	0	0.00	0
天山北坡	2	30.03	15.83	0.53	41.23	18.84	1	50.00	1	50.00	0
19个城市群	182	31.92	9.34	0.29	77.29	14.27	77	42.31	47	25.82	9
全国地级市	273	30.36	8.74	0.29	77.29	14.13	100	36.63	50	18.32	10

四 五大重点城市群状况综述

（一）京津冀城市群

1. 基本情况

京津冀地区是我国经济最具活力、开放程度最高、创新能力最强、吸纳人口最多的地区之一，也是拉动我国经济发展的重要引擎。面对京津冀发展不协调、不平衡矛盾最突出、最复杂，关注度最高、解决难度最大等诸多困难和问题，党中央、国务院做出了推动京津冀协同发展的重大战略部署。根据《京津冀协同发展规划纲要》，京津冀城市群整体定位于"以首都为核心的世界级城市群、区域整体协同发展改革引领区、全国创新驱动经济增长新引擎、生态修复环境改善示范区"，打造以"一核、双城、三轴、四区、多节点"为骨架，推动有序疏解北京非首都功能，构建以重要城市为支点，以战略性功能区平台为载体，以交通干线、生态廊道为纽带的网络型空间格局。京津冀城市群共涉及 13 个城市，包括北京、天津"双城"，石家庄、唐山、保定、邯郸等 4 个区域性中心城市和张家口、承德、廊坊、秦皇岛、沧州、邢台、衡水等 7 个节点城市，全部纳入全国城市建设用地节约集约利用评价。

截至 2015 年底，京津冀城市群 13 个城市土地总面积为 21.69 万平方公里，其中建设用地 2.96 万平方公里，国土开发强度为 13.63%；常住总人口 1.12 亿，相比 2014 年末增加了 98.22 万人；常住城镇人口 0.70 亿，相比 2014 年末增加了 234.12 万人；城镇化率 62.52%，相比 2014 年末提高了 1.56%；GDP 为 7.01 万亿元，相比 2014 年末增加了 0.37 万亿元；常住人口人均 GDP 为 6.28 万元 / 人，相比 2014 年末提高了 0.28 万元 / 人。

2015 年各城市建设用地节约集约利用状况排名及变化情况见图 20。

2. 现状格局与特征

京津冀城市群位于全国"两横三纵"城市化战略格局中沿海通道纵轴和京哈京广通道纵轴的交汇处。近年来在京津冀协同发展战略推动下，随着北京非首都功能有序疏解、京津冀区域一体化格局的积极推进，京津冀城市群

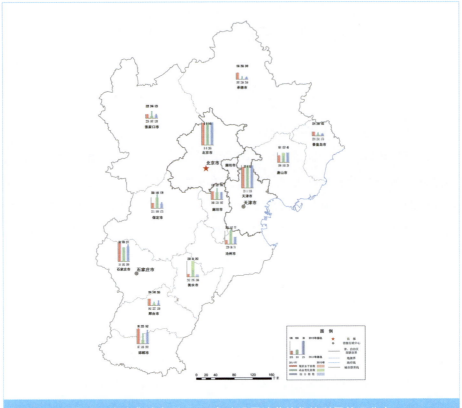

图 20　京津冀城市群 2015 年建设用地节约集约利用状况分布

建设用地节约集约利用取得了较大进展，但内部不均衡性比较突出，并趋于扩大化。2015 年京津冀城市群建设用地节约集约利用现状水平指数为 39.90，在 19 个城市群中排名第 9，相比 2014 年提高了 0.42，排名提升了 1 位；节约集约利用动态变化趋势指数为 20.02，在 19 个城市群中排名第 3，但相比 2014 年下降了 1.10，排名下降了 1 位；节约集约利用综合指数为 32.52，在 19 个城市群中排名第 8，但相比 2014 年下降了 0.28，排名也下降了 1 位（见表 7）。

当前京津冀城市群建设用地节约集约利用总体呈现以下特征。

第一，建设用地节约集约利用现状水平区域发展不平衡，河北省节约集约利用现状水平明显偏低。2015 年京津冀城市群 13 个城市之间建设用地节约集约利用现状水平差距明显，北京和天津 2 个直辖市节约集约利用现状水平

城市名	现状水平指数		动态变化趋势指数		综合指数	
	指数	排名	指数	排名	指数	排名
京 津 冀	39.90	9	20.02	3	32.52	8
北 京	74.23	8	33.78	5	54.80	5
天 津	59.29	23	46.86	4	52.86	6
石 家 庄	47.96	54	16.80	104	32.00	95
唐 山	29.17	191	14.27	157	27.73	154
秦 皇 岛	25.76	224	6.93	256	20.32	248
邯 郸	39.86	96	10.07	225	28.89	139
邢 台	28.96	194	7.62	249	20.06	249
保 定	27.15	209	14.92	144	23.89	218
张 家 口	25.03	228	7.84	246	21.49	240
承 德	28.66	198	4.01	268	19.69	252
沧 州	25.50	225	16.16	117	25.61	189
廊 坊	30.99	175	12.46	187	25.74	188
衡 水	22.82	238	17.86	84	20.68	244
指数均值	35.80	13	16.12	9	28.75	12
变异系数	0.44	17	0.74	18	0.41	18

表 7　京津冀城市群 2015 年城市建设用地节约集约利用状况及其排名

位于全国前列，分别名列全国 273 个地级以上城市第 8 和第 23 位，但河北省所辖各城市除省会城市石家庄名列第 54 位、邯郸名列第 96 名外，其余 9 个城市排名总体比较靠后。2015 年京津冀城市群节约集约利用现状水平指数变异系数高达 0.44，仅次于天山北坡和兰西城市群。同时，河北省各城市建设用地节约集约利用现状水平总体较低，使得京津冀城市群建设用地节约集约利用现状水平指数均值总体处于较低水平，为 35.80，在 19 个城市群中排名第 13 位，但相比 2014 年，指数均值提高了 0.38。从排名变化上看，北京、天津、石家庄、秦皇岛 4 个城市的排名维持不变，保定、沧州、廊坊、衡水等 4 个城市排名提升了 2~5 名，但邯郸、唐山、承德、张家口、邢台等 5 个城市排名下降了 2~9 位。

第二，建设用地节约集约利用动态变化趋势不平衡显著且趋于扩大。2015年北京和天津2个直辖市建设用地节约集约利用动态变化趋势指数名列全国前茅，分别位居全国273个地级以上参评城市第5和第4位，但河北省所辖各城市除衡水市进入百强外，其余10个城市排名比较靠后。尽管京津冀城市群节约集约利用动态变化趋势整体指数为20.02，位居19个城市群第3名，但指数均值仅为16.12，排名降至第9位。从变异系数上看，2015年京津冀城市群13个城市节约集约利用动态变化趋势指数变异系数高达0.74，区域不平衡性程度仅次于哈长城市群。同时，相比于2014年，除北京、石家庄、唐山、衡水的位序有所提升，天津下降3名外，其余8个河北省城市的位序下降21名以上，节约集约利用动态变化趋势指数变异系数也从0.63升至0.74，节约集约利用动态变化趋势不平衡性进一步有所扩大。

第三，建设用地节约集约利用综合水平两极分化比较突出，城市群内部差距有所扩大。2015年京津冀城市群建设用地节约集约利用综合指数为32.52，位居19个城市群第8位，综合指数均值为28.75，位居19个城市群第12位，其中北京和天津两个直辖市分别位居全国273个地级以上参评城市的第5和第6位，而河北省11个城市中除石家庄位居95位外排名比较靠后，建设用地节约集约利用综合水平两极分化比较突出。同时，相比于2014年，河北省11个城市中除唐山和衡水两市排名有所提升外，其余9个城市排名出现较大幅度的下降；建设用地节约集约利用综合指数变异系数从2014年的0.37扩大至2015年的0.41，城市群内部各城市之间建设用地节约集约利用水平差距继续趋于扩大。

第四，人口城镇化快于土地城镇化，新型城镇化进程中人地关系协调度不断提升，但村庄用地不减反增问题仍比较突出。2010~2015年京津冀城市群常住人口与城乡建设用地增长弹性系数、城镇常住人口与城镇工矿用地增长弹性系数分别为1.14和2.47，人口城镇化总体快于土地城镇化，建设用地人口承载水平不断提高。但与此同时，京津冀城市群在常住农村人口趋于减少的同时，村庄用地依然扩张，人均村庄用地从2010年的313.2平方米/人升至2015年的358.3平方米/人，5年间累计增加了45.1平方米/人，村庄用地节约集约利用形势依然严峻。

3. 政策建议

第一，进一步深化土地利用总体规划管控作用，助推京津冀协同发展、集约发展。严格实施《京津冀协同发展土地利用总体规划》，着力优化完善规划管控机制，在合理保障有序疏解北京非首都功能、推动交通一体化的用地需求的同时，更加注重节约集约用地管控，按照"框定总量、限定容量、盘活存量、做优增量、提高质量"的要求，着力构建覆盖全面、科学规范、管理严格的资源总量控制和节约制度，不断优化城市布局和用地结构，促进区域分工协作，提高城市群一体化水平。

第二，深入实施城镇建设用地增加与农村建设用地减少挂钩政策，不断建立完善城镇建设用地增加规模同吸纳农业转移人口落户数量挂钩机制，不断提高村庄用地节约集约利用水平；全面实行建设用地总量与强度双控、建设用地总量控制和减量化管理，加快构建城乡统一的建设用地市场，不断提高存量建设用地供地比重，推动京津冀土地要素市场一体化发展。

（二）长三角城市群

1. 基本情况

长三角城市群是我国经济最具活力、开放程度最高、创新能力最强、吸纳外来人口最多的区域之一，是"一带一路"与长江经济带的重要交汇地带，在国家现代化建设大局和全方位开放格局中具有举足轻重的战略地位。依据《长江三角洲城市群发展规划》（发改规划〔2016〕1176号），长三角城市群以建设具有全球影响力的世界级城市群为目标，旨在打造改革新高地、争当开放新尖兵、带头发展新经济、构筑生态环境新支撑、创造联动发展新模式，建设面向全球、辐射亚太、引领全国的世界级城市群。长三角城市群涉及上海、江苏、浙江、安徽"三省一市"26个城市，除安徽池州市外，25个城市纳入全国城市建设用地节约集约利用评价。

截至2015年底，长三角城市群25个城市土地总面积为20.75万平方公里，其中建设用地3.80万平方公里，国土开发强度为18.32%；常住总人口1.50亿，相比2014年末增加了47.88万人；常住城镇人口1.03亿，相比2014年末增

加了 107.88 万人；城镇化率 69.59%，相比 2014 年末提高了 0.50%；GDP 为 13.50 万亿元，相比 2014 年末增加了 0.87 万亿元；常住人口人均 GDP 为 9.03 万元 / 人，相比 2014 年末提高了 0.56 万元 / 人。

2015 年各城市建设用地节约集约利用状况排名及变化情况见图 21。

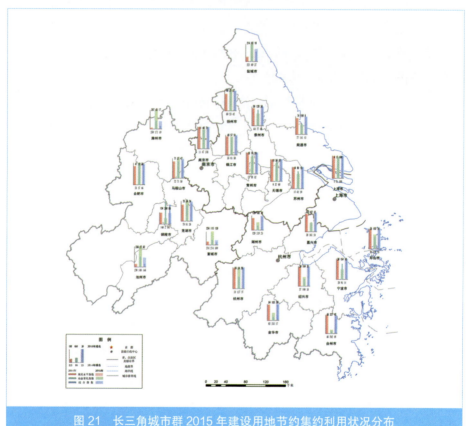

图 21　长三角城市群 2015 年建设用地节约集约利用状况分布

2. 现状格局与特征

长三角城市群位于国家"两横三纵"城市化格局的优化开发和重点开发区域，近年来在上海市建设用地"减量化"、江苏省"双提升"、浙江省"空间换地"等节约集约用地战略推动下，建设用地节约集约利用成效明显。2015 年长三角城市群建设用地节约集约利用现状水平指数为 49.33，在 19 个城市群中排名第 4，相比 2014 年提高了 0.65，排名维持不变。节约集约利用动态变化趋势指数为 19.69，在 19 个城市群中排名第 4，相比 2014 年提高了 1.34，排名提升了 2 位。节约集约利用综合指数为 40.09，在 19 个城市群中排名第 3，相比 2014 年提高了 1.45，排名维持不变（见表 8）。

表 8　长三角城市群 2015 年城市建设用地节约集约利用状况及其排名

城市名	现状水平指数		动态变化趋势指数		综合指数	
	指数	排名	指数	排名	指数	排名
长三角	49.33	4	19.69	4	40.09	3
上　海	81.47	4	25.88	17	55.18	4
南　京	68.91	11	22.64	40	49.66	10
无　锡	70.13	10	20.95	56	49.81	9
常　州	61.81	18	18.99	70	46.93	14
苏　州	64.86	14	17.38	96	48.15	11
南　通	42.82	74	14.35	156	36.61	56
盐　城	26.98	214	20.50	63	30.15	118
扬　州	45.66	68	25.33	21	40.36	32
镇　江	48.90	49	20.94	57	39.75	35
泰　州	47.42	59	15.64	128	37.92	42
杭　州	58.98	24	25.02	24	46.78	16
宁　波	55.78	30	14.58	154	43.10	21
嘉　兴	46.90	63	13.52	167	38.12	40
湖　州	35.19	128	12.63	182	31.32	100
绍　兴	52.44	39	13.76	164	39.96	33
金　华	41.29	84	12.62	183	34.19	78
舟　山	53.92	35	16.92	103	42.39	25
台　州	49.23	48	9.63	227	36.32	58
合　肥	49.34	47	26.53	13	42.59	24
芜　湖	42.80	75	23.50	34	38.47	38
马鞍山	43.93	71	22.95	37	38.07	41
铜　陵	34.57	134	11.71	206	28.80	140
安　庆	23.72	236	24.53	27	27.45	158
滁　州	17.93	257	22.16	45	26.27	177
宣　城	24.04	234	16.21	115	23.97	217
指数均值	47.56	4	18.75	3	38.89	4
变异系数	0.32	11	0.27	7	0.21	11

资料来源：全国城市建设用地节约集约利用评价数据库。

长三角城市群建设用地节约集约利用总体呈现以下特征。

第一，建设用地节约集约利用现状水平较高，城市群内部差距逐步缩小，其中核心城市以及南京都市圈、苏锡常都市圈优势更为明显，合肥都市圈相对逊色。2015 年长三角城市群 25 个城市建设用地节约集约利用现状水平指数均值为 47.56，名列全国 19 个城市群第 4 位，集聚了全国 273 个地级以上参评城市建设用地节约集约利用现状水平前 10 强城市中的 2 席、前 50 强城市中的 12 席，以及百强城市中的 19 席。其中，核心城市上海市名列全国第 4，南京、苏州、杭州、宁波、合肥等区域重点城市分别名列全国第 11、第 14、第 24、第 30、第 47 位。随着五大都市圈同城化发展的推进，南京都市圈、苏锡常都市圈城市建设用地节约集约利用现状水平指数排名比较靠前，杭州都市圈、宁波都市圈城市次之，合肥都市圈城市相对偏低。除盐城、湖州、铜陵、安庆、滁州、宣城等 6 个城市节约集约利用水平相对较低，排名处于全国 100 名外。2015 年长三角城市群建设用地节约集约利用现状水平指数变异系数为 0.32，排名第 11，相比 2014 年变异系数略有下降，表明城市群内部各城市间的建设用地节约集约利用现状水平差距逐步缩小。

第二，建设用地节约集约利用动态变化趋势名列前茅，年际提升明显，且日趋均衡化发展。2015 年长三角城市群 25 个城市建设用地节约集约利用动态变化趋势指数均值为 18.75，名列全国 19 个城市群第 3 位，排名相比 2014 年提升 2 位。从内部分异上看，合肥、上海、扬州、杭州、安庆、芜湖、马鞍山、南京、滁州等 9 个城市名列全国 273 个地级以上参评城市前 50 强，台州和铜陵 2 市相对逊色，排名 200 外。从变异系数上看，2015 年长三角城市群建设用地节约集约利用动态变化趋势指数变异系数为 0.27，排名第 7，相比 2014 年变异系数下降了 0.12，城市群内部各城市间的建设用地节约集约利用动态变化趋势差距显著缩小，均衡化发展明显。

第三，建设用地节约集约利用综合水平处于全国前列，城市群内部差距逐步缩小。2015 年长三角城市群 25 个城市建设用地节约集约利用综合指数均值为 38.89，位居 19 个城市群第 4，相比于 2014 年综合指数提高了 1.19，集聚了全国 273 个地级以上参评城市建设用地节约集约利用综合指数前 10 强城市中的 3 席、前 50 强城市中的 16 席，以及百强城市中的 20 席。除宣城、滁州、铜陵、安庆、盐城等 5 个城市相对偏低外，节约集约度水平总体较高。从变异系数上看，2015 年长三角城市群建设用地节约集约利用综合指数变异系数为 0.21，排名第 11，相比 2014 年变异系数略有下降，建设用地节约集约利用综合水平内部差距逐步趋于缩小。

第四，土地城镇化快于人口城镇化，人口增长耗地偏高，人地协调关系有待改善。2010~2015 年长三角城市群城镇常住人口与城镇工矿用地增长弹性系数为 0.97，城镇化进程中城镇工矿用地增长速度略快于城镇常住人口增长速度；从年际变化上看，除 2012 年、2013 年弹性系数大于 1.0 外，其余各年均小于 1.0，特别是 2014~2015 年由于常住城镇人口增长趋缓，弹性系数下降至 0.92 和 0.62。2011~2015 年长三角城市群单位人口增长消耗新增城乡建设用地平均达 676.0 平方米 / 人，其中 2015 年达 702.5 平方米 / 人，高出珠三角、京津冀、海峡西岸城市群等近 1 倍，人口增长消耗新增城乡建设用地量仍偏大。与此同时，在农村常住人口持续下降的同时，村庄用地不减反增，人均村庄用地从 2010 年的 288.9 平方米 / 人增加至 2015 年的 358.6 平方米 / 人，5 年间累计增加了 69.7 平方米 / 人。长三角城市群作为我国外来人口最大的集聚地，当前外来人口居民化尚面临诸多体制性障碍，特别是外来人口落户门槛高，城乡人地增减挂钩机制不够健全等因素制约，使得长三角城市群优化提升过程中面临着如何进一步提升改善人地协调关系的重大难题。

3. 政策建议

第一，强化土地利用总体规划实施管控，不断建立完善土地高效配置机制。长三角城市群应坚持最严格的耕地保护制度和最严格的节约用地制度，不仅要进一步强化土地利用总体规划实施管理，严格控制新增建设用地占用耕地；而且应积极完善城乡建设用地增减挂钩政策，深入探索实施城镇建设用地增加规模与吸纳农业转移人口落户数量挂钩机制，推动城镇建设用地增量供给与存量挖潜相结合，着力推动特大城市和大城市建设用地实现由增量扩张向存量挖潜转变，上海实现建设用地规模减量化发展，不断健全土地高

效配置机制。

第二，充分发挥要素集聚和空间集中效应，着力消除阻碍生产要素自由流动的行政壁垒和体制机制障碍，不断优化城市群的空间格局，促进大中小城市和小城镇协调发展，不断推进农业转移人口市民化和外来人口市民化，着力引导人口加快向重点开发区域集聚，推动人口区域平衡发展，稳步提高户籍人口城镇化率。

（三）珠三角城市群

1. 基本情况

珠三角城市群是我国乃至亚太地区最具活力的经济区之一，也是我国三大城市群中经济最有活力、城市化率最高的地区。近年来随着港珠澳大桥等基础设施建设的推进，珠江口西岸城市群与港澳地区的融合进一步深入，珠三角区域一体化正迎来全新的发展阶段，初步形成了具有高端、开放、创新特点并具有较强竞争力的湾区经济形态。为强化粤港澳经济融合，国家层面拟将香港、澳门和珠三角9市作为一体规划，旨在打造包括广州、佛山、肇庆、深圳、东莞、惠州、珠海、中山、江门和香港、澳门等11个城市为主的"珠三角湾区"世界级城市群。本次全国城市建设用地节约集约利用评价工作主要涉及广州、佛山、肇庆、深圳、东莞、惠州、珠海、中山、江门等9个城市。

截至2015年底，珠三角城市群9个城市土地总面积为5.48万平方公里，其中建设用地0.97万平方公里，国土开发强度为17.69%；常住总人口0.59亿，相比2014年末增加了110.92万人；常住城镇人口0.50亿，相比2014年末增加了117.61万人；城镇化率84.41%，相比2014年末提高了0.42%；GDP为6.23万亿元，相比2014年末增加了0.46万亿元；常住人口人均GDP为10.60万元/人，相比2014年末提高了0.60万元/人。

2015年各城市建设用地节约集约利用状况排名及变化情况见图22。

2. 现状格局与特征

珠三角城市群位于全国"两横三纵"城市化战略格局中沿海通道纵轴和

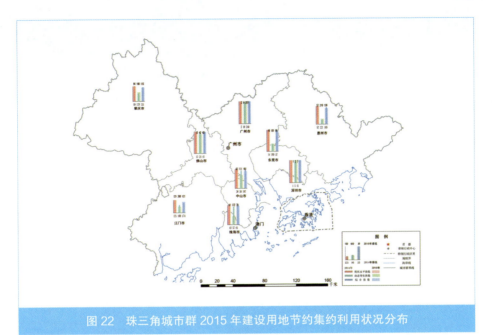

图 22 珠三角城市群 2015 年建设用地节约集约利用状况分布

京哈京广通道纵轴的南端，是我国乃至亚太地区最具活力的经济区和国家层面的优化发展区。近年来，珠三角城市群依托广州南沙、深圳前海和珠海横琴三大国家战略平台，以粤港澳大湾区建设为龙头引领，打造珠三角世界级城市群为目标导向，积极发挥广州、深圳中心城市的带动作用，不断强化中心城市功能，有序向周边城市疏解非核心功能，强化珠三角城市间分工合作，深入推进"三旧"改造和低效用地再开发，在建设用地节约集约利用方面总体走在全国前列。2015 年珠三角城市群建设用地节约集约利用现状水平指数为 62.86，位居 19 个城市群首位，相比 2014 年提高了 0.30，排名维持不变。节约集约利用动态变化趋势指数为 21.90，位居 19 个城市群首位，相比 2014 年提高了 0.58，排名维持不变。节约集约利用综合指数为 45.80，位居 19 个城市群首位，相比 2014 年提高了 0.68，排名维持不变（见表 9）。

城市名	现状水平指数		动态变化趋势指数		综合指数	
	指数	排名	指数	排名	指数	排名
珠 三 角	62.86	1	21.90	1	45.80	1
广 州	89.49	2	31.21	6	60.31	2
深 圳	95.29	1	54.06	2	77.29	1
珠 海	51.49	41	13.14	172	37.59	47
佛 山	63.64	15	22.48	42	47.98	12
江 门	36.58	121	12.07	200	28.79	141
肇 庆	40.03	94	13.58	166	31.11	105
惠 州	47.79	57	11.47	210	33.91	79
东 莞	63.46	16	12.69	181	42.87	22
中 山	50.61	42	16.34	111	35.92	63
指数均值	59.82	2	20.78	1	43.97	1
变异系数	0.34	13	0.68	16	0.36	15

表 9　珠三角城市群 2015 年城市建设用地节约集约利用状况及其排名

资料来源：全国城市建设用地节约集约利用评价数据库。

珠三角城市群建设用地节约集约利用总体呈现以下特征。

第一，建设用地节约集约利用现状水平位居全国前列，且整体优势明显。2015 年珠三角城市群 9 个城市建设用地节约集约利用现状水平指数均值为 59.82，名列全国 19 个城市群第 2 位，集聚了全国 273 个地级以上参评城市建设用地节约集约利用现状水平前 10 强城市中的 2 席、前 50 强城市中的 6 席，以及百强城市中的 8 席。除江门市节约集约利用水平相对偏低外，其余 8 个城市全部进入全国百强城市，其中深圳、广州包揽全国前 2 名，建设用地节约集约利用整体优势明显。但从变异系数上看，2015 年珠三角城市群建设用地节约集约利用现状水平指数变异系数为 0.34，排名第 13，珠三角城市群内部各城市之间的节约集约利用现状水平不平衡状况比较明显。

第二，建设用地节约集约利用动态变化趋势名列全国前列，但内部差异有所扩大。2015 年珠三角城市群 9 个城市建设用地节约集约利用动态变化趋势指数均值为 20.78，名列全国 19 个城市群首位，但内部差距比较明显。其中深圳和广州两市绩效最为突出，分别名列全国273个地级以上参评城市的第2和第6，而惠州、江门等城市排名比较靠后，在200以外。同时，2015年珠三角城市群建设用地节约集约利用动态变化趋势指数变异系数高达0.68，在19个城市群中排名第16，内部差异仅次于哈长、京津冀和呼包鄂榆城市群；同时相比于2014年变异系数扩大了0.21，城市群内部城市分化有所加大。

第三，建设用地节约集约利用综合优势明显，但发展不平衡。2015年珠三角城市群9个城市建设用地节约集约利用综合指数均值为43.97，位居19个城市群首位，相比于2014年综合指数提高了0.58，集聚了全国273个地级以上参评城市建设用地节约集约利用综合指数前10强城市中的2席、前50强城市中的5席，以及百强城市中的7席。除江门和肇庆2市节约集约利用水平相对偏低外，其余7个城市全部进入全国百强城市，其中深圳、广州包揽全国前2名，建设用地节约集约利用综合优势明显，但发展不平衡比较突出。2015年珠三角城市群建设用地节约集约利用综合指数变异系数为0.36，排名第15，区域不平衡程度仅次于天山北坡、京津冀、兰西、呼包鄂榆城市群，同时相比2014年变异系数扩大了0.05，区域协同发展有待强化。

第四，建设用地增长偏快，土地城镇化快于人口城镇化。2010~2015年珠三角城市群建设用地累计增加了850.09平方公里，5年年均增长1.8%，增速位居19个城市群第9位，在国家优化开发区中处较快水平，导致基本农田和绿色生态空间过快减少。与此同时，2010~2015年珠三角城市群常住总人口与城乡建设用地增长弹性系数、城镇常住人口与城镇工矿用地增长弹性系数分别为0.48和0.50，各年的弹性系数也均小于1.0，土地城镇化总体快于人口城镇化，建设用地人口承载水平持续下降，新型城镇化进程中人地协调关系有待改善。

3. 政策建议

第一，强化土地利用总体规划实施管控，促进建设用地节约集约利用均衡化发展。以提高城市综合服务能力和城镇吸纳就业能力为目标，推动"三规合一"，实现功能布局、发展目标、人口规模、建设用地指标、城乡增长边界、土地开发强度"六统一"；通过划定生态控制线、基本农田控制线、城市增长

边界控制线和产业区块控制线，构建科学合理的城镇化布局，实现土地承载均衡提升。加强土地规划与各类产业规划衔接，通过企业集中布局、产业集群发展、资源集约利用、服务功能集合构建，提升土地人口吸纳能力和土地节约集约利用潜能；通过二、三产业的发展带动人口向城镇集中，提升人口吸引力。

第二，坚持控容提质，集约紧凑发展。按照控制规模、提高质量的基本要求，逐步减少新增建设用地，以盘活存量用地，促进转型升级；加快珠港澳湾区城市群规划建设和一体化发展步伐，深入推动城市优化发展和城市间功能互补，释放承载潜能，拓展承载空间，进一步提升城市建设用地人口承载水平。

（四）长江中游城市群

1. 基本情况

长江中游城市群是长江经济带的重要组成部分，承东启西、连南接北，是我国实施促进中部地区崛起战略、全方位深化改革开放和推进新型城镇化的重点区域，在我国区域发展格局中占有重要地位。依据《长江中游城市群发展规划》（发改地区〔2015〕738号），长江中游城市群是以武汉城市圈、环长株潭城市群、环鄱阳湖城市群为主体形成的特大型城市群，旨在打造长江经济带重要支撑、全国经济新增长极和具有一定国际影响的城市群，成为中国经济新增长极、中西部新型城镇化先行区、内陆开放合作示范区和"两型"社会建设引领区。长江中游城市群涉及湖北、湖南、江西3省31个城市，全部纳入全国城市建设用地节约集约利用评价。

截至2015年底，长江中游城市群31个城市土地总面积为34.98万平方公里，其中建设用地3.50万平方公里，国土开发强度为10.00%；常住总人口1.28亿，相比2014年末增加了85.18万人；常住城镇人口0.71亿，相比2014年末增加了229.93万人；城镇化率55.24%，相比2014年末提高了1.44%；GDP为6.79万亿元，相比2014年末增加了0.54万亿元；常住人口人均GDP为5.30万元/人，相比2014年末提高了0.39万元/人。

2015年各城市建设用地节约集约利用状况排名及变化情况见图23。

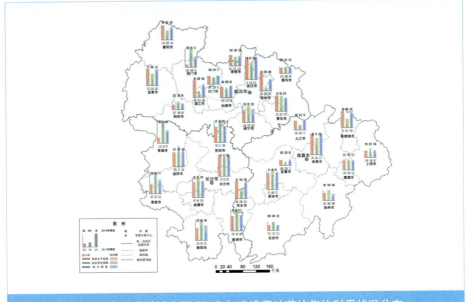

图23　长江中游城市群2015年建设用地节约集约利用状况分布

2. 现状格局与特征

长江中游城市群位于国家"两横三纵"城市化格局中沿长江通道横轴和京哈京广通道纵轴交汇处的国家重点开发区域，是全国重要的高新技术产业、先进制造业和现代服务业基地，全国重要的综合交通枢纽，区域性科技创新基地，长江中游地区人口和经济密集区。近年来长江中游城市群城市建设用地保障得力，节约集约利用水平提升较为明显，总体处于全国19个城市群中等水平。2015年长江中游城市群建设用地节约集约利用现状水平指数为38.09，在19个城市群中排名第10，相比2014年提高了1.17，排名提升了2位；节约集约利用动态变化趋势指数为17.19，在19个城市群中排名第6，相比2014年提高了2.50，排名提升了6位；节约集约利用综合指数为31.23，在19个城市群中排名第9，相比2014年提高了1.41，排名提升了2位（见表10）。

城市名	现状水平指数		动态变化趋势指数		综合指数	
	指数	排名	指数	排名	指数	排名
长江中游	38.09	10	17.19	6	31.23	9
南　昌	58.09	25	18.86	73	41.26	28
景 德 镇	42.29	79	13.42	168	31.81	96
萍　乡	45.77	67	14.20	158	32.69	89
九　江	31.88	163	11.13	213	27.09	162
新　余	41.68	81	22.07	46	35.30	68
鹰　潭	32.37	157	14.51	155	27.46	157
吉　安	27.19	208	13.38	169	24.41	209
宜　春	27.50	205	7.06	254	23.18	225
抚　州	29.84	183	14.64	149	25.12	194
上　饶	28.93	195	11.70	207	25.00	197
武　汉	78.09	6	19.44	67	50.04	8
黄　石	40.09	93	17.45	93	30.54	112
宜　昌	43.52	73	15.46	132	33.53	81
襄　阳	39.63	99	13.78	162	30.03	121
鄂　州	46.76	64	8.73	239	29.08	136
荆　门	22.54	239	21.02	55	28.52	146
孝　感	33.54	145	13.64	165	27.59	155
荆　州	25.85	221	12.69	180	24.79	201
黄　冈	27.59	203	12.14	197	24.10	215
咸　宁	35.94	124	18.10	82	30.52	113
仙　桃	31.14	168	13.91	200	29.44	160
潜　江	38.61	93	9.58	259	29.12	167
天　门	27.90	198	13.22	216	26.95	197
长　沙	62.15	17	22.50	41	46.42	17
株　洲	39.73	97	25.17	22	33.12	83
湘　潭	41.07	85	23.48	35	34.34	76
衡　阳	36.60	120	22.87	38	32.14	93
岳　阳	40.73	87	26.06	16	33.85	80
常　德	27.87	202	28.33	8	30.07	119
益　阳	39.08	101	16.92	102	31.20	103
娄　底	32.38	156	24.13	30	30.97	107
指数均值	37.95	9	16.76	7	30.96	7
变异系数	0.31	9	0.33	9	0.20	9

表 10　长江中游城市群 2015 年城市建设用地节约集约利用状况及其排名

资料来源：全国城市建设用地节约集约利用评价数据库。

长江中游城市群建设用地节约集约利用分异主要呈现以下特征。

第一，建设用地节约集约利用现状总体处于全国中等水平，其中武汉城市圈、环长株潭城市群、环鄱阳湖城市群中心城市优势明显。2015年长江中游城市群31个城市建设用地节约集约利用现状水平指数均值为37.95，名列全国19个城市群第9名，集聚了全国273个地级以上参评城市建设用地节约集约利用现状水平前10强城市中的1席、前50强城市中的3席，以及百强城市中的14席。其中武汉市名列全国第6，位居中西部地区城市首位；长沙、南昌分别名列第17、第25位，节约集约利用水平位居区域前茅。从区域分异上看，长江中游城市群建设用地节约集约利用现状水平总体比较均衡，2015年现状水平指数变异系数为0.31，排名第9，与2014年基本持平，其中武汉城市圈、环长株潭城市群、环鄱阳湖城市群重点城市节约集约利用现状水平相对较高，而吉安、宜春、荆门、荆州、黄冈、常德等外围城市相对偏低，节约集约利用现状水平排名在200以外。

第二，建设用地节约集约利用动态变化趋势提升明显，环长株潭城市群成效最为显著。2015年长江中游城市群31个城市建设用地节约集约利用动态变化趋势指数均值为16.76，名列全国19个城市群第7位，相比2014年提升了2.56，排名提升了3位。从内部分异上看，环长株潭城市群节约集约利用动态变化趋势绩效最为明显，其中常德市名列全国第8，岳阳、株洲、娄底、湘潭、衡阳、长沙等6个城市分别名列16、第22、第30、第35、第38、第41位，进入全国50强行列；另有江西新余名列全国第46位；但宜春、九江、上饶、鄂州、仙桃、潜江、天门等城市相对较低，排位在200以外。从变异系数上看，2015年长江中游城市群建设用地节约集约利用动态变化趋势指数变异系数为0.33，排名第9，相比2014年变异系数仅下降了0.01，城市群内部分异比较稳定。

第三，建设用地节约集约利用综合水平处于全国中上水平，年际提升明显。2015年长江中游城市群31个城市建设用地节约集约利用综合指数均值为30.96，位居19个城市群第7，相比于2014年综合指数提高了1.26，位次排名提升了4位，集聚了全国273个地级以上参评城市建设用地节约集约

利用综合指数前 10 强城市中的 1 席、前 50 强城市中的 3 席，以及百强城市中的 11 席，百强城市入围数量仅次于长三角城市群。其中，武汉、长沙、南昌 3 个中心城市建设用地节约集约利用综合水平位居前三。从区域分异上看，长江中游城市群建设用地节约集约利用综合水平总体比较均衡，2015 年综合指数变异系数为 0.20，排名第 9，与 2014 年基本持平，其中武汉城市圈、环长株潭城市群、环鄱阳湖城市群重点城市节约集约利用现状水平相对较高，而吉安、宜春、荆州、黄冈等 4 个城市相对偏低，节约集约利用综合指数排名在 200 名以外。

第四，建设用地投入产出效益提升明显，但经济增长新增耗地偏大，土地城镇化快于人口城镇化。伴随着国家中部崛起战略的不断深入实施，长江中游城市群建设用地投入产出效益提升明显。2015 年相比 2010 年，建设用地地均 GDP 增加了 84.68 万元 / 公顷，5 年年均提升 9.3%，提升幅度仅次于黔中、天山北坡、关中和成渝城市群，位居第 5 位；同时，建设用地地均固定资产投资也从 2010 年的 70.56 万元 / 公顷提升至 2015 年的 168.42 万元 / 公顷，建设用地投入强度提高了 1.4 倍，提升幅度仅次于黔中和天山北坡城市群。但经济增长新增耗地仍偏大，2010~2015 年平均单位地区生产总值增长和单位固定资产投资消耗新增建设用地量分别高达 10.86 公顷 / 亿元和 1.53 公顷 / 亿元，远高于京津冀、长三角、珠三角、海峡西岸等优化开发区。另外，2010~2015 年长江中游城市群常住人口与城乡建设用地弹性系数、城镇常住人口与城镇工矿用地增长弹性系数分别仅为 0.31 和 0.67，而且各年的弹性系数也在 0.50 和 0.85 以下，土地城镇化远快于人口城镇化，建设用地人口承载能力持续下降，新型城镇化推进过程中的人地协调关系有待改善。

3. 政策建议

第一，坚持走新型城镇化和"两型"发展道路。进一步强化不同区域的主体功能，建立国土空间开发保护制度，控制开发强度，充分发挥各地资源要素禀赋比较优势，促进不同城市特色化、差异化发展，促进城镇发展与产业支撑、转移就业和人口集聚相统一，着力推进城乡、产业、基础设施、生态文明、公共服务"五个协同发展"，不断提升建设用地人口承载水平和投入产出效益。

第二，强化用地标准控制，加强存量建设用地挖潜，提高城市用地管理水平。按照控制增量，盘活存量，优化结构，提升效率的要求，不断创新土地管理制度，优化土地利用结构。要不断完善并提高各类用地控制标准，深化完善城乡建设用地增减挂钩、人地挂钩机制，积极推进低效用地再开发，加强批次用地供应管理，不断提高城市用地管理水平。以土地节约集约利用促进城镇化转型发展，着力提升城镇土地对人口、产业的集聚吸纳能力，不断提高城镇化的发展质量。

（五）成渝城市群

1. 基本情况

成渝城市群是西部大开发的重要平台，是长江经济带的战略支撑，也是国家推进新型城镇化的重要示范区。依据《成渝城市群发展规划》（发改规划〔2016〕910号），成渝城市群是国家重点培育发展起到引领西部开发开放的国家级城市群，旨在打造全国重要的现代产业基地、西部创新驱动先导区、内陆开放型经济战略高地、统筹城乡发展示范区和美丽中国的先行区。成渝城市群主要涉及重庆以及四川成都、自贡、泸州、德阳、绵阳、遂宁、内江、乐山、南充、眉山、宜宾、广安、达州、雅安、资阳等16个市。除遂宁、南充、广安、达州、雅安等5市外，其余11个城市纳入全国城市建设用地节约集约利用评价。

截至2015年底，成渝城市群11个样本城市土地总面积为18.37万平方公里，其中建设用地1.71万平方公里，国土开发强度为9.33%；常住总人口0.78亿，相比2014年末增加了64.70万人；常住城镇人口0.44亿，相比2014年末增加了136.94万人；城镇化率56.39%，相比2014年末提高了1.29%；GDP为3.87万亿元，相比2014年末增加了0.30万亿元；常住人口人均GDP为4.94万元/人，相比2014年末提高了0.34万元/人。

2015年各城市建设用地节约集约利用状况排名及变化情况见图24。

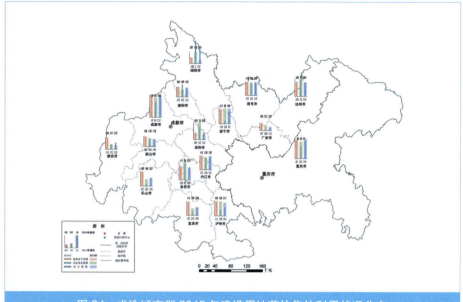

图 24　成渝城市群 2015 年建设用地节约集约利用状况分布

2. 现状格局与特征

成渝城市群处于全国"两横三纵"城市化战略格局沿长江通道横轴和包昆通道纵轴的交汇地带，是全国重要的城镇化区域，西部经济基础最好、经济实力最强的区域之一。近年来成渝城市群以建设具有国际竞争力的国家级城市群为目标，全面融入"一带一路"和长江经济带建设，打造新的经济增长极，建设用地节约集约利用现状总体处于全国 19 个城市群中上水平。2015年成渝城市群建设用地节约集约利用现状水平指数为 43.23，在 19 个城市群中排名第 6，相比 2014 年提高了 0.88，排名维持不变；节约集约利用动态变化趋势指数为 17.04，在 19 个城市群中排名第 8，相比 2014 年提高了 0.98，排名上升了 1 位；节约集约利用综合指数为 32.87，在 19 个城市群中排名第 6，相比 2014 年提高了 0.54，但排名下降了 2 位（见表 11）。

成渝城市群建设用地节约集约利用主要呈现以下特征。

第一，建设用地节约集约利用现状水平总体处于全国中上水平，但中心 –

城市名	现状水平指数		动态变化趋势指数		综合指数	
	指数	排名	指数	排名	指数	排名
成　渝	43.23	6	17.04	8	32.87	6
重　庆	47.29	60	17.97	83	36.78	53
成　都	61.23	19	21.20	53	42.84	23
自　贡	36.80	117	19.13	68	28.63	143
泸　州	39.03	103	16.45	109	29.89	124
德　阳	32.02	160	12.42	190	26.44	173
绵　阳	27.33	207	14.95	142	22.02	235
内　江	37.43	112	15.57	130	30.33	115
乐　山	37.86	109	12.18	196	26.08	181
眉　山	32.49	155	12.84	176	25.83	187
宜　宾	37.09	114	12.24	194	26.14	180
资　阳	29.09	193	18.23	78	24.16	214
指数均值	37.97	8	15.74	10	29.01	10
变异系数	0.25	7	0.20	3	0.21	11

表 11　成渝城市群 2015 年城市建设用地节约集约利用状况及其排名

资料来源：全国城市建设用地节约集约利用评价数据库。

外围分异特征明显，成都和重庆两个中心城市优势突出。2015 年成渝城市群 11 个样本城市建设用地节约集约利用现状水平指数均值为 37.97，名列全国 19 个城市群第 8 位，除成都和重庆两个中心城市分别名列全国 273 个地级以上城市第 19 和 60 位外，其余 9 个城市由于城市规模、经济发展水平相对偏弱，建设用地节约集约利用现状水平排名均在 100 外，其中绵阳和资阳两市更低，分别名列 193 和 207 位。从动态变化上看，相比于 2014 年，德阳、乐山、成都、绵阳等 4 市排名略有下降，宜宾、眉山、泸州等城市排名提升比较明显。总体来看，成渝城市群建设用地节约集约利用现状水平分异状况总体比较稳定，2014 年和 2015 年变异系数均为 0.25，排序名列 19 城市群第 7。

　　第二，建设用地节约集约利用动态变化趋势一般，区域均衡性较强。2015 年成渝城市群 11 个城市建设用地节约集约利用动态变化趋势指数均值为

15.74，名列全国 19 个城市群第 10 名，相比 2014 年仅提升了 0.18，排名基本不变。从内部分异上看，除成都、自贡、资阳、重庆名列全国 273 个城市百强名单外，其余 7 个城市处于全国中下水平。从变异系数上看，成渝城市群 11 个城市建设用地节约集约利用动态变化趋势指数变异系数为 0.20，排名第 3，区域内部均衡性较强。

第三，建设用地节约集约利用综合现状处于全国中等水平，中心–外围分异特征显著。2015 年成渝城市群 11 个城市建设用地节约集约利用综合指数均值为 29.01，位居 19 个城市群第 10，相比于 2014 年综合指数下降了 0.22。除成都和重庆两个中心城市优势比较突出外，其余城市建设用地节约集约利用综合水平排名总体不高，其中资阳和绵阳 2 市排名在 200 以外，建设用地节约集约利用综合水平呈现比较明显的"中心–外围"特征，内部分异比较突出，2015 年综合指数变异系数名列 19 个城市群的第 11 名。

第四，单位地区生产总值耗地下降明显，但经济增长新增耗地仍偏大。2010~2015 年成渝城市群单位 GDP 建设用地使用面积下降 38.20%，仅次于黔中和天山北坡城市群，名列全国 19 个城市群前列。但单位经济增长新增耗地仍偏大，2010~2015 年单位地区生产总值增长和单位固定资产投资消耗新增建设用地量平均分别高达 10.02 公顷/亿元和 1.59 公顷/亿元，远高于京津冀、长三角、珠三角、海峡西岸等优化开发区。

第五，统筹城乡综合配套改革成效显著，农村人地关系有所改善，但土地城镇化仍快于人口城镇化，新型城镇化发展质量有待进一步提升。随着统筹城乡综合配套改革的不断深化，近年来成渝城市群农村常住人口与村庄用地呈现同步减少的态势，村庄用地从 2010 年的 9415.2 平方公里下降至 2015 年的 9277.1 平方公里，累计减少了 138.1 平方公里；但另一方面，当前成渝城市群地级城市发展相对缓慢，次级城市发育不足，人口经济集聚能力不强，使得近几年成渝城市群土地城镇化仍总体快于人口城镇化，2010~2015 年成渝城市群常住人口与城乡建设用地弹性系数、城镇常住人口与城镇工矿用地增长弹性系数分别仅为 0.39 和 0.74，建设用地人口承载能力仍有所下降，新型城镇化发展质量有待于进一步改善提升。

3. 政策建议

第一，强化土地利用总体规划管控，严格控制新增建设用地占用耕地，深入推进土地制度一体化改革，完善城乡建设用地增减挂钩制度，不断深化城乡统筹综合配套改革和农村土地三项制度改革试点推进。以培育发展城市群为导向，强化创新驱动、夯实产业基础，优化整合区域包括国土资源在内的各类资源要素，着力提升重庆、成都核心城市辐射带动作用，积极支持区域中心城市培育壮大，引导促进大中小城市和小城镇协调发展，增强人口经济集聚能力，加快构建"一轴两带、双核三区"的空间格局，形成结构合理、功能完备的城镇体系，深入推进城乡发展一体化，着力提升区域整体竞争力。

第二，按照"控制增量、盘活存量、优化结构、强化创新"的要求，深入推进存量盘活挖潜和低效用地再开发工作，不断完善城市群内低效和闲置土地退出机制。要更加注重按照集中布局、集约发展、产城融合的原则，不断整合优化园区资源，统筹不同区域、不同类型、不同层次园区建设，推动园区联动、资源共享、优势互补、协调发展。

附录 19个城市群样本城市名单及2015年经济社会基本情况

城市群名称	样本城市名单	城市个数（个）	建设用地面积（平方公里）	国土开发率（%）	常住总人口（万人）	城镇化率	GDP（亿元）	人均GDP（万元/人）
京津冀	北京、天津、石家庄、唐山、秦皇岛、邯郸、邢台、保定、张家口、承德、沧州、廊坊、衡水	13	29563.33	13.63	11171.81	62.52	70119.68	6.28
长三角	上海、南京、无锡、常州、苏州、南通、盐城、扬州、镇江、泰州、杭州、宁波、嘉兴、湖州、绍兴、金华、舟山、台州、合肥、芜湖、马鞍山、铜陵、安庆、滁州、宣城	25	38012.61	18.32	14954.08	69.59	134977.07	9.03
珠三角	广州、深圳、珠海、佛山、江门、肇庆、惠州、东莞、中山	9	9685.71	17.69	5874.30	84.41	62267.46	10.60
成渝	重庆、成都、自贡、泸州、德阳、绵阳、内江、乐山、眉山、宜宾、资阳	11	17137.63	9.33	7822.43	56.39	38656.35	4.94
长江中游	南昌、景德镇、萍乡、九江、新余、鹰潭、吉安、宜春、抚州、上饶、武汉、黄石、宜昌、襄阳、鄂州、荆门、孝感、荆州、黄冈、咸宁、潜江、天门、长沙、株洲、湘潭、衡阳、岳阳、常德、益阳、娄底	31	34980.34	10.00	12805.03	55.24	67879.96	5.30
哈长	长春、吉林、四平、辽源、松原、哈尔滨、大庆、牡丹江、绥化	9	15569.72	6.58	4067.36	50.05	22481.34	5.53
辽中南	沈阳、大连、鞍山、抚顺、本溪、丹东、锦州、营口、辽阳、盘锦	10	11778.48	12.40	3374.23	70.88	25852.62	7.66

续表

城市群名称	样本城市名单	城市个数（个）	建设用地面积（平方公里）	国土开发率（%）	常住总人口（万人）	城镇化率	GDP（亿元）	人均GDP（万元/人）
山东半岛	济南、青岛、淄博、东营、烟台、潍坊、威海、德州	8	14641.53	18.38	4782.05	62.46	40350.30	8.44
海峡西岸	福州、厦门、莆田、泉州、漳州、宁德、汕头、潮州、揭阳	9	7576.68	11.43	4490.83	63.43	25796.03	5.74
关中平原	西安、铜川、宝鸡、咸阳、渭南、汉中、天水	7	6690.48	6.92	3039.71	52.62	13140.54	4.32
中原	晋城、郑州、开封、洛阳、平顶山、鹤壁、新乡、焦作、许昌、漯河、商丘、周口	12	15399.86	16.90	6207.27	49.94	26844.95	4.32
山西中部	太原、阳泉、晋中、忻州	4	3125.69	5.90	1219.40	63.52	5058.40	4.15
呼包鄂榆	呼和浩特、包头、鄂尔多斯、延安、榆林	5	6014.19	2.84	1347.86	66.56	14853.20	11.02
北部湾	湛江、茂名、南宁、北海、防城港、钦州、玉林、崇左、海口、东方	11	9909.02	8.96	3897.77	47.91	15377.97	3.95
黔中	贵阳、遵义、安顺	3	2471.32	5.14	1312.75	57.61	5774.88	4.40
滇中	昆明、曲靖、玉溪	3	3420.08	5.27	1508.60	56.24	6844.78	4.54
兰西	兰州、金昌、武威、张掖、酒泉、定西、西宁	7	4703.90	1.65	1340.44	56.31	5092.11	3.80
宁夏沿黄	银川、石嘴山、中卫	3	1850.55	7.50	409.37	65.15	2293.01	5.60
天山北坡	乌鲁木齐、克拉玛依	2	1592.56	7.73	397.21	89.22	3331.99	8.39
19城市群		182	234123.71	9.38	90022.50	61.45	58692.64	6.52

注：19个城市群样本城市选择综合考虑截至2016年底国家已出台的城市群发展规划、国家主体功能区规划、国家新型城镇化规划等，结合全国城市建设用地节约集约利用评价参评城市情况确定。

附　录

Appendices

B.9
城市建设用地节约集约利用评价
工作大事记

1999 年 4 月　国土资源部制定《1999~2000 年度城市土地价格调查与集约利用潜力评价实施方案》，选择福州市开展城市土地集约利用潜力评价工作，确定了工作原则、调查内容、技术路线、组织形式、进度安排和预期成果。

1999 年 8 月　国土资源大调查工程正式启动。是年，国土资源部下发了《新一轮国土资源大调查纲要》、《新一轮国土资源大调查实施方案》、《新一轮国土资源大调查"十五"规划》以及《国土资源大调查管理若干规定》（国土资发〔1999〕259 号），将城市土地集约利用潜力评价工作作为国土资源大调查土地资源监测调查工程的重要内容，明确了有关工作原则、任务目标、技术路线和职责分工、经费管理等组织实施要求，为城市建设用地节约集约利用评价工作体系建立与技术路线运作奠定了基础，提供了指南。按照《新一轮国土资源大调查纲要》《新一轮国土资源大调查实施方案》的工作部署，项目目标是"为城镇规划和挖掘城镇用地潜力、提高城镇土地集约利用水平提供基础资料"；"开展我国城镇土地集约利用潜力评价，把握城镇土地的利用现状和利用规律，建立有中国特色的城镇土地集约利用新机制"；"在城镇土地利用现状与潜力、土地市场调查的基础上，针对我国城镇土地利用中存在的问题，对城镇土地利用状况进行集约化评价"。项目工作内容主要有现阶段城镇土地利用的状况分析（用地规模、用地结构、用地效率等），城镇土地利用存在的主要问题，评价城镇土地集约化利用水平的理论方法和指标体系等内容。

2000 年 3 月　国土资源部土地利用管理司、中国土地勘测规划院在北京举办 1999 ～ 2000 年度《城市土地价格调查与集约利用潜力评价》《农用地分等定级与估价》两个项目的工作部署会。

2000 年 7 月　国土资源部发布《关于加强城市土地价格调查与集约利用潜力评价和农用地分等定级与估价工作的通知》（国土资发〔2000〕15 号），推进落实评价工作，就加强组织领导、实施管理与落实配套经费等提出具体要求。

2001 年 3 月　国土资源部土地利用管理司、中国土地勘测规划院在北京举办 2000 ～ 2001 年度《城市土地价格调查与集约利用潜力评价》《农用地分等定级与估价》两个项目的工作部署会。

2001 年 4 月　国土资源部发布《关于开展 2000 ～ 2001 年度〈城市土地价格调查与集约利用潜力评价〉项目的通知》（国土资发〔2001〕132 号），在天津、包头、长春、南京、义乌、济南等 6 个城市部署开展城市土地集约利用潜力评价工作。

2001 年 4 月　国土资源部制定《2000 ～ 2001 年度城市土地价格调查与集约利用潜力评价实施方案》，立足探索建立适合我国国情的城市土地集约利用潜力评价方法和指标体系，明确了年度工作原则、工作内容、进度安排、技术路线和工作组织要求。

2002 年 7 月　国土资源部发布《新一轮国土资源大调查"十五"规划》，将项目近期重点任务确定为"完成不同类型和规模的典型城市土地集约利用潜力评价工作，通过典型城市的调查评价，建立评价方法和指标体系，为全国城市土地集约利用潜力评价工作的开展提供科学基础"。

2005 年 11 月 国土资源部土地利用管理司、中国土地勘测规划院在南通召开全国城市土地集约利用潜力评价成果研讨会。各试点城市所在省区及各城市土地管理部门、项目具体承担单位的相关人员参加了会议。研讨会上，天津、长春、济南、南京、福州、包头、义乌等 7 个全国首批城市土地集约利用的试点介绍了项目工作体会和研究成果，与会人员结合理论研究和实践验证心得，交流了试点经验，展示了创新成果，重点围绕城市土地集约利用潜力内涵的界定、评价层次的确定、评价指标体系的设计、评价标准与方法的选取等方面进行了技术回顾与研讨，提出了一系列建设性意见。

2006 年 3 月 因工作重要性与成果示范性较为突出，城市土地集约利用潜力评价项目成为《土地资源监测调查工程》中的一级计划项目，项目实施进入了一个崭新的阶段。

2006 年 9 月 国土资源部发布《关于部署开展 2006 年度城市土地集约利用潜力评价工作的通知》（国土资厅发〔2006〕117 号），在以往试点基础上，继续部署开展成都和南通两个试点城市评价工作，以期检验技术标准的可行性与有效性，为技术体系完善提供实践验证。

2008 年 1 月 《国务院关于促进节约集约用地的通知》（国发〔2008〕3 号）发布，提出从严控制城市用地规模，充分利用现有建设用地，大力提高建设用地利用效率，要求各地认真开展建设用地普查评价，对现有用地的开发利用和投入产出情况做出评估。城市土地集约利用潜力评价是其中一项重要内容。

2008 年 1 月 国土资源部发布《关于贯彻落实〈国务院关于促进节约集约用地的通知〉的通知》（国土资发〔2008〕16 号），提出积极开展建设用地普查评价工作，要求各地依据《建设用地节约集约利用评价规程》，对建设用地的利用状况、利用强度、综合承载能力等进行综合评估，对低效利用的土地和空闲、闲置土地，要明确利用方向，采取措施促进提高土地利用效率。

2008 年 11 月 《建设用地节约集约利用评价规程》（TD/T 1018—2008）发布，并于 12 月 1 日实施，为规范评价工作运作提供了技术依据指南，填补了我国城市土地集约利用潜力评价技术规范研究领域的空白。

2009年12月　基于近10年基础研究和试点实践成果，编撰出版专著《城市土地集约利用潜力评价理论、方法与实践》，涵盖项目背景与基础研究、试点城市实践、技术探索与成果应用等内容，旨在反映项目发展、总结实践经验、促进成果应用、深化理论研究，为城市和建设用地土地集约利用潜力评价工作提供借鉴，为国土资源调查评价、土地利用规划与城市规划、土地节约集约利用等相关研究提供示范指南和信息资料。

2011年2月　国土资源部科技与国际合作司组织专家，在北京对中国土地勘测规划院、北京大学、中国地质大学（北京）等单位完成的《基于区域、城市和开发区的建设用地节约集约利用评价技术体系构建及应用》研究成果进行了评审（城市节地评价是该研究成果的主要内容之一）。评审组一致认为，该项目构建了针对区域、城市和开发区的建设用地节约集约利用评价技术体系，填补了国内外土地利用研究领域的空白。针对复杂多样的土地国情，开展了大面积的应用试验，研究成果达到国际领先水平。

2011年3月　《中华人民共和国国民经济和社会发展第十二个五年规划纲要》提出建设资源节约型、环境友好型社会，加强资源节约和管理，健全节约土地标准，加强用地节地责任和考核。其中涵盖城市节地评价工作。

2011年4月　国土资源部发表专题文章《节地有"尺"可量》，对以城市节地评价为核心内容的建设用地节约集约利用评价重要意义、理论基础、工作体系与技术体系完善过程、实践应用状况等进行了介绍。

2011年5月　国土资源部发布《关于印发国土资源"十二五"规划纲要的通知》（国土资发〔2011〕70号），提出大力推进土地节约集约利用，建立健全节约用地评价考核制度，开展城市建设用地节约集约利用评价，充分挖掘城市建设用地利用潜力，推动城市建设节约集约用地。

2011年7月　国土资源部发布《关于印发〈国土资源调查评价"十二五"规划〉的通知》（国土资发〔2011〕98号），土地资源调查监测类重点任务中，安排了城乡建设用地利用状况调查与评价，提出开展报国务院审批的106个重点城市建设用地节约集约利用状况评价。

2011年12月　国土资源部发布《关于部署开展部分重点城市建设用地

节约集约利用评价工作的通知》(国土资厅函〔2011〕1148 号),安排在北京、天津等 16 个东部、中部直辖市和省会城市开展建设用地节约集约利用评价工作,掌握建设用地利用状况、集约利用程度、潜力规模与空间分布,制定促进节约集约用地的对策和措施。

2012 年 3 月　国土资源部发布《关于大力推进节约集约用地制度建设的意见》(国土资发〔2012〕47 号),建立节约集约用地制度框架,提出了"规划管控、计划调节、标准控制、市场配置、政策鼓励、监测监管、考核评价、共同责任"八项制度。在土地利用评价考核制度中,提出开展重点城市建设用地节约集约利用潜力评价,全面掌握城市建设用地利用状况、集约利用程度、潜力规模与空间分布,评价结果作为科学用地管地、制定相关用地政策的重要依据。

2012 年 3 月　国土资源部土地利用管理司、中国土地勘测规划院在北京召开重点城市建设用地节约集约利用评价技术培训研讨会,北京、天津等 16 个重点城市省级国土资源主管部门、市级国土资源主管部门、评价工作技术承担单位等近百位同志参加了会议。中国土地勘测规划院作为组织实施单位介绍了城市建设用地节约集约利用评价的项目概况和组织实施要求;北京大学、中国地质大学(北京)专家讲解了《建设用地节约集约利用评价规程》(TD/T 1018—2008)、《建设用地节约集约利用评价数据库标准(试行)》、《建设用地节约集约利用评价制图规范(试行)》;南京师范大学专家结合以往重点城市评价成果,介绍了"城市土地集约利用评价试点工作主要做法和经验"。培训后,针对授课内容,各方就评价关键问题进行了现场互动、交流和技术答疑。

2012 年 6 月　国土资源部发布《关于部署开展沈阳等 14 个重点城市建设用地节约集约利用评价工作的通知》(国土资厅函〔2012〕627 号),安排在沈阳、呼和浩特等 14 个东北部、西部直辖市和省会(首府)城市开展建设用地节约集约利用评价工作,掌握建设用地利用状况、集约利用程度、潜力规模与空间分布,制定促进节约集约用地的对策和措施。

2012 年 8 月　国土资源部土地利用管理司、中国土地勘测规划院在北京召开重点城市建设用地节约集约利用评价培训研讨会，沈阳、呼和浩特等14个重点城市省级国土资源主管部门、市级国土资源主管部门、评价工作技术承担单位等七十余位同志参加了会议。会议介绍了重点城市建设用地节约集约利用评价项目概况和组织实施要求，开展了技术标准培训，介绍了城市土地节约集约利用潜力评价试点工作的主要做法和经验，就评价关键问题进行了现场互动、交流和技术答疑。

2012年9月 国土资源部与人民日报社在人民大会堂联合举办国土资源节约集约利用论坛。9月25日，《人民日报》发表题为《夯实可持续发展根基——国土资源节约集约利用论坛综述》的报道，其中对城市土地节约集约利用评价项目进行了简要介绍。

2012年10月 《人民日报》发表《导航科学发展新征程》，提出节约集约用地，离不开科学的评价、考核"指挥棒"。对城市土地节约集约利用评价项目进行了简要介绍。

2013年5月 国土资源部发布《关于部署开展原平等20个小城市建设用地节约集约利用评价工作的通知》（国土资厅函〔2013〕438号），在全国范围内选择原平、大厂等20个县级市开展建设用地节约集约利用评价工作，掌握建设用地利用状况、节约集约利用程度、潜力规模与空间分布，制定促进节约集约用地的对策和措施。

2013年8月 国土资源部土地利用管理司、中国土地勘测规划院在北京召开小城市建设用地节约集约利用评价工作部署培训会，原平等20个小城市省级国土资源主管部门、市级国土资源主管部门、评价工作技术承担单位参加了会议。国土资源部土地利用管理司向各省（区、市）介绍城市建设用地节约集约用地评价"十二五"工作安排，提出下一步工作要求，中国土地勘测规划院介绍重点城市建设用地节约集约利用评价项目背景、组织实施情况，组织专家进行技术培训，探讨有关技术问题。

2013年9月 《多层次建设用地节约集约利用评价技术体系创建与应用》研究成果获国土资源科学技术一等奖，城市节地评价是该研究的重要内容之一。

2013 年 9 月 形成北京等 30 个重点城市建设用地节约集约利用评价成果汇总报告、分析报告、数据册、图集等汇总成果。

2014 年 5 月 国土资源部发布《节约集约利用土地规定》（国土资源部第 61 号令），并于 9 月 1 日起实施，这是我国首部专门就土地节约集约利用进行规范和引导的部门规章，标志着节约集约用地步入法制化轨道。该规定第三十六条提出，县级以上国土资源主管部门应当根据建设用地利用情况普查，组织开展区域、城市和开发区节约集约用地评价，并将评价结果向社会公开。

2014 年 6 月 国土资源部发布《关于部署开展全国城市建设用地节约集约利用评价工作的通知》（国土资函〔2014〕210 号），决定用 5 年时间，开展全国 80% 的地级以上城市和 60% 的县级市的建设用地节约集约利用评价工作，明确了评价范围与评价时点、评价数据、组织实施、工作经费、工作要求等。城市建设用地节约集约利用评价进入全国工程性推广阶段。

2014 年 9 月 国土资源部发布《关于推进土地节约集约利用的指导意见》（国土资发〔2014〕119 号），提出全面推进节约集约用地评价，部署开展城市节约集约用地初始评价，在初始评价基础上开展区域和中心城区更新评价。

2014 年 9 月 《中国国土资源报》发布国土资源部副部长胡存智专访文章《节地要有新思路》，提出全城市建设要节约集约用地，要走出新路，我国已经到了必须在发展中提质增效的关键时期，改变原有的土地资源利用方式，改变经济发展方式，这样才会有新型城镇化发展和生态文明建设。文章列举了七项举措保障目标落实，在完善考核评价这一举措中，提出要开展城市节约集约用地评价。

2014 年 9 月 形成原平等 20 个小城市建设用地节约集约利用评价成果汇总报告、分析报告、数据册、图集等汇总成果。

2014 年 9~10 月 国土资源部土地利用管理司、中国土地勘测规划院在沈阳举办城市建设用地节约集约利用评价工作培训班，向各省级国土资源主管部门、省级技术指导单位介绍城市建设用地节约集约利用评价整体工作安排，讲解评价技术要求。通过培训，使各地相关人员深入理解评价工作背景、组织实施和相关政策要求，熟悉评价技术体系与成果要求等，为组织、指导本地城市建设用地节约集约利用评价工作奠定良好基础。10月8日，国土资源报发布标题为《全国城市建设用地节约集约利用评价加紧推进》的报道，介绍会议情况和项目进展。

2014年10~12月 国土资源部土地利用管理司会同中国土地勘测规划院，分七个片区对各省级技术指导单位、城市评价技术单位进行了技术培训，详细讲解全国城市建设用地节约集约利用评价操作手册、数据库标准、制图规范等技术标准，为各地开展城市节地评价技术工作提供指导。

2015年6月 "新常态下土地节约集约利用创新与发展"座谈会在北京举办。来自国土资源部、新华社、地方国土资源主管部门、企业及高校的代表、专家学者围绕高效、集约利用好城市土地，铁路和城市公共交通及场站用地综合开发利用等话题进行交流与研讨。国土资源部副部长胡存智强调，新常态下节约集约用地必须有新思路、新举措。当前和今后一个时期，应从五方面深入谋划和推进节约集约用地的创新与发展，其中之一是把节约集约用地评价落到实处，2015年将开展578个城市节约集约用地初始评价，形成全国城市节约集约用地区域评价成果。

2015年8月 国土资源部发布《关于印发〈全国城市建设用地节约集约利用评价组织实施工作规则〉的通知》（国土资厅函〔2015〕1119号），从评价工作体系、职责分工、协调沟通、进展跟踪、技术支撑、质量控制、成果管理等方面，进一步明确、细化城市节地评价相关工作要求，为评价工作顺利实施提供保障。

2015年9月 国土资源部土地利用管理司、中国土地勘测规划院在北京召开全国城市建设用地节约集约利用评价工作交流会。来自31个省（区、市）和新疆生产建设兵团的国土资源主管部门和省级技术指导单位相关人员共计80余人参加会议。会上就《全国城市建设用地节约集约利用评价组织实施工作规则》做了讲解，对城市建设用地节约集约利用评价成果质量检查与建库系统进行了演示介绍，在各地充分交流工作进展、组织经验等基础上开展了技术研讨和集中答疑，对下一步工作提出了细化要求。

2016 年 3 月 《中华人民共和国国民经济和社会发展第十三个五年规划纲要》提出推进资源节约集约利用，强化土地节约集约利用，开展建设用地节约集约利用调查评价。

2016 年 4 月 国土资源部发布《关于印发〈国土资源"十三五"规划纲要〉的通知》（国土资发〔2016〕38 号），提出提高土地资源节约集约利用水平，加强节地考核评价，完善节约集约用地评价更新制度，基本完成全国 80% 地级以上城市、60% 县级城市节约集约用地初始评价。

2016 年 6 ~ 8 月 国土资源部土地利用管理司、中国土地勘测规划院分中部、西部、东部三个片区组织召开了城市建设用地节约集约利用评价研讨会，土地利用管理司有关负责同志就本年度工作提出具体要求，特别强调各级行政部门要严把成果质量关、积极开展评价成果应用与政策转化研究；各省级国土资源管理部门和省级技术指导单位依次介绍中心城区初始评价工作进展，结合实际认真交流了评价成果应用与政策转化设想以及中心城区初始评价工作中存在的主要问题；中国土地勘测规划院就各地提出的关键问题进行现场交流和技术答疑。

2016 年 7 月 国土资源部发布《关于开展 2016 年度城市区域建设用地节约集约利用状况更新评价有关工作的通知》（国土资厅函〔2016〕1248 号），制定了《2016 年度城市区域建设用地节约集约利用状况更新评价技术方案》一并下发，作为开展 2016 年度区域更新评价的依据。通过开展建设用地节约集约利用评价更新，不断健全完善评价动态更新机制，以便获取具有较长时间序列与较高覆盖度的国家级建设用地节约集约利用评价数据及相关指标，掌握不同地区、不同行政级别城市节约集约利用现状、动态变化趋势、管理绩效空间分异特征，为针对性制定节地政策奠定更为坚实的基础。

2016 年 8 月 形成全国城市建设用地节约集约利用评价（区域初始评价部分）汇总报告、分析报告、数据册、图集等汇总成果，在 556 个城市（270 个地级以上城市、286 个县级市）基础数据审核、整理汇总基础上，开展了不同空间层次、不同级别城市区域建设用地节约集约利用现状、动态变化趋势、管理绩效空间分异特征分析，提出促进城市节约集约用地和推动评价工作的对策建议。

2017 年 5 月 形成全国城市建设用地节约集约利用评价汇总报告、分析报告（2016 年度区域更新评价部分）、数据册和图集等汇总成果，在 569 个城市（273 个地级以上城市、296 个县级市）基础数据审核、整理汇总基础上，开展了不同空间层次、不同级别城市区域建设用地节约集约利用现状、动态变化趋势、管理绩效空间分异特征及年度变化情况分析，提出促进城市节约集约用地和推动评价工作的对策建议。

B.10
全国城市建设用地节约集约利用状况 2015 年度排名表

表 1 全国 273 个地级以上城市建设用地节约集约利用状况 2015 年度排名							
城市名	节约集约利用现状水平指数	排名	节约集约利用动态变化趋势指数	排名	节约集约利用综合指数	排名	所属省（区、市）
深圳市	95.29	1	54.06	2	77.29	1	广东
广州市	89.49	2	31.21	6	60.31	2	广东
厦门市	85.27	3	28.52	7	55.30	3	福建
上海市	81.47	4	25.88	17	55.18	4	上海
北京市	74.23	8	33.78	5	54.80	5	北京
天津市	59.29	23	46.86	4	52.86	6	天津
温州市	78.53	5	11.81	203	50.47	7	浙江
武汉市	78.09	6	19.44	67	50.04	8	湖北
无锡市	70.13	10	20.95	56	49.81	9	江苏
南京市	68.91	11	22.64	40	49.66	10	江苏
苏州市	64.86	14	17.38	96	48.15	11	江苏
佛山市	63.64	15	22.48	42	47.98	12	广东
福州市	74.99	7	13.17	171	47.80	13	福建
常州市	61.81	18	18.99	70	46.93	14	江苏
贵阳市	71.13	9	14.65	148	46.91	15	贵州
杭州市	58.98	24	25.02	24	46.78	16	浙江
长沙市	62.15	17	22.50	41	46.42	17	湖南
包头市	59.69	22	24.95	25	45.47	18	内蒙古
汕头市	65.12	13	19.44	66	44.34	19	广东
辽源市	31.58	169	56.80	1	43.71	20	吉林
宁波市	55.78	30	14.58	154	43.10	21	浙江
东莞市	63.46	16	12.69	181	42.87	22	广东

续表

城市名	节约集约利用现状水平指数	排名	节约集约利用动态变化趋势指数	排名	节约集约利用综合指数	排名	所属省（区、市）
成都市	61.23	19	21.20	53	42.84	23	四 川
合肥市	49.34	47	26.53	13	42.59	24	安 徽
舟山市	53.92	35	16.92	103	42.39	25	浙 江
西安市	67.45	12	13.25	170	42.36	26	陕 西
青岛市	53.44	36	17.57	90	41.68	27	山 东
南昌市	58.09	25	18.86	73	41.26	28	江 西
乌鲁木齐市	55.98	29	21.94	48	41.23	29	新 疆
威海市	49.61	46	15.33	135	41.09	30	山 东
淄博市	48.88	50	25.35	20	40.57	31	山 东
扬州市	45.66	68	25.33	21	40.36	32	江 苏
绍兴市	52.44	39	13.76	164	39.96	33	浙 江
西宁市	60.86	20	15.99	122	39.86	34	青 海
镇江市	48.90	49	20.94	57	39.75	35	江 苏
揭阳市	59.81	21	15.91	124	39.27	36	广 东
莆田市	57.22	26	16.26	112	39.14	37	福 建
芜湖市	42.80	75	23.50	34	38.47	38	安 徽
太原市	56.58	28	17.38	95	38.29	39	山 西
嘉兴市	46.90	63	13.52	167	38.12	40	浙 江
马鞍山市	43.93	71	22.95	37	38.07	41	安 徽
泰州市	47.42	59	15.64	128	37.92	42	江 苏
泉州市	54.01	33	18.79	74	37.90	43	福 建
六盘水市	54.18	32	17.26	98	37.87	44	贵 州
烟台市	45.56	69	21.99	47	37.86	45	山 东
济南市	50.53	43	21.15	54	37.79	46	山 东
珠海市	51.49	41	13.14	172	37.59	47	广 东
郑州市	55.63	31	14.58	153	37.56	48	河 南
宝鸡市	48.40	51	26.23	15	37.32	49	陕 西
三亚市	47.84	56	15.15	139	37.14	50	海 南

续表

城市名	节约集约利用现状水平指数	排名	节约集约利用动态变化趋势指数	排名	节约集约利用综合指数	排名	所属省（区、市）
毕节市	49.88	44	16.21	114	37.09	51	贵 州
徐州市	38.11	107	25.36	19	36.79	52	江 苏
重庆市	47.29	60	17.97	83	36.78	53	重 庆
大连市	46.98	62	18.34	77	36.73	54	辽 宁
安顺市	52.68	38	9.55	229	36.68	55	贵 州
南通市	42.82	74	14.35	156	36.61	56	江 苏
拉萨市	33.47	146	13.77	163	36.56	57	西 藏
台州市	49.23	48	9.63	227	36.32	58	浙 江
枣庄市	43.75	72	25.10	23	36.23	59	山 东
沈阳市	52.10	40	12.11	199	36.19	60	辽 宁
宿州市	21.23	244	50.85	3	36.16	61	安 徽
遵义市	48.37	52	15.10	140	36.11	62	贵 州
中山市	50.61	42	16.34	111	35.92	63	广 东
济宁市	40.49	89	21.63	50	35.90	64	山 东
昭通市	46.33	65	20.53	61	35.73	65	云 南
柳州市	53.04	37	13.05	174	35.67	66	广 西
宁德市	57.17	27	9.18	235	35.62	67	福 建
新余市	41.68	81	22.07	46	35.30	68	江 西
汕尾市	53.97	34	11.63	208	35.25	69	广 东
泰安市	44.22	70	18.90	72	35.06	70	山 东
连云港市	27.03	211	27.78	9	34.99	71	江 苏
日喀则市	23.13	237	23.72	32	34.87	72	西 藏
安康市	41.98	80	27.70	10	34.78	73	陕 西
海口市	47.95	55	16.19	116	34.69	74	海 南
漳州市	49.73	45	14.64	150	34.35	75	福 建
湘潭市	41.07	85	23.48	35	34.34	76	湖 南
焦作市	42.54	78	15.07	141	34.23	77	河 南
金华市	41.29	84	12.62	183	34.19	78	浙 江

续表

城市名	节约集约利用现状水平指数	排名	节约集约利用动态变化趋势指数	排名	节约集约利用综合指数	排名	所属省（区、市）
惠州市	47.79	57	11.47	210	33.91	79	广 东
岳阳市	40.73	87	26.06	16	33.85	80	湖 南
宜昌市	43.52	73	15.46	132	33.53	81	湖 北
漯河市	40.11	91	23.25	36	33.22	82	河 南
株洲市	39.73	97	25.17	22	33.12	83	湖 南
潍坊市	31.78	165	22.48	43	33.08	84	山 东
郴州市	40.94	86	17.51	91	33.02	85	湖 南
莱芜市	33.42	147	24.72	26	32.87	86	山 东
宿迁市	31.91	162	22.83	39	32.82	87	江 苏
洛阳市	40.55	88	18.12	81	32.69	88	河 南
萍乡市	45.77	67	14.20	158	32.69	89	江 西
梧州市	46.04	66	15.51	131	32.53	90	广 西
鹤壁市	39.90	95	11.72	205	32.41	91	河 南
兰州市	48.01	53	10.14	224	32.40	92	甘 肃
衡阳市	36.60	120	22.87	38	32.14	93	湖 南
潮州市	47.69	58	9.42	233	32.09	94	广 东
石家庄市	47.96	54	16.80	104	32.00	95	河 北
景德镇市	42.29	79	13.42	168	31.81	96	江 西
蚌埠市	31.98	161	22.20	44	31.77	97	安 徽
邵阳市	35.84	125	20.52	62	31.69	98	湖 南
攀枝花市	41.52	83	17.48	92	31.50	99	四 川
湖州市	35.19	128	12.63	182	31.32	100	浙 江
商洛市	40.10	92	19.93	64	31.30	101	陕 西
淮北市	31.80	164	25.67	18	31.24	102	安 徽
益阳市	39.08	101	16.92	102	31.20	103	湖 南
遂宁市	37.46	111	17.25	99	31.20	104	四 川
肇庆市	40.03	94	13.58	166	31.11	105	广 东
南宁市	42.80	76	13.87	161	31.01	106	广 西

建设用地蓝皮书

续表

城市名	节约集约利用现状水平指数	排名	节约集约利用动态变化趋势指数	排名	节约集约利用综合指数	排名	所属省（区、市）
娄底市	32.38	156	24.13	30	30.97	107	湖 南
龙岩市	41.58	82	18.18	79	30.92	108	福 建
许昌市	39.69	98	14.61	151	30.71	109	河 南
盘锦市	32.73	152	14.88	146	30.65	110	辽 宁
哈尔滨市	39.27	100	18.13	80	30.63	111	黑龙江
黄石市	40.09	93	17.45	93	30.54	112	湖 北
咸宁市	35.94	124	18.10	82	30.52	113	湖 北
昆明市	47.12	61	10.71	218	30.44	114	云 南
内江市	37.43	112	15.57	130	30.33	115	四 川
达州市	38.26	106	18.52	76	30.28	116	四 川
淮安市	29.26	190	21.45	52	30.15	117	江 苏
盐城市	26.98	214	20.50	63	30.15	118	江 苏
常德市	27.87	202	28.33	8	30.07	119	湖 南
桂林市	39.08	102	17.12	100	30.04	120	广 西
襄阳市	39.63	99	13.78	162	30.03	121	湖 北
咸阳市	42.65	77	14.91	145	29.93	122	陕 西
本溪市	35.11	129	9.17	236	29.92	123	辽 宁
泸州市	39.03	103	16.45	109	29.89	124	四 川
铜仁市	37.83	110	12.47	186	29.84	125	贵 州
东营市	36.08	122	16.13	118	29.81	126	山 东
大同市	31.75	166	27.14	11	29.80	127	山 西
吉林市	34.32	137	21.49	51	29.61	128	吉 林
聊城市	32.73	151	19.69	65	29.57	129	山 东
淮南市	30.53	178	23.92	31	29.54	130	安 徽
南充市	36.92	116	15.68	126	29.45	131	四 川
濮阳市	34.74	133	15.89	125	29.40	132	河 南
德州市	28.83	196	24.24	29	29.38	133	山 东
日照市	36.99	115	12.46	188	29.35	134	山 东

续表

城市名	节约集约利用现状水平指数	排名	节约集约利用动态变化趋势指数	排名	节约集约利用综合指数	排名	所属省（区、市）
怀化市	35.23	127	17.06	101	29.22	135	湖 南
鄂州市	46.76	64	8.73	239	29.08	136	湖 北
永州市	31.15	173	20.56	60	29.03	137	湖 南
北海市	30.13	180	24.27	28	28.96	138	广 西
邯郸市	39.86	96	10.07	225	28.89	139	河 北
铜陵市	34.57	134	11.71	206	28.80	140	安 徽
江门市	36.58	121	12.07	200	28.79	141	广 东
白山市	30.85	176	11.76	204	28.73	142	吉 林
自贡市	36.80	117	19.13	68	28.63	143	四 川
茂名市	34.91	132	16.62	107	28.61	144	广 东
乌海市	30.11	181	12.42	189	28.60	145	内蒙古
荆门市	22.54	239	21.02	55	28.52	146	湖 北
安阳市	33.81	143	15.64	129	28.47	147	河 南
临沂市	29.95	182	18.65	75	28.41	148	山 东
玉溪市	38.85	104	12.72	178	28.36	149	云 南
菏泽市	24.48	233	26.42	14	28.36	150	山 东
防城港市	32.19	158	12.12	198	28.15	151	广 西
曲靖市	35.09	131	10.48	222	28.12	152	云 南
周口市	26.77	217	15.37	133	27.91	153	河 南
唐山市	29.17	191	14.27	157	27.73	154	河 北
孝感市	33.54	145	13.64	165	27.59	155	湖 北
汉中市	35.53	126	17.44	94	27.51	156	陕 西
鹰潭市	32.37	157	14.51	155	27.46	157	江 西
安庆市	23.72	236	24.53	27	27.45	158	安 徽
新乡市	32.16	159	10.23	223	27.32	159	河 南
鞍山市	36.74	118	3.16	269	27.25	160	辽 宁
黄山市	31.58	168	19.00	69	27.25	161	安 徽
九江市	31.88	163	11.13	213	27.09	162	江 西

续表

城市名	节约集约利用现状水平指数	排名	节约集约利用动态变化趋势指数	排名	节约集约利用综合指数	排名	所属省（区、市）
渭南市	32.56	154	21.90	49	26.99	163	陕　西
天水市	29.81	184	15.67	127	26.98	164	甘　肃
阜阳市	21.29	242	26.62	12	26.98	165	安　徽
晋城市	36.71	119	10.58	220	26.92	166	山　西
长春市	33.33	149	20.71	59	26.90	167	吉　林
云浮市	34.30	138	13.06	173	26.90	168	广　东
玉林市	34.52	135	16.62	106	26.84	169	广　西
十堰市	31.24	172	9.24	234	26.72	170	湖　北
平顶山市	33.62	144	10.59	219	26.67	171	河　南
营口市	26.09	220	17.69	88	26.52	172	辽　宁
德阳市	32.02	160	12.42	190	26.44	173	四　川
银川市	34.47	136	7.29	252	26.40	174	宁　夏
巴中市	38.00	108	8.65	240	26.39	175	四　川
三门峡市	38.27	105	9.56	228	26.31	176	河　南
滁州市	17.93	257	22.16	45	26.27	177	安　徽
钦州市	32.57	153	12.39	191	26.19	178	广　西
临沧市	37.26	113	10.95	215	26.16	179	云　南
宜宾市	37.09	114	12.24	194	26.14	180	四　川
乐山市	37.86	109	12.18	196	26.08	181	四　川
呼和浩特市	33.88	141	15.31	136	26.04	182	内蒙古
陇南市	27.51	204	16.61	108	25.94	183	甘　肃
阳泉市	40.42	90	7.19	253	25.90	184	山　西
铜川市	35.11	130	12.21	195	25.89	185	陕　西
百色市	31.66	167	14.19	159	25.89	186	广　西
眉山市	32.49	155	12.84	176	25.83	187	四　川
廊坊市	30.99	175	12.46	187	25.74	188	河　北
沧州市	25.50	225	16.16	117	25.61	189	河　北
广元市	26.56	218	23.56	33	25.57	190	四　川

续表

城市名	节约集约利用现状水平指数	排名	节约集约利用动态变化趋势指数	排名	节约集约利用综合指数	排名	所属省（区、市）
商丘市	23.79	235	15.17	138	25.57	191	河 南
阳江市	33.40	148	12.36	192	25.26	192	广 东
湛江市	29.28	189	16.64	105	25.19	193	广 东
抚州市	29.84	183	14.64	149	25.12	194	江 西
韶关市	30.25	179	11.42	211	25.02	195	广 东
开封市	31.31	170	11.91	202	25.01	196	河 南
上饶市	28.93	195	11.70	207	25.00	197	江 西
牡丹江市	29.13	192	15.99	121	25.00	198	黑龙江
海东市	28.70	197	16.08	120	24.98	199	青 海
滨州市	25.34	227	16.43	110	24.83	200	山 东
荆州市	25.85	221	12.69	180	24.79	201	湖 北
张家界市	31.07	174	16.25	113	24.74	202	湖 南
贺州市	29.66	185	14.94	143	24.73	203	广 西
河源市	34.15	139	9.53	231	24.68	204	广 东
南阳市	26.86	216	15.97	123	24.66	205	河 南
鄂尔多斯市	33.13	150	6.73	258	24.64	206	内蒙古
保山市	28.23	200	16.12	119	24.57	207	云 南
崇左市	30.85	177	11.35	212	24.56	208	广 西
吉安市	27.19	208	13.38	169	24.41	209	江 西
辽阳市	24.53	232	14.73	147	24.40	210	辽 宁
贵港市	29.30	187	12.52	185	24.25	211	广 西
清远市	26.99	213	11.93	201	24.18	212	广 东
晋中市	29.29	188	12.56	184	24.16	213	山 西
资阳市	29.09	193	18.23	78	24.16	214	四 川
黄冈市	27.59	203	12.14	197	24.10	215	湖 北
通化市	31.27	171	9.54	230	23.99	216	吉 林
宣城市	24.04	234	16.21	115	23.97	217	安 徽
保定市	27.15	209	14.92	144	23.89	218	河 北

续表

城市名	节约集约利用现状水平指数	排名	节约集约利用动态变化趋势指数	排名	节约集约利用综合指数	排名	所属省（区、市）
抚顺市	33.83	142	4.30	266	23.72	219	辽 宁
随州市	24.99	229	17.73	87	23.63	220	湖 北
锦州市	21.29	243	6.54	259	23.59	221	辽 宁
丹东市	25.81	223	2.75	270	23.48	222	辽 宁
河池市	27.09	210	12.71	179	23.43	223	广 西
呼伦贝尔市	14.28	269	17.66	89	23.38	224	内蒙古
宜春市	27.50	205	7.06	254	23.18	225	江 西
石嘴山市	20.81	246	15.36	134	23.01	226	宁 夏
武威市	22.32	240	7.70	247	22.96	227	甘 肃
来宾市	28.13	201	8.79	237	22.87	228	广 西
雅安市	34.04	140	10.72	217	22.67	229	四 川
梅州市	28.25	199	9.44	232	22.63	230	广 东
广安市	29.60	186	10.56	221	22.55	231	四 川
白银市	18.64	251	10.97	214	22.32	232	甘 肃
鹤岗市	18.51	254	4.04	267	22.13	233	黑龙江
延安市	36.07	123	4.74	263	22.07	234	陕 西
绵阳市	27.33	207	14.95	142	22.02	235	四 川
绥化市	16.52	261	17.84	85	21.83	236	黑龙江
佳木斯市	18.60	252	12.91	175	21.73	237	黑龙江
吴忠市	17.38	259	17.31	97	21.66	238	宁 夏
赣州市	27.03	212	8.65	241	21.52	239	江 西
张家口市	25.03	228	7.84	246	21.49	240	河 北
运城市	24.58	231	12.26	193	21.21	241	山 西
定西市	19.67	249	20.79	58	21.19	242	甘 肃
赤峰市	16.26	262	17.77	86	21.03	243	内蒙古
衡水市	22.82	238	17.86	84	20.68	244	河 北
嘉峪关市	20.13	247	8.50	243	20.48	245	甘 肃
临汾市	26.27	219	7.87	245	20.45	246	山 西

续表

城市名	节约集约利用现状水平指数	排名	节约集约利用动态变化趋势指数	排名	节约集约利用综合指数	排名	所属省（区、市）
黑河市	12.33	272	18.95	71	20.40	247	黑龙江
秦皇岛市	25.76	224	6.93	256	20.32	248	河 北
邢台市	28.96	194	7.62	249	20.06	249	河 北
七台河市	18.24	256	7.44	250	19.89	250	黑龙江
丽江市	26.88	215	9.70	226	19.73	251	云 南
承德市	28.66	198	4.01	268	19.69	252	河 北
朔州市	27.36	206	4.63	264	19.59	253	山 西
榆林市	25.82	222	7.64	248	19.48	254	陕 西
四平市	17.78	258	8.47	244	19.46	255	吉 林
庆阳市	18.40	255	8.62	242	19.42	256	甘 肃
驻马店市	20.94	245	6.75	257	19.12	257	河 南
克拉玛依市	9.43	273	12.82	177	18.84	258	新 疆
忻州市	24.87	230	5.79	261	18.81	259	山 西
巴彦淖尔市	15.05	266	14.06	160	18.63	260	内蒙古
双鸭山市	15.01	267	0.50	273	18.46	261	黑龙江
平凉市	18.94	250	15.31	137	18.13	262	甘 肃
中卫市	16.25	263	7.44	251	17.90	263	宁 夏
金昌市	19.68	248	6.26	260	17.84	264	甘 肃
鸡西市	14.95	268	8.73	238	17.82	265	黑龙江
普洱市	25.37	226	11.48	209	17.52	266	云 南
通辽市	15.49	265	10.89	216	16.99	267	内蒙古
张掖市	17.11	260	4.32	265	16.59	268	甘 肃
酒泉市	18.58	253	6.99	255	16.21	269	甘 肃
松原市	21.37	241	1.88	272	16.08	270	吉 林
白城市	13.22	271	14.60	152	16.07	271	吉 林
大庆市	15.98	264	5.79	262	14.27	272	黑龙江
阜新市	14.02	270	2.69	271	14.13	273	辽 宁

城市名	节约集约利用现状水平指数	排名	节约集约利用动态变化趋势指数	排名	节约集约利用综合指数	排名	所属省（区）
石狮市	88.49	1	29.98	35	58.88	1	福 建
乐清市	76.84	5	26.71	57	55.25	2	浙 江
瑞安市	84.98	2	10.69	248	53.59	3	浙 江
冷水江市	62.13	13	40.98	14	52.58	4	湖 南
昆山市	68.58	7	19.69	107	51.76	5	江 苏
江阴市	71.77	6	20.39	100	51.01	6	江 苏
福鼎市	81.55	3	7.90	268	48.24	7	福 建
张家港市	65.89	9	15.29	177	48.04	8	江 苏
龙口市	56.94	20	34.86	23	47.86	9	山 东
绥芬河市	59.58	16	20.09	103	47.77	10	黑龙江
诸城市	49.29	37	37.44	19	47.75	11	山 东
延吉市	51.49	32	44.66	10	47.60	12	吉 林
仁怀市	79.82	4	9.57	260	47.54	13	贵 州
乳山市	49.03	39	29.67	37	46.31	14	山 东
滕州市	48.36	42	41.17	13	45.78	15	山 东
醴陵市	34.96	131	59.04	3	45.61	16	湖 南
常熟市	54.68	23	18.90	115	45.06	17	江 苏
普宁市	63.40	12	22.52	86	45.06	18	广 东
邹城市	47.47	45	28.58	41	45.00	19	山 东
什邡市	35.41	128	55.33	6	44.08	20	四 川
彭州市	38.20	99	58.09	4	43.94	21	四 川
临江市	38.01	101	48.09	7	43.90	22	吉 林
孟州市	48.86	40	24.64	68	43.88	23	河 南
荣成市	57.53	19	16.20	152	43.82	24	山 东
舒兰市	22.44	245	74.90	1	43.34	25	吉 林
新沂市	33.47	142	37.95	18	42.85	26	江 苏
宜都市	63.97	11	15.52	171	42.82	27	湖 北
禹城市	26.09	215	60.63	2	42.63	28	山 东
义乌市	61.28	15	13.98	198	42.58	29	浙 江

表 2　全国 296 个县级城市建设用地节约集约利用状况 2015 年度排名

续表

城市名	节约集约利用现状水平指数	排名	节约集约利用动态变化趋势指数	排名	节约集约利用综合指数	排名	所属省（区）
晋江市	64.50	10	16.82	142	42.55	30	福 建
太仓市	52.36	30	15.71	164	42.36	31	江 苏
陆丰市	54.03	25	16.81	144	42.32	32	广 东
温岭市	59.29	17	9.74	255	42.26	33	浙 江
义马市	68.55	8	11.14	241	41.73	34	河 南
慈溪市	48.83	41	13.26	214	41.44	35	浙 江
海门市	43.74	66	27.42	52	41.18	36	江 苏
丹阳市	49.26	38	20.29	102	41.07	37	江 苏
肥城市	53.50	27	18.78	118	40.80	38	山 东
凯里市	57.93	18	15.75	163	40.80	39	贵 州
靖江市	53.67	26	13.74	204	40.47	40	江 苏
福安市	61.98	14	9.54	261	40.43	41	福 建
高邮市	35.37	129	34.30	26	40.22	42	江 苏
石河子市	43.77	65	17.40	134	40.03	43	新 疆
都江堰市	30.06	178	55.54	5	39.75	44	四 川
泰兴市	44.53	60	19.05	113	39.47	45	江 苏
昌邑市	21.10	257	44.66	9	39.11	46	山 东
桐乡市	47.83	44	15.40	173	39.06	47	浙 江
汨罗市	37.22	108	38.58	16	38.93	48	湖 南
四会市	50.60	35	17.99	128	38.91	49	广 东
新郑市	52.75	29	17.00	141	38.88	50	河 南
洪江市	41.89	75	34.82	24	38.85	51	湖 南
扬中市	55.96	22	15.91	160	38.82	52	江 苏
招远市	48.18	43	20.70	98	38.81	53	山 东
偃师市	46.22	50	24.37	71	38.77	54	河 南
蓬莱市	45.93	51	18.25	126	38.66	55	山 东
牙克石市	20.24	265	46.99	8	38.57	56	内蒙古
青州市	44.10	63	26.04	62	38.54	57	山 东

续表

城市名	节约集约利用现状水平指数	排名	节约集约利用动态变化趋势指数	排名	节约集约利用综合指数	排名	所属省（区）
长乐市	56.77	21	11.89	229	38.51	58	福建
邳州市	35.07	130	34.86	22	38.17	59	江苏
宜兴市	40.80	80	26.21	61	38.14	60	江苏
赤水市	53.28	28	12.57	223	37.99	61	贵州
海宁市	45.19	56	14.73	184	37.68	62	浙江
莱州市	27.14	205	41.68	12	37.19	63	山东
启东市	44.77	58	10.73	247	37.01	64	江苏
诸暨市	47.06	46	13.71	205	36.96	65	浙江
曲阜市	40.93	79	25.58	64	36.62	66	山东
东阳市	35.82	120	14.91	180	36.56	67	浙江
胶州市	42.41	71	18.22	127	36.56	68	山东
莱西市	37.68	104	29.30	38	36.53	69	山东
余姚市	45.11	57	13.47	211	36.50	70	浙江
都匀市	50.05	36	14.54	192	36.47	71	贵州
天长市	18.48	277	44.45	11	36.43	72	安徽
新泰市	40.76	81	29.27	39	36.40	73	山东
福清市	52.34	31	12.87	219	36.30	74	福建
如皋市	31.56	161	25.37	65	36.22	75	江苏
福泉市	35.81	121	30.75	32	36.14	76	贵州
华阴市	46.51	47	27.67	50	36.07	77	陕西
西昌市	54.51	24	10.54	250	36.02	78	四川
平湖市	46.32	48	7.76	269	35.96	79	浙江
当阳市	32.81	148	31.09	31	35.89	80	湖北
永康市	43.77	64	15.32	176	35.80	81	浙江
岑溪市	45.83	52	21.10	94	35.57	82	广西
临夏市	51.21	33	15.84	161	35.51	83	甘肃
仪征市	35.71	123	23.98	73	35.38	84	江苏
韶山市	38.76	92	28.28	43	35.34	85	湖南

续表

城市名	节约集约利用现状水平指数	排名	节约集约利用动态变化趋势指数	排名	节约集约利用综合指数	排名	所属省（区）
溧阳市	39.50	86	14.76	183	35.25	86	江 苏
资兴市	33.61	139	23.87	74	35.25	87	湖 南
瑞昌市	39.35	88	16.45	148	35.19	88	江 西
兴义市	41.00	77	14.82	182	35.14	89	贵 州
长葛市	45.77	53	14.01	197	35.10	90	河 南
林州市	42.06	74	18.69	120	35.06	91	河 南
沅江市	45.33	55	18.56	123	34.76	92	湖 南
临安市	40.08	83	17.44	133	34.59	93	浙 江
津市市	32.18	154	33.30	29	34.55	94	湖 南
耒阳市	39.49	87	21.99	89	34.46	95	湖 南
赤壁市	36.90	112	29.93	36	34.44	96	湖 北
乐昌市	28.77	189	30.50	33	34.42	97	广 东
三河市	42.40	72	18.58	122	34.42	98	河 北
兴平市	50.67	34	17.36	136	34.38	99	陕 西
凭祥市	38.16	100	23.43	76	33.94	100	广 西
临湘市	38.81	91	26.52	58	33.77	101	湖 南
韩城市	46.23	49	23.36	78	33.61	102	陕 西
宣威市	36.33	117	27.68	49	33.41	103	云 南
浏阳市	35.50	127	24.44	69	33.39	104	湖 南
高密市	40.07	84	17.03	140	33.25	105	山 东
文山市	40.98	78	13.35	213	33.15	106	云 南
嵊州市	41.30	76	11.08	243	33.01	107	浙 江
海阳市	33.74	138	16.21	151	32.99	108	山 东
清镇市	43.15	68	17.37	135	32.96	109	贵 州
兴化市	35.59	125	13.50	210	32.93	110	江 苏
乐平市	42.13	73	15.97	158	32.89	111	江 西
龙海市	45.46	54	14.61	188	32.82	112	福 建
建德市	32.96	147	17.08	138	32.77	113	浙 江

397

续表

城市名	节约集约利用现状水平指数	排名	节约集约利用动态变化趋势指数	排名	节约集约利用综合指数	排名	所属省（区）
梅河口市	30.50	176	33.60	28	32.75	114	吉　林
即墨市	44.60	59	8.08	266	32.73	115	山　东
楚雄市	38.31	98	14.83	181	32.62	116	云　南
新乐市	44.19	62	18.30	125	32.60	117	河　北
舞钢市	31.68	160	26.82	55	32.45	118	河　南
永安市	43.59	67	16.72	146	32.23	119	福　建
枣阳市	27.51	203	34.80	25	32.21	120	湖　北
河间市	27.46	204	23.15	80	32.14	121	河　北
奉化市	39.52	85	11.43	234	32.07	122	浙　江
临清市	36.95	111	15.67	166	31.91	123	山　东
穆棱市	30.02	179	27.30	53	31.82	124	黑龙江
平度市	33.58	141	20.44	99	31.74	125	山　东
库尔勒市	40.49	82	4.89	283	31.57	126	新　疆
北流市	37.18	109	23.33	79	31.48	127	广　西
宁国市	32.10	157	20.35	101	31.48	128	安　徽
寿光市	30.23	177	16.19	153	31.44	129	山　东
涟源市	24.45	233	39.93	15	31.44	130	湖　南
阆中市	36.87	113	18.41	124	31.40	131	四　川
临海市	39.22	89	7.32	270	31.36	132	浙　江
磐石市	24.70	229	26.75	56	31.29	133	吉　林
集安市	34.93	132	27.88	47	31.25	134	吉　林
吴川市	36.55	115	20.88	96	31.19	135	广　东
东台市	28.56	192	21.11	93	31.04	136	江　苏
迁安市	36.99	110	19.56	108	31.00	137	河　北
霍林郭勒市	25.79	217	18.97	114	31.00	138	内蒙古
常宁市	31.71	159	25.74	63	30.96	139	湖　南
贵溪市	34.52	136	23.39	77	30.83	140	江　西
桐城市	26.24	214	27.73	48	30.81	141	安　徽

续表

城市名	节约集约利用现状水平指数	排名	节约集约利用动态变化趋势指数	排名	节约集约利用综合指数	排名	所属省（区）
东兴市	35.58	126	15.63	170	30.70	142	广　西
台山市	32.21	153	13.56	208	30.54	143	广　东
大理市	42.93	69	8.38	263	30.39	144	云　南
化州市	28.20	194	26.86	54	30.38	145	广　东
汉川市	38.00	102	14.52	193	30.33	146	湖　北
应城市	33.06	145	19.52	111	30.15	147	湖　北
句容市	24.59	231	30.06	34	30.13	148	江　苏
峨眉山市	39.17	90	14.42	194	30.10	149	四　川
安丘市	31.55	162	21.22	91	30.09	150	山　东
荥阳市	42.62	70	11.40	236	30.07	151	河　南
蛟河市	24.80	228	38.12	17	30.05	152	吉　林
武安市	36.26	118	16.03	157	30.02	153	河　北
广汉市	38.40	97	8.23	264	29.98	154	四　川
武穴市	37.29	105	15.96	159	29.94	155	湖　北
廉江市	28.09	195	28.17	44	29.81	156	广　东
华蓥市	44.24	61	6.66	275	29.61	157	四　川
蒙自市	31.41	165	13.25	215	29.50	158	云　南
辉县市	31.46	164	16.16	154	29.48	159	河　南
仙桃市	31.14	168	13.91	200	29.44	160	湖　北
图们市	23.49	241	22.97	83	29.39	161	吉　林
晋州市	38.45	95	15.69	165	29.38	162	河　北
和龙市	20.14	269	20.96	95	29.32	163	吉　林
信宜市	32.53	149	33.62	27	29.32	164	广　东
榆树市	20.81	261	23.04	82	29.18	165	吉　林
湘乡市	25.02	227	33.08	30	29.14	166	湖　南
潜江市	38.61	93	9.58	259	29.12	167	湖　北
辛集市	37.27	107	14.60	189	29.09	168	河　北
栖霞市	30.62	173	18.61	121	29.02	169	山　东

续表

城市名	节约集约利用现状水平指数	排名	节约集约利用动态变化趋势指数	排名	节约集约利用综合指数	排名	所属省（区）
古交市	20.24	264	27.51	51	29.02	170	山 西
章丘市	38.44	96	6.72	274	28.88	171	山 东
丰城市	36.53	116	11.65	232	28.83	172	江 西
高州市	33.59	140	24.79	67	28.72	173	广 东
连州市	29.29	185	18.89	116	28.69	174	广 东
瑞丽市	25.94	216	24.08	72	28.65	175	云 南
开平市	33.02	146	15.35	174	28.64	176	广 东
莱阳市	29.90	181	19.53	109	28.57	177	山 东
弥勒市	34.91	133	17.57	132	28.48	178	云 南
南安市	35.68	124	18.77	119	28.46	179	福 建
明光市	17.91	279	26.37	59	28.46	180	安 徽
新密市	34.45	137	14.72	185	28.35	181	河 南
老河口市	32.51	150	16.67	147	28.22	182	湖 北
霍州市	37.78	103	9.01	262	28.16	183	山 西
雷州市	23.39	242	23.80	75	28.12	184	广 东
安陆市	25.03	226	28.10	45	28.10	185	湖 北
喀什市	27.04	206	19.86	105	27.94	186	新 疆
伊宁市	32.11	156	16.16	155	27.83	187	新 疆
讷河市	9.46	296	37.22	20	27.69	188	黑龙江
乐陵市	28.78	188	19.76	106	27.60	189	山 东
永济市	29.66	183	17.60	131	27.59	190	山 西
海城市	34.71	135	5.91	277	27.55	191	辽 宁
定州市	31.35	166	16.03	156	27.17	192	河 北
孝义市	38.59	94	11.46	233	27.15	193	山 西
万源市	28.84	187	27.98	46	27.13	194	四 川
钟祥市	19.72	271	21.22	92	27.05	195	湖 北
宜城市	28.58	191	19.52	110	26.98	196	湖 北
天门市	27.90	198	13.22	216	26.95	197	湖 北

续表

城市名	节约集约利用现状水平指数	排名	节约集约利用动态变化趋势指数	排名	节约集约利用综合指数	排名	所属省（区）
开远市	37.29	106	12.80	221	26.93	198	云 南
巢湖市	26.82	210	22.91	84	26.92	199	安 徽
瑞金市	25.30	222	17.03	139	26.75	200	江 西
汝州市	34.78	134	9.74	256	26.67	201	河 南
泊头市	29.62	184	15.08	179	26.65	202	河 北
广水市	23.18	243	26.24	60	26.65	203	湖 北
安国市	29.92	180	15.33	175	26.64	204	河 北
大石桥市	25.42	220	12.65	222	26.62	205	辽 宁
高碑店市	32.14	155	12.22	225	26.45	206	河 北
南雄市	24.47	232	22.09	87	26.33	207	广 东
遵化市	31.00	170	19.32	112	26.30	208	河 北
麻城市	26.49	211	17.66	130	26.11	209	湖 北
大冶市	36.60	114	11.32	238	26.01	210	湖 北
石首市	24.15	237	16.76	145	25.81	211	湖 北
简阳市	32.26	151	14.55	190	25.74	212	四 川
鹤山市	30.51	175	11.79	231	25.70	213	广 东
景洪市	33.34	144	15.66	168	25.67	214	云 南
博乐市	21.65	250	22.52	85	25.65	215	新 疆
桂平市	28.75	190	14.54	191	25.65	216	广 西
涿州市	27.88	199	16.81	143	25.60	217	河 北
邛崃市	29.87	182	15.23	178	25.57	218	四 川
侯马市	31.55	163	7.94	267	25.50	219	山 西
邓州市	25.39	221	13.45	212	25.46	220	河 南
合作市	33.40	143	7.23	271	25.45	221	甘 肃
灵宝市	35.78	122	9.89	254	25.44	222	河 南
北镇市	20.19	267	24.87	66	25.41	223	辽 宁
安达市	21.29	253	13.22	217	25.40	224	黑龙江
任丘市	31.99	158	14.26	196	25.30	225	河 北

城市名	节约集约利用现状水平指数	排名	节约集约利用动态变化趋势指数	排名	节约集约利用综合指数	排名	所属省（区）
崇州市	31.19	167	17.34	137	25.18	226	四 川
英德市	21.12	256	20.78	97	25.08	227	广 东
绵竹市	27.71	201	18.86	117	24.95	228	四 川
霸州市	31.12	169	8.23	265	24.88	229	河 北
桦甸市	30.68	172	14.64	187	24.65	230	吉 林
永城市	23.73	240	21.85	90	24.63	231	河 南
龙井市	16.96	281	15.46	172	24.59	232	吉 林
昌吉市	23.95	238	11.31	239	24.58	233	新 疆
洪湖市	26.41	212	12.83	220	24.58	234	湖 北
宜州市	26.85	209	23.10	81	24.52	235	广 西
高平市	36.08	119	6.79	273	24.51	236	山 西
安宁市	32.25	152	13.75	203	24.47	237	云 南
丹江口市	19.56	273	15.65	169	24.31	238	湖 北
锡林浩特市	21.18	255	13.76	202	23.90	239	内蒙古
灵武市	28.96	186	9.73	257	23.87	240	宁 夏
阜康市	10.96	291	28.75	40	23.48	241	新 疆
格尔木市	9.59	295	36.42	21	23.46	242	青 海
公主岭市	18.59	276	15.78	162	23.40	243	吉 林
罗定市	28.20	193	15.66	167	23.39	244	广 东
个旧市	26.90	208	22.09	88	23.37	245	云 南
琼海市	20.93	259	28.40	42	23.30	246	海 南
凤城市	20.51	262	1.15	296	23.13	247	辽 宁
满洲里市	25.18	224	10.21	252	23.09	248	内蒙古
松滋市	22.98	244	16.36	149	23.09	249	湖 北
兴宁市	27.94	196	10.17	253	23.00	250	广 东
潞城市	27.91	197	13.70	206	22.98	251	山 西
丰镇市	17.20	280	24.40	70	22.88	252	内蒙古
恩平市	26.29	213	5.73	278	22.81	253	广 东

城市名	节约集约利用现状水平指数	排名	节约集约利用动态变化趋势指数	排名	节约集约利用综合指数	排名	所属省（区）
江油市	26.92	207	14.65	186	22.60	254	四　川
调兵山市	30.95	171	2.74	287	22.56	255	辽　宁
芒市	25.42	219	16.33	150	22.21	256	云　南
肇东市	21.25	254	14.42	195	22.08	257	黑龙江
介休市	27.59	202	10.60	249	21.95	258	山　西
河津市	25.57	218	11.25	240	21.78	259	山　西
深州市	19.26	274	11.02	244	21.64	260	河　北
奎屯市	21.85	247	10.88	245	21.49	261	新　疆
恩施市	27.75	200	11.35	237	21.30	262	湖　北
沙河市	30.51	174	7.07	272	21.23	263	河　北
阳春市	24.42	234	17.68	129	20.83	264	广　东
东港市	20.94	258	4.26	284	20.75	265	辽　宁
新民市	21.68	249	11.43	235	20.73	266	辽　宁
乌兰浩特市	23.80	239	12.41	224	20.58	267	内蒙古
五大连池市	10.79	293	20.08	104	20.43	268	黑龙江
合山市	25.23	223	4.04	286	20.39	269	广　西
黄骅市	19.74	270	13.21	218	20.22	270	河　北
瓦房店市	24.27	235	4.13	285	20.20	271	辽　宁
原平市	24.21	236	5.69	280	19.79	272	山　西
扶余市	20.33	263	12.08	226	19.68	273	吉　林
东方市	20.88	260	11.11	242	19.38	274	海　南
庄河市	24.65	230	1.48	295	19.33	275	辽　宁
珲春市	22.11	246	2.59	289	19.28	276	吉　林
铁力市	17.95	278	10.49	251	19.18	277	黑龙江
利川市	20.15	268	13.96	199	19.01	278	湖　北
南宫市	25.09	225	11.80	230	19.00	279	河　北
洮南市	14.08	283	12.04	227	18.82	280	吉　林
阿克苏市	15.36	282	12.00	228	18.74	281	新　疆

续表

城市名	节约集约利用现状水平指数	排名	节约集约利用动态变化趋势指数	排名	节约集约利用综合指数	排名	所属省（区）
尚志市	21.41	252	2.40	290	18.20	282	黑龙江
德兴市	21.43	251	2.00	293	17.95	283	江 西
敦化市	19.25	275	2.00	292	17.80	284	吉 林
冀州市	21.80	248	10.81	246	16.98	285	河 北
德惠市	20.21	266	13.51	209	16.83	286	吉 林
北票市	13.70	284	1.71	294	16.74	287	辽 宁
汾阳市	19.67	272	4.94	282	16.54	288	山 西
密山市	10.57	294	13.60	207	15.75	289	黑龙江
同江市	11.68	289	9.59	258	15.32	290	黑龙江
大安市	13.66	285	2.15	291	14.82	291	吉 林
双辽市	13.43	287	6.26	276	14.38	292	吉 林
二连浩特市	13.56	286	5.71	279	14.27	293	内蒙古
哈密市	13.01	288	5.52	281	13.82	294	新 疆
文昌市	11.59	290	13.83	201	12.51	295	海 南
德令哈市	10.84	292	2.73	288	12.41	296	青 海

Abstract

The Annual Report on the Saving and Intensive Use of the Urban Construction Land (No.1) is completed on the research results of the major project on the saving and intensive use of the urban construction land determined by the Thirteenth Five-Year Plan. It relies mainly on the evaluation of the saving and intensive use of the urban construction land deployed and conducted by the former Ministry of Land and Resources, and builds on the socio-economic development and utilization data of urban construction land in 569 participating cities. In this report, the general status, the dynamic change characteristics, the regional pattern, the differential regularity etc. of the saving and intensive use of the urban construction land during the Twelfth Five-Year Plan have been summarized respectively from perspectives of the country, regions, provinces (districts, cities), administrative levels, city groups etc. and the main problems and gaps existing in the saving and intensive use of the urban construction land have been analyzed. Relevant policy advice on further promotion of the saving and intensive use of the urban construction land is studied and proposed in the end.

The content of the report is comprised of five components: General Report, Evaluation Technique, Regions, Features and Appendix.

General Report: This part discusses the general status of saving and intensive use of national urban construction land during the Twelfth Five-Year Plan comprehensively from three main aspects including intensity of land utilization, consumption of

construction land in socio-economic development and matching between socio-economic development and changes in construction land. It reveals objectively the current level, dynamic change trend and the regional pattern of its comprehensive condition, and the dynamic change characteristics. Finally relevant policy advice on the promotion of the saving and intensive use of the urban construction land is studied and proposed from the national macro level.

Evaluation Technique: This part defines the contents of the saving and intensive use of the urban construction land, identifies the purpose of evaluation, and illustrates the general technical framework, the index system, the source and specification of primary data etc.

Regions:This part analyzes the current level and changes of land utilization, the general status and differential characteristics of Eastern, Central, Western, Northeastern regions and various provinces (districts, cities) during the Twelfth Five-Year Plan. By analyzing current pattern, utilization characteristics and existing problems of the saving and intensive use of urban construction land in participating provinces (districts, cities) relevant policy advice on the promotion of the saving and intensive use of the urban construction land in each provinces (districts, cities) is studied and proposed

Features: In this part, by Targeting different administrative levels including participating municipalities, sub-provincial cities, provincial capital cities, prefecture-level cities, county-level cities, and the overall city body of 19 city groups including Jing-jin-ji, Yangtze River Delta and Pearl River Delta, the general characteristics, the differential regularity. etc of the saving and intensive use of urban construction land of different administrative levels and of cities in different city groups during the Twelfth Five-Year Plan have been analyzed. It also emphasizes on the evaluation and analysis on the status and characteristics of the saving and intensive use of urban construction land in provincial capital cities, specifically designated cities and participating cities in key city groups including Jing-jin-ji, Yangtze River Delta, Pearl River Delta, the middle reaches of Yangtze River and Cheng-yu. Relevant policy advice on the saving and intensive use of the urban construction land in cities of different levels and key city groups is studied and proposed.

Appendix: In this part, Process of work, time sequence of research, important time nodes, key events .etc of the evaluation of the saving and intensive use of urban construction land is teased out, and the 2015 annual rankings are completed on the status of the saving and intensive use of urban construction land in prefecture-level cities and county-level cities respectively.

Contents

I   General Report

Abstract: Based on primary data from "Evaluation of Saving and Intensive use of National Urban Construction Land" , by building an evaluation index system for Saving and Intensive use of urban construction land, emphasizing on three aspects including intensity of land utilization, consumption of construction land by socio-economic development and matching between socio-economic development and changes in construction land, the general status of Saving and Intensive use of national urban construction land during the Twelfth Five-Year Plan is comprehensively analyzed, revealing objectively the current level, dynamic change trend and the regional pattern of its comprehensive condition, and the dynamic change characteristics. Results indicate that: (1) during the Twelfth Five-Year Plan, Saving and Intensive use of national urban construction land is generally poised for growth, while increase in the total amount of urban construction land is being effectively controlled, with structure of land use being sustainably optimized, efficiency of land use being raised continuously, coordination of land urbanization and population urbanization being gradually improved, consumption of land use to support socio-economic development being reduced constantly. (2) Saving and Intensive use of national urban construction land has a significant correlation to urban and regional socio-economic development, exhibiting an overall regional distribution pattern of "eastern over central, central over western and northwestern"; intensive development of the construction land in optimized development zones and the double lifting of input and output abilities of construction land in key development zones have shown obvious stance at the country level, and effects of regional differentiation control policy of intensive land utilization have gradually emerged. (3) during the Twelfth Five-Year Plan, population capacity and input-output ratio of national urban construction land have slightly declined, population and economic growth has consumed relatively more newly-added construction land, general level of Saving and Intensive use of urban construction land still possesses relatively large room for improvement. It is advised that the due role of land saving factor in planning formulation and implement control should be further

strengthened at the country level, through continuous and in-depth implementation of regional differential land policy, constantly improving land market system, boosting innovation of the prompting and restricting system for land saving and potential exploitation, strengthening policy measures such as land saving evaluation assessment, vigorously promoting the transition of land utilizing methods, constantly raising the level of Saving and Intensive use of national urban construction land.

Keywords: Urban; Construction Land; Saving And Intensive Use; Land Saving Evaluation; Regional Pattern

II   Evaluation Technical Section

B.2   Evaluation Theories and Technical Framework of Saving and Intensive use of Urban Construction Land / 070

Abstract: The evaluation of Saving and Intensive use of urban construction land is a fundamental work, breadth and depth of the application of its results have, to some extent, an impact on the embodiment of its values and the exercise of its effects. Based on the diversity and comprehensiveness in the contents, as well as the target oriented requirements of macroscopic management, of Saving and Intensive use of urban construction land, starting with the characterization index on three layers: the current level and the dynamic change trend of Saving and Intensive use of urban construction land, and the performance of urban land use management, an evaluation index system for Saving and Intensive use of urban construction land has been built, using multi-factor assessment method and ideal value standardization method, qualitative analysis, quantitative assessment, and comprehensive sorting analysis have been carried out on the capacity of population and economic activities, the variation tendency and the regional differential regularity of integrated construction land in

410

China's urban administrative jurisdictions, providing a scientific analytical framework for revealing, in multiple dimensions, the current level, the regional differential pattern and the dynamic change characteristics .etc of Saving and Intensive use of national urban construction land.

Keywords: Urban; Construction Land; Evaluation of Saving And Intensive Use; Index System; Technical Method

Ⅲ   Regional Sections

Abstract: Building on the evaluation data of Saving and Intensive use of urban construction land in 83 prefecture-level cities and 118 county-level cities in "the Three Municipalities", and "the Seven Provinces" of the eastern region, the current status and change characteristics of construction land, the current level, the dynamic change trend and the regional differential characteristics of Saving and Intensive use in provinces (cities) of the eastern region during the Twelfth Five-Year Plan have been analyzed and revealed. Policy advice has been proposed based on analyzing current pattern, utilization characteristics and existing problems of Saving and Intensive use of urban construction land in participating provinces (cities).

Keywords: The Eastern Region; Urban Construction Land; Saving And Intensive Use; Regional Characteristics

建设用地蓝皮书

B.4   Analysis of Central Regional Saving and Intensive use of Urban

Construction Land During the Twelfth Five-Year Plan   / 144

Abstract: Building on the evaluation data of Saving and Intensive use of urban construction land in 74 prefecture-level cities and 73 county-level cities in "the Six Provinces" of the central region, the current status and change characteristics of construction land, the current level, the dynamic change trend and the regional differential characteristics of Saving and Intensive use in provinces (cities) of the central region during the Twelfth Five-Year Plan have been analyzed and revealed. Policy advice has been proposed based on analyzing current pattern, utilization characteristics and existing problems of Saving and Intensive use of urban construction land in participating provinces (cities).

Keywords: The Central Region; Urban; Construction Land; Saving And Intensive Use; Regional Characteristics

B.5   Analysis of Western Regional Saving and Intensive use of Urban

Construction Land During the Twelfth Five-Year Plan   / 194

Abstract: Building on the evaluation data of Saving and Intensive use of urban construction land in 87 prefecture-level cities and 65 county-level cities in "the One Municipalities", "the Five Districts" and "the Six Provinces" of the western region, the current status and change characteristics of construction land, the current level, the dynamic change trend and the regional differential characteristics of Saving and Intensive use in provinces (cities) of the western region during the Twelfth Five-Year Plan have been analyzed and revealed. Policy advice has been proposed based on analyzing current pattern, utilization characteristics and existing problems of Saving and Intensive use of urban construction land in participating provinces (cities).

Keywords: The Western Region; Urban; Construction Land; Saving And Intensive Use; Regional Characteristics

Abstract: Building on the evaluation data of Saving and Intensive use of urban construction land in 29 prefecture-level cities and 40 county-level cities in "the Three Provinces" of the northeastern region, the current status and change characteristics of construction land, the current level, the dynamic change trend and the regional differential characteristics of Saving and Intensive use in provinces of the northeastern region during the Twelfth Five-Year Plan have been analyzed and revealed. Policy advice has been proposed based on analyzing current pattern, utilization characteristics and existing problems of Saving and Intensive use of urban construction land in participating provinces.

Keywords: The Northeastern Region; Urban Construction Land; Saving And Intensive Use; Regional Characteristics

IV   Project Sections

Abstract: Based on primary data from "Evaluation of Saving and Intensive

use of National Urban Construction Land", according to five administrative levels: municipalities, sub-provincial cities, provincial capital cities, prefecture-level cities, and county-level cities, the general characteristics and the differential regularity of Saving and Intensive use of urban construction land at different administrative levels during the Twelfth Five-Year Plan have been analyzed and revealed; the status of Saving and Intensive use of urban construction land in 36 provincial capital cities and specifically designated cities have been compared and analyzed, and policy advice on economical and intensive land utilization has been proposed accordingly.

Keywords: Urban; Construction Land; Saving And Intensive Use; Administrative Level; Differential Regularity

B.8 Analysis Report of Saving and Intensive use of Urban Construction Land of Key City Groups During the Twelfth Five-Year Plan / 326

Abstract: Based on primary data from "Evaluation of Saving and Intensive use of National Urban Construction Land", general characteristics and differential regularity of Saving and Intensive use of urban construction land in 19 city groups including Jing-jin-ji, Yangtze River Delta and Pearl River Delta during the Twelfth Five-Year Plan have been objectively analyzed; Further analysis on the characteristics of Saving and Intensive use of urban construction land in five national key city groups including Jing-jin-ji, Yangtze River Delta, Pearl River Delta, the middle reaches of Yangtze River and Cheng-yu has been carried out, policy advice on economical and intensive land utilization has been proposed accordingly.

Keywords: Urban; Construction Land; Saving And Intensive Use; Differential Pattern; Key City Groups; Differential Regularity

414

V Appendices

❖ 皮书起源 ❖

"皮书"起源于十七、十八世纪的英国,主要指官方或社会组织正式发表的重要文件或报告,多以"白皮书"命名。在中国,"皮书"这一概念被社会广泛接受,并被成功运作、发展成为一种全新的出版形态,则源于中国社会科学院社会科学文献出版社。

❖ 皮书定义 ❖

皮书是对中国与世界发展状况和热点问题进行年度监测,以专业的角度、专家的视野和实证研究方法,针对某一领域或区域现状与发展态势展开分析和预测,具备原创性、实证性、专业性、连续性、前沿性、时效性等特点的公开出版物,由一系列权威研究报告组成。

❖ 皮书作者 ❖

皮书系列的作者以中国社会科学院、著名高校、地方社会科学院的研究人员为主,多为国内一流研究机构的权威专家学者,他们的看法和观点代表了学界对中国与世界的现实和未来最高水平的解读与分析。

❖ 皮书荣誉 ❖

皮书系列已成为社会科学文献出版社的著名图书品牌和中国社会科学院的知名学术品牌。2016年,皮书系列正式列入"十三五"国家重点出版规划项目;2013~2019年,重点皮书列入中国社会科学院承担的国家哲学社会科学创新工程项目;2019年,64种院外皮书使用"中国社会科学院创新工程学术出版项目"标识。

权威报告・一手数据・特色资源

皮书数据库
ANNUAL REPORT(YEARBOOK)
DATABASE

当代中国经济与社会发展高端智库平台

所获荣誉

- 2016年，入选"'十三五'国家重点电子出版物出版规划骨干工程"
- 2015年，荣获"搜索中国正能量 点赞2015""创新中国科技创新奖"
- 2013年，荣获"中国出版政府奖・网络出版物奖"提名奖
- 连续多年荣获中国数字出版博览会"数字出版・优秀品牌"奖

成为会员

通过网址www.pishu.com.cn访问皮书数据库网站或下载皮书数据库APP，进行手机号码验证或邮箱验证即可成为皮书数据库会员。

会员福利

- 已注册用户购书后可免费获赠100元皮书数据库充值卡。刮开充值卡涂层获取充值密码，登录并进入"会员中心"—"在线充值"—"充值卡充值"，充值成功即可购买和查看数据库内容。
- 会员福利最终解释权归社会科学文献出版社所有。

数据库服务热线：400-008-6695
数据库服务QQ：2475522410
数据库服务邮箱：database@ssap.cn
图书销售热线：010-59367070/7028
图书服务QQ：1265056568
图书服务邮箱：duzhe@ssap.cn

社会科学文献出版社 皮书系列
SOCIAL SCIENCES ACADEMIC PRESS (CHINA)
卡号：555313991543
密码：

S 基本子库
UB DATABASE

中国社会发展数据库（下设 12 个子库）

全面整合国内外中国社会发展研究成果，汇聚独家统计数据、深度分析报告，涉及社会、人口、政治、教育、法律等 12 个领域，为了解中国社会发展动态、跟踪社会核心热点、分析社会发展趋势提供一站式资源搜索和数据分析与挖掘服务。

中国经济发展数据库（下设 12 个子库）

基于"皮书系列"中涉及中国经济发展的研究资料构建，内容涵盖宏观经济、农业经济、工业经济、产业经济等 12 个重点经济领域，为实时掌控经济运行态势、把握经济发展规律、洞察经济形势、进行经济决策提供参考和依据。

中国行业发展数据库（下设 17 个子库）

以中国国民经济行业分类为依据，覆盖金融业、旅游、医疗卫生、交通运输、能源矿产等 100 多个行业，跟踪分析国民经济相关行业市场运行状况和政策导向，汇集行业发展前沿资讯，为投资、从业及各种经济决策提供理论基础和实践指导。

中国区域发展数据库（下设 6 个子库）

对中国特定区域内的经济、社会、文化等领域现状与发展情况进行深度分析和预测，研究层级至县及县以下行政区，涉及地区、区域经济体、城市、农村等不同维度。为地方经济社会宏观态势研究、发展经验研究、案例分析提供数据服务。

中国文化传媒数据库（下设 18 个子库）

汇聚文化传媒领域专家观点、热点资讯，梳理国内外中国文化发展相关学术研究成果、一手统计数据，涵盖文化产业、新闻传播、电影娱乐、文学艺术、群众文化等 18 个重点研究领域。为文化传媒研究提供相关数据、研究报告和综合分析服务。

世界经济与国际关系数据库（下设 6 个子库）

立足"皮书系列"世界经济、国际关系相关学术资源，整合世界经济、国际政治、世界文化与科技、全球性问题、国际组织与国际法、区域研究 6 大领域研究成果，为世界经济与国际关系研究提供全方位数据分析，为决策和形势研判提供参考。

法律声明